Михаэль Лайтман

НАУКА КАББАЛА

том II
КАББАЛИСТИЧЕСКИЙ СЛОВАРЬ

серия
КАББАЛА. ТАЙНОЕ УЧЕНИЕ

НПФ «Древо Жизни»
Издательская группа **kabbalah.info**
Москва 2022

ББК 87.2
УДК 141.33.0
Л18

Лайтман Михаэль
Серия «КАББАЛА. ТАЙНОЕ УЧЕНИЕ»

Л18 **НАУКА КАББАЛА.** В двух томах.Том II. — 1-е издание.
КАББАЛИСТИЧЕСКИЙ СЛОВАРЬ.—
М.: НПФ «Древо Жизни»,
Издательская группа kabbalah.info, 2022. — 592 с.
Напечатано в России.

Laitman Michael
Series of «KABBALAH. THE HIDDEN WISDOM»

NAUKA KABBALA. 2 Volumes. Volume 2. — 1st Edition.
KABBALISTICHESKIJ SLOVAR.—
М.: NPF «Tree of Life»,
Publishing Group kabbalah.info, 2022. — 592 pages.
Printed in Russia.

ISBN 978-5-902172-15-4

Работы Михаэля Лайтмана, автора 30-томной серии «Каббала. Тайное Учение», переведены на 19 языков мира (www.kab1.com). М.Лайтман является крупнейшим практикующим каббалистом нашего времени.

Учение Михаэля Лайтмана, основанное на исследованиях самых выдающихся в истории человечества каббалистов и на собственном опыте Пути, приобрело огромную международную популярность. Более 150 отделений школы М.Лайтмана работают по всему миру.

Каббалистические источники с древних времен указывали, что в наше время (с 90-х г.г. 20 века) начнется распространение науки Каббала по всему миру. Сегодня Каббалу изучают десятки тысяч людей на разных языках и почти во всех странах. Однако необходимость в освоении Каббалы на языке оригинала возникает при первом же знакомстве с основными источниками.

В основу «Каббалистического словаря» положен текст статьи великого современного каббалиста Бааль Сулама «Введение в науку Каббала» («Птиха ле хохмат аКаббала»), поскольку именно с нее начинается изучение этой древней и самой современной науки. В «Каббалистическом словаре» все слова этого основополагающего текста даются в том виде, в каком они используются в статье. После освоения ивритского текста «Введения в науку Каббала» читателю станут доступны практически все основные каббалистические источники.

ББК 87.2

ISBN 978-5-902172-15-4

ОГЛАВЛЕНИЕ

К ЧИТАТЕЛЮ

Известно, что Каббала является тайным учением. Именно ее сокрытие послужило поводом для возникновения вокруг Каббалы множества легенд, фальсификаций, профанаций, слухов, невежественных рассуждений и выводов. Лишь в конце XX столетия получено разрешение на открытие Знаний науки Каббалы всем и даже на распространение их по всему миру.

И потому в начале этой книги я вынужден в этом обращении к читателю сорвать вековые наслоения мифов с древней общечеловеческой науки Каббала.

Наука Каббала никак не связана с религией. То есть связана в той же самой степени, что, скажем, физика, химия, математика, но не более. Каббала — не религия, и это легко обнаружить хотя бы из того факта, что никто из религиозных людей не знает ее и не понимает в ней ни одного слова.

Глубочайшие знания основ мироздания, его Законов, методику познания мира, достижение Цели творения Каббала скрывала, в первую очередь, от религиозных масс. Ибо ждала времени, когда разовьется основная часть человечества до такого уровня, что сможет принять каббалистические Знания и правильно использовать их. Каббала — это наука управления судьбой, это Знание, которое передано всему человечеству, для всех народов земли.

Каббала — это наука о скрытом от глаз человека, от наших пяти органов чувств. Она оперирует только духовными понятиями, т.е. тем, что происходит неощутимо для наших пяти чувств, что находится вне их, как мы говорим, в Высшем мире. Но названия каббалистических обозначений и терминов взяты Каббалой из нашего земного языка. Это значит, что хотя предметом изучения науки Каббала являются Высшие, духовные миры, но объяснения, выводы исследователь-каббалист выражает названиями, словами нашего мира.

Знакомые слова обманывают человека, представляя ему якобы земную картину, хотя Каббала описывает происходящее в Высшем мире. Использование знакомых слов-понятий приводит к недоразумениям, неправильным представлениям, неверным измышлениям, фантазиям. Поэтому сама же Каббала запрещает представлять себе какую-либо связь между названиями, взятыми из нашего мира, и их духовными корнями. Это является самой грубой ошибкой в Каббале.

И потому Каббала была запрещена столько лет, вплоть до нашего времени: развитие человека было недостаточным для того, чтобы он не представлял себе всяких духов, ведьм, ангелов и прочую чертовщину там, где говорится совершенно о другом.

Только с девяностых годов XX века разрешено и рекомендуется распространение науки Каббала. Почему? Потому что люди уже более не связаны с религией, стали выше примитивных представлений о силах природы как о человекоподобных существах, русалках, кентаврах и пр. Люди готовы представить себе Высший мир как мир сил, энергий, силовых полей, мир выше материи. Вот этим-то миром сил, мыслей и оперирует наука Каббала.

С пожеланием успеха в открытии Высшего мира,
Михаэль Лайтман

ЯЗЫК КАББАЛЫ*

Когда необходимо описать Высший мир, неощущаемое пространство, каббалисты используют для описания слова нашего мира. Потому что в Высшем мире нет названий. Но поскольку оттуда, как из корня ветви, нисходят силы, рождающие в нашем мире объекты и действия, то для отображения корней, объектов и сил Высшего мира, применяются названия ветвей, их следствий, объектов и действий нашего мира. Такой язык называется «язык ветвей». На нем написаны Пятикнижие, Пророки, Святые писания — вся Библия и многие другие книги. Все они описывают Высший мир, а не историю еврейского народа, как может показаться из буквального понимания текста.

Все святые книги говорят о законах Высшего мира. Законы Высшего мира называются Заповедями. Их всего 613. В мере выполнения этих законов, человек входит в ощущение Высшего мира, ощущение вечности и совершенства, достигает уровня Творца. Выполнение достигается использованием Высшей силы, называемой Высшим светом или Торой. Все книги говорят о обретении веры, под этим в Каббале подразумевается не существование в потемках, а именно явное ощущение Творца.

Желающему войти в ощущение Высшего мира ни в коем случае нельзя понимать тексты буквально, а только пользуясь языком ветвей. Иначе он останется в своем понимании на уровне этого мира.

Принятые у религиозных евреев ритуалы, в обиходе также называются заповедями и описываются тем же языком, что и духовные действия и процессы. Ритуалы были введены в народ для оформления границ поведения, позволявших сохранять народ в изгнании.

Кроме истинной, духовной трактовки понятия Заповедь, начинающему необходима адаптация к духовной интерпретации слов: поцелуй, гой, объятие, Израиль, беременность, иудей, роды, изгнание, народы мира, освобождение, половой акт, вскармливание и пр. Время постепенно рождает в человеке новые определения и сквозь них начинает ощущаться Высший, вечный мир.

---

* см. также: «Учение Десяти Сфирот», Вступление.

ПРЕДИСЛОВИЕ

В течение многих лет, прошедших со дня выхода в свет первой книги серии «Каббала. Тайное учение» (1984г.), не ощущалась необходимость привести русскоязычного читателя к чтению каббалистической литературы на иврите.

Но с 1995 г. начался все более ускоряющийся процесс распространения Науки Каббала во всем мире. Десятки тысяч русскоязычных читателей усвоили материал на русском языке и настоятельно заявляют о желании продолжить освоение Каббалы на языке оригинала.

Необходимость в изучении Каббалы на языке оригинала возникает у изучающего вследствие ощущения многослойности каббалистической информации, передаваемой на языке иврит:

— начертание букв передает сочетание духовных свойств уровня, который каждая буква выражает;
— каждой букве соответствует ее числовое значение;
— значки над буквами (таамим) выражают входящий в душу свет;
— значки под буквами (некудот) выражают истечение света из души;
— короны букв (тагин) выражают остаточное в душе свечение;
— сами буквы (отиёт) выражают запись исходящего света;
— сочетание букв говорит о связи души с окружающими душами и внешними силами, о духовном явлении как о сумме сил и качеств;
— порядок букв в словах указывает на свойство объекта или явления, названное данным словом;
— перестановки букв в словах указывают на изменение свойств, вплоть до противоположных (например, слово «нэга», страдание, при престановке букв обращается в слово «онэг», наслаждение).

Естественно, что только владеющий ивритом, способен воспринять всю информацию, которую несет ивритский каббалистический текст.

Предлагаемый словарь предназначен помочь читателю в чтение оригинальных каббалистических текстов.

В основу словаря положен текст статьи «Птиха ле хохмат аКаббала» («Введение в науку Каббала») р. Й.Ашлага (Бааль Сулама) поскольку именно с этой статьи начинается изучение Каббалы.

Предлагаемый словарь составлен из текста данной статьи: выбраны все слова статьи и на их основе создан словарь. Причем, в словаре слова указаны именно в таком виде, в каком они изображены в тексте статьи.

После освоения ивритского текста статьи «Птиха ле хохмат аКаббала», читателю станет практически доступен текст «Талмуд Эсэр аСфирот» и сочинений Ари.

Каббалистические тесты делятся на два вида — «Каббала» и «Аводат ашем». Данный словарь является пособием по чтению текстов «Каббалы». Если проявится его практическая польза, мы готовы издать в будущем также словать для чтения в оригинале текстов по «Аводат Ашем».

פתיחה לחכמת הקבלה

«Птиха ле Хохмат аКаббала» (иврит)

תוכן העינינים

ג' יסודות הראשונים שבחכמה

א) "רבי חנניא בן עקשיא אומר: רצה הקב"ה לזכות את ישראל, לפיכך הרבה להם תורה ומצות, שנאמר ה' חפץ למען צדקו יגדיל תורה ויאדיר" (מכות כ"ג ע"ב). ונודע שזכות הוא מלשון הזדככות. והוא ע"ד שאמרו ז"ל "לא נתנו מצות אלא לצרף בהן את ישראל" (ב"ר רפמ"ד). ויש להבין ענין הזכות הזה, שאנו משיגים ע"י תורה ומצות. וכן מהי העביות שבנו, שאנו צריכים לזכותה ע"י התורה ומצות.

וכבר דברנו מזה בספרי "פנים מסבירות" ו"תלמוד עשר הספירות". ונחזור כאן בקיצור, כי מחשבת הבריאה היתה כדי להנות לנבראים, כפי מתנת ידו הרחבה ית' וית'. ומכאן הוטבע בהנשמות רצון וחשק גדול לקבל את שפעו ית'. כי הרצון לקבל הוא הכלי על מדת התענוג שבהשפע.

כי לפי מדת גדלו ותוקפו של הרצון לקבל את השפע, כן הוא מדת התענוג והחמדה שבשפע. לא פחות ולא יותר. והם מקושרים זה בזה, עד שאין לחלק ביניהם. זולת בהיחס, שהתענוג מיוחס להשפע, והרצון הגדול לקבל את השפע מיוחס לנברא המקבל. ובהכרח ב' אלה נמשכים מהבורא ית'. ובאו בהכרח במחשבת הבריאה. אלא שיש לחלק בהם על דרך הנזכר, אשר השפע הוא מעצמותו ית', כלומר שהוא נמשך יש מיש, והרצון לקבל הכלול שם, הוא השורש של הנבראים, כלומר הוא השורש של חידוש, שפירושו יציאת יש מאין. כי

בעצמותו ית' ודאי שאין שם בחינת הרצון לקבל ח"ו. וע"כ נבחן שהרצון לקבל האמור, הוא כל חומר של הבריאה, מראשה עד סופה. עד שכל מיני הבריות המרובות ומקריהן, שאין להן שיעור, ודרכי הנהגתן, שכבר נתגלו והעתידים להתגלות, אינם רק שיעורים ושינוי ערכים של הרצון לקבל.

וכל מה שיש בהן באותן הבריות, דהיינו כל מה שמקובל ברצון לקבל המוטבע בהן, כל זה הוא נמשך מעצמותו ית' יש מיש, ואינו כלום מבחינת הבריאה המחודשת יש מאין, כי אינו מחודש כלל. והוא נמשך מנצחיותו ית' יש מיש.

ב) וכפי האמור, כלול הרצון לקבל בהכרח תכף במחשבת הבריאה, בכל ריבוי ערכים שבו, ביחד עם השפע הגדול שחשב להנותם ולהעניקם. ותדע שז"ס אור וכלי, שאנו מבחינים בעולמות עליונים. כי הם באים בהכרח כרוכים יחד, ומשתלשלים יחד ממדרגה למדרגה.

ובשיעור שהמדרגות יורדות מאת אור פניו ומתרחקות ממנו ית', כן הוא שיעור ההתגשמות של הרצון לקבל הכלול בשפע. וכן אפשר לומר להיפך, אשר כפי שיעור התגשמות של הרצון לקבל בשפע, כן הולך ויוד ממדרגה למדרגה. עד המקום הנמוך מכולם, דהיינו שהרצון לקבל מתגשם שם בכל שיעורו הראוי.

נבחן המקום ההוא בשם "עולם העשיה". והרצון לקבל נבחן לבחינת "גופו של אדם". והשפע שמקבל נבחן למדת תוכנו של "החיים שבגוף" ההוא. ועד"ז גם בשאר בריות שבעוה"ז. באופן, שכל ההבחן שבין העולמות העליונים לעוה"ז הוא, כי כל עוד שהרצון לקבל הכלול בשפעו ית' לא נתגשם בצורתו הסופית, נבחן שעודו נמצא בעולמות הרוחנים, העליונים מעוה"ז, ואחר שהרצון לקבל נתגשם בצורתו הסופית, הוא נבחן שכבר הוא מצוי בעוה"ז.

ג) וסדר השתלשלות האמור עד להביא את הרצון לקבל על צורתו הסופית שבעוה״ז, הוא על סדר ד׳ בחינות שיש בד׳ אותיות של השם בן ד׳. כי ד׳ אותיות הוי״ה שבשמו ית׳ כוללות את כל המציאות כולה, מבלי יוצא ממנה אף משהו מן המשהו. ומבחינת הכלל הן מתבארות בהע״ס: חכמה, בינה, ת״ת, מלכות, ושרשם. והם עשר ספירות, כי ספירת התפארת כוללת בעצמה ששה ספירות, הנקראות חג״ת נה״י.

והשורש נקרא כתר. אמנם בעיקרם הם נקראים חו״ב תו״מ. והן ד׳ עולמות הנקראות: אצילות, בריאה, יצירה, עשיה. ועולם העשיה כולל בתוכו גם את עוה״ז. באופן, שאין לך בריה בעוה״ז, שלא תהיה מחודשת מא״ס ב״ה, דהיינו במחשבת הבריאה, שהיא בכדי להנות לנבראיו.

והיא בהכרח כלולה כלולה תיכף מאור וכלי. כלומר, מאיזה שיעור של שפע עם בחינת רצון לקבל את השפע ההוא. אשר שיעור השפע הוא נמשך מעצמותו ית׳ יש מיש, והרצון לקבל השפע הוא מחודש יש מאין. ובכדי שהרצון לקבל ההוא יבא על תכונתו הסופית, הוא מחויב להשתלשל עם השפע שבו דרך הד׳ עולמות אצילות, בריאה, יצירה, עשיה. ואז נגמרת הבריה באור וכלי, הנקרא ״גוף״ ו״אור החיים״ שבו.

ד) והצורך להשתלשלות הרצון לקבל על ד׳ בחינות האמורות שבאבי״ע, הוא מפני שיש כלל גדול בענין הכלים, אשר התפשטות האור והסתלקותו הוא עושה את הכלי רצוי לתפקידו.

פרוש, כי כל עוד שהכלי לא נפרד פעם מהאור שלו, הרי הוא נכלל עם האור ״ובטל אליו כנר בפני האבוקה״.

וענין הביטול הזה הוא, מפני שיש הפכיות ביניהם הרחוקה מקצה אל הקצה. כי האור הוא שפע הנמשך מעצמותו ית׳ יש

13

מיש. ומבחינת מחשבת הבריאה שבא"ס ית' הוא כולו להשפיע, ואין בו מבחינת רצון לקבל אף משהו.

והפכי אליו הוא הכלי, שהוא הרצון הגדול לקבל את השפע ההוא, שהוא כל שורשו של הנברא המחודש. הנה אין בו ענין של השפעה כלום. ולפיכך בהיותם כרוכים זה בזה יחד, מתבטל הרצון לקבל באור שבו, ואינו יכול לקבוע את צורתו, אלא אחר הסתלקות האור ממנו פעם אחת. כי אחר הסתלקות האור ממנו, הוא מתחיל להשתוקק מאד אחריו. והשתוקקות הזאת קובעת ומחליטה את צורת הרצון לקבל כראוי. ואח"ז, כשהאור חוזר ומתלבש בו, הוא נבחן מעתה לב' ענינים נבדלים: כלי ואור, או גוף וחיים. ושים כאן עיניך, כי הוא עמוק מכל עמוק.

ה) ולפיכך צריכים לד' בחינות שבשם הוי"ה, הנקראות חכמה בינה ת"ת מלכות. כי בחי"א, הנקראת חכמה, היא באמת כל כללותו של הנאצל, אור וכלי. כי בו הרצון לקבל הגדול עם כל כללות האור שבו, הנקרא אור החכמה או אור החיה, כי הוא כל אור החיים שבהנאצל המלובש בהכלי שלו.

אמנם בחינה הא' הזו נבחנת לכלו אור, והכלי שבה כמעט שאינו ניכר, כי הוא מעורב עם האור ובטל בו כנר בפני האבוקה. ואחריה באה בחי"ב. והוא, כי כלי החכמה בסופו הוא מתגבר בהשואת הצורה לאור העליון שבו. דהיינו שמתעורר בו רצון להשפיע אל המאציל, כטבע האור שבתוכו, שהוא כולו להשפיע.

ואז ע"י הרצון הזה שנתעורר בו, נמשך אליו מהמאציל אור חדש, הנקרא "אור חסדים". ומשום זה כמעט שנפרש לגמרי מאור החכמה, שהשפיע בו המאציל. כי אין אור החכמה מקובל רק בהכלי שלו, שהוא הרצון לקבל הגדול בכל שיעורו. באופן, שהאור וכלי שבבחי"ב משונים לגמרי מבחי"א. כי הכלי שבה הוא הרצון

להשפיע, והאור שבה נבחן לאור החסדים, שפירושו אור הנמשך מכח הדבקות של הנאצל במאציל. כי הרצון להשפיע גורם לו השוואת הצורה למאציל. והשוואת הצורה ברוחניות הוא דבקות.

ואחריה באה בחינה ג'. והוא כי אחר שנתמעט האור שבהנאצל לבחינת אור חסדים בלי חכמה כלל, ונודע שאור החכמה הוא עיקר חיותו של הנאצל, ע"כ הבחי"ב בסופה התעוררה והמשיכה בקרבה שיעור מאור החכמה, להאיר תוך אור החסדים שבה. והנה התעוררות הזו המשיכה מחדש שיעור מסוים מהרצון לקבל, שהוא צורת כלי חדש, הנקרא בחינה ג' או ת"ת. ובחינת האור שבה נקרא "אור חסדים בהארת חכמה". כי עיקר האור הזה הוא אור חסדים, ומיעוטו הוא אור חכמה.

ואחריה באה בחינה ד'. והוא כי גם הכלי דבחי"ג בסופו התעורר להמשיך אור חכמה במילואו, כמו שהיה בבחי"א. ונמצא התעוררות הזו היא בחינת השתוקקות, בשיעור הרצון לקבל שבבחי"א ונוסף עליו. כי עתה כבר נפרד מאור ההוא. כי עתה אין אור החכמה מלובש בו, אלא שמשתוקק אחריו. ע"כ נקבע צורת הרצון לקבל על כל שלימותו. כי אחר התפשטות האור והסתלקותו משם, נקבע הכלי. וכשיחזור אח"כ ויקבל בחזרה את האור, נמצא הכלי מוקדם להאור. וע"כ נבחנת בחינה ד' הזאת לגמר כלי. והיא נקראת "מלכות".

ו) ואלו ד' ההבחנות הנ"ל ה"ס עשר ספירות, הנבחנות בכל נאצל וכל נברא. הן בכלל כולו, שהן ד' העולמות, והן בפרט קטן ביותר שבמציאות. ובחי"א נקראת "חכמה" או "עולם האצילות". ובחי"ב נקרא "בינה" או "עולם הבריאה". ובחי"ג נקרא "תפארת" או "עולם היצירה". ובחי"ד נקרא "מלכות" או "עולם העשיה".

ונבאר את הד' בחינות הנוהגות בכל נשמה. כי כשהנשמה נמשכת מא"ס ב"ה ובאה לעולם האצילות, היא בחי"א של הנשמה. ושם עוד אינה נבחנת בשם הזה. כי השם "נשמה" יורה שיש בה איזה הפרש מהמאציל ב"ה, שע"י ההפרש הזה יצאה מבחינת א"ס ובאה לאיזה גילוי לרשות בפני עצמה. וכל עוד שאין בה צורת כלי, אין מה שיפריד אותה מעצמותו ית', עד שתהיה ראויה להקרא בשם בפני עצמה.

וכבר ידעת שבחי"א של הכלי אינה ניכרת כלל לכלי וכולה בטלה להאור. וז"ס הנאמר בעולם אצילות שכולו אלקיות גמור, בסוד "איהו וחיוהי וגרמוהי חד בהון". ואפילו נשמות שאר בעלי החיים, בהיותם עוברים את עולם אצילות, נחשבים כעודם דבוקים בעצמותו ית'.

ז) ובעולם הבריאה כבר שולטת בחינה הב' הנ"ל, דהיינו בחינת הכלי של הרצון להשפיע. וע"כ כשהנשמה משתלשלת ובאה לעולם הבריאה, ומשגת בחינת הכלי ההוא אשר שם, אז נבחנת בשם "נשמה". דהיינו, שכבר יצאה ונתפרדה מבחינת עצמותו ית' והיא עולה בשם בפני עצמה, להקרא "נשמה". אמנם כלי זה זך מאוד, להיותו בהשואת הצורה להמאציל, וע"כ נחשבת לרוחניות גמורה.

ח) ובעולם היצירה כבר שולטת בחינה הג' הנ"ל, שהיא כלולה מעט מצורת הרצון לקבל. וע"כ כשהנשמה משתלשלת ובאה לעולם היצירה, ומשגת הכלי ההוא, יצאה מבחינת הרוחניות של הנשמה, ונקראת בשם "רוח". כי כאן הכלי שלו כבר מעורב בעביות מועטת, דהיינו מעט הרצון לקבל שיש בו. אמנם עדיין נבחנת לרוחני, כי אין שיעור עביות זאת מספיק להבדילו לגמרי מן עצמותו ית', להקרא בשם "גוף", עומד ברשות עצמו".

ט) ובעולם עשיה כבר שולטת בחינה הד', שהיא גמר הכלי של הרצון לקבל הגדול. וע"כ משגת בחינת גוף נפרד ונבדל לגמרי מעצמותו ית', העומד ברשות עצמו. והאור שבו נקרא "נפש", המורה על אור בלי תנועה מעצמו. ותדע, שאין לך פרט קטן במציאות, שלא יהיה כלול מכל האבי"ע.

י) והנך מוצא, איך שהנפש הזאת, שהיא אור החיים המלובש בהגוף, נמשכת יש מיש מעצמותו ית' ממש. ובעברה דרך ד' עולמות אבי"ע, כן היא הולכת ומתרחקת מאור פניו ית'. עד שבאה בכלי המיוחד לה, הנקרא "גוף". ואז נבחן הכלי לגמר צורתו הרצוי. ואם אמנם גם האור שבה נתמעט מאד, עד שאין ניכר בו עוד שורש מוצאו.

עכ"ז ע"י העסק בתורה ומצות ע"מ להשפיע נחת רוח ליוצרו, הוא הולך ומזכך את הכלי שלו, הנקרא "גוף", עד שנעשה ראוי לקבל את השפע הגדול בכל השיעור, הכלול במחשבת הבריאה בעת שבראה. וזה שאמר ר' חנניא בן עקשיא: "רצה הקב"ה לזכות את ישראל, לפיכך הרבה להם תורה ומצוות".

יא) ועם זה תבין גדר האמיתי להבחין בין רוחניות לגשמיות: כי כל שיש בו רצון לקבל מושלם בכל בחינותיו, שהוא בחי"ד, הוא נקרא "גשמי". והוא נמצא בפרטי כל המציאות הערוכה לעינינו בעוה"ז. וכל שהוא למעלה משיעור הגדול הזה של הרצון לקבל, נבחן בשם "רוחניות". שהם העולמות אבי"ע, הגבוהים מעוה"ז, וכל המציאות שבהם.

ובזה תבין, שכל ענין עליות וירידות האמורות בעולמות העליונים, אינן בבחינת מקום מדומה ח"ו, רק בענין ד' הבחינות

שברצון לקבל. כי כל הרחוק ביותר מבחי"ד, נבחן למקום יותר גבוה. וכל המתקרב אל בחינה ד', נבחן למקום יותר תחתון.

יב) אמנם יש להבין: כיון שכל עיקרו של הנברא ושל כל הבריאה בכללה, הוא רק הרצון לקבל בלבד, ומה שיותר מזה אינו לגמרי בכלל בריאה, אלא נמשך יש מיש מעצמותו ית', א"כ למה אנו מבחינים את הרצון לקבל הזה לעוביות ועכירות, ואנו מצווים לזכות אותו על ידי תורה ומצות, עד שזולת זה לא נגיע אל המטרה הנעלה של מחשבת הבריאה?

יג) והענין הוא, כי כמו שהגשמיים נפרדים זה מזה ע"י ריחוק מקום, כן נפרדים הרוחנים זה מזה ע"י שינוי הצורה שבהם. ותמצא זה גם בעוה"ז. למשל שני בני אדם, הקרובים בדעתם זה לזה, הם אוהבים זה את זה. ואין ריחוק מקום פועל עליהם, שיתרחקו זה מזה. ובהפך, כשהם רחוקים זה מזה בדעותיהם, הרי הם שונאים זה את זה, וקרבת המקום לא תקרב אותם במאומה.

הרי ששינוי הצורה שבדעתם, מרחקם זה מזה, וקרבת הצורה שבדעתם, מקרבם זה אל זה. ואם למשל, טבעו של האחד הוא הפוך בכל בחינותיו כנגד טבעו של השני, הרי הם רחוקים זה מזה כרחוק המזרח ממערב. ועד"ז תשכיל ברוחניות, שכל העניינים של התרחקות והתקרבות וזווג ויחוד, הנבחנים בהם, הם משקלים של שינוי צורה בלבד. שלפי מדת שינוי הצורה, הם מתפרדים זה מי זה, ולפי מדת השואת הצורה, הם מתדבקים זה בזה.

ועם זה תבין, שהגם שהרצון לקבל הוא חוק מחויב בהנברא, כי הוא כל כל בחינת נברא שבו, והוא הכלי הראוי לקבל

המטרה שבמחשבת הבריאה, עכ"ז הוא נעשה עי"ז נפרד לגמרי מהמאציל, כי יש שינוי צורה עד למדת הפכיות בינו לבין המאציל. כי המאציל הוא כולו להשפיע, ואין בו מנצוצי קבלה אפילו משהו ח"ו. והוא כולו לקבל, ואין בו מנצוצי השפעה אף משהו. הרי אין לך הפכיות הצורה רחוקה יותר מזה. ונמצא ע"כ בהכרח כי הפכיות הצורה הזו מפרידה אותו מהמאציל.

יד) ובכדי להציל את הנבראים מגודל הפירוד הרחוק הזה, נעשה סוד הצמצום הא', שעניינו הוא, שהפריד הבחי"ד מן כל פרצופי הקדושה. באופן, שמדת גדלות הקבלה ההיא נשארה בבחינת חלל פנוי וריקן מכל אור. כי כל פרצופי הקדושה יצאו בבחינת מסך מתוקן בכלי מלכות שלהם, שלא יקבלו אור בבחי"ד הזו.

ואז, בעת שהאור העליון נמשך ונתפשט אל הנאצל, והמסך הזה דוחה אותו לאחוריו, הנה זה נבחן כמו הכאה בין אור העליון ובין המסך, המעלה אור חוזר ממטה למעלה, ומלביש הע"ס דאור העליון. כי אותו חלק האור הנדחה לאחוריו, נקרא "אור חוזר". ובהלבשתו לאור העליון, נעשה אח"כ כלי קבלה על האור העליון במקום הבחי"ד.

כי אח"ז התרחבה כלי המלכות, באותו שיעור האו"ח, שהוא אור הנדחה, שעלה והלביש לאור העליון ממטה למעלה, והתפשטה גם ממעלה למטה, שבזה נתלבשו האורות בהכלים, דהיינו בתוך אור חוזר ההוא. וה"ס ראש וגוף שבכל מדרגה. כי הזווג דהכאה מאור העליון במסך, מעלה אור חוזר ממטה למעלה, ומלביש הע"ס דאור העליון בבחינת ע"ס דראש, שפירושו שרשי כלים.

כי שם עוד לא יכולה להיות הלבשה ממש. ואח"ז כשהמלכות מתפשטת עם האו"ח ההוא ממעלה למטה, אז נגמר האור חוזר, ונעשה לבחינת כלים על אור העליון. ואז נעשית התלבשות האורות בכלים. ונקראת "גוף של מדרגה" ההיא, שפירושו כלים גמורים.

טו) הרי שנעשו בחינת כלים חדשים בפרצופי דקדושה במקום בחי"ד אחר הצמצום א', שהם נעשו מאור חוזר של זווג דהכאה במסך. ויש אמנם להבין את אור חוזר הזה: איך הוא נעשה לבחינת כלי קבלה, אחר שהוא מתחילתו רק אור נדחה מקבלה, ונמצא שמשמש תפקיד הפוך מעניינו עצמו?

ואסביר לך במשל מהויות דחיי העולם. כי מטבע האדם לחבב ולהוקיר מדת ההשפעה. ומאוס ושפל בעיניו מדת הקבלה מחברו. ולפיכך, הבא לבית חברו, והוא מבקשו שיאכל אצלו, הרי אפילו בעת שהוא רעב ביותר, יסרב לאכול. כי נבזה ושפל בעיניו להיות מקבל מתנה מחברו.

אכן בעת שחברו מרבה להפציר בו בשיעור מספיק, דהיינו עד שיהיה גלוי לו לעינים, שיעשה לחברו טובה גדולה עם אכילתו זו, הנה אז מתרצה ואוכל אצלו. כי כבר אינו מרגיש את עצמו למקבל מתנה, ואת חברו להמשפיע. אלא להיפך, כי הוא המשפיע ועושה טובה לחברו, ע"י קבלתו ממנו את הטובה הזאת. והנך מוצא, שהגם שהרעב והתאבון הוא כלי קבלה המיוחד לאכילה, והאדם ההוא היה לו רעבון ותאבון במדה מספקת לקבל סעודת חברו, עכ"ז לא היה יכול לטעום אצלו אף משהו, מחמת הבושה.

אלא כשחברו מתחיל להפציר בו, והוא הולך ודוחה אותו, הרי אז התחיל להתרקם בו כלי קבלה חדשים על האכילה. כי

כחות ההפצרה של חברו וכחות הדחיה שלו, בעת שהולכים ומתרבים, סופם להצטרף לשיעור מספיק, המהפכים לו מדת הקבלה למדת השפעה. עד שיוכל לצייר בעיניו, שיעשה טובה ונחת רוח גדולה לחברו עם אכילתו. אשר אז נולדו לו כלי קבלה על סעודת חבירו. ונבחן עתה, שכח הדחיה שלו נעשה לעיקר כלי קבלה על הסעודה, ולא הרעב והתאבון, אע"פ שהם באמת כלי קבלה הרגילים.

טז) ומדמיון הנ"ל בין אדם לחברו אפשר להבין ענין הזווג דהכאה ואת האו"ח העולה על ידו, שהוא נעשה כלי קבלה חדשים על אור העליון במקום בחי"ד. כי ענין ההכאה של אור העליון, המכה בהמסך ורוצה להתפשט אל בחי"ד, יש לדמותו לענין ההפצרה לאכול אצלו. כי כמו שהוא רוצה מאד שחברו יקבל את סעודתו, כן אור העליון רוצה להתפשט למקבל. וענין המסך, המכה באור ומחזירו לאחוריו, יש לדמותו לדבר הדחיה והסירוב של חברו לקבל את סעודתו. כי דוחה את טובתו לאחור. וכמו שתמצא כאן, אשר דוקא הסירוב והדחיה נתהפכו ונעשו לכלי קבלה נכונים לקבל את סעודת חברו, כן תוכל לדמות לך, כי האו"ח, העולה ע"י הכאת המסך ודחייתו את אור העליון, הוא שנעשה לכלי קבלה חדשים על אור העליון, במקום הבחי"ד ששמשה לכלי קבלה מטרם הצמצום א'.

אמנם זה נתקן רק בפרצופי הקדושה דאבי"ע. אבל לא בפרצופי הקליפות ובעוה"ז, שבהם משמשת הבחי"ד עצמה לכלי קבלה. וע"כ הם נפרדים מאור העליון, כי שינוי הצורה של הבחי"ד מפריד אותם. וע"כ נבחנים הקליפות וכן הרשעים למתים, כי הם נפרדים מחיי החיים ע"י הרצון לקבל שבהם.

ה' בחינות שבמסך

יז) והנה נתבאר עד הנה ג' יסודות הראשונים שבחכמה; הא' ענין אור וכלי, שהאור הוא המשכה ישרה מעצמותו ית', והכלי הוא בחינת הרצון לקבל הכלול בהכרח באור ההוא, שבשיעור הרצון הזה יצא מכלל מאציל לנאצל. והרצון לקבל הזה היא בחינת המלכות הנבחנת באור העליון, וע"כ נק' מלכות, שמו, בסוד הוא ושמו אחד, כי שמו בגימטריא רצון. ענין הב', הוא ביאור הע"ס וד' עולמות אבי"ע, שהם ד' מדרגות זו למטה מזו. שהרצון לקבל מחויב להשתלשל על ידיהן עד לקביעות כלי על תוכנו. ענין הג', הוא ענין הצמצום ומסך שנעשה על כלי הקבלה הזה שהוא בחי"ד, ותמורתו נתהוו כלי קבלה חדשים בע"ס הנק' אור חוזר. והבן ושנן היטב אלו הג' יסודות הם ונימוקיהם כפי שנתבארו לפניך, כי זולתם אין הבנה אף במלה אחת בחכמה הזו.

יח) ועתה נבאר ה' בחינות שיש בהמסך, שעל פיהם משתנים שיעורי הקומה בעת הזווג דהכאה שעושה עם אור העליון.

ויש להבין תחלה היטב, כי אע"פ שלאחר הצמצום נפסלה הבחי"ד מלהיות כלי קבלה על הע"ס, והאו"ח העולה מהמסך ע"י זווג דהכאה, נעשה לכלי קבלה בתמורתה, עכ"ז היא

22

מוכרחת להתלוות עם כח הקבלה שבה אל האו״ח. וזולת זה לא היה האו״ח מוכשר כלל להיות כלי קבלה.

ותבין זה ג״כ מהמשל הנ״ל באות ט״ו. כי הוכחנו שם, אשר כח הדחיה והסירוב לקבל הסעודה, נעשה לכלי קבלה במקום הרעב והתאבון. כי הרעב והתאבון, שהם כלי קבלה הרגילים, נפסלו כאן מלהיות כלי קבלה, מחמת הבושה והבזיון להיות מקבל מתנה מחברו. ורק כחות הדחיה והסירוב נעשו במקומם לכלי קבלה. כי מתוך הדחיה והסירוב נתהפכה הקבלה להיות השפעה. והשיג על ידם כלי קבלה מוכשרים לקבל סעודת חברו. ועכ״ז אי אפשר לומר, שעתה כבר אינו צריך לכלי הקבלה הרגילים, שהם הרעב והתאבון. כי זה ברור, שבלי תאבון לאכילה לא יוכל למלאות רצון חברו ולעשות לו נחת רוח עם אכילתו אצלו.

אלא הענין הוא, כי הרעב והתאבון, שנפסלו בצורתם הרגילה, נתגלגלו עתה, מחמת כח הדחיה והסירוב, וקבלו צורה חדשה, שהוא קבלה ע״מ להשפיע. ועי״ז נהפך הבזיון להיות כבוד. הרי, אשר הכלי קבלה הרגילים עדיין פועלים עתה כמו תמיד, אלא שקבלו צורה חדשה. וכן תקיש בעניננו כאן: כי אמת הוא שבחי״ד נפסלה מלהיות כלי קבלה על הע״ס, שהוא מחמת העוביות שבה. שפירושו שינוי הצורה כלפי המשפיע, המפריד מהמשפיע.

אמנם ע״י תיקון המסך בהבחי״ד, המכה על אור העליון ומחזירו לאחוריו, הנה נתגלגלה צורתה הקודמת הפסולה, וקבלה צורה חדשה, הנקראת ״או״ח״, בדומה לגלגול צורת הקבלה בצורת השפעה. אשר התוכן של צורה הראשונה לא נשתנה שם, כי גם עתה אינו אוכל בלי תאבון. כן גם כאן, כל

העוביות, שהיא כח הקבלה שהיה בבחי"ד, נתגלגל ובא תוך האו"ח. ועי"כ נעשה האו"ח מוכשר להיות כלי קבלה.

ולפיכך יש להבחין תמיד בהמסך ב' כחות: א. קשיות, שהוא כח הדחיה שבו כלפי האור העליון, ב. עוביות, שהוא שיעור הרצון לקבל מבחי"ד הנכלל בהמסך, אשר עי"י זווג דהכאה מכח הקושיות שבו, נתהפכה העוביות שבו להיות זכות, דהיינו התהפכות הקבלה להשפעה. ואלו ב' הכחות שבהמסך פועלים בה ג' בחינות, שהם ד' הבחינות חו"ב תו"מ, ושורשם הנקרא "כתר".

יט) כי הגם שביארנו שג' בחינות הראשונות אינן נחשבות עוד לבחינת כלי, אלא רק הבחי"ד לבדה נחשבת לכלי, עכ"ז מתוך שג' בחינות הראשונות הן סבות וגורמות להשלמת הבחי"ד, באופן שהבחי"ד אחר שנשלמה, נתרשמו בה ד' שעורים במדת הקבלה שבה: החל מבחי"א, שהוא שיעור היותר קלוש שבה ממדת הקבלה, ואח"כ בחי"ב, שהיא משהו עב ביותר מבחי"א במדת הקבלה שבה.

ואח"כ בחי"ג, העבה יותר מבחי"ב במדת הקבלה שבה, ולבסוף בחי"ד, שהיא בחינתה עצמה העבה יותר מכולם, שמדת הקבלה שלה מושלמת בכל תוכנה. גם יש להבחין בה עוד, אשר גם השורש של הד' בחינות כלול בה, שהוא הזך מכולם. ואלו הן ה' בחינות הקבלה הכלולות בבחי"ד. ונקראות ג"כ בשמות העי"ס כח"ב תו"מ, הכלולות בבחי"ד. כי הד' בחינות הם חו"ב תו"מ והשורש נקרא "כתר".

כ) ומה שה' בחינות הקבלה שבבחי"ד נקראות בשם הספירות כח"ב תו"מ הוא, כי הבחי"ד מטרם הצמצום, דהיינו

24

בעוד שהבחי"ד היתה כלי הקבלה על הע"ס הכללות באור העליון בסוד "הוא אחד ושמו אחד", כי כל העולמות נכללים שם, נבחן שם הלבשתה להע"ס ע"פ אותן ה' הבחינות.

שכל בחינה מה' הבחינות שבה הלבישה הבחינה שכנגדה בהע"ס שבאור העליון: כי בחינת השורש שבבחינה ד' הלבישה לאור הכתר שבע"ס, ובחי"א שבבחי"ד הלבישה לאור החכמה שבעשר ספרוש, ובחי"ב שבה הלבישה לאור הבינה, ובחי"ג שבה הלבישה לאור הת"ת, ובחינתה עצמה הלבישה לאור המלכות. ולפיכך גם עתה אחר הצמצום א', אחר שהבחי"ד נפסלה מלהיות עוד כלי קבלה, נקראות ג"כ ה' בחינות העוביות שבה על שם ה' הספירות כח"ב תו"מ.

כא) וכבר ידעת, שחומר המסך בכללו מתבאר בהשם "קשיות", שפירושו כמו דבר קשה מאד, שאינו מניח למי שהוא לדחוק במשהו תוך גבולו. כן המסך אינו מניח משהו מאור העליון לעבור דרכו אל המלכות, שהיא בחי"ד. שעם זה נבחן, שכל שיעור האור הראוי להתלבש בכלי המלכות, מעכב עליו המסך ומחזירו לאחוריו. גם נתבאר, שאותן ה' בחינות העוביות שבבחי"ד, נכללות ובאות בהמסך ומתחברות במדת הקשיות שבו. ולפיכך נבחנים בהמסך ה' מינים של זווגים דהכאה ע"פ ה' שיעורי עביות שבו.

שזווג דהכאה על מסך שלם מכל ה' בחינות העוביות, מעלה או"ח המספיק להלביש הע"ס הע"ס כולן, דהיינו עד קומת כתר, וזווג דהכאה על מסך החסר מעוביות דבחי"ד, שאין בו רק עביות דבחי"ג, הנה האו"ח שהוא מעלה, מספיק להלביש הע"ס רק עד קומת חכמה, וחסר מכתר.

ואם אין בו אלא עביות דבחי"ב, הנה או"ח שלו קטן יותר ואינו מספיק להלביש העי"ס רק עד קומת בינה, וחסר מכתר חכמה, ואם אין בו אלא עביות דבחי"א, הנה האו"ח שלו מוקטן יותר, ומספיק להלביש רק עד לקומת ת"ת, וחסר מכח"ב, ואם הוא חסר גם מעביות דבחי"א, ולא נשאר בו אלא עביות דבחינת שורש, הנה ההכאה שלו קלושה מאוד, ומספיק להלביש רק לקומת מלכות בלבדה, וחסר מט"ס הראשונות, שהם כח"ב ות"ת.

כב) והנך רואה איך ה' שיעורי קומות של ע"ס יוצאים ע"י ה' מיני זווג דהכאה של המסך, המשוערים על ה' בחינות עוביות שבו. ועתה אודיעך טעם הדברים, כי נודע שאין אור מושג בלי כלי.

גם ידעת שה' בחינות עוביות הללו, באות מה' בחינות העוביות שבבחי"ד, שמטרם הצמצום היו ה' כלים בהבחי"ד, שהלבישו להע"ס כח"ב תו"מ (אות י"ח), ואחר הצמצום א' נכללו בה' בחינות של המסך, אשר עם האו"ח שהוא מעלה, הם חוזרים להיות ה' כלים מבחינת או"ח על הע"ס כח"ב תו"מ, במקום הה' כלים שבבחי"ד עצמה שמטרם הצמצום.

ועל פי זה מובן מאליו, שאם יש במסך כל ה' בחינות עביות הללו, אז יש בו ה' כלים להלבשת הע"ס. אבל בעת שאין בו כל הה' בחינות, כי חסר לו העביות דבחי"ד, הרי אין בו אלא ד' כלים. וע"כ אינו יכול להלביש רק ד' אורות חו"ב תו"מ. והוא חסר מאור אחד, שהוא אור הכתר, כמו שחסר לו כלי אחד, שהוא העביות דבחי"ד.

וכמו כן בעת שחסר בו גם בחי"ג, שאין בהמסך רק ג' בחינות עביות, דהיינו רק עד בחי"ב, הרי אז אין בו רק ג' כלים.

וע"כ אינו יכול להלביש רק ג' אורות, שהם בינה ת"ת ומלכות. והקומה חסרה אז מב' האורות כתר וחכמה, כמו שחסרה מב' הכלים בחי"ג ובחי"ד.

ובעת שאין בהמסך רק ב' בחינות עוביות, דהיינו מבחינת שורש ומבחי"א, הרי אין בו אלא ב' כלים. וע"כ אינו מלביש רק ב' אורות, שהם אור ת"ת ואור מלכות. ונמצאת הקומה חסרה מג' אורות בח"ב, כמו שחסרה ג' הכלים, שהם בחי"ב ובחי"ג ובחי"ד.

ובעת שאין בהמסך רק בחינה אחת דעביות, שהיא בחינת שורש העביות לבד, הרי אין לו אלא כלי אחד. לכן אינו יכול להלביש רק אור אחד, שהוא אור המלכות. וקומה זו חסרה מד' אורות כח"ב ות"ת, כמו שחסרה מד' הכלים, שהם עוביות דבחי"ד ודבחי"ג ודבחי"ב ודבחי"א.

הרי ששיעור הקומה של כל פרצוף תלוי בדיוק נמרץ בשיעור העביות שיש במסך: שהמסך דבחי"ד מוציא קומת כתר, ודבחי"ג מוציא קומת חכמה, ודבחי"ב מוציא קומת בינה, ודבחי"א מוציא קומת ת"ת, ודבחינת שורש מוציא קומת מלכות.

כג) אמנם עוד נשאר לבאר: למה בחוסר כלי מלכות בהמסך, שהוא בחי"ד, הוא נחסר מאור הכתר? ובחוסר גם כלי הת"ת, נחסר מאור חכמה וכו'? ולכאורה היה צריך להיות בהיפך: שבחוסר כלי מלכות במסך, שהיא בחי"ד, יחסר בקומה רק אור מלכות, ויהיו בה ד' אורות לכח"ב ות"ת? וכן בחוסר ב' כלים בחי"ג ובחי"ד, יחסרו האורות מת"ת ומלכות, ויהיה בקומה ג' אורות לכח"ב? וכו' עד"ז.

27

כד) והתשובה היא, כי יש תמיד ערך הפכי בין אורות לכלים. כי מדרך הכלים הוא, שהכלים העליונים נגדלים תחילה בפרצוף. שמתחלה נגדל הכתר, ואחריו הכלי דחכמה וכו׳, עד שכלי המלכות נגדל באחרונה.

וע״כ אנו מכנים לכלים בסדר כח״ב תו״מ מלמעלה למטה, כי כן טבע גידולם. והפכי אליהם האורות, כי באורות, האורות התחתונים נכנסים תחלה בפרצוף. כי מתחילה נכנס הנפש, שהוא אור המלכות, ואח״כ הרוח, שהוא אור הז״א וכו׳, עד שאור היחידה נכנס באחרונה.

וע״כ אנו מכנים לאורות בסדר נרנח״י ממטה למעלה, כי כן סדר כניסתם מתתא לעילא. באופן, בעת שעוד לא נגדל בפרצוף רק כלי אחד, שהוא בהכרח כלי העליון כתר, הנה אז לא נכנס בפרצוף אור היחידה, המיוחס לכלי ההוא, אלא רק אור התחתון מכולם, שהוא אור הנפש, ואור הנפש מתלבש בכלי דכתר.

וכשנגדלו ב׳ כלים בפרצוף, שהם ב׳ העליונים כתר וחכמה, הנה אז נכנס בו גם אור הרוח, ויורד אז אור הנפש מכלי דכתר אל כלי דחכמה, ואור הרוח מתלבש בכלי דכתר. וכן כשנגדל כלי ג׳ בפרצוף, שהוא כלי הבינה, אז נכנס בו אור נשמה. ואז יורד אור הנפש מכלי דחכמה לכלי דבינה, ואור הרוח לכלי דחכמה, ואור הנשמה מתלבש בכלי דכתר.

וכשנגדל בפרצוף כלי ד׳, שהוא כלי דת״ת, הנה נכנס בפרצוף אור החיה. ואז יורד אור הנפש מכלי דבינה לכלי דת״ת, ואור הרוח לכלי דבינה, ואור הנשמה לכלי דחכמה, ואור החיה בכלי דכתר.

וכשנגדל כלי חמישי בפרצוף, שהוא כלי מלכות, נכנס בו אור היחידה. ואז באים כל האורות בכלים המיוחסים להם. כי

אור הנפש יורד מהכלי דת"ת לכלי דמלכות, ואור הרוח לכלי
דת"ת, ואור הנשמה לכלי דבינה, ואור החיה לכלי דחכמה, ואור
היחידה לכלי דכתר.

כה) הרי שכל עוד שלא נגדלו כל ה' הכלים כח"ב תו"מ
בפרצוף, נמצאים האורות שלא במקומם המיוחס להם. ולא
עוד, אלא שהם בערך ההפכי, שבחוסר כלי מלכות חסר שם אור
היחידה, ובחוסר ב' הכלים תו"מ חסרים שם יחידה חיה, וכו'.
שהוא מטעם שבכלים נגדלים העליונים תחילה, ובהאורות
נכנסים האחרונים תחילה.

גם תמצא, שכל אור הבא מחדש, הוא מתלבש רק בכלי
דכתר. והוא מטעם, שכל המקבל מחויב לקבל בהכלי היותר זך
שבו, שהוא הכלי דכתר. ומטעם זה מחויבים האורות, שכבר
מלובשים בפרצוף, לרדת מדרגה אחת ממקומם, בעת ביאת כל
אור חדש. למשל בביאת אור הרוח, מחויב אור הנפש לירד
מהכלי דכתר לכלי דחכמה, כדי לפנות מקום הכלי דכתר,
שיוכל לקבל את האור החדש, שהוא הרוח.

וכן אם האור החדש הוא נשמה, מחויב גם הרוח לרדת
מהכלי דכתר לכלי דחכמה, לפנות מקומו דכתר לאור החדש
שהוא נשמה. ומשום זה מחויב הנפש, שהיה בכלי דחכמה,
לרדת לכלי דבינה. וכו' עד"ז. וכל זה הוא כדי לפנות הכלי דכתר
בשביל אור החדש.

ושמור הכלל הזה בידך. ותוכל להבחין תמיד בכל ענין, אם
מדברים בערך כלים ואם בערך אורות. ואז לא תתבלבל, כי יש
תמיד ערך הפכי ביניהם. והנה נתבאר היטב ענין ה' בחינות
שבמסך, איך שעל ידיהן משתנים שיעורי הקומה זה למטה מזה.

ה' פרצופי א"ק

כו) אחר שנתבאר היטב ענין המסך שנתקן בכלי המלכות, שהיא הבחי"ד אחר שנצטמצמה, וענין ה' מיני זווג דהכאה אשר בו, המוציאים ה' קומות של ע"ס זו למטה מזו, נבאר עתה ה' פרצופי א"ק, הקודמים לד' עולמות אבי"ע.

וזאת כבר ידעת, שהאו"ח הזה, שעולה ע"י זווג דהכאה ממטה למעלה ומלביש העע"ס דאור העליון, הוא מספיק רק לשרשי כלים, המכונים "ע"ס דראש הפרצוף". ובכדי לגמור את הכלים, מתרחבת המלכות דראש מאותם העע"ס דאו"ח שהלבישו לע"ס דראש.

והיא מתפשטת מינה ובה ממעלה למטה, באותו שיעור קומה שבעשער ספירות דראש. ובהתפשטות הזה נגמרו הכלים, שהם נקראים "גוף הפרצוף". באופן שב' בחינות של ע"ס יש להבחין תמיד בכל פרצוף: ראש וגוף.

כז) והנה תחילה יצא הפרצוף הראשון דא"ק. כי תיכף אחר צמצום א', אשר הבחי"ד נצטמצמה מלהיות כלי קבלה על אור העליון, והיא נתקנה במסך, הנה אז נמשך אור העליון להתלבש בכלי מלכות כדרכו. והמסך שבכלי מלכות עיכב עליו והחזיר את האור לאחוריו. וע"י הכאה זו שהיתה ממסך דבחי"ד, העלה או"ח עד קומת כתר שבאור העליון. ואותו או"ח נעשה ללבוש ובחינת שורשי כלים לע"ס שבאור העליון, הנקרא "ע"ס דראש" של הפרצוף הראשון דא"ק.

ואח"ז התרחבה והתפשטה המלכות ההיא עם האו"ח, מכח ע"ס דראש, מינה ובה, לע"ס חדשות ממעלה למטה. ואז נגמרו

הכלים בבחינת הגוף. וכל שיעור הקומה, שיצא בע"ס דראש, נתלבש ג"כ בהע"ס דגוף. ובזה נגמר הפרצוף הא' דא"ק ראש וגוף.

כח) ואח"ז חזר ונשנה אותו הזווג דהכאה על מסך המתוקן שבכלי מלכות, שאין בו רק עביות דבחי"ג. ואז יצא עליו רק קומת חכמה. ראש וגוף. כי מתוך שחסר במסך העביות דבחי"ד, אין בו רק ד' כלים כח"ב ת"ת. וע"כ אין מקום באו"ח להלביש רק ד' אורות לבד, שהם חנר"נ, וחסר בו אור היחידה. ונקרא "ע"ב דא"ק".

ואח"כ חזר אותו הזווג דהכאה הנ"ל על מסך שבכלי מלכות, שאין בו רק עביות דבחי"ב. ואז יצאו עליו ע"ס ראש וגוף בקומת בינה. והוא נקרא פרצוף "ס"ג דא"ק", שחסרים בו ב' הכלים דז"א ומלכות וב' האורות דחיה יחידה.

ואח"כ יצא הזווג דהכאה על מסך שאין בו רק עביות דבחי"א. ואז יצאו ע"ס ראש וגוף בקומת ת"ת וחסרים בו ג' כלים בינה ז"א ומלכות, וג' אורות נשמה חיה יחידה, ואין בו אלא רוח ונפש מהאורות, המלובשים בכתר חכמה דכלים. והוא הנקרא פרצוף מ"ה וב"ן דא"ק. וזכור כאן את ערך ההפכי שבין כלים לאורות (כנ"ל באות כ"ד).

כט) והנה נתבארו אופן יציאתם של ה"פ א"ק, הנקראים גלגלתא ע"ב ס"ג מ"ה וב"ן, זה למטה מזה, שכל תחתון חסר בחינה עליונה של העליון שלו. כי לפרצוף ע"ב חסר אור יחידה. ובפרצוף ס"ג חסר גם אור החיה, שיש להעליון שלו, שהוא ע"ב. ובפרצוף מ"ה וב"ן חסר גם אור הנשמה, שיש בהעליון שלו, שהוא ס"ג. והוא מטעם שזה תלוי בשיעור העוביות שבהמסך, שעליו נעשה הזווג דהכאה. (אות י"ח). אמנם צריכים להבין: מי ומה גרם שהמסך ילך ויתמעט, בחינה אחר בחינה משיעור עוביותו, עד שיתחלק לה' שיעורי קומה שבה' מיני זווגים הללו?

31

הזדככות המסך לאצילות פרצוף

ל) בכדי להבין ענין השתלשלות המדרגות בה' שיעורי קומה זה למטה מזה, שנתבאר בה' פרצופין דא"ק לעיל, וכן בכל המדרגות המתבארים בה"פ של כל עולם ועולם מד' העולמות אבי"ע עד המלכות דעשיה, צריכים להבין היטב ענין הזדככות המסך דגוף, הנוהג בכל פרצוף מפרצופי א"ק ועולם הנקודים ובעולם התיקון.

לא) והענין הוא, שאין לך פרצוף או איזה מדרגה שהיא, שלא יהיה לה ב' אורות, הנקראים אור מקיף ואור פנימי. ונבארם בא"ק. כי האור מקיף של פרצוף הא' דא"ק ה"ס אור א"ס ב"ה, הממלא את כל המציאות. אשר לאחר הצמצום א' והמסך שנתקן במלכות, נעשה זווג דהכאה מאור הא"ס על המסך הזה.

וע"י האו"ח שהעלה המסך, חזר והמשיך אור העליון לעולם הצמצום, בבחינת ע"ס דראש וע"ס דגוף (אות כ"ה).

אמנם המשכה זו שבפרצוף א"ק מא"ס ב"ה אינה ממלאת את כל המציאות כמטרם הצמצום, אלא שנבחן בראש וסוף: הן מבחינת מלמעלה למטה, כי אורו נפסק על הנקודה דעוה"ז, שה"ס מלכות המסיימת בסו"ה "ועמדו רגליו על הר הזיתים".

הן מבחינת מבפנים לחוץ. כי כמו שיש ע"ס ממעלה למטה כח"ב תו"מ והמלכות מסיימת את הא"ק מלמטה, כן יש ע"ס

32

כח"ב תו"מ מפנים לחוץ, המכונים מוחא עצמות גידין בשר
ועור, אשר העור, שהוא סוד המלכות, מסיימת את הפרצוף
מבחוץ.

אשר בערך הזה נבחן פרצוף א"ק, כלפי א"ס ב"ה הממלא
את כל המציאות, רק כמו קו דק בלבד. כי פרצוף העור מסיימת
אותו ומגבילה אותו סביב סביב מבחוץ, ואינו יכול להתרחב
למלא את כל החלל שנצטמצם. ונשאר רק קו דק עומד
באמצעו של החלל.

והנה שיעור האור שנתקבל בא"ק, דהיינו קו הדק, נקרא
"אור פנימי". וכל ההפרש הגדול הזה, שבין האו"פ שבא"ק ובין
אור א"ס ב"ה שמטרם הצמצום, נקרא "אור מקיף". כי הוא
נשאר בבחינת או"מ מסביב פרצוף א"ק, כי לא יכול להתלבש
בפנימיות הפרצוף.

לב) ונתבאר היטב סוד האו"מ דא"ק, שלגדלו אין קץ
ותכלית. אמנם אין הכונה שא"ס ב"ה, הממלא את כל
המציאות, הוא עצמו הוא בבחינת או"מ לא"ק. אלא הכונה היא,
שבעת שנעשה הזווג דהכאה על המלכות דראש א"ק, אשר
א"ס הכה במסך אשר שם, שפירושו שרצה להתלבש בבחי"ד
דא"ק כמו מטרם הצמצום, אלא המסך שבמלכות דראש א"ק
הכה בו, שפירושו שעיכב עליו מלהתפשט בבחי"ד, והחזירו
לאחוריו (אות י"ד).

שבאמת האו"ח הזה שיצא ע"י החזרת האור לאחוריו, נעשה
ג"כ בחינת כלים להלבשת אור העליון. אמנם יש הפרש גדול
מאוד בין קבלת הבחי"ד שמטרם הצמצום, ובין קבלת האור חוזר
שלאחר הצמצום. שהרי לא הלביש אלא בחינת קו דק בראש
וסוף. אשר כל זה פעל המסך בסבת הכאתו על אור העליון.

33

הנה זה השיעור, שנדחה מא"ק בסבת המסך, כלומר כל
אותו השיעור, שאור העליון מא"ס ב"ה רצה להתלבש בבחי"ד,
לולא המסך שעיכב עליו, הוא הנעשה לאו"מ מסביב הא"ק.
והטעם הוא, כי אין שינוי והעדר ברוחני. וכיון שאור א"ס נמשך
להא"ק להתלבש בבחי"ד, הרי זה צריך להתקיים כן. לכן
אע"פ שעתה עיכב עליו המסך והחזירו לאחוריו, עכ"ז אין זה
סותר להמשכת א"ס ח"ו. אלא אדרבא, הוא מקיים אותו! רק
באופן אחר.

והיינו ע"י ריבוי הזווגים בה' העולמות א"ק ואבי"ע, עד לגמר
התיקון, שתהיה הבחי"ד מתוקנת על ידיהם בכל שלימותה. ואז
א"ס יתלבש בה כבתחילה. הרי שלא נעשה שום שינוי והעדר
ע"י הכאת המסך באור העליון. וזה סוד מ"ש בזוהר: "א"ס לא
נחית יחודיה עליה עד דיהבינן ליה בת זוגיה".

ובינתים, כלומר עד הזמן ההוא, נבחן שאור א"ס הזה נעשה
לאו"מ, שפירשו שעומד להתלבש בו לאחר מכן. ועתה הוא
מסבב ומאיר עליו רק מבחוץ בהארה מסוימת, שהארה זו
מסגלתו להתפשט באותם החוקים הראוים להביאהו לקבל
האו"מ הזה בהשיעור שא"ס ב"ה נמשך אליו בתחילה.

לג) ועתה נבאר ענין הביטוש דאו"פ ואו"מ זה בזה, המביא
להזדככות המסך ולאבידת בחינה אחרונה דעביות. כי בהיות ב'
האורות הללו הפוכים זה מזה וקשורים יחד שניהם במסך
שבמלכות דראש א"ק, ע"כ מבטשים ומכים זה בזה.

פירוש: כי אותו זווג דהכאה הנעשה בפה דראש א"ק, דהיינו
במסך שבהמלכות דראש, הנקראת "פה", שהיה הסבה
להלבשת אור פנימי דא"ק ע"י האו"ח שהעלה, הנה הוא ג"כ
הסבה ליציאת האו"מ דא"ק. כי מחמת שעיכב על אור א"ס

מלהתלבש בבחי"ד, יצא האור לחוץ בבחינת או"מ. דהיינו כל אותו חלק האור שהאו"ח אינו יכול להלבישו כמו הבחי"ד עצמה, הוא יצא ונעשה לאו"מ. הרי שהמסך שבפה הוא סבה שוה לאור מקיף כמו לאו"פ.

לז) ונתבאר שהאו"פ והאו"מ שניהם קשורים במסך, אלא בפעולות הפוכות זה לזה. ובה במדה שהמסך ממשיך חלק מאור העליון לפנימיות הפרצוף ע"י האו"ח המלבישו, כן הוא מרחיק את או"מ מלהתלבש בהפרצוף. ומתוך שחלק האור הנשאר מבחוץ לאו"מ גדול הוא מאוד, מפאת המסך המעכב עליו מלהתלבש בא"ק, ע"כ נבחן שהוא מכה במסך המרחיק אותו, במה שהוא רוצה להתלבש בפנימיות הפרצוף.

ולעומתו נבחן ג"כ, אשר כח העביות וקשיות שבמסך מכה באו"מ, הרוצה להתלבש בפנימיותו ומעכב עליו, ע"ד שהוא מכה באור העליון בעת הזווג. ואלו ההכאות שהאו"מ והעביות שבמסך מכים זה בזה, מכונים "ביטוש האו"מ באו"פ". אמנם ביטוש זה נעשה ביניהם רק בגוף הפרצוף, כי שם ניכר ענין התלבשות האור בכלים, המשאיר את האו"מ מחוץ לכלי. משא"כ בע"ס דראש, שם אינו נוהג ענין הביטוש הזה, כי שם אין האו"ח נחשב לכלים כלל, אלא לשרשים דקים לבד.

ומשום זה אין האור שבהם נחשב לאו"פ מוגבל, עד להבחין באור הנשאר מבחוץ לבחינת או"מ. וכיון שאין הבחן הזה ביניהם, לא שייך הכאה דאו"פ ואו"מ בע"ס דראש. אלא רק אחר שהאורות מתפשטים מפה ולמטה לע"ס דגוף, ששם מתלבשים האורות בכלים, שהם הע"ס דאו"ח שמפה ולמטה, ע"כ נעשה שם הכאה בין האו"פ שבתוך הכלים ובין האור מקיף שנשאר מבחוץ.

לה) והנה הביטוש הזה נמשך, עד שהאו"מ מזכך את המסך מכל עוביותו, ומעלה אותו לשרשו העליון שבפה דראש. כלומר, שמזכך ממנו כל העביות שממעלה למטה, המכונה "מסך ועביות דגוף". ולא נשאר בו רק השורש דגוף, שהוא בחינת המסך דמלכות דראש, הנקרא "פה". דהיינו שנזדכך מכל העביות שממעלה למטה, שהוא החוצץ בין או"פ לאו"מ. ולא נשאר רק העביות שממטה למעלה, ששם עוד לא נעשה ההבדל מאו"פ לאו"מ. ונודע שהשוואת הצורה מדביק הרוחניים להיות אחד. ע"כ אחר שנזדכך המסך דגוף מכל עביות של הגוף, ולא נשאר בו רק עביות השוה למסך דפה דראש, ונעשה צורתו שוה אל המסך דראש, הנה נכלל עמו להיות אחד ממש, כי אין ביניהם מה שיחלק אותם לשנים. וזה מכונה, שהמסך דגוף עלה לפה דראש. וכיון שנכלל המסך דגוף בהמסך דראש, נמצא נכלל שוב בזווג דהכאה שבמסך דפה דראש, ונעשה עליו זווג דהכאה מחדש. ויוצאות בו ע"ס בקומה חדשה, הנקרא "ע"ב דא"ק" או "פרצוף חכמה דא"ק". והוא נחשב לבן ותולדה של הפרצוף הא' דא"ק.

לו) ואחר שפרצוף ע"ב דא"ק יצא ונשלם בראש וגוף, חזר גם עליו ענין הביטוש דאו"מ באו"פ, ע"ד שנתבאר לעיל בפרצוף הא' דא"ק. והמסך דגוף שלו נזדכך ג"כ מכל עביות דגוף, עד שהשוה צורתו לבחינת מסך דראש שלו.

ונמצא אז שנכלל בזווג שבפה דראש שלו. ונעשה עליו זווג דהכאה מחדש, שהוציא קומה חדשה של ע"ס, בשיעור קומת בינה, הנקרא "ס"ג דא"ק". והוא נחשב לבן ותולדה של פרצוף הע"ב דא"ק, כי יצא מהזווג דפה דראש שלו. ועד"ז יצאו ג"כ הפרצופים שמס"ג דא"ק ולמטה.

לז) והנה נתבאר יציאת הפרצופים זה למטה מזה, הנעשה מכח הביטוש דאו"מ באו"פ, המזכך המסך דגוף עד שמחזירו לבחינת מסך דפה דראש. ואז נכלל שם בזווג דהכאה, הנוהג בפה דראש.

ומוציא ע"י זווגו קומה חדשה של ע"ס. שקומה חדשה זו נבחן לבן אל פרצוף הקודם. ובדרך הזה יצא הע"ב מפרצוף הכתר, והס"ג מפרצוף ע"ב, והמ"ה מפרצוף ס"ג. וכן יתר המדרגות בנקודים ואבי"ע. אלא עוד צריכים להבין: למה יצאו הע"ס דע"ב רק על בחי"ג ולא על בחי"ד. וכן הס"ג רק על בחי"ב וכו'? דהיינו, שכל תחתון נמוך במדרגה אחת כלפי עליונו? ולמה לא יצאו כולם זה מזה בקומה שוה?

לח) ותחילה יש להבין, למה נחשב הע"ס דע"ב לתולדה של פרצוף הא' דא"ק. כי מאחר שיצא מהזווג דפה דראש דפרצוף הא', כמו הע"ס דגוף הפרצוף עצמו. וא"כ במה יצא מבחינת פרצוף הא', להיות נחשב כפרצוף שני ותולדה אליו?

וצריך שתבין כאן ההפרש הגדול ממסך דראש למסך דגוף. כי יש ב' מיני מלכיות בפרצוף: א. הוא מלכות המזדווגת, בכח המסך המתוקן בה, עם אור העליון; ב. היא מלכות המסיימת, בכח המסך המתוקן בה, את אור העליון שבע"ס דגוף.

וההפרש ביניהם כרחוק מאציל מנאצל. כי המלכות דראש המזדווגת בזווג דהכאה עם אור העליון, נחשבת לבחינת מאציל אל הגוף. כי המסך המתוקן בה לא הרחיק אור העליון עם הכאתו בו, אלא אדרבא, שע"י אור חוזר שהעלה, הלביש והמשיך את האור העליון בבחינת ע"ס דראש. ונמעא מתפשט ממעלה למטה עד שנתלבשו הע"ס דאור העליון בהכלי דאו"ח, הנקרא "גוף".

וע"כ נבחן המסך והמלכות דראש בבחינת מאציל להע"ס דגוף, ולא ניכר עדיין שום בחינת מגביל ומדחה במסך ומלכות הזאת. משא"כ המסך והמלכות דגוף, שפירושו, שאחר שהע"ס נתפשטו מפה דראש ממעלה למטה, אינם מתפשטים רק עד המלכות שבע"ס ההם. כי אור העליון אינו יכול להתפשט תוך המלכות דגוף, מפני המסך המתוקן שם המעכבו מלהתפשט אל המלכות. וע"כ נפסק הפרצוף שם ונעשה סוף וסיום על הפרצוף.

הרי שכל כח הצמצום והגבול מתגלה רק בהמסך והמלכות הזאת של הגוף. ולפיכך כל הביטוש דאו"מ באו"פ אינו נעשה רק במסך דגוף בלבד, כי הוא המגביל ומרחיק את האו"מ מלהאיר בפנימיות הפרצוף. ולא במסך דראש, כי המסך של הראש הוא רק הממשיך ומלביש האורות, ואין עדיין כח הגבול מתגלה בו אף משהו.

לט) ונתבאר, שמכח הביטוש דאו"מ באו"פ, חזר המסך דמלכות המסיימת להיות לבחינת מסך ומלכות המזדווגת (אות ל"ה). כי הביטוש דאור מקיף טיהר את המסך המסיים מכל העביות דגוף שהיה בו, ולא נשאר בו רק רשימות דקות מהעביות ההיא, השווות לעביות דמסך דראש. ונודע שהשתוות הצורה מדביק ומיחד הרוחניים זה בזה. לפיכך, אחר שהמסך דגוף השווה צורת עביותו למסך דראש, הנה תיכף נכלל בו ונעשה עמו כאלו היו מסך אחד. ואז קבל כח לזווג דהכאה, כמו מסך דראש.

ויצאו עליו הע"ס דקומה החדשה. אמנם יחד עם זווגו זה, נתחדשו בו במסך דגוף הרשימות דעביות דגוף, שהיו בו מתחילה. ואז חזר וניכר בו שוב שינוי הצורה באיזה שיעור בינו

למסך דראש הנכלל עמו. והכר של השינוי הזה מבדילהו ומוציאהו מהפה דראש דעליון.

כי אחר שחזר וניכר מקורו הראשון, שהוא מפה ולמטה דעליון, הנה אז אינו יכול לעמוד עוד למעלה מפה דעליון. כי שינוי הצורה מפריד הרוחניים זה מזה. ונמצא שהוכרח לירד משם למקום שמפה ולמטה דעליון. ולפיכך נבחן בהכרח לגוף שני כלפי העליון. כי אפילו הראש של הקומה החדשה נבחן כלפי העליון כגופו בלבד, להיותו נמשך ממסך דגוף דגוף שלו.

ולפיכך שינוי הצורה הזו מבדיל אותם לב' גופים נבדלים. וכיון שהקומה החדשה היא כולה תולדה של המסך דגוף של פרצוף הקודם, ע"כ נחשב כבן אליו, וכמו ענף הנמשך ממנו.

מ) ויש עוד דבר נוסף בהבדל מהתחתון לעליון. והוא, כי כל תחתון יוצא מבחינת שיעור קומה אחרת שבה' בחינות שבמסך (אות כ"ב).

וכל תחתון חסר הבחינה העליונה של האורות דעליון, והבחינה התחתונה של הכלים דעליון.

והטעם הוא, כי מטבע הביטוש דאו"מ במסך, להאביד מהמסך את בחינה אחרונה דעביות שלו. ולמשל, בפרצוף הא' דא"ק, שהמסך יש לו כל ה' בחינות עביות שלו, דהיינו עד לבחי"ד, הנה ע"י הביטוש דאו"מ בהמסך דגוף, מזכך את העביות דבחי"ד לגמרי, ואינו מניח ממנו אפילו רשימו של העביות ההיא.

ורק הרשימות מהעביות דבחי"ג ולמעלה נשארים במסך. ולפיכך, כשהמסך ההוא נכלל בראש ומקבל שם זווג דהכאה על העביות שנשאר בהרשימות שלו מהגוף, נמצא הזווג יוצא רק על בחי"ג דעביות שבמסך בלבד, כי הרשימו דעביות דבחי"ד

39

נאבדה ואינה שם. וע"כ הקומה שיוצאת על המסך הזה, הוא בשיעור קומת חכמה לבד, הנקרא "הוי"ה דע"ב דא"ק" או "פרצוף ע"ב דא"ק". ונתבאר באות כ"ב, אשר קומת חכמה, היוצאת על המסך דבחי"ג, חסרה המלכות דכלים ובחינת אור יחידה מהאורות, שהוא אור הכתר. הרי שפרצוף הע"ב חסר הבחינה אחרונה דכלים דעליון, והבחינה עליונה דאורות דעליון. ומשום שינוי הצורה הרחוקה הזו, נבחן התחתון לפרצוף נבדל מהעליון.

מא) וע"ז אחר שנתפשט פרצוף ע"ב לראש וגוף, ונעשה הביטוש דאו"מ על המסך דגוף דע"ב, שהוא מסך דבחי"ג, הנה הביטוש הזה מעלים ומאביד ממנו את הרשימו דעביות של הבחינה האחרונה שבמסך, שהוא בחי"ג. ונמצא בעת עלית המסך אל הפה דראש, ונכלל בו בהזדווג דהכאה, נעשה ההכאה רק על עביות דבחי"ב, שנשארה במסך הזה. כי הבחי"ג נאבדה ממנו ואינה. וע"כ הוא מוציא רק ע"ס בקומת בינה, הנקרא "הוי"ה דס"ג דא"ק" או "פרצוף ס"ג". ויחסר ז"א ומלכות דכלים וחיה יחידה דאורות. וע"ז כשנתפשט הפרצוף ס"ג הזה לראש וגוף. ונעשה הביטוש דאו"מ בהמסך דגוף שלו, שהוא מסך דבחי"ב. הנה הביטוש הזה מעלים ומאביד ממנו הבחינה אחרונה דעביות שבהמסך, שהוא בחי"ב, ולא נשארו במסך אלא הרשימות דעביות שמבחי"א ולמעלה. וע"כ, בעת עלית המסך לפה דראש, ונכלל בזווג דהכאה אשר שם, נעשה ההכאה רק על מסך דבחי"א, שנשאר במסך. כי הבחי"ב כבר נאבדה ממנו. וע"כ הוא מוציא רק ע"ס בקומת ת"ת, הנקרא "קומת ז"א". והוא חסר בינה ז"א ומלכות דכלים, ונשמה חיה יחידה דאורות. וכו' עד"ז.

מב) ונתבאר היטב הטעם של ירידות הקומות זו למטה מזו בעת השתלשלות הפרצופים זה מזה, שהוא משום שהביטוש דאו"מ באו"פ, הנוהג בכל פרצוף, מאביד תמיד שם את הבחינה אחרונה דרשימו דעביות אשר שם.

ויש לדעת, אמנם שבאלו הרשימות, הנשארות במסך לאחר הזדככותו, יש בהם ב' בחינות: א. נקרא רשימו דעביות, ב. נקרא רשימו דהתלבשות. למשל, אחר שנזדכך המסך דגוף דפרצוף הא' דא"ק, אמרנו שהבחינה האחרונה דרשימות דעביות, שהיא הרשימו דבחי"ד, נאבדה ממנו. ולא נשאר בהמסך, אלא הרשימו דעביות דבחי"ג. אמנם הרשימו דבחי"ד כוללת ב' בחינות כנ"ל: דהתלבשות ודעביות. ולא נאבד מהמסך בסבת ההזדככות היא רק הרשימו דעביות דבחי"ד. אבל הרשימו דהתלבשות דבחי"ד נשארה בהמסך ההוא ולא נאבד ממנו. ופירושו של הרשימו דהתלבשות, הוא בחינה זכה מאד מהרשימו דבחי"ד, שאין בה עביות מספיק לזווג דהכאה עם אור העליון. ורשימו זו נשארה מהבחינה אחרונה שבכל פרצוף בעת הזדככותו. ומה שאמרנו, שהבחינה אחרונה נאבדה מכל פרצוף בעת הזדככותו, הוא רק הרשימו דעביות שבה בלבד.

מג) וההשארה של הרשימו דהתלבשות מהבחינה אחרונה, שנשארה בכל מסך, גרם ליציאת ב' קומות זכר ונקבה בראשים דכל הפרצופים. החל מע"ב דא"ק, וכן בס"ג דא"ק, וכן במ"ה וב"ן דא"ק, ובכל פרצופי אצילות.

כי בפרצוף ע"ב דא"ק, שאין שם במסך אלא רשימו דעביות דבחי"ג, המוציא ע"ס בקומת חכמה, הנה הרשימו דהתלבשות מבחי"ד, הנשארת שם במסך, שאינה ראויה כלל לזווג עם אור העליון משום זכותה, הנה היא נכללת עם העביות דבחי"ג

ונעשת לרשימו אחת. ואז קנתה הרשימו דהתלבשות כח להזדווגות עם אור העליון.

ועכ"ך יצא עליה זווג דהכאה עם אור העליון, המוציא ע"ס בקירוב לקומת כתר. והוא מטעם, היות בה בחינת התלבשות דבחי"ד. והתכללות זה נקרא התכללות הנקבה בזכר. כי הרשימו דעוביות מבחי"ג נקרא נקבה, להיותה הנושא לבחינת העביות. והרשימו דהתלבשות דבחי"ד נקרא זכר, משום שבא מקומה גבוה ממנה, ומשום שהוא זך מעביות.

ולפיכך, הגם שהרשימו דזכר בלבד אינו מספיק לזווג דהכאה, אמנם ע"י התכללות הנקבה בו, נעשה גם הוא ראוי לזווג דהכאה.

מד) ואחר זה יש גם התכללות הזכר בנקבה. דהיינו שהרשימו דהתלבשות נכלל בהרשימו דעביות. ואז יוצא זווג דהכאה על קומת הנקבה בלבד, שהוא רק קומת בחי"ג, שהיא קומת חכמה, הנקרא "הוי"ה דע"ב".

והנה הזווג העליון, שהנקבה נכללה בהזכר, נבחן לקומת הזכר, שהיא קומת כתר בקירוב. וזווג התחתון, שהזכר נכלל בהנקבה, נבחן לקומת הנקבה, שהיא קומת חכמה בלבדה. אמנם קומת הזכר, מתוך שהעביות שבו אינו מעצמו, אלא ע"י התכללות עם הנקבה, הנה הגם שמספיק ליציאת קומת ע"ס ממטה למעלה, הנקרא "ראש", עכ"ז אין קומה זו יכולה להתפשט ממעלה למטה לבחינת גוף, שפירושו התלבשות האורות בכלים.

כי זווג דהכאה על עביות הבא מבחינת התכללות, אינו מספיק להתפשט לבחינת כלים. ולפיכך אין בקומת הזכר רק בחינת ראש בלי גוף. וגוף הפרצוף נמשך רק מקומת הנקבה, שיש לה עביות מבחינת עצמותו. ומשום זה אנו מכנים את

הפרצוף רק על קומת הנקבה בלבד, דהיינו בשם פרצוף ע"ב. כי עיקרו של הפרצוף הוא הבחינת גוף שלו, שהוא התלבשות האורות בכלים. והוא יוצא רק מקומת הנקבה כמבואר. ע"כ נקרא הפרצוף על שמה.

מה) וע"ד שנתבארו ב' הקומות זכר ונקבה בראש דפרצוף ע"ב, ממש על אותו דרך יוצאים ב' הללו גם בראש הס"ג. אלא שם קומת הזכר הוא בקירוב לבחינת חכמה, משום שהוא מהרשימו דהתלבשות דבחי"ג בהתכללות העביות דבחי"ב. וקומת הנקבה היא בקומת בינה, דהיינו מהעביות דבחי"ב.

וגם כאן נקרא הפרצוף רק על שם קומת הנקבה, משום שהזכר הוא ראש בלי גוף. ועד"ז בפרצוף מ"ה דא"ק. ושם קומת הזכר הוא בקירוב לקומת בינה, המכונה "קומת ישסו"ת", להיותו מרשימו דבחי"ב דהתלבשות בהתכללות עביות מבחי"א. וקומת הנקבה היא קומת ז"א לבד. כי היא רק בחי"א דעביות. וגם כאן אין הפרצוף נקרא אלא על שם הנקבה, דהיינו פרצוף מ"ה או פרצוף ו"ק, משום שהזכר הוא ראש בלי גוף. ועד"ז תשכיל בכל הפרצופים.

טעמים נקודות תגין ואותיות

מו) אחר שנתבאר הביטוש דאו"מ באו"פ, הנוהג אחר התפשטות הפרצוף לבחינת גוף, שבסבתו מזדכך המסך דגוף, וכל האורות דגוף מסתלקים, והמסך עם הרשימות הנשארים בו עולים לפה דראש, ומתחדשים שם בזווג דהכאה מחדש, ומוציאים קומה חדשה בשיעור העביות שברשימות, נבאר עתה ד' מיני אורות טנת"א, הנעשים עם הביטוש דאו"מ ועליות המסך לפה דראש.

מז) כי נתבאר, שע"י הביטוש דאו"מ במסך דגוף, הוא מזדכך למסך מכל עביות דגוף, עד שנזדכך ונשתוה למסך דפה דראש. שהשתוות הצורה עם הפה דראש, נמצא מיחדהו כבחינה אחת עמו, ונכלל בזווג דהכאה שבו. אמנם נבחן, שאין המסך מזדכך בבת אחת, אלא על פי סדר המדרגה. דהיינו, מתחילה מבחי"ד לבחי"ג, ואח"כ מבחי"ג לבחי"ב, ואח"כ מבחי"ב לבחי"א, ואחר כך מבחי"א לבחינת שורש, עד שנזדכך מכל בחינת עביותו ונעשה זך כמו המסך דפה דראש. והנה אור העליון אינו פוסק מלהאיר אף רגע, והוא מזדווג עם המסך בכל מצב ומצב של הזדככותו.

כי אחר שנזדכך מבחי"ד, ונסתלק כל הקומת כתר הזו, והמסך בא לעביות דבחי"ג, הרי אור העליון מזדווג עם המסך על פי העביות דבחי"ג הנשארת בו, ומוציא ע"ס בקומת חכמה.

ואחר כך, כשנזדכך המסך גם מבחי"ג, ונסתלק גם קומת חכמה, ולא נשאר במסך רק בחינה ב', נמצא אור העליון מזדווג עמו על בחי"ב, ומוציא ע"ס בקומת בינה. ואחר כך כשמזדכך גם מבחי"ב, ונסתלקה הקומה הזו, ולא נשאר בו רק עביות דבחי"א, הנה אור העליון מזדווג עם המסך על עוביות דבחי"א הנשארת בו, ומוציא קומת ע"ס בקומת הז"א. וכשנזדכך גם מעביות דבחי"א, וקומת הז"א מסתלקת, ולא נשאר בו אלא שורש העביות, מזדווג אור העליון גם על העביות דשורש הנשארת בהמסך, ומוציא ע"ס בקומת המלכות. וכשנזדכך המסך גם מעביות דשורש, וגם קומת המלכות נסתלקה משם, כי לא נשאר במסך עוד שום עביות דגוף, הנה אז נבחן שהמסך ורשימותיו עלו ונתחברו עם המסך דראש, ונכלל שם בזיווג דהכאה, ויוצאים עליו הע"ס החדשות, הנקראות בן ותולדה לפרצוף הראשון.

והנה נתבאר, שענין הביטוש דאו"מ באו"פ, המזכך להמסך דגוף של הפרצוף הא' דא"ק, ומעלהו לפה דראש שלו, שעי"ז נולד ויוצא פרצוף שני ע"ב דא"ק, אין זה נעשה בבת אחת, אלא על סדר המדרגה, אשר אור עליון מזדווג עמו בכל מצב ומצב מהד' מדרגות, שהולך ובא עליהם במשך זמן הזדככותו, עד שנשתווה לפה דראש. ועד"ז שנתבאר יציאת ד' קומות במשך זמן הזדככות הגוף דפרצוף א' לצורך ע"ב, כן יוצאות ג' קומות במשך זמן הזדככות המסך דגוף דפרצוף ע"ב, בעת אצילותו לפרצוף ס"ג. וכן בכל המדרגות.

כי זה הכלל: אין המסך מזדכך בבת אחת אלא בסדר המדרגה. ואור העליון, שאינו פוסק להתפשט לתחתון, נמצא מזדווג עמו בכל מדרגה ומדרגה שבדרך זיכוכו.

מח) אמנם אלו הקומות שיוצאות על המסך במשך זמן הזדככותו ע"פ סדר המדרגה, אינן נחשבות להתפשטות מדרגות אמיתיות, כמו הקומה הראשונה שיצאה מטרם התחלת הזדככות, אלא שהן נחשבות לבחינות נקודות. ומכונות בשם "או"ח ודין". כי כח הדין של הסתלקות האורות כבר מעורב בהם.

כי בפרצוף הא', הנה תיכף כשהביטוש התחיל לפעול וזיכך את המסך דגוף מבחי"ד, הנה נחשב כאלו כבר נזדכך כולו. כי אין מקצת ברוחני. וכיון שהתחיל להזדכך, כבר מוכרח להזדכך כולו. אלא מתוך שמדרך המסך להזדכך על סדר המדרגה, יש שהות לאור העליון להזדווג עמו בכל מדרגה של עביות שהמסך מקבל במשך זמן הזדככותו, עד שמזדכך כולו. וע"כ אלו הקומות היוצאות במשך זמן הסתלקותו, כח ההסתלקות מעורב בהן, ונחשבות רק לבחינות נקודות ואו"ח ודין.

ולפיכך אנו מבחינים בכל פרצוף ב' מיני קומות, בשם: טעמים, ונקודות. כי הע"ס דגוף שיצאו בראשונה בכל פרצוף נקראות בשם "טעמים". ואותם הקומות היוצאות בפרצוף בדרך זיכוכו, דהיינו אחר שכבר התחיל המסך להזדכך עד שמגיע לפה דראש, הן נקראות בשם "נקודות".

מט) ואלו הרשימות הנשארות למטה בגוף אחר הסתלקות האורות דטעמים, נקראות בשם "תגין". ואלו הרשימות הנשארות מקומות הנקודות נקראות בשם "אותיות", שהם "כלים". והתגין, שהם הרשימות מהאורות דטעמים, הם חופפים על האותיות והכלים, ומקיימים אותם.

ונתבאר ד' מיני אורות, הנקראים "טעמים", "נקודות", "תגין", "אותיות". אשר הקומה הראשונה היוצאת בכל פרצוף מה"פ, הנקראים "גלגלתא", "ע"ב", "ס"ג", "מ"ה" "ב"ן", נקראת

בשם "טעמים". וקומות היוצאות בכל פרצוף אחר שכבר התחיל
להזדכך, עד שמזדכך כולו, נקראות בשם "נקודות". והרשימות
הנשארות מהאורות דטעמים שבכל קומה אחר הסתלקותם,
נקראות בשם "תגין". והרשימות הנשארות מהאורות של קומות
הנקודות אחר הסתלקותם, נקראות בשם "אותיות" או "כלים".
ותזכור זה בכל ה"פ הנקראים "גלגלתא", "ע"ב", "ס"ג", "מ"ה",
"ב"ן", כי בכולם יש הזדככות ובכולם יש אלו ד' מיני אורות.

ענין רת"ס שבכל פרצוף
וסדר התלבשות הפרצופים זב"ז

נ) הנה כבר ידעת את ההבחן שיש ב' מיני מלכיות בכל פרצוף, שהם מלכות המזדווגת ומלכות המסיימת. והנה מהמסך שבמלכות המזדווגת יוצאות ע"ס דאו"ח ממנה ולמעלה, המלבישות לע"ס דאור העליון, שהם נקראות "ע"ס דראש", כלומר שרשים לבד.

ומשם ולמטה מתפשטות הע"ס דגוף הפרצוף, דהיינו בבחינות התלבשות האורות בכלים גמורים.

ואלו הע"ס דגוף מתחלקות לב' בחינות של ע"ס, הנקראות "ע"ס דתוך" ו"ע"ס דסוף". שהע"ס דתוך מקומן מפה עד הטבור, ששם מקום התלבשות של האורות בכלים. והע"ס דסיום וסוף הפרצוף, מקומן מטבורו ולמטה עד סיום רגליו, שפירושן, אשר המלכות מסיימת לכל ספירה וספירה עד שמגיעה לבחינתה עצמה, שאינה ראויה לקבל שום אור, וע"כ נפסק שם הפרצוף.

ובבחינת הפסק זה מכונה "סיום אצבעות רגלין של הפרצוף", שמשם ולמטה חלל פנוי וריקן בלי אור. ותדע, שב' מיני ע"ס הללו נמשכים מהע"ס דשרשים, הנקראים "ראש". כי שניהם נכללים במלכות המזדווגת. כי יש שם כח הלבשה, שהוא האו"ח, העולה ומלביש לאור העליון.

48

גם יש שם כח העיכוב של המסך על המלכות, שלא תקבל האור, שעי"ז נעשה הזווג דהכאה המעלה אור חוזר. וב' כחות הללו המה בהראש רק שורשים בעלמא. אלא כשמתפשטים מלמעלה למטה, הנה כח הא', שהוא כח ההלבשה, יוצא לפועל בע"ס דתוך, שמפה ולמטה עד הטבור. וכח הב', שהוא כח העיכוב על המלכות מלקבל אור, יוצא לפועל בע"ס דסוף וסיום, שמטבור ולמטה עד סיום אצבעות רגלין.

וב' מיני ע"ס הללו נקראים תמיד חג"ת נהי"מ. שהע"ס דתוך, שמפה עד הטבור, נקראות כולן בשם "חג"ת". והע"ס דסוף שמטבור ולמטה, נקראות כולן בשם "נהי"מ".

נא) עוד יש לדעת, כי ענין הצמצום לא היה אלא על אור החכמה, שהכלי שלה הוא הרצון לקבל הנגמר בבחי"ד, שבה נעשה הצמצום והמסך. אבל על אור דחסדים לא היה שום צמצום כלל, כי הכלי שלו הוא הרצון להשפיע, שאין בו שום עביות ושינוי הצורה מהמאציל, ואינו צריך לשום תיקונים.

ועכ"ז לפי שבע"ס דאור העליון נמצאים אלו ב' האורות חכמה וחסדים, מקושרים יחדיו בלי שום הפרש ביניהם, להיותם אור אחד המתפשט לפי תכונתו, לפיכך כשבאים בהתלבשות בכלים אחר הצמצום, הנה גם אור דחסדים נפסק על המלכות, אעפ"י שעליו לא נעשה צמצום.

כי אם היה אור דחסדים מתפשט במקום, שאין אור החכמה יכול להתפשט שם אף משהו, דהיינו במלכות המסיימת, היתה נעשת שבירה באור העליון. כי האור דחסדים היה מוכרח להפרד לגמרי מאור החכמה. ולפיכך נעשה מלכות המסיימת לבחינת חלל פנוי וריקן לגמרי ואפילו מאור דחסדים.

נב) ועם זה תבין תוכנם של הע״ס דסוף הפרצוף שמטבור
ולמטה. כי אי אפשר כלל לומר שהן רק בחינת אור החסדים בלי
חכמה כלל, כי אין האור דחסדים נפרד לעולם לגמרי מאור
החכמה. אלא שיש בהן בהכרח הארה מועטת גם מאור
החכמה. ותדע שהארה מועטת הזו אנו מכנים תמיד בשם ״ו״ק
בלי ראש״. והנה נתבארו ג׳ בחינות הע״ס שבפרצוף, הנקראות
״ראש״, ״תוך״, ״סוף״.

נג) ועתה נבאר ענין סדר הלבשת הפרצופים גלגלתא
ע״ב וס״ג דא״ק זה לזה. וזה ידעת, כי כל תחתון יוצא ממסך
דגוף דעליון, אחר שנזדכך ונעשה בהשואת הצורה אל המלכות
והמסך שבראש. כי אז נכלל במסך שבראש בזווג דהכאה שבו.

ואחר שנעשה עליו הזווג דהכאה בב׳ הרשימות עביות
והתלבשות הנשאר במסך דגוף, הנה הוכרה העביות שבו, שהיא
מבחינת עביות דגוף. וע״י הכר ההוא נבחן לנו, שהקומה יוצאת
מבחינת ראש דפרצוף הא׳ דא״ק, ויורדת ומלבשת לבחינת
הגוף שלו, דהיינו במקום שורשה, כי ממסך דגוף היא.

ובאמת היה צריך ליֵרד המסך עם המלכות המזדווגת של
הפרצוף החדש למקום הטבור דפרצוף הא׳, כי שם מתחיל
המסך דגוף עם מלכות המסיימת של פרצוף הא׳, שמשם
שורש הפרצוף החדש ואחיזתו. אלא מתוך שהבחינה האחרונה
דעביות נאבדה מהמסך, בסבת הביטוש דאו״מ באו״פ (אות מ)
ולא נשאר במסך זולת בחי״ג דעביות. אשר בחי״ג הזאת דעביות
נקרא חזה. ולפיכך אין למסך ומלכות המזדווגת דפרצוף החדש
שום אחיזה ושורש בטבור דעליון, אלא רק בחזה שלו. והוא
דבוק שם כענף בשורשו.

נד) ולפיכך נמצא, שהמסך דפרצוף החדש יורד למקום החזה דפרצוף הא'. ומוציא שם ע"י זווג דהכאה עם אור העליון ע"ס דראש ממנו ולמעלה, עד הפה דעליון, שהוא המלכות דראש דפרצוף הא'. אבל את הע"ס דראש של פרצוף העליון אין התחתון יכול להלביש אף משהו, להיותו רק מבחינת מסך דגוף של העליון.

ואח"כ מוציא ע"ס ממעלה למטה, הנקראות "ע"ס דגוף", בתוך וסוף של התחתון. ומקומם מחזה דפרצוף העליון ולמטה עד הטבור שלו בלבד. כי מטבור ולמטה הוא מקום הע"ס דסיום של העליון, שהיא בחי"ד, ואין להתחתון אחיזה בבחינה אחרונה של העליון, כי נאבדה ממנו בעת הזדככותו (אות מ).

וע"כ פרצוף התחתון ההוא, הנקרא "פרצוף החכמה דא"ק" או "פרצוף ע"ב דא"ק", מוכרח להסתיים למעלה מטבור של פרצוף הא' דא"ק. ונתבאר היטב, שכל רת"ס דפרצוף ע"ב דא"ק, שהוא התחתון דפרצוף הא' דא"ק, המה עומדים ממקום שמתחת הפה דפרצוף הא' עד מקום הטבור שלו. באופן, שהחזה דפרצוף הא' הוא מקום פה דראש של פרצוף ע"ב, דהיינו מלכות המזדווגת. והטבור דפרצוף הא' הוא מקום סיום רגלין דפרצוף ע"ב, דהיינו מלכות המסיימת.

נה) וכמו שנתבאר בסדר יציאת פרצוף ע"ב מפרצוף הא' דא"ק, כן הוא בכל הפרצופים עד סוף עולם העשיה, שכל תחתון יוצא ממסך דגוף דעליון שלו, אחר שנזדכך ונכלל במסך דמלכות דראש דעליון בזווג דהכאה אשר שם, ואח"ז יורד משם למקום אחיזתו בגוף דעליון, ומוציא גם במקומו ע"י זווג דהכאה עם אור העליון את הע"ס דראש ממטה למעלה, וגם מתפשט ממעלה למטה לע"ס דגוף בתוך וסוף, ע"ד שנתבאר בפרצוף ע"ב דא"ק. אלא בענין סיום הפרצוף יש חילוקים, כמ"ש במקומו.

צמצום ב' הנקרא צמצום נה"י דא"ק

נו) והנה נתבאר היטב ענין הצמצום א', שנעשה על כלי
המלכות, שהיא הבחי"ד, שלא תקבל לתוכה אור העליון. וכן
ענין המסך, והזיווג דהכאה שלו עם האור העליון, המעלה או"ח,
שהאו"ח הזה נעשה לכלי קבלה חדשים במקום הבחי"ד. וכן
ענין ההזדככות של המסך דגוף, הנעשה בגופים דכל פרצוף,
מפאת הביטוש דאו"מ באו"פ, המוציאיה ד' הבחינות טנת"א
דגוף דכל פרצוף, והמעלה את המסך דגוף לבחינת מסך של
ראש, ומכשרתו לזיווג דהכאה עם אור העליון, שעליו נולד פרצוף
שני, הנמוך במדרגה אחת מהפרצוף הקודם. וכן יציאת ג'
פרצופים הראשונים דא"ק, הנקראים "גלגלתא", "ע"ב", "ס"ג",
וסדר הלבשתם זה את זה.

נז) ותדע, שבאלו הג' הפרצופים גלגלתא ע"ב וס"ג דא"ק,
אין עוד אפילו שורש לד' העולמות אבי"ע. כי אפילו בחינת
מקום לג' עולמות בי"ע עוד לא היה כאן. שהרי פרצוף הפנימי
דא"ק היה נמשך עד הנקודה דעוה"ז. וכן לא נגלה עוד שורש
לענין תיקון הנרצה, שבסבתו נעשה הצמצום. כי כל הנרצה
בדבר הצמצום, שנעשה בבחי"ד, היה בכדי לתקנה, שלא תהיה
בה שום שינוי צורה עם קבלתה את אור העליון (אות יו"ד).
והיינו, כדי לברוא גוף האדם מבחינה ד' ההיא, ועם העסק שלו
בתורה ומצוות על מנת להשפיע נ"ר ליוצרו, יהפך את כח

52

הקבלה שבבחי"ד, שיהיה ע"מ להשפיע, שבזה משווה צורת הקבלה להשפעה גמורה, ואז יהיה גמר התיקון.

כי בזה תחזור הבחי"ד להיות לכלי קבלה על אור העליון, וגם תהיה בדביקות גמורה עם האור, בלי שום שינוי צורה כלל. אמנם עד עתה לא נגלה עוד שורש לתיקון הזה. כי לענין זה צריך האדם להיות כלול גם מבחינות העליונות שלמעלה מבחי"ד, כדי שיהיה בו ההכשר לעשות מעשים טובים של השפעה.

ואם היה האדם יוצא מהמצב של פרצופי א"ק, היה כולו מבחינת חלל פנוי. כי הבחי"ד, הצריכה להיות לשורש גופו של האדם, היתה כולה מלמטה מרגלי א"ק, בבחינת חלל פנוי וריקן בלי אור, להיותה נמצאת בהפכיות הצורה מאור העליון, שנבחנת משום זה לבחינת פרודא ומיתה.

ואם היה נברא האדם ממנה, לא היה יכול לתקן מעשיו כלל. כי לא היה בו שום ניצוצים של השפעה. והיה נמשל כבהמות, שאין בהם מבחינת השפעה ולא כלום, שכל חייהם הוא אך לעצמם. וכדוגמת הרשעים, השקועים בתאות הקבלה לעצמם, "ואפילו החסד דעבדין, לגרמייהו עבדין". שעליהם נאמר: "רשעים בחייהם נקראים מתים", להיותם בהפכיות הצורה מחי החיים.

נח) וז"ס מ"ש חז"ל (ב"ר ספי"ב): "בתחלה עלה במחשבה לברא את העולם במדת הדין. וראה שאין העולם מתקיים, והקדים מדת הרחמים ושתפה למדת הדין". פירוש: כי כל "תחילה ואח"כ", הנאמר ברוחניות, פירושו "סבה ומסובב". וז"ש, שהסבה הראשונה של העולמות, דהיינו פרצופי א"ק, שנאצלו תחילת כל העולמות, נאצלו במדת הדין, דהיינו

בבחינת מלכות לבד, הנקראת "מדת הדין", דהיינו הבחי"ד, שנצטמצמה ויצאה בבחינת חלל פנוי וסיום לרגלי א"ק. שה"ס הנקודה דעוה"ז, הנמצאת למטה מסיום רגלי א"ק בבחינת חלל פנוי וריקן מכל אור.

"וראה שאין העולם מתקיים". דהיינו כנ"ל, שבאופן זה לא היה שום אפשרות לאדם, הצריך להברא מבחי"ד הזו, שיוכל לסגל מעשים של השפעה, שעל ידו יתקיים העולם במדת התיקון הנרצה, לכן "הקדים מדת הרחמים ושתפה למדת הדין".

פרוש: ספירת בינה נקראת "מדת הרחמים". וספירת המלכות נקראת "מדת הדין", משום שעליה נעשה הצמצום. והמאציל העלה מדת הדין, שהוא כח הסיום הנעשה בספירת המלכות, והעלה אותה אל הבינה, שהיא מדת הרחמים. ושיתף אותם יחד זה בזה, שע"י השתתפות הזה נעשית גם הבחי"ד, שהיא מדת הדין, כלולה מניצוצי השפעה, שבהכלי דבינה. ובזה נעשה הכשר לגוף האדם, היוצא מבחי"ד, שיהיה כלול גם ממדת ההשפעה, אשר יוכל לעשות מעשים טובים ע"מ להשפיע נ"ר ליוצרו, עד שיהפך מדת הקבלה שבו שתהיה כולה ע"מ להשפיע, שעי"ז יתקיים העולם לתיקון הנרצה מבריאת העולם.

נט) והנה השיתוף הזה של המלכות בבינה נעשה בפרצוף ס"ג דא"ק, וגרם לצמצום ב' בעולמות שממנו ולמטה. כי נעשה בו סיום חדש על אור העליון, דהיינו במקום הבינה. ונמצא, שהמלכות המסיימת, שהיתה עומדת בסיום רגלי הס"ג דא"ק, ממעל הנקודה דעוה"ז, עלתה וסיימה את אור העליון במקום חצי בינה דגוף הס"ג דא"ק, הנקרא ת"ת.

כי כח"ב דגוף נקרא חג"ת. ונמצא הת"ת היא בינה דגוף. וכן מלכות המזדווגת, שהיתה עומדת במקום הפה דראש הס"ג דא"ק, עלתה למקום נקבי עינים דא"ק, שהוא חצי בינה של ראש. ונעשה שם הזיווג לצורך המ"ה דא"ק, הנקרא "עולם הנקודים", במקום נקבי עינים.

ס) וזה מכונה ג"כ "צמצום נה"י דא"ק. כי הס"ג דא"ק, שהיה מסתיים בשוה עם פרצוף גלגלתא דא"ק, ממעל הנקודה דעוה"ז, הנה ע"י השיתוף ועלית המלכות במקום בינה, נמצא מסתיים ממעל לטבור דא"ק הפנימי, דהיינו במקום חצי ת"ת, שהוא חצי בינה דגוף דא"ק הפנימי. כי שם עלתה מלכות המסיימת, ועכבה אור העליון, שלא יתפשט ממנה ולמטה.

וע"כ נעשה שם חלל פנוי וריקן בלי אור. ונמצאו התנה"י דס"ג, שנצטמצמו ונתרוקנו מאור העליון. ולפיכך נקרא הצמצום ב' בשם "צמצום נה"י דא"ק". כי ע"י סיום החדש, שנעשה במקום הטבור, נתרוקנו הנה"י דס"ג דא"ק מאורותיהם. וכן נבחן, שאח"פ דראש הס"ג, יצאו ממדרגת ראש הס"ג, ונעשו לבחינת גוף שלו. כי המלכות המזדווגת עלתה לנקבי עינים, ויצאו העי"ס דראש מהמסך שבנקבי העינים ולמעלה. ומנקבי העינים ולמטה כבר נקרא "גוף הפרצוף", כי אינו יכול לקבל רק הארה שמנקבי עינים ולמטה, שזו היא בחינת גוף.

והנה קומת העי"ס הללו, שיצאה בנקבי עינים דס"ג דא"ק, הן העי"ס הנקראות "עולם הנקודים". שירדו מנקבי עינים דס"ג, ובאו למקומן, שהוא למטה מטבור דא"ק הפנימי. ונתפשטו שם ראש וגוף. ותדע, כי הסיום החדש הנ"ל, הנעשה במקום הבינה דגוף, מכונה בשם "פרסה". ויש כאן פנימיות וחיצוניות. ורק

55

הע"ס החיצוניות נקראים "עולם הנקודים". והעשר ספירות הפנימיות נקראים "מ"ה וב"ן דא"ק" עצמו.

סא) אמנם יש להבין, כיון שהע"ס דנקודים והמ"ה דא"ק נאצלו ויצאו מנקבי עינים דראש הס"ג, הנה היו צריכים להלביש להס"ג מפה דראשו ולמטה, כמ"ש בפרצופים הקודמים, שכל תחתון מלביש לעליונו מפה דראש ולמטה.

ולמה לא היה כן, אלא שירדו להלביש במקום שלמטה מטבור דא"ק? ובכדי להבין את זה, צריכים לידע היטב, איך נתהווה השיתוף הנ"ל, שהבינה והמלכות נתחברו לאחת?

סב) והענין הוא, כי בעת יציאת פרצוף ס"ג, הוא נסתיים כולו למעלה מטבור דא"ק הפנימי, כמו שנתבאר בפרצוף ע"ב דא"ק, כי לא יכלו להתפשט מטבור ולמטה. כי שם מתחלת שליטת הבחי"ד דא"ק הפנימי בבחינת ע"ס דסיום שלה, ובפרצופי ע"ב ס"ג אין בהם מבחי"ד ולא כלום (אות נ"ד).

אמנם כשהתחילו לצאת הנקודות דס"ג דא"ק, דהיינו אחר שנזדכך המסך דס"ג, שהוא בחי"ב דעביות, ע"י הביטוש דאו"מ בו, ובא לבחי"ב דהתלבשות ובחי"א דעביות, הנה אז נסתלקו הטעמים דס"ג, ויצאה קומת הנקודות על העביות הנשארת במסך, בו"ק בלי ראש. כי הע"ס היוצאות על בחי"א דעביות הן קומת ז"א בחסר ג"ר. וגם בקומת הזכר, שהוא בחי"ב דהתלבשות, אין שם בחינת בינה אלא בקירוב, שהוא נבחן לו"ק דבינה.

ולפיכך קומה זו דנקודות דס"ג, נשתוה צורתה עם הע"ס דסיום שלמטה מטבור דא"ק, שגם הן בבחינת ו"ק בלי ראש (אות נ"ב). ונודע שהשתוות הצורה מקרבת הרוחניים לאחד.

וע"כ ירדה קומה זו למטה מטבור דא"ק, ונתערבה שם עם הזו"ן דא"ק, ושמשו כאחד יחד, להיותם שוים בשיעור קומה.

סג) ואין להקשות: הרי עדיין יש ביניהם מרחק רב מצד העביות שבהם, כי הנקודות דס"ג באו מעביות דבחי"ב, ואין בהם מבחי"ד ולא כלום? והגם שהם קומת ז"א, אין זה עוד דומה לקומת ז"א של הלמטה מטבור דא"ק, שהוא ז"א דבחי"ד, הרי שיש בהם הפרש גדול?

התשובה היא, כי אין העביות ניכרת בפרצוף בעת התלבשות האור, רק אחר הסתלקות האור. וע"כ בעת שהופיע פרצוף הנקודות דס"ג בקומת ז"א, ירד ונתלבש בקומת זו"ן שמטבור ולמטה דא"ק, ואז נתערבו הבחי"ב בהבחי"ד זה בזה, וגרם לצמצום הב', שנעשה סיום חדש במקום בינה דגוף של פרצוף ההוא. וכן גרם להשתנות מקום הזווג, ונעשה הפה דראש במקום נקבי העינים.

סד) והנך מוצא, שמקור השיתוף של המלכות בבינה, הנקרא "צמצום ב'", נעשה רק למטה מטבור דא"ק, ע"י התפשטות פרצוף נקודות דס"ג שמה. ולפיכך לא יכלה קומת ע"ס זו דנקודים, הבאה מצמצום ב', להתפשט למעלה מטבור דא"ק, כי אין שום כח ושליטה יכול להתגלות למעלה ממקור יציאתו. ומתוך שמקום התהוות הצמצום ב' התחיל מהטבור ולמטה, ע"כ הוכרחה גם קומת הנקודים להתפשט שם.

המקום לד' העולמות אבי"ע,
וענין הפרסא שבין אצילות לבי"ע

סה) והנה נתבאר, שכל עיקרו של צמצום הב' נעשה רק בפרצוף נקודות דס"ג, שמקומו מטבור ולמטה דא"ק עד סיום רגליו, דהיינו עד ממעל לנקודה דעוה"ז. ותדע שכל אלו השינויים, שנעשו בעקבות צמצום הב' הזה, באו רק בפרצוף נקודות דס"ג ההוא, ולא למעלה ממנו. ומה שאמרנו למעלה, שע"י עלית המלכות לחצי ת"ת דא"ק וסיימה שם הפרצוף, יצאו חצי ת"ת התחתון ונהי"מ דא"ק לבחינת חלל פנוי, לא נעשה זה בתנה"י דא"ק עצמו, אלא רק בתנה"י דפרצוף נקודות דס"ג דא"ק. אבל בא"ק עצמו נבחנים השנוים הללו רק לבחינת עליית מ"ן לבד, שפירושו, שהוא נתלבש בשינוים הללו, כדי להאציל לע"ס דנקודים בבחינתן. אבל בא"ק עצמו לא נעשה שום שינוי.

סו) והנה תיכף בעת הצמצום, דהיינו בעת עלית המלכות לבינה, עוד מטרם העלית מ"ן והזווג שנעשה בנקבי עינים דא"ק, גרם זה שיתחלק פרצוף הנקודות דס"ג דא"ק לד' חלוקות: א. כח"ב חג"ת עד החזה שלו, הנבחנים למקום אצילות, ב. ב"ש ת"ת שמחזה ולמטה עד סיום הת"ת, שנעשה למקום בריאה, ג. ג' הספירות נה"י שלו, שנעשה למקום עולם היצירה, ד. המלכות שבו, שנעשה למקום עולם העשיה.

58

סז) וטעם הדברים הוא, כי מקום עולם אצילות, פירושו המקום הראוי להתפשטות אור העליון. ומתוך עלית המלכות המסיימת למקום בינה דגוף, הנקרא ת"ת, נמצא מסתיים שם הפרצוף. ואין האור יכול לעבור משם ולמטה. הרי שמקום האצילות נסתיים שם בחצי ת"ת על החזה. וכבר ידעת, שסיום החדש הזה שנעשה כאן, נקרא בשם "פרסא", שמתחת עולם האצילות.

ובאלו הספירות, שהן למטה מהפרסא, יש בהם ג' חלוקות. והוא מטעם, כי באמת לא היו צריכים לצאת למטה מהאצילות רק ב' הספירות זו"ן דגופא, הנקרא נהי"מ. כי מאחר שהסיום נעשה בהבינה דגופא, שהוא ת"ת, נמצאים רק הזו"ן שלמטה מת"ת, שהם למטה מהסיום, ולא הת"ת. אמנם גם חצי ת"ת התחתון יצא ג"כ למטה מסיום. והטעם הוא, כי הבינה דגוף נכללת ג"כ מע"ס כח"ב זו"ן. ומתוך שהזו"ן הללו דבינה הם שרשים של הזו"ן דגוף הכוללים, שנכללו בהבינה, הם נחשבים כמוהם.

וע"כ יצאו גם הזו"ן דבינה למטה מהפרסא דאצילות ביחד עם הזו"ן הכוללים. ומטעם זה נסדקה ספירת הת"ת לרחבה במקום החזה. כי המלכות שעלתה לבינה עומדת שם, ומוציאה גם את הזו"ן דבינה לחוץ, שהם ב"ש הת"ת שמחזה ולמטה עד סיומו.

ועכ"ז יש הפרש בין ב"ש ת"ת לבין נהי"מ. כי הב"ש ת"ת שייכים באמת להבינה דגוף, ולא יצאו למטה מסיום האצילות מחמת עצמם, רק מפני שהם שורשי הזו"ן. לכן אין הפגם גדול בהם, כי אין יציאתם מחמת עצמם. וע"כ נבדלו מהנהי"מ ונעשו לעולם בפני עצמו, והוא הנקרא "עולם הבריאה".

סח) גם הזו"ן דגוף, הנקרא נהי"ם, נתחלקו ג"כ לב' בחינות. כי המלכות להיותה בחינת נוקבא, נמצאת פגמה יותר קשה, והיא נעשית למקום עולם העשיה. והז"א, שהוא נה"י, נעשה לעולם היצירה, למעלה מעולם עשיה.

והנה נתבאר, איך נחלק פרצוף הנקודות דס"ג בסבת הצמצום ב', ונעשה מקום לד' עולמות: אצילות, בריאה, יצירה, עשיה. אשר הכח"ב חג"ת עד החזה שבו - נעשה מקום לעולם אצילות. וחצי ת"ת התחתון שמחזה עד סיום הת"ת - נעשה מקום לעולם הבריאה. והנה"י שבו - לעולם היצירה. והמלכות שלו - לעולם העשיה.

ומקומם מתחיל מנקודת הטבור דא"ק ומסתיים ממעל לנקודת עוה"ז, דהיינו עד סיום רגליו דא"ק, שהוא סוף שיעור הלבשת פרצוף נקודות דס"ג לפרצוף גלגלתא דא"ק.

ענין הקטנות והגדלות,
שנתחדש בעולם הנקודים

סט) והנה אחר שידעת בדרך כלל כל ענין הצמצום ב', שנעשה בפרצוף הנקודות דס"ג לצורך אצילות הע"ס דעולם הנקודים, שהוא פרצוף הרביעי דא"ק, נחזור ונבאר ענין יציאת הע"ס דנקודים בפרטיות. וכבר נתבאר ענין יציאת פרצוף מפרצוף, שכל פרצוף תחתון נולד ויוצא ממסך דגוף דעליון, אחר הזדככותו ועליתו להתחדשות הזווג להפה דעליון, והגורם להזדככות הזה הוא הביטוש דאו"מ במסך דפרצוף העליון, המזכך למסך מעביות דגוף שבו, ומשווה אותו לבחינת עביות דראש (אות ל"ה).

שבדרך זה יצא פרצוף ע"ב דא"ק מפרצוף הכתר דא"ק, וכן פרצוף ס"ג דא"ק מפרצוף ע"ב דא"ק. והנה גם פרצוף הד' דא"ק, הנקרא ע"ס דעולם הנקודים, נולד ויצא מהעליון שלו, שהוא ס"ג דא"ק, ג"כ באותו הדרך.

ע) אמנם יש כאן ענין נוסף, כי בפרצופים הקודמים, בעת הזדככות המסך והעליה לפה דראש דעליון, לא היה המסך כלול רק מהרשימות דעביות דגוף העליון בלבד. משא"כ כאן בהזדככות המסך דס"ג דא"ק לצורך הנקודים, היה המסך הזה כלול מב' מיני רשימות.

כי מלבד שהוא כלול מרשימות העביות של עצמו, דהיינו מבחינת הסבירות דגוף דס"ג דא"ק, הנה הוא כלול עוד מרשימות

61

העביות דזו"ן דא"ק שלמטה מטבור. והוא מטעם התערבותם יחד למטה מטבור דא"ק, כמ"ש (אות ס"א) שהנקודות דס"ג ירדו למטה מטבור דא"ק ונתערבו יחד עם הזו"ן דא"ק אשר שם.

עא) ומכח זה נתחדש כאן בפרצוף הנקודים ענין קטנות וגדלות. אשר מבחינת הרשימות דעביות שבמסך, יצאו עליהם ע"ס דקטנות נקודים. ומבחינות הרשימות דזו"ן דא"ק שלמטה מטבור, שנתחברו ונתערבו עם הרשימות של המסך, יצאו עליהם הע"ס דגדלות נקודים.

עב) גם תדע, אשר הע"ס דקטנות נקודים שיצאו על המסך, נחשבים לעיקר הפרצוף נקודים, משום שיצאו על סדר המדרגה, דהיינו מעצם המסך דגוף דעליון, ע"ד שיצאו ג' פרצופים הקודמים דא"ק. אבל הע"ס דגדלות נקודים נבחנות רק לתוספת בלבד על פרצוף הנקודים, משום שיצאו רק מזווג על הרשימות דזו"ן דא"ק שלמטה מטבור, שלא באו על סדר המדרגה, אלא שנתחברו ונתוספו על המסך מסבת ירידתו דפרצוף נקודות דס"ג למטה מטבור דא"ק (אות ע).

עג) והנה תחילה נבאר הע"ס דקטנות נקודים. וכבר ידעת, כי אחר התפשטות הס"ג דא"ק, נעשה בו הביטוש דאו"מ באו"פ, דהיינו על המסך שלו, וזיכך אותו על דרך המדרגה. אשר הקומות היוצאות בדרך הזדככותו, נקראות "נקודות דס"ג". והן שירדו למטה מטבור דא"ק ונתערבו עם הבחי"ד אשר שם (אות ס"ב). והנה אחר שנגמר להזדכך מכל העביות דגוף שבמסך, ולא נשאר בו רק בחינת עביות דראש, נבחן שעלה לראש הס"ג, וקבל שם זווג מחדש, על שיעור העביות שנשארו ברשימות שבמסך (אות ל"ה).

עד) וגם כאן נבחן, שבחינה אחרונה דעביות, שהיא העביות דבחי"ב שהיתה במסך, נאבדה לגמרי, ורק רשימו דהתלבשות נשאר ממנה. ומהעביות לא נשאר כי אם בחי"א בלבד.

ולפיכך (אות מ"ג) קבל המסך שם בראש הס"ג ב' מיני זווגים: א. מהתכללות בחי"א דעביות תוך בחי"ב דהתלבשות, הנקרא "התכללות הרשימו דנקבה בהרשימו דזכר, יצאה עליהן קומת בינה בקירוב, שהוא בערך ו"ק דבינה. וקומה זו נקרא "ספירת הכתר דנקודים".

ב. מהתכללות הזכר בהרשימו דנקבה, דהיינו התכללות הרשימו דבחי"ב דהתלבשות בבחי"א דעביות, יצאה קומת ז"א, שהוא בחינת ו"ק בלי ראש, הנקרא "אבא ואמא דנקודים אב"א".

וב' קומות הללו נקראות "ג"ר דנקודים", כלומר בחינת ע"ס דראש נקודים. כי כל ראש מכונה בשם ג"ר או כח"ב. ויש חילוק ביניהם, כי הכתר דנקודים, שהוא קומת הזכר, אינו מתפשט לגוף ורק בראש הוא מאיר, ואו"א דנקודים, שהם קומת הנקבה, היא לבדה מתפשטת לגוף, הנקרא "ז"ס תחתונות דנקודים" או "חג"ת נה"י דנקודים".

עה) באופן שיש כאן ג' מדרגות זה תחת זה: א. הוא הכתר דנקודים, שיש לו קומת ו"ק דבינה; ב. הוא קומת או"א דנקודים, שיש להם קומת ז"א. והם שניהם בחינת ראש; ג. הוא ז"ת דנקודים חג"ת נהי"מ, שהם בחינת הגוף דנקודים.

עו) ותדע, שמכח עלית המלכות לבינה, נבחנות אלו המדרגות דנקודים, שבעת יציאתן נתבקעו לב' חצאים, הנקראים "פנים" ו"אחורים". כי מאחר שהזווג נעשה בנקבי עינים, אין בראש אלא ב' ספירות וחצי, שהם גלגלתא ועינים ונקבי עינים,

דהיינו כתר חכמה וחצי העליון דבינה. והם מכונים "כלים דפנים". והכלים דאח"פ, שהם חצי בינה התחתון וז"א ונוקבא, יצאו מהע"ס דראש ונעשים לבחינתה של המדרגה שלמטה מהראש, ועל כן אלו הכלים דראש, שיצאו לחוץ מהראש, נבחנים לכלים דאחורים. ועד"ז נבקעה כל מדרגה ומדרגה.

עז) ונמצא לפי"ז, שאין לך מדרגה, שאין בה פנים ואחורים. כי האח"פ דקומת זכר, שהם הכתר דנקודים, יצאו ממדרגת הכתר וירדו למדרגת או"א דנקודים, שהם קומת הנקבה. ואח"פ דקומת הנקבה, שהם או"א דנקודים, ירדו ונפלו למדרגת הגוף שלהם, דהיינו למדרגות ז"ס חג"ת נה"י דנקודים. ונמצא, שאו"א כלולים מב' בחינות פנים ואחורים, כי בפנימיותם נמצאים אחורים של מדרגת הכתר, דהיינו האח"פ דכתר, ועליהם מלביש הכלים דפנים דאו"א עצמם, דהיינו גלגלתא ועינים ונקבי עינים שלהם עצמם. וכן הז"ת דנקודים כלולים מפנים ומאחורים. כי הכלים דאחורים דאו"א, שהם אח"פ שלהם, נמצאים בפנימיות הז"ת. והכלים דפנים דז"ת נמצאים מלבישים עליהם מבחוץ.

עח) וענין זה דהתחלקות המדרגות לב' חצאים גרם ג"כ, שאי אפשר להיות בכל אלו המדרגות דנקודים יותר מבחינת נפש רוח, דהיינו ו"ק בחסר ג"ר. כי מתוך שחסר בכל מדרגה ג' הכלים בינה וזו"ן, הרי חסר שם ג"ר דאורות, שהם נשמה חיה יחידה (אות כ"ד). והנה נתבארו היטב הע"ס דקטנות נקודים, שהן ג' מדרגות הנקראות: כתר, או"א, ז"ת. ואין בכל מדרגה זולת כתר חכמה דכלים ונפש רוח דאורות, כי הבינה וזו"ן דכל מדרגה נפלה למדרגה שמתחתיה.

עלית מ"ן וייציאת הגדלות דנקודים

עט) ועתה נבאר הע"ס דגדלות הנקודים, שיצאו על המ"ן דרשימות של הזו"ן דא"ק שלמטה מטבורו (אות ע"א). ויש לידע מקודם ענין עלית מ"ן. כי עד עתה לא דברנו כי אם מעלית המסך דגוף לפה דראש דעליון, אחר שנזדכך. שעל הרשימות הנכללות בו, נעשה שם הזווג דהכאה, המוציאות קומת ע"ס לצורך התחתון. אמנם עתה נתחדש ענין עלית מיין נוקבין, כי אלו האורות שעלו מלמטה מטבור דא"ק לראש הס"ג, שהם הרשימות דזו"ן דגופא דא"ק, מכונים בשם "עלית מ"ן".

פ) ודע שמקורו של עלית מ"ן הוא מהז"א ובינה של הע"ס דאו"י (אות ה). ונתבאר שם, אשר הבינה, שהיא בחינת אור דחסדים, בעת שהאצילה את ספירת הת"ת, הנקרא בחי"ג, חזרה להתחבר עם החכמה, והמשיכה ממנו הארת חכמה בשביל הת"ת שהוא ז"א. ויצא הז"א בעיקרו מבחינת אור חסדים של הבינה ומיעוטו בהארת חכמה.

ומכאן נעשה קשר בין הז"א והבינה: שכל אימת שהרשימות דז"א עולות אל הבינה, מתחברת הבינה עם החכמה, וממשיכה ממנו הארת חכמה, בשביל הז"א. והעליה הזו של הז"א אל הבינה, המחברת אותה עם החכמה, מכונה תמיד בשם "עלית מ"ן". כי בלי עלית הז"א להבינה, אין הבינה נחשבת לנוקבא אל החכמה, בהיותה בעצמותה רק אור

דחסדים ואינה צריכה לאור החכמה. ונבחנת שהיא תמיד אחור באחור עם החכמה, שפירושו, שאינה רוצה לקבל מהחכמה.

ורק בעת עלית הז"א אליה, חוזרת להעשות נוקבא לחכמה, כדי לקבל ממנו הארת חכמה, בשביל הז"א. הרי שעלית הז"א עושה אותה לנוקבא. לפיכך מכונה עליתו בשם "מיין נוקבין". כי עליתו דז"א מחזירה פנים בפנים עם החכמה, שפירושו שמקבלת ממנו כבחינת נוקבא מהדכר. והנה נתבאר היטב סוד עלית המ"ן.

פא) וכבר ידעת שפרצוף ע"ב דא"ק הוא פרצוף החכמה. ופרצוף הס"ג דא"ק הוא פרצוף הבינה. דהיינו, שהם נבחנים לפי בחינה העליונה של הקומה שלהם. כי הע"ב שבחינה העליונה שלו הוא חכמה, נחשב לכולו חכמה. והס"ג, שבחינה העליונה שלו היא בינה, נחשב לכולו בינה. ולפיכך, בעת שהרשימות דזו"ן דגוף שלמטה מטבורו דא"ק, עלו לראש הס"ג, נעשו שמה למ"ן אל הס"ג, שבסבתם נזדווג הס"ג, שהוא בינה, עם פרצוף ע"ב, שהוא חכמה. והשפיע הע"ב להס"ג אור חדש לצורך הזו"ן, שלמטה מטבור שעלה שמה.

ואחר שקבלו הזו"ן דא"ק אור חדש הזה, חזרו וירדו למקומם, למטה מטבור דא"ק. ששם נמצאים הע"ס דנקודים. והאירו את אור החדש תוך הע"ס דנקודים. והוא המוחין דגדלות של הע"ס דנקודים. והנה נתבאר הע"ס דגדלות, שיצאו על המין הב' דרשימות, שהם הרשימות דזו"ן שלמטה מטבור דא"ק (אות ע"א). אמנם המוחין דגדלות האלו גרמו לשבירת הכלים, כמ"ש להלן.

פב) ונתבאר לעיל באות ע"ד, שיש ב' מדרגות בראש דנקודים, הנקראות כתר ואו"א. ולפיכך, כשהאירו הזו"ן דא"ק

את אור החדש דע"ב ס"ג אל הע"ס דנקודים, האיר תחילה אל הכתר דנקודים דרך טבורו דא"ק, ששם מלביש הכתר, והשלימו בג"ר דאורות ובינה וזו"ן דכלים. ואח"כ האיר אל או"א דנקודים דרך היסוד דא"ק, ששם מלבישים או"א, והשלימם בג"ר דאורות ובינה וזו"ן דכלים.

פג) ונבאר תחילה ענין הגדלות, שגרם אור חדש הזה אל הע"ס דנקודים. והענין הוא, כי יש להקשות על מ"ש באות ע"ד, שקומת הכתר ואו"א דנקודים היו בבחינת ו"ק, משום שיצאו על עביות דבחי"א. והלא אמרנו, שע"י ירידת הנקודות דס"ג למטה מטבור דא"ק, נתחברה הבחי"ד במסך דנקודות דס"ג שהוא בינה. הרי יש במסך הזה גם רשימו של בחי"ד דעביות. וא"כ היה צריך לצאת על המסך, בעת התכללותו בראש הס"ג, ע"ס בקומת כתר ואור היחידה, ולא קומת ו"ק דבינה בספירת הכתר, וקומת ו"ק בלי ראש באו"א?

והתשובה היא: כי המקום גורם! כי מתוך שהבחי"ד נכללה בבינה, שהיא נקבי עינים, נעלמה שם העביות דבחי"ד בפנימיות הבינה, ודומה כמו שאיננה שם. וע"כ לא נעשה הזווג, רק על הרשימות דבחי"ב דהתלבשות ובחי"א דעביות, שהם מעצם המסך דבינה לבד (אות ע"ד) ולא יצאו שם אלא אלו ב' הקומות: ו"ק דבינה וו"ק גמורים.

פד) ולפיכך עתה, אחר שהזו"ן דא"ק שלמטה מטבור המשיכו את האור החדש ע"י המ"ן שלהם מע"ב ס"ג דא"ק, והאירו אותו לראש דנקודים (אות פ"א), הנה מתוך שפרצוף ע"ב דא"ק אין לו שום נגיעה בצמצום ב' הזה, שהעלה את הבחי"ד למקום נקבי עינים, ע"כ כשהאור שלו נמשך לראש דנקודים, חזר וביטל בו את הצמצום ב', שהעלה מקום הזווג

לנקבי עינים. והוריד בחזרה את הבחי"ד למקומה לפה, כמו שהיתה בעת הצמצום הא', דהיינו במקום הפה דראש.

ונמצאו ג' הכלים אוזן חוטם ופה, שמסבת צמצום הב' נפלו מהמדרגה (אות ע"ו), הנה עתה חזרו ועלו למקומם למדרגתם כבתחילה. ואז ירד שוב מקום הזיווג מנקבי עינים אל הבחי"ד במקום הפה דראש. ומאחר שהבחי"ד כבר היא במקומה, יצאו שם ע"ס בקומת כתר. והנה נתבאר, שע"י אור החדש, שהמשיך הזו"ן דא"ק אל הראש דנקודים, הרויח ג' האורות נשמה חיה יחידה, וג' הכלים אח"פ, שהם בינה וזו"ן, שהיו חסרים לו בעת יציאתו מתחילה.

פה) ונתבאר היטב הקטנות והגדלות דנקודים. אשר צמצום הב', שהעלה את ה"ת, שהיא בחי"ד, למקום נקבי עינים, ונגנזה שם, גרם לקומות הקטנות דנקודים, שהוא קומת ו"ק או ז"א באורות דנפש רוח, והיו חסרים שם בינה וזו"ן דכלים ונשמה חיה יחידה דאורות. וע"י ביאת אור חדש דע"ב ס"ג דא"ק אל הנקודים, חזר הצמצום א' למקומו. וחזרו הבינה וזו"ן דכלים לראש, כי ה"ת ירדה מנקבי עינים וחזרה למקומה למלכות, הנקראת "פה".

ואז נעשה הזיווג על בחי"ד, שחזרה למקומה. ויצאו הע"ס בקומת כתר ויחידה. ונשלמו הנרנח"י דאורות והכח"ב זו"ן דכלים. ולשם הקיצור מכאן ואילך: נכנה להצמצום ב' והקטנות בשם "עלית ה"ת לנקבי עינים וירידת אח"פ למטה", ואת הגדלות נכנה בשם ביאת אור דע"ב ס"ג, המוריד ה"ת מנקבי עינים ומחזיר האח"פ למקומם.

גם תזכור תמיד שגו"ע ואח"פ הם שמות דע"ס כח"ב זו"ן דראש, והע"ס דגוף מכונים בשם חג"ת נהי"מ. וגם הם נחלקים

לפי גו"ע ואח"פ, כי החסד וגבורה ושליש עליון דת"ת עד החזה - הם גלגלתא ועינים ונקבי עינים, וב"ש ת"ת ונהי"ם הם אח"פ.

גם תזכור, שגלגלתא ועינים ונ"ע או חג"ת עד החזה הם מכונים כלים דפנים, ואח"פ או ב"ש ת"ת ונהי"מ שמחזה ולמטה מכונים כלים דאחורים, וכן תזכור ענין בקיעת המדרגה, שנעשה עם צמצום ב', אשר לא נשאר בכל מדרגה רק הכלים דפנים לבד. וכל תחתון, יש בפנימיותו הכלים דאחורים של העליון (אות ע"ז).

ביאור ג' הנקודות חולם שורק חירק

פו) דע, שהנקודות נחלקות לג' בחינות ראש תוך סוף, שהם: נקודות עליונות, שממעל לאותיות, הנכללות בשם "חולם", ונקודות אמצעיות, שבתוך האותיות, הנכללות בשם "שורק" או "מלאפום", דהיינו ו' ובתוכה נקודה, ונקודות תחתונות, שמתחת האותיות, הנכללות בשם "חירק".

פז) וזה ביאורם. כי אותיות פירושם כלים, דהיינו הספירות דגוף. כי הע"ס דראש הם רק שרשים לכלים ולא כלים ממש. ונקודות פירושם אורות, המחיים את הכלים ומנענעים אותם. והיינו אור החכמה, הנקרא "אור חיה". והוא בחינת אור חדש, שהזו"ן דא"ק קבלו מע"ב ס"ג והאירו להכלים דנקודים, והורידו את ה"ת בחזרה לפה דכל מדרגה, והשיבו להמדרגה את האח"פ דכלים וג"ר דאורות. הרי שאור הזה מנענע הכלים דאח"פ ומעלה אותם מהמדרגה שלמטה, ומחבר אותם לעליונה כבתחילה, שז"ס "נקודות המנענעות להאותיות". וזה האור להיותו נמשך מע"ב דא"ק, שהוא אור חיה, ע"כ הוא מחיה לאותם הכלים דאח"פ ע"י התלבשותו בתוכם.

פח) וכבר ידעת, שהזו"ן דא"ק האירו את אור החדש הזה להע"ס דנקודים דרך ב' מקומות: דרך הטבור האיר להכתר דנקודים, ודרך היסוד האיר לאו"א דנקודים. ותדע, שהארה דרך הטבור מכונה בשם "חולם", המאיר לאותיות מלמעלה מהם.

והוא מטעם, שהארת הטבור אינו מגיע אלא לכתר דנקודים, שהוא קומת הזכר דראש הנקודים (אות ע"ד). וקומת הזכר אינו מתפשט לז"ת של הנקודים, שהם הכלים דגוף שנקראים "אותיות". לפיכך נבחן שהוא מאיר אליהם רק ממקומו למעלה ואינו מתפשט באותיות עצמם. וההארה דרך היסוד מכונה בשם "שורק". דהיינו ו' עם נקודה שהיא עומדת תוך שורת האותיות. והטעם, כי הארה זו מגיע לאו"א דנקודים, שהם קומת הנקבה דראש הנקודים, שאורותיה מתפשטים גם לגוף, שהם הז"ת דנקודים, הנקראים "אותיות". וע"כ נמצא נקודת השורק תוך שורת האותיות.

פט) והנה נתבארו היטב החולם והשורק. אשר הארת אור חדש דרך הטבור, המוריד ה"ת מנקבי עינים דכתר לפה, ומעלה בחזרה האח"פ דכתר, הוא סוד נקודת החולם, שממעל לאותיות. והארת אור חדש דרך היסוד, המוריד ה"ת מנקבי עינים דאו"א להפה שלהם, ומשיב להם את האח"פ, ה"ס נקודת השורק, שבתוך האותיות. מטעם שמוחין אלו באים גם בז"ת דנקודים, הנקראים "אותיות".

צ) וסוד החירק, הוא בחינת האור חדש, שהז"ת עצמם מקבלים מאו"א, להוריד בחינת ה"ת המסיימת, העומדת בחזה שלהם, אל מקום סיום רגלי א"ק. שעי"ז חוזרים אליהם האח"פ שלהם, שהם הכלים שמחזה ולמטה, שנעשו למקום בי"ע. אשר אז יוחזרו הבי"ע להיות כמו אצילות.

אמנם הז"ת דנקודים לא יכלו להוריד הה"ת מהחזה, ולבטל לגמרי את הצמצום ב', והפרסא, והמקום בי"ע. אלא בעת שהמשיכו האור לבי"ע, נשברו תיכף כל הכלים דז"ת. כי כח ה"ת המסיימת, העומדת בפרסא, היה מעורב בכלים האלה.

והיה האור מוכרח תיכף להסתלק משם. והכלים נשברו ומתו ונפלו לבי״ע. ונשברו גם הכלים דפנים שלהם, העומדים למעלה מפרסא, דהיינו הכלים שמחזה ולמעלה. כי גם מהם נסתלק כל האור. ונשברו ומתו ונפלו לבי״ע. וזה היה מחמת חיבורם עם הכלים דאחורים לגוף אחד.

צא) והנך רואה, שנקודת החירק לא יכלה לצאת לשליטתה בעולם הנקודים, כי אדרבה היא גרמה לשבירת הכלים. והיינו משום שרצתה להתלבש בתוך האותיות, דהיינו בתנהי״מ שלמטה מפרסא דאצילות, שנעשו לבי״ע. אמנם אח״כ, בעולם התיקון, קבלה נקודת החירק את תיקונה. כי שם נתקנה להאיר מתחת האותיות.

דהיינו שבעת שהז״ת דאצילות מקבלים את אור הגדלות מאו״א, הצריך להוריד את ה״ת המסיימת ממקום החזה לסיום רגלין דא״ק, ולחבר את הכלים דתנהי״מ לאצילות, והאורות יתפשטו למטה עד סיום רגלין דא״ק - אינם עושים כן, אלא שהם מעלים התנה״י הללו ממקום בי״ע אל מקום האצילות שלמעלה מפרסא. ומקבלים האורות בהיותם למעלה מפרסא דאצילות, כדי שלא יארע בהם שוב שביה״כ כבעולם הנקודים. וזה נבחן, שנקודת החירק, המעלה את הכלים דתנה״י דז״ת דאצילות, עומדת מתחת אלו הכלים תנהי״מ שהעלתה, דהיינו שעומדת במקום הפרסא דאצילות. הרי שנקודת החירק משמשת מתחת האותיות. והנה נתבאר סוד ג׳ נקודות חולם שורק חירק בדרך כלל.

72

ענין עלית מ"ן דז"ת דנקודים
לאו"א וביאור ספירת הדעת

צב) כבר נתבאר, שבסבת עלית ה"ת לנקבי עינים, שנעשה בצמצום ב', דהיינו לעת יציאת הקטנות דע"ס דנקודים, נחלקה כל מדרגה לב' חצאים: גלגלתא ועינים - נשארים במדרגה ונקראים משום זה "כלים דפנים", ואזן חוטם פה - הנפולים מהמדרגה להמדרגה שמתחתיה, נקראים משום זה "כלים דאחורים". באופן, שכל מדרגה ומדרגה נעשית כפולה מפנימיות וחיצוניות, באשר הכלים דאחורים דעליונה נפלו בפנימיות הכלים דפנים של עצמה. ונמצאים אח"פ הנפולים דכתר נקודים מלובשים תוך גלגלתא ועינים דאו"א, ואח"פ הנפולים דאו"א מלובשים תוך גלגלתא ועינים דז"ת דנקודים (אות ע"ו).

צג) ומכאן נמשך, שגם בביאת האור חדש דע"ב ס"ג דא"ק להמדרגה, המוריד בחזרה את הה"ת למקומה לפה, דהיינו לעת הגדלות דנקודים, אשר אז מחזרת המדרגה אליה את האח"פ שלה, ונשלמים לה הע"ס דכלים והע"ס דאורות, נבחן אז, אשר גם המדרגה התחתונה, שהיתה דבוקה על אח"פ דעליונה, עולה גם היא עמהם ביחד לעליונה. כי זה הכלל: "אין העדר ברוחני". וכמו שהתחתונה היתה דבוקה באח"פ דעליון בעת הקטנות, כן אינם נפרדים זה מזה בעת הגדלות, דהיינו בעת שהאח"פ דעליונה שבים למדרגתם. ונמצא, שמדרגה התחתונה נעשתה עתה לבחינת מדרגה עליונה ממש. כי התחתון העולה לעליון נעשה כמוהו.

73

צד) ונמצא, בעת שאו"א קבלו האור חדש דע"ב ס"ג, והורידו הה"ת מנקבי עינים בחזרה אל הפה שלהם, והעלו אליהם את האח"פ שלהם, הנה גם הז"ת, המלבישים האח"פ אלו בעת קטנות, עלו עתה גם הם עמהם ביחד לאו"א. ונעשו הז"ת למדרגה אחת עם או"א. והנה עליה הזו של הז"ת לאו"א נקרא בשם "עלית מ"ן". ובהיותם מדרגה אחת עם או"א, נמצאים מקבלים גם אורותיהם דאו"א.

צה) ומה שנקרא בשם "מ"ן", הוא מטעם שעלית הז"א אל הבינה מחזיר אותה פנים בפנים עם החכמה (אות פ). ונודע שכל ז"ת הם זו"ן. וע"כ בעת שהז"ת נתעלו עם האח"פ דאו"א למדרגת או"א, נעשו מ"ן אל הבינה דע"ס דאו"א. והיא חוזרת עם החכמה דאו"א פב"פ, ומשפעת הארת חכמה אל הזו"ן, שהם הז"ת דנקודים שעלו אליהם.

צו) אמנם עלית הז"ת לאו"א שאמרנו, אין הפירוש שנעדרו ממקומם לגמרי ועלו לאו"א, כי "אין העדר ברוחני". וכל "שינוי מקום" הנאמר ברוחניות, אין הפירוש שנעדרה ממקומה הקודם ובאה למקום החדש, כדרך העתקת מקום בגשמיות, אלא רק תוספת יש כאן, כי באו למקום החדש וגם נשארו במקומם הקודם. באופן, שהגם שהז"ת עלו לאו"א למ"ן, מכל מקום נשארו ג"כ במקומם במדרגתם למטה כמקודם לכן.

צז) וכן עד"ז תבין, אע"פ שאנו אומרים, שאחר שעלו הזו"ן למ"ן לאו"א וקבלו שם אורותיהם, יוצאים משם וחוזרים למקומם למטה, הנה גם כאן אין הפירוש שנעדרו ממקומם מעלה ובאו להמקום שלמטה. כי אם היו הזו"ן נעדרים ממקומם למעלה באו"א, היה נפסק הזווג פב"א דאו"א תיכף,

והיו חוזרים אב"א כמקודם לכן. ואז היה נפסק השפע שלהם.
וגם הזו"ן שלמטה היו אובדים את המוחין שלהם. כי כבר
נתבאר למעלה, שהבינה מטבעה חושקת רק באור דחסדים,
בסו"ה "כי חפץ חסד הוא", ואין לה ענין כלל לקבל אור חכמה.
וע"כ נמצאת עם החכמה אב"א. ורק בעת עלית הזו"ן להם
למ"ן, חוזרת הבינה בזווג פב"פ עם החכמה, בכדי להשפיע
הארת חכמה אל הז"א (אות פ). ולפיכך הכרח הוא, שהזו"ן
ישארו שם תמיד, כדי ליתן קיום והעמדה אל הזווג דאו"א פב"פ.
וע"כ אי אפשר לומר שהזו"ן נעדרו ממקום או"א בעת שבאים
למקומם למטה. אלא כמו שאמרנו, שכל "שינוי מקום" אינו
אלא תוספת בלבד. באופן, שהגם שהזו"ן ירדו למקומם למטה,
מכל מקום נשארו ג"כ למעלה.

צח-צט) ומכאן תבין סוד ספירת הדעת, שנתחדש בעולם
הנקודים. כי בכל פרצופי א"ק עד הנקודים אין שם כי אם ע"ס
כח"ב זו"ן. ומעולם הנקודים ואילך כבר יש גם ספירת הדעת,
ואנו חושבים כחב"ד זו"ן. והענין הוא שגם ענין עלית מ"ן לא
היה בפרצופי א"ק אלא רק ענין עלית המסך לפה דראש (אות
ע"ט). ותדע, שספירת הדעת נמשך מעלית מ"ן דזו"ן אל או"א.
כי נתבאר, שזו"ן, שעלו שם למ"ן לחו"ב, המה נשארים שם גם
אחר יציאתם משם למקומם למטה, בכדי ליתן קיום והעמדה
להזווג דאו"א פב"פ. והזו"ן האלו, הנשארים באו"א, נקראים
"ספירת הדעת". וע"כ יש עתה לחו"ב ספירת הדעת, המקיים
ומעמיד אותם בזווג פב"פ. שהם הזו"ן שעלו שמה למ"ן, ונשארו
שמה גם אחר יציאת הזו"ן למקומם. וע"כ אנו חושבים מכאן
ואילך את הע"ס בהשמות כחב"ד זו"ן. אבל בפרצופי א"ק,
שמקודם עולם הנקודים, שעוד לא היה שם ענין עלית מ"ן, ע"כ
לא היה שם ספירת הדעת. גם תדע, שספירת הדעת מכונה

תמיד בשם "ה' חסדים וה' גבורות". כי הז"א הנשאר שם הוא
בחינת ה"ח, והנוקבא שנשארה שם היא בחינת ה"ג.

ק) ואיו להקשות על מה שכתוב בספר יצירה, ש"העש הן
עשר ולא תשע, עשר ולא אחד עשר". ולפי האמור שבעולם
הנקודים נתחדש ספירת הדעת, הרי יש אחד עשר ספירות
כחב"ד זו"ן? והתשובה היא, שאין זה הוספה של כלום על
הע"ס. כי נתבאר, שספירת הדעת היא הזו"ן, שעלו למ"ן ונשארו
שם. וא"כ אין כאן הוספה, אלא שיש ב' בחינות זו"ן: א. הם
הזו"ן שבמקומם למטה, שהם בחינת גוף, ב. הם הזו"ן שנשארו
בראש באו"א, מטעם שכבר היו שם בעת עלית מ"ן. ואין העדר
ברוחני. הרי שאין כאן שום הוספה על הע"ס, כי סוף סוף אין
כאן אלא ע"ס כח"ב זו"ן בלבד. ואם נשארו גם בחינת הזו"ן
בראש באו"א, אין זה מוסיף כלום על בחינת הע"ס.

ענין שבירת הכלים ונפילתם לבי"ע

קא) ונתבאר היטב סוד עלית מ"ן וספירת הדעת, שהם בחינת הכלים דפנים דז"ת דנקודים, שנמשכו ועלו לאו"א. כי או"א קבלו אור החדש דע"ב ס"ג דא"ק מן הזו"ן דא"ק בסוד נקודת השורק, והורידו הה"ת מנקבי עינים שלהם אל הפה, והעלו את הכלים דאחורים שלהם, שהיו נפולים בהז"ת דנקודים. שמתוך כך עלו גם הכלים דפנים דז"ת הדבוקים בהכלים דאחורים דאו"א (אות פ"ט-צ"ד). ונעשו הז"ת דנקודים שם בבחינת מ"ן. והחזירו או"א בבחינת פב"פ. ומתוך שה"ת, שהיא בחי"ד, כבר חזרה למקומה במקום הפה, ע"כ הזווג דהכאה, שנעשה על המסך הזה דבחי"ד, הוציא ע"ס שלמות בקומת כתר באור היחידה (אות פ"ד). ונמצאים הז"ת, הנכללות שם בסוד מ"ן, שגם הן קבלו אורות הגדולים ההם דאו"א. וכל זה הוא רק בבחינת ממטה למעלה. כי או"א הם בחינת הראש דנקודים, ששם נעשה הזווג, המוציא ע"ס ממטה למעלה. ואח"ז מתפשטים ג"כ לבחינת גוף, דהיינו ממעלה למטה (אות נ). ואז נמשכו הז"ת עם כל האורות שקבלו באו"א אל מקומם למטה. ונגמר הראש והגוף של פרצוף הגדלות דנקודים. והתפשטות זו נבחן לבחינת הטעמים דפרצוף גדלות הנקודים (אות כ"ו).

קב) כי גם בפרצוף נקודים נבחנים ד' הבחינות: טעמים נקודות תגין אותיות (אות מ"ז). כי כל הכחות שישנם בעליונים, הכרח הוא שיהיו גם בתחתונים. אלא בתחתון נתוספים ענינים

77

על העליון. ונתבאר שם, שעיקר התפשטות כל פרצוף נקראת בשם "טעמים".

ואחר התפשטותו נעשה בו הביטוש דאו"מ באו"פ, שע"י הביטוש הזה מזדכך המסך בדרך המדרגה, עד שמשתוה לפה דראש. ומתוך שאור העליון אינו פוסק, נמצא אור העליון מזדווג במסך בכל מצב של עביות שבדרך זיכוכו. דהיינו, כשמזדכך מבחי"ד לבחי"ג, יוצא עליו קומת חכמה. וכשבא לבחי"ב, יוצא עליו קומת בינה. וכשבא לבחינה א', יוצא עליו קומת ז"א. וכשבא לבחינת שורש, יוצא עליו קומת מלכות. וכל אלו הקומות, שיוצאים על המסך בעת הזדככותו, נקראים בשם "נקודות".

והרשימות, הנשארים מהאורות אחר הסתלקותם נקראים בשם "תגין". והכלים, הנשארים אחר הסתלקות האורות מהם נקראים בשם "אותיות". ואחר שהמסך מזדכך כולו מהעביות דגוף, נמצא נכלל במסך דפה דראש בזווג אשר שם. ויוצא עליו שם פרצוף שני.

קג) והנה ממש על דרך זה נעשה גם כאן בפרצוף נקודים. כי גם כאן יוצאים ב' פרצופין: ע"ב, ס"ג. זה תחת זה. ובכל אחד מהם: טעמים, נקודות, תגין, אותיות. וכל ההפרש הוא, כי ענין הזדככות המסך לא נעשה כאן מחמת הביטוש דאו"מ באו"פ, אלא מחמת כח הדין דמלכות המסיימת, שהיה כלול בכלים ההם (אות צ). ומטעם זה לא נשארו הכלים הריקים בפרצוף אחר הסתלקות האורות, כמו בג' הפרצופין גלגלתא ע"ב ס"ג דא"ק, אלא נשברו ומתו ונפלו לבי"ע.

קד) והנה פרצוף הטעמים, שיצא בעולם הנקודים, שהוא פרצוף א' דנקודים, שיצא בקומת כתר, יצא בראש וגוף,

שהראש יצא באו"א, והגוף הוא התפשטות הז"ת מפה דאו"א ולמטה (אות ק"א). והנה התפשטות הזאת שמפה דאו"א ולמטה נקרא "מלך הדעת". והוא באמת כללות כל הז"ת דנקודים, שחזרו ונתפשטו למקומם אחר העלית מ"ן. אלא מתוך ששרשם נשאר באו"א לקיום והעמדה לפב"פ דאו"א (אות צ"ח), שנקרא שם בשם "מוח הדעת", המזווג לאו"א, לפיכך גם התפשטותם ממעלה למטה לבחינת גוף נקרא ג"כ בשם הזה, דהיינו "מלך הדעת". והוא מלך הא' דנקודים.

קה) ונודע, שכל הכמות והאיכות שבע"ס דראש, מתגלה ג"כ בהתפשטות ממעלה למטה לגוף. ולפיכך, כמו שבאורות דראש חזרה וירדה מלכות המזדווגת ממקום נקבי עינים למקום הפה, וגו"ע ונ"ע, שהם הכלים דפנים, חזרו וחיברו להם את הכלים דאחורים, שהם האח"פ, והאורות נתפשטו בהם, כן בהתפשטותם ממעלה למטה לגוף, נמשכו האורות גם לכלים דאחורים שלהם, שהם התנהי"מ שבבי"ע למטה מפרסא דאצילות.

אמנם לפי שכח מלכות המסיימת שבפרסא דאצילות מעורב בכלים ההם, ע"כ תיכף בפגישת האורות דמלך הדעת בכח הזה, נסתלקו לגמרי מהכלים ועלו לשורשם. וכל הכלים דמלך הדעת נשברו פנים ואחור, ומתו, ונפלו לבי"ע. כי הסתלקות האורות מהכלים הוא כמו הסתלקות החיות מגוף הגשמי, הנקרא "מיתה". ואז נזדכך המסך מהעביות דבחי"ד, מאחר שהכלים האלו כבר נשברו ומתו. ונשאר בו רק עביות דבחי"ג.

קו) וכמו שנתבטלה העביות דבחי"ד מהמסך דגוף מחמת השבירה, כן נתבטלה העביות ההיא גם בהמלכות המזדווגת של

ראש באו"א. כי העביות דראש ועביות דגוף דבר אחד הוא. אלא שזה כח וזה פועל (אות נ).

ולכן נפסק הזווג דקומת כתר גם בראש באו"א. והכלים דאחורים, שהם האח"פ, שהשלימו לקומת כתר, חזרו ונפלו למדרגה שמתחתיה, דהיינו להז"ת. וזה מכונה "ביטול האחורים דקומת כתר מאו"א". ונמצא, שכל קומת הטעמים דנקודים, ראש וגוף, נסתלקה.

קז) ומתוך שאור העליון אינו פוסק מלהאיר, נמצא שחזר ונזדווג על העביות דבחי"ג, הנשאר במסך של ראש באו"א. ויצאו ע"ס בקומת חכמה. והגוף שממעלה למטה, נתפשט לספירת החסד. והוא מלך הב' דנקודים. וגם הוא נמשך לבי"ע ונשבר ומת. ואז נתבטלה גם העביות דבחי"ג מהמסך דגוף ודראש. וגם הכלים דאחורים, האח"פ, שהשלימו לקומת חכמה זו דאו"א, חזרו ונתבטלו ונפלו למדרגה שמתחתיה, לז"ת, כנ"ל בקומת כתר.

ואח"כ נעשה הזווג על העביות דבחי"ב, שנשאר במסך. ויצאו ע"ס בקומת בינה. והגוף שממעלה למטה נתפשט בספירת הגבורה. והוא מלך הג' דנקודים. וגם הוא נמשך לבי"ע ונשבר ומת. ונתבטלה גם העביות דבחי"ב בראש וגוף. ונפסק הזווג דקומת בינה גם בראש. והאחורים של קומת בינה דראש נפלו למדרגה שמתחתיה בהז"ת.

ואח"כ נעשה הזווג על העוביות דבחי"א, שנשאר בהמסך. ויצאו עליה ע"ס בקומת ז"א. והגוף שלו ממעלה למטה נתפשט בשליש עליון דת"ת. וגם הוא לא נתקיים ונסתלק האור ממנו. ונזדככה גם העוביות דבחי"א בגוף וראש. והאחורים דקומת ז"א נפל למדרגה שמתחתיה, לז"ת.

קח) וכאן נגמרו כל האחורים דאו"א לירד, שהם האח"פ. כי בשבירת מלך הדעת, נתבטלו באו"א רק אח"פ השייכים לקומת כתר. ובשבירת מלך החסד, נתבטלו באו"א רק אח"פ השייכים לקומת חכמה. ובשבירת מלך הגבורה, נתבטלו האח"פ השייכים לקומת בינה. ובהסתלקות שליש עליון דת"ת, נתבטלו האח"פ דקומת ז"א.

ונמצא שנתבטלה כל בחינת הגדלות דאו"א, ולא נשאר בהם רק הגו"ע דקטנות. ונשאר במסך רק עביות דשורש. ואח"כ נזדכך המסך דגוף מכל עביותו, ונשתוה למסך דראש. אשר אז נמצא נכלל בזווג דהכאה של ראש. ומתחדשים שמה הרשימות שבו חוץ מהבחינה האחרונה (אות מ"א). ובכח התחדשות הזה יצא עליו קומה חדשה, הנקראת "ישסו"ת".

קט) ומתוך שהבחינה אחרונה נאבדה, לא נשאר בו כי אם בחי"ג. ויוצאים עליו ע"ס בקומת חכמה. וכשהוכרה עביות דגוף שבו, יצא מהראש מאו"א, וירד והלביש במקום החזה דגוף דנקודים (אות נ"ה). ומוציא מחזה ולמעלה הע"ס דראש. והראש הזה מכונה "ישסו"ת". והגוף שלו הוא מוציא מהחזה ולמטה בב"ש ת"ת עד סיום הת"ת. והוא מלך הד' דנקודים.

וגם הוא נמשך לבי"ע ונשבר ומת. ונזדככה העביות דבחי"ג ראש וגוף. והכלים דאחורים של ראש נפלו למדרגה שמתחתיה במקום גוף שלהם. ואח"כ נעשה הזווג על עביות דבחי"ב, הנשאר בו. ויצא עליו קומת בינה. והגוף שלו שממעלה למטה נתפשט בב' הכלים נצח והוד. והם שניהם מלך אחד, דהיינו מלך ה' דנקודים.

וגם הם נמשכו לבי"ע ונשברו ומתו. ונזדככה גם העביות דבחי"ב בראש וגוף. והכלים דאחורים של הקומה נפלו

להמדרגה שמתחתיה, לגוף. ואח"כ נעשה הזיווג על עביות דבחי"א, שנשארה בו. ויצא עליו קומת ז"א. והגוף שלו שממעלה למטה נתפשט בכלי דיסוד. והוא מלך הו' דנקודים. וגם הוא נמשך לבי"ע ונשבר ומת. ונזדככה גם העביות דבחי"א בראש וגוף. והכלים דאחורים שבראש נפלו למדרגה שמתחתיהם, לגוף. ואח"כ נעשה הזיווג על העביות דבחינת שורש, הנשאר במסך. ויצא עליו קומת מלכות. והממעלה למטה שלו נמשך לכלי דמלכות. והוא מלך הז' דנקודים. וגם הוא נמשך לבי"ע ונשבר ומת. ונזדככה גם העביות דשורש בראש וגוף. והאחורים דראש נפלו למדרגה שמתחתיה, בגוף. ועתה נגמרו להתבטל כל הכלים דאחורים דישסו"ת, וכן שביה"כ דכל ז"ת דנקודים, הנקראים "ז' מלכים".

קי) והנה נתבארו הטעמים ונקודות שיצאו בב' הפרצופים או"א וישסו"ת דנקודים, הנקראים "ע"ב ס"ג".

שבאו"א יצאו ד' קומות זה למטה מזה, שהם קומת כתר, הנקראת "הסתכלות עניינין דאו"א"; קומת חכמה, הנקראת "גופא דאבא"; קומת בינה, הנקראת "גופא דאמא"; קומת ז"א, הנקראת "יסודות דאו"א". שמהם נתפשטו ד' גופים, שהם: מלך הדעת, מלך החסד, מלך הגבורה, מלך ש"ע דת"ת עד החזה. וד' הגופים אלו נשברו פנים ואחורים יחד.

אבל מבחינת הראשים, דהיינו בד' הקומות שבאו"א, נשארו בהקומות כל הכלים דפנים שבהם, דהיינו בחינת הגו"ע ונ"ע דכל קומה, שהיה בהם מעת הקטנות דנקודים. ורק הכלים דאחורים, שבכל קומה שנתחברו בהם בעת הגדלות, הם בלבדם חזרו ונתבטלו בסבת השבירה, ונפלו למדרגה שמתחתיהם, ונשארו, כמו שהיו לפני יציאת הגדלות דנקודים (אות ע"ו-ע"ז).

קיא) ועד"ז ממש היה בפרצוף ישסו"ת יציאת ד' קומות זה למטה מזה: שקומה הא' היא קומת חכמה ונקראת "הסתכלות עיינין דישסו"ת" זה בזה, וקומת בינה, וקומת ז"א, וקומת מלכות. שמהם נתפשטו ד' גופים, שהם: מלך ב"ש תתאין דת"ת, מלך נו"ה, מלך היסוד, המלכות. וד' הגופים שלהם נשברו פנים ואחור יחד. אבל בהראשים, דהיינו בד' הקומות דישסו"ת, נשארו הכלים דפנים שבהם, ורק האחורים בלבד נתבטלו בסבת השבירה. ונפלו למדרגה שמתחתיהם. והנה אחר ביטול אלו ב' הפרצופים או"א וישסו"ת, יצא עוד קומת מ"ה בנקודים. ולפי שלא נתפשט ממנה לבחינת גוף אלא רק תיקוני כלים בלבד, לא אאריך בו.

עולם התיקון ומ"ה החדש,
שיצא מהמצח דא"ק

קיב) והנה נתבאר היטב מתחילת הפתיחה עד כאן ד'
פרצופים הראשונים דא"ק: פרצוף הא' דא"ק, הנקרא "פרצוף
גלגלתא", שהזיווג דהכאה נעשה בו על בחי"ד, והע"ס שבו הן
בקומת כתר.

פרצוף הב' דא"ק, נקרא "ע"ב דא"ק", אשר הזיווג דהכאה
נעשה בו על עביות דבחי"ג, והע"ס שלו הן בקומת חכמה. והוא
מלביש מפה ולמטה דפרצוף הגלגלתא, פרצוף הג' דא"ק נקרא
"ס"ג דא"ק", שהזיווג דהכאה נעשה בו על עביות דבחי"ב.
והע"ס שלו הן בקומת בינה. והוא מלביש מפה ולמטה דפרצוף
ע"ב דא"ק.

פרצוף הד' דא"ק נקרא "מ"ה דא"ק", שהזיווג דהכאה נעשה
בו על עביות דבחי"א, והע"ס שבו הן בקומת ז"א. ופרצוף זה
מלביש מטבור ולמטה דס"ג דא"ק. והוא נחלק לפנימיות
וחיצוניות, שהפנימיות נקרא "מ"ה וב"ן דא"ק", והחיצוניות
נקרא "עולם הנקודים". וכאן נעשה ענין השיתוף של המלכות
בבינה, הנקרא צמצום ב', והקטנות, והגדלות, ועלית מ"ן, וענין
הדעת, המכריע והמזווג החו"ב פב"פ, וענין שבירת הכלים. כי
כל אלו נתחדשו בפרצוף הד' דא"ק, הנקרא "מ"ה" או "עולם
הנקודים".

84

קיג) ואלו ה' בחינות עביות שבמסך נקראים על שם הספירות שבראש, דהיינו גלגלתא עינים ואח"פ: שהעביות דבחי"ד נקרא "פה", שעליה יצא פרצוף הא' דא"ק; ועביות דבחי"ג נקרא "חוטם", שעליה יצא פרצוף ע"ב דא"ק; ועביות דבחי"ב נקרא "אזן", שעליה יצא פרצוף ס"ג דא"ק; ועביות דבחי"א נקרא "נקבי עינים", שעליה יצא פרצוף מ"ה דא"ק ועולם הנקודים; ועביות דבחינת שורש נקרא "גלגלתא" או "מצח", שעליה יצא עולם התיקון. והוא נקרא "מ"ה החדש". כי פרצוף הד' דא"ק הוא עיקר פרצוף מ"ה דא"ק, כי יצא מנקבי עינים בקומת ז"א, המכונה בשם "הוי"ה דמ"ה". אבל פרצוף החמישי דא"ק, שיצא מן המצח, דהיינו בחינת הגלגלתא, שהיא בחינת עביות דשורש, אין בו באמת אלא קומת מלכות הנקרא "ב"ן". אמנם מטעם שנשארה שם גם בחי"א דהתלבשות, שהוא בחינת ז"א, ע"כ נקרא גם הוא בשם "מ"ה". אלא בשם מ"ה שיצא מהמצח דא"ק, שפירושו, מהתכללות עביות דשורש, הנקרא "מצח". וכן הוא נקרא בשם "מ"ה החדש", בכדי להבדילו מהמ"ה שיצא מנקבי עינים דא"ק. ופרצוף מ"ה החדש הזה נקרא בשם "עולם התיקון" או "עולם אצילות".

קיד) אמנם יש להבין: למה ג' הקומות הראשונות דא"ק, הנקראות "גלגלתא", "ע"ב", "ס"ג" אינו נבחנות לג' עולמות, אלא לג' פרצופים? ולמה נשתנה פרצוף הד' דא"ק להקרא בשם "עולם"? וכן פרצוף החמישי דא"ק, כי פרצוף הד' נקרא בשם "עולם הנקודים" ופרצוף הה' נקרא בשם "עולם האצילות" או בשם "עולם התיקון".

קטו) וצריכים לידע ההפרש מפרצוף לעולם. והוא, כי בשם פרצוף נקרא כל קומת ע"ס, היוצאת על המסך דגוף דעליון, אחר שנזדכך ונכלל בפה דראש דעליון (אות נ). שאחר יציאתו

מהראש דעליון, הוא מתפשט בעצמו לרת"ס. גם יש בו ה' קומות זה למטה מזה, הנקראות "טעמים" ו"נקודות" (אות מ"ז). אמנם נקרא רק על שם קומת הטעמים שבו.

ועד"ז יצאו ג' פרצופים הראשונים דא"ק: גלגלתא, ע"ב, ס"ג (אות מ"ז). אבל "עולם" פירושו, שהוא כולל כל מה שנמצא בעולם העליון ממנו, כעין חותם ונחתם, שכל מה שיש בחותם עובר כולו על הנחתם ממנו.

קטז) ולפי זה תבין, שג' פרצופים הראשונים גלגלתא ע"ב ס"ג דא"ק, נבחנים רק לעולם אחד, דהיינו עולם הא"ק, שיצא בצמצום הראשון. אבל פרצוף הד' דא"ק, שבו נעשה ענין הצמצום ב', נעשה לעולם בפני עצמו, מטעם הכפילות שנעשה במסך דנקודות דס"ג בירידתו למטה מטבור דא"ק. כי נכפל עליו גם העביות דבחי"ד, בסוד ה"ת בעינים (אות ס"ג).

אשר בעת גדלות חזרה הבחי"ד למקומה לפה, והוציאה קומת כתר (אות פ"ד). ונמצאת קומה זו נשתוה לפרצוף הא' דא"ק. ואחר שנתפשט לרת"ס בטעמים ובנקודות, יצא עליו פרצוף ב' בקומת חכמה, הנקרא "ישסו"ת". והוא דומה לפרצוף ב' דא"ק, הנקרא "ע"ב דא"ק". ואחר התפשטותו לטעמים ונקודות, יצא פרצוף ג', הנקרא "מ"ה דנקודים" (אות קי"א). והוא דומה לפרצוף ג' דא"ק.

הרי שיצא כאן בעולם הנקודים כל מה שהיה בעולם א"ק, דהיינו ג' פרצופים. זה תחת זה. שבכל אחד מהם טעמים ונקודות וכל מקריהם, בדומה לג' פרצופים גלגלתא ע"ב ס"ג דא"ק שבעולם הא"ק. ועל"כ נבחן עולם הנקודים, שהוא נחתם מעולם הא"ק. ונקרא משום זה עולם שלם בפני עצמו. (ומה שג' פרצופי נקודים אינם נקראים גלגלתא-ע"ב-ס"ג אלא

ע"ב-ס"ג-מ"ה, הוא מטעם שהבחי"ד שנתחברה במסך דס"ג אין עביותה שלמה, מפאת מקרה ההזדככות שהיה מכבר בפרצוף הא' דא"ק. וע"כ ירדו לבחינת ע"ב ס"ג מ"ה).

קיז) והנה נתבאר איך עולם הנקודים נחתם מעולם הא"ק. ועד"ז נחתם פרצוף הה' דא"ק, דהיינו המ"ה החדש, שנחתם כולו מעולם הנקודים. באופן שכל הבחינות ששמשו בנקודים, אע"פ שנשברו ונתבטלו שם, מכל מקום חזרו כולם ונתחדשו במ"ה החדש.

וע"כ הוא נקרא עולם בפני עצמו. ונקרא "עולם האצילות", מטעם שנסתיים כולו למעלה מפרסא, שנתקנה בצמצום ב'. ונקרא ג"כ "עולם התיקון", מטעם שעולם הנקודים לא נתקיים, כי היה בו ביטול ושבירה. אלא אחר כך במ"ה החדש, שחזרו כל הבחינות ההם, שהיו בעולם הנקודים, ובאו במ"ה החדש, הנה נתקנו שם ונתקיימו. וע"כ נקרא "עולם התיקון". כי באמת הוא עולם הנקודים עצמו, אלא שמקבל כאן במ"ה החדש את תיקונו משלם. כי ע"י מ"ה החדש חוזרים ומתחברים לג"ר כל אלו האחורים שנפלו לגוף מן או"א וישסו"ת, וכן הפנים ואחורים דכל הז"ת, שנפלו לבי"ע ומתו, חוזרים ועולים על ידו לאצילות.

קיח) וטעם הדברים, כי כל פרצוף תחתון חוזר וממלא הכלים דעליון, אחר הסתלקות אורותיהם בעת הזדככות המסך. כי אחר הסתלקות האורות דגוף דפרצוף הא' דא"ק, מפאת הזדככות המסך, קבל המסך זווג חדש בקומת ע"ב, אשר חזר ומילא הכלים הריקים דגוף דעליון, דהיינו דפרצוף הא'.

וכן אחר הסתלקות האורות דגוף דע"ב, מפאת הזדככות המסך, קבל המסך זווג חדש בקומת ס"ג, שחזר ומילא הכלים

הריקים דעליון, שהוא ע"ב. וכן אחר הסתלקות האורות דס"ג, מפאת הזדככות המסך, קבל המסך זווג חדש בקומת מ"ה, שיצא מנקבי עינים, שהם הנקודים, שחזר ומילא את הכלים הריקים דעליון, שהוא הנקודות דס"ג.

וממש עד"ז, אחר הסתלקות האורות דנקודים, מחמת ביטול האחורים ושבירת הכלים, קבל המסך זווג חדש בקומת מ"ה, שיצא מהמצח דפרצוף ס"ג דא"ק, וממלא את הכלים הריקים דגוף דעליון, שהם הכלים דנקודים שנתבטלו ונשברו.

קיט) אמנם יש הפרש גדול כאן במ"ה החדש. כי הוא נעשה לבחינת דכר ובחינת עליון להכלים דנקודים, שהוא מתקן אותם. משא"כ בפרצופים הקודמים, אין התחתון נעשה לדכר ולעליון אל הכלים דגוף דעליון, אע"פ שהוא ממלא אותם ע"י קומתו.

והשינוי הזה הוא, כי בפרצופים הקודמים לא היה שום פגם בהסתלקות האורות, כי רק הזדככות המסך גרם להסתלקותם.

אבל כאן בעולם הנקודים, היה פגם בהכלים. כי כח מלכות המסיימת היה מעורב בהכלים דאחורים דז"ת. ואינם ראוים לקבל האורות. שמסבה זו נשברו ומתו ונפלו לבי"ע. לפיכך הם תלויים לגמרי במ"ה החדש: להחיותם, לבררם, ולהעלותם לאצילות. ומתוך זה נחשב המ"ה החדש לבחינת זכר ומשפיע. ואלו הכלים דנקודים הנבררים על ידו נעשו בחינת נוקבא אל המ"ה. ולכן נשתנה שמם לשם ב"ן. כלומר שנעשו בחינת תחתון אל המ"ה. ואע"פ שהם עליון למ"ה החדש, כי הם כלים מעולם הנקודים ובחינת מ"ה ונקבי עינים, שבחינה עליונה שבו הוא ו"ק דס"ג דא"ק (אות ע"ד), מ"מ נעשו עתה לתחתון אל המ"ה החדש. ונקרא "ב"ן" מטעם האמור.

ה"פ אצילות וענין מ"ה וב"ן שבכל פרצוף

קכ) ונתבאר, שקומת מ"ה החדש נתפשטה ג"כ לעולם שלם בפני עצמו כמו עולם הנקודים.

וטעם הדבר הוא, כמו שנתבאר בקומת הנקודים, שהוא מכח כפילת המסך גם מבחי"ד (אות קט"ז). כי הגם שהארת הזו"ן דא"ק שהאיר דרך הטבור והיסוד לג"ר דנקודים החזירה הצמצום א' למקומו, וה"ת ירדה מנקבי עינים לפה, שעי"ז יצאו כל אלו הקומות דגדלות נקודים (אות ק"א, אמנם כל אלו הקומות חזרו ונתבטלו ונשברו, וכל האורות נסתלקו. וע"כ חזר הצמצום ב' למקומו. והבחי"ד חזרה ונתחברה במסך.

קכא) ולפיכך גם במ"ה החדש, שיצא מהמצח, נוהג ג"כ ב' בחינות קטנות וגדלות, כמו בעולם הנקודים. אשר תחילה יוצאת הקטנות, דהיינו לפי העביות המגולה במסך, שהוא: קומת ז"א דהתלבשות, המכונה חג"ת, וקומת מלכות דעביות, הנקרא נה"י. מטעם ג' הקוין, שנעשה בקומת מלכות: שקו ימין נקרא "נצח"; וקו שמאל נקרא "הוד"; וקו אמצעי "יסוד". אמנם כיון שאין מבחי"א רק בחינת התלבשות, בלי עביות, ע"כ אין בה כלים. ונמצאה קומת חג"ת בלי כלים. והיא מתלבשת בכלים דנה"י. וקומה זו נקראת "עובר". שפירושו, שאין שם אלא שיעור עביות דשורש, שנשאר במסך אחר הזדככותו, בעת עליתו לזווג במצח דעליון. שקומה, היוצאת שם, היא רק קומת מלכות.

אמנם בפנימיותה יש בחינת ה"ת בגניזו. והוא בחינת ה"ת במצח. ואחר שהעובר מקבל הזווג בעליון, יורד משם למקומו (אות נ"ד). ואז מקבל מוחין דיניקה מהעליון, שהם עביות דבחי"א, בבחינת ה"ת בנקבי עינים. ועי"ז קונה כלים גם לחג"ת, מתפשטים החג"ת מתוך הנה"י. ויש לו קומת ז"א.

קכב) והנה אח"ז עולה פעם ב' למ"ן להעליון. ונקרא "עיבור ב'". ומקבל שם מוחין מע"ב ס"ג דא"ק. ואז יורדת הבחי"ד מנקבי עינים למקומה לפה (אות ק"א). ואז נעשה הזווג על בחי"ד במקומה. ויוצאות ע"ס בקומת כתר. והכלים דאח"פ מתעלים וחוזרים למקומם בראש. ונשלם הפרצוף בע"ס דאורות וכלים. ואלו המוחין נקראים "מוחין דגדלות" של הפרצוף. וזהו קומת פרצוף הא' דאצילות, הנקרא "פרצוף הכתר" או "פרצוף עתיק" דאצילות.

קכג) וכבר ידעת, שאחר שביה"כ חזרו ונפלו כלהו אח"פ מהמדרגות, כל אחד למדרגה שמתחתיו (אות ע"ז, ק"ו). ונמצאים אח"פ דקומת כתר דנקודים בגו"ע דקומה חכמה. ואח"פ דקומת חכמה בגו"ע דקומת בינה, וכו'. ולפיכך בעת העיבור ב' דגדלות דפרצוף הא' דאצילות, הנקרא "עתיק", שחזרו ונתעלו האח"פ שלו, הנה עלו עמהם יחד גם הגו"ע דקומת חכמה. ונתקנו יחד עם האח"פ דקומת עתיק. וקבלו שם עיבור הא'.

קכד) ואחר שהגו"ע דחכמה קבלו קומת העיבור והיניקה שלהם (אות קכ"א), חזרו ועלו לראש דעתיק. וקבלו שם עיבור ב' שלהם למוחין דגדלות. וירדה הבחי"ג למקומה לפה. ויצאו עליה ע"ס בקומת חכמה. והכלים דאח"פ שלהם חזרו ועלו למקומם בראש. ונשלם פרצוף החכמה בע"ס דאורות וכלים. ופרצוף זה נקרא פרצוף "אריך אנפין" דאצילות.

90

קכה) ועם אח"פ הללו דא"א עלו ביחד גם גו"ע דקומת בינה. וקבלו שם עיבור הא' ויניקה שלהם. ואח"ז עלו לראש דא"א לעיבור ב'. והעלו האח"פ שלהם וקבלו המוחין דגדלות. ונשלם פרצוף הבינה בע"ס דאורות וכלים. ופרצוף זה נקרא "או"א וישסו"ת". כי הג"ר נקראות "או"א", והז"ת נקראות "ישסו"ת".

קכו) ועם אח"פ הללו דאו"א עלו ביחד גם גו"ע דזו"ן. וקבלו שם העיבור א' שלהם והיניקה. ובזה נשלמים הזו"ן בבחינת ו"ק לז"א ונקודה להנוקבא. והנה נתבארו ה"ה פ מ"ה החדש, שיצאו בעולם האצילות בבחינת קביעות, הנקראים עתיק א"א או"א וזו"ן.

שעתיק יצא בקומת כתר, וא"א בקומת חכמה, ואו"א בקומת בינה, וזו"ן בו"ק ונקודה, שהוא קומת ז"א. ובאלו ה' הקומות לא יארע שום מיעוט לעולם. כי בג"ר אין מעשי התחתונים מגיעים אליהם, שיוכלו לפוגמם. וז"א ונוקבא, שאליהם מגיעים מעשי התחתונים, היינו דוקא בכלים דאחורים שלהם, שמשיגים בעת הגדלות. אבל בכלים דפנים, שהם גו"ע באורות דו"ק ונקודה, הנה גם בהם לא יגיעו מעשי התחתונים. ולפיכך נבחנים ה' הקומות הנ"ל לבחינת מוחין הקבועים באצילות.

קכז) וסדר הלבשתם זא"ז ולפרצוף א"ק הוא, כי פרצוף עתיק דאצילות אע"פ שיצא מראש הס"ג דא"ק (אות קי"ח), מכל מקום לא יכול להלביש מפה ולמטה דס"ג דא"ק רק למטה מטבור. כי למעלה מטבור דא"ק הוא בחינת צמצום א', ונקרא "עקודים".

והן אמת, שפרצוף עתיק, להיותו בחינת ראש הא' דאצילות, עדיין אין הצמצום ב' שולט בו. וא"כ היה ראוי שילביש למעלה מטבור דא"ק. אמנם כיון שהצמצום ב' כבר נתקן בפה

דראשו, בשביל שאר פרצופי אצילות, שממנו ולמטה, ע"כ אינו יכול להלביש רק למטה מטבור דא"ק.

ונמצא קומת עתיק מתחלת מטבור דא"ק. והיא מסתיימת בשוה עם רגלי א"ק, דהיינו למעלה מנקודה דעוה"ז. וזהו מפאת פרצופו עצמו. אמנם מפאת התקשרותו עם שאר פרצופי אצילות, שמבחינתם נבחן שהוא כלול ג"כ מצמצום ב', הנה מבחינה זו הוא נבחן שרגליו מסתיימים למעלה מפרסא דאצילות. כי הפרסא הוא הסיום החדש של הצמצום ב' (אות ס"ח).

קכח) ופרצוף הב' דמ"ה החדש, הנקרא א"א, שהוא נאצל ויצא מפה דראש עתיק, הנה קומתו מתחיל ממקום יציאתו, דהיינו מפה דראש עתיק. ומלביש את הז"ת דעתיק, המסתיימים למעלה מפרסא דאצילות. ופרצוף הג', הנקרא או"א, שנאצלו מפה דראש א"א, הם מתחילים מפה דראש א"א ומסתיימים למעלה מטבור דא"א. והזו"ן מתחילים מטבור דא"א ומסתיימים בשוה עם סיום א"א, דהיינו למעלה מפרסא דאצילות.

קכט) ותדע, שכל קומה וקומה מה"פ אלו דמ"ה החדש, בעת שיצאה, ביררה וחיברה לעצמה חלק מהכלים דנקודים, שנעשה לה לבחינת נוקבא: כי הנה בעת שיצא פרצוף עתיק, לקח וחיבר אליו כל הג"ר דנקודים, שנשארו שלמים בעת שביה"כ. דהיינו, בחינת הגו"ע שבהם, שיצאו בעת קטנותם, הנקראים "כלים דפנים" (אות ע"ו).

שבקטנות הנקודים לא באו עמהם רק מחציתה העליונה דכל מדרגה, שהם גו"ע ונקבי עינים. ומחציתה התחתונה דכל אחת, הנקראים אח"פ, ירדו למדרגה התחתונה. ולפיכך נבחן, שפרצוף עתיק דמ"ה החדש לקח לו מהכלים דנקודים את

מחציתה העליונה דכתר, ומחציתה העליונה דחו"ב, וז' השרשים
דח"ת הכלולים בג"ר דנקודים. והם נעשו לבחינת פרצוף נוקבא
אל העתיק דמ"ה החדש. ונתחברו יחד זה בזה. והם המכונים
"מ"ה וב"ן דעתיק דאצילות". כי הזכר דעתיק נקרא מ"ה, והכלים
דנקודים שנתחברו אליו נקראים ב"ן (אות קי"ט). וסדר עמידתם
הוא פו"א: העתיק דמ"ה בפנים והעתיק דב"ן באחוריו.

קל) ופרצוף א"א דמ"ה החדש, שיצא בקומת חכמה, בירר
וחיבר אליו את חציו התחתון דכתר הנקודים, שהם האח"פ
דכתר, שבעת הקטנות היו בהמדרגה שמתחת הכתר, דהיינו
בחכמה ובינה דנקודים (אות ע"ז). ונעשה לבחינת נוקבא אל
הא"א דמ"ה החדש. ונתחברו יחד זה בזה. וסדר עמידתם הוא
ימין ושמאל: א"א דמ"ה, שהוא הזכר, עומד בימין, וא"א דב"ן,
שהיא הנוקבא, עומדת בשמאל.

ומה שפרצוף עתיק דמ"ה לא לקח גם את חציו התחתון
דכתר נקודים, הוא, כי עתיק מתוך שהוא ראש הא' דאצילות,
שמעלתו גבוהה מאד, לכן לא חיבר אליו רק הכלים דפנים דג"ר
דנקודים, שבהם לא אירע שום פגם בעת השבירה. מה שאין כן
בחצי הכתר התחתון, שהם אח"פ, שהיו נפולים בעת הקטנות
בחו"ב, ואח"כ בעת הגדלות עלו מחו"ב ונתחברו בכתר דנקודים
(אות פ"ד), אשר אח"כ בעת שבירת הכלים חזרו ונפלו מהכתר
דנקודים ונתבטלו, הרי המה כבר נפגמו עם נפילתם וביטולם,
ואינם ראוים משום זה לעתיק. ולכן לקח אותם א"א דמ"ה.

קלא) ופרצוף או"א דמ"ה החדש, שהם בקומת בינה, ביררו
וחיברו להם את חצים התחתון דחו"ב דנקודים, שהם האח"פ
דחו"ב, שבעת הקטנות היו נפולים בהז"ת דנקודים. אלא אח"כ
בעת הגדלות נקודים, עלו ונתחברו לחו"ב דנקודים (אות צ"ד).

93

ואשר בעת שביה"כ חזרו ונפלו להז"ת דנקודים ונתבטלו (אות ק"ז). ואותם ביררו להם או"א דמ"ה לבחינת נוקבא אליהם. והם מכונים ז"ת דחכמה וו"ת דבינה דב"ן.

כי בחינת החסד דבינה נשארה עם הג"ר דחו"ב דב"ן בפרצוף עתיק. ולא נשאר בחציה התחתון דבינה כי אם ו"ת מגבורה ולמטה. ונמצא הזכר דאו"א הוא קומת בינה דמ"ה, והנוקבא דאו"א היא ז"ת דחו"ב דב"ן. ועמידתם הם בימין ושמאל: או"א דמ"ה בימין, ואו"א דב"ן בשמאל. והישסו"ת דמ"ה, שהם הז"ת דאו"א, לקחו המלכיות דחו"ב דב"ן.

קלב) ופרצוף זו"ן דמ"ה החדש, שהם בקומת ו"ק ונקודה, ביררו וחיברו אליהם את הכלים דפנים דז"ת דנקודים, מתוך שבירתם בבי"ע. דהיינו בחינת הגו"ע של הז"ת דנקודים (אות ע"ח). והם נעשו לנוקבא אל הזו"ן דמ"ה. ועמידתם הוא בימין ושמאל: הזו"ן דמ"ה בימין, והזו"ן דב"ן בשמאל.

קלג) והנה נתבאר המ"ה וב"ן שבה"פ אצילות. אשר ה' הקומות דמ"ה החדש, שיצאו בעולם האצילות, ביררו להם מהכלים הישנים ששימשו בזמן הנקודים, ונתקנו להם לבחינת נוקבא, הנקראת בשם "ב"ן".

שהב"ן דעתיק נעשה ונתקן ממחציתן העליונה דג"ר דנקודים, והב"ן דא"א ואו"א נבררו ונתקנו ממחציתן התחתונה דג"ר דנקודים, ששימשו להם בעת גדלות דנקודים וחזרו ונתבטלו, והב"ן דזו"ן נברר ונתקן מהכלים דפנים, שיצאו בעת קטנות דנקודים, שבעת הגדלות נשברו ונפלו ביחד עם הכלים דאחורים שלהם.

94

כלל גדול בעניני המוחין שבקביעות, ובעליות הפרצופים והעולמות, הנוהגין בשתא אלפי שני

קלד) כבר נתבאר, שיציאת הגדלות של הג"ר וז"ת דנקודים באו בג' סדרים, בסוד ג' הנקודות חולם שורק חירק (אות פ"ו). ומשם תבין שיש ב' מינים של השלמת העל"ס לקבלת המוחין דגדלות.

א. הוא מצד עליתו והתכללותו בעליון. דהיינו בעת שהזו"ן דא"ק האירו את האור חדש דרך הטבור אל הכתר דנקודים, והורידו הה"ת מנקבי עינים דכתר להפה שלו, שבזה נתעלו האח"פ הנפולים דכתר שהיו באו"א, וחזרו למדרגתם לכתר והשלימו העל"ס שלו.

הנה נבחן אז שעלו עמהם גם גו"ע דאו"א, שהיו דבוקים על האח"פ דכתר. ונמצאים גם או"א נכללים בהעל"ס השלמות של הכתר, כי התחתון העולה לעליון נעשה כמוהו (אות צ"ג). ונבחן משום זה, שגם או"א השיגו האח"פ החסרים להם להשלמת ע"ס שלהם, מכח התכללותם בהכתר. וזהו מין הא' של מוחין דגדלות.

קלה) ב. הוא, שהמדרגה נשלמת בע"ס בכחה עצמה. דהיינו בעת שהזו"ן דא"ק האירו את האור חדש דרך היסוד דא"ק, הנקרא "נקודת השורק", לאו"א, והוריד הה"ת מנקבי

עינים דאו"א עצמם להפה שלהם, שבזה העלה את הכלים דאח"פ דאו"א ממקום נפילתם בז"ת אל הראש דאו"א, והשלימו להם הע"ס, שעתה נשלמים או"א ע"י עצמם.

כי עתה השיגו הכלים דאח"פ ממש החסרים להם. משא"כ במין הא', בעת שקבלו שלמותם מהכתר ע"י הדבקות באח"פ שלו, הרי באמת היו עוד חסרים אח"פ. אלא ע"י התכללותם בכתר, קבלו על ידו הארה מאח"פ שלהם, שהספיק רק להשלימם בע"ס בעודם במקום הכתר, ולא כלל בעת יציאתם משם למקומם עצמם.

קלו) ועד"ז נמצא ב' מיני השלמות גם בז"ת. א. בעת הארת השורק ועלית אח"פ דאו"א. שאז גם הגו"ע דז"ת הדבוקים בהם נתעלו יחד עמהם ועלו לאו"א. וקבלו שם בחינת אח"פ להשלמת הע"ס שלהם. שאח"פ אלו אינם עוד אח"פ הממשיים שלהם, אלא רק הארת אח"פ, המספיק להשלמת ע"ס בעודם באו"א, ולא כלל בירידתם למקומם עצמם.

ב. השלמת הע"ס, שהשיגו הז"ת בעת התפשטות המוחין מאו"א אל הז"ת. שעי"ז הורידו גם הם בחינת ה"ת המסיימת מהמחזה שלהם אל מקום סיום רגלי א"ק, והעלו את התנה"י שלהם מבי"ע, וחיברו אותם למדרגתם לאצילות. שאז, לולא נשברו ומתו, היו נשלמים בע"ס שלמות ע"י עצמם. כי עתה השיגו את האח"פ הממשיים החסרים להם.

קלז) וגם בד' פרצופים, שיצאו מאו"א לכלים דחג"ת, וכן בד' הפרצופים, שיצאו מהישסו"ת לכלים דתנהי"מ (אות ק"ז-ק"ט), הנה גם בהם נמצאים אלו ב' מיני השלמות הע"ס. כי מבחינה אחת היה נשלם כל אחד מהם ע"י התדבקותם באח"פ

96

דאו"א וישסו"ת בעודם בראש, שהיא השלמת ע"ס דמין הא'. ואח"כ שנתפשטו לבי"ע, היו רוצים להשתלם בהשלמת הע"ס דמין הב'. וענין זה נוהג גם בפרטי פרטיות.

קלח) ותדע, כי אלו ה"פ אצילות, עתיק ווא"א ואו"א וזו"ן, שנתתקנו בקביעות ואין שום מיעוט נוהג בהם (אות קכ"ו), שעתיק יצא בקומת כתר, וא"א בקומת חכמה, ואו"א בקומת בינה, וזו"ן בקומת ז"א, ו"ק בלי ראש.

הנה הכלים דאח"פ, שנתבררו להם מעת הגדלות, היו מבחינת השלמת ע"ס דמין הא'. והיינו על דרך נקודת החולם, שהאיר בכתר דנקודים. שאז נשלמו גם או"א על ידי הכתר והשיגו הארת כלים דאח"פ (אות קל"ד). ולפיכך אע"פ שהיה לכל אחד מעתיק וא"א ואו"א ע"ס שלמות בראש, מ"מ לא הגיע מזה בחינת ג"ר לגופים שלהם. ואפילו פרצוף עתיק לא היה לו בגוף אלא בחינת ו"ק בלי ראש. וכן א"א ואו"א.

והטעם הוא, כי כל הזך נברר תחילה. וע"כ לא נברר בהם רק השלמת ע"ס דמין הא', שהוא מצד עליתו בעליון. דהיינו בחינת הארת כלים דאח"פ, המספיק להשלים הע"ס בראש. אבל אין עוד התפשטות מהראש לגוף. כי בעת שאו"א נכללו בכתר דנקודים, היה מספיק להם הארת אח"פ מכח הכתר, ולא כלל בהתפשטותם למקומם עצמם, מפה דכתר דנקודים ולמטה (אות קל"ה). וכיון שהגופים דעתיק וא"א ואו"א היו בו"ק בלי ראש, מכ"ש הזו"ן עצמם, שהם בחינת גוף הכולל דאצילות, שיצאו בו"ק בלי ראש.

קלט) אמנם בא"ק לא היה כן. אלא כל הכמות שיצא בהראשים דפרצופי א"ק, נתפשט ג"כ לגופים שלהם. ולפיכך

נבחנים כל ה"פ אצילות, שהם רק בחינת ו"ק דפרצופי א"ק. וע"כ הם מכונים "מ"ה החדש" או "מ"ה דה"פ א"ק". דהיינו קומת ז"א, שהוא מ"ה. בחוסר ג"ר, שג"ר הן גלגלתא ע"ב ס"ג. כי עיקר המדרגה נבחנת ע"פ התפשטותה אל הגוף מפה ולמטה, וכיון שגם לג' פרצופים הראשונים אין מהם התפשטות לגוף רק ו"ק בלי ראש, ע"כ הם נבחנים לבחינת מ"ה, שהוא קומת ו"ק בלי ראש אל ה"פ א"ק.

קמ) באופן, שעתיק דאצילות, שיש לו בראש קומת כתר, נבחן לבחינת ו"ק לפרצוף הכתר דא"ק. וחסר נשמה חיה יחידה דכתר א"ק. וא"א דאצילות, שיש לו בראש קומת חכמה, נבחן לבחינת ו"ק לפרצוף ע"ב דא"ק שהיא חכמה. וחסר נשמה חיה יחידה דע"ב דא"ק.

ואו"א דאצילות, שיש להם בראש קומה בינה, נבחנים לבחינת ו"ק של פרצוף ס"ג דא"ק. וחסר לו נשמה חיה יחידה דס"ג דא"ק. והזו"ן דאצילות נבחנים לבחינת ו"ק דפרצוף מ"ה וב"ן דא"ק. וחסר להם נשמה חיה יחידה דמ"ה וב"ן דא"ק. וישסו"ת וזו"ן הם תמיד במדרגה א': זה ראש וזה גוף.

קמא) וע"י העלאת מ"ן ממעשים טובים של התחתונים, נבררים השלמת האח"פ דע"ס דמין הב'. דהיינו השלמתם דאו"א מבחינת עצמם, על דרך בחינת נקודת השורק. שאז או"א עצמם מורידים הה"ת מנקבי עינים שלהם, ומעלים אליהם האח"פ שלהם. שאז יש להם כח גם להשפיע אל הז"ת, שהם זו"ן. דהיינו אל הגופים ממעלה למטה. כי הגו"ע דזו"ן, הדבוקים באח"פ ואו"א, נמשכים עמהם לאו"א ומקבלים מהם השלמת ע"ס (אות צ"ד).

ואז נמצא כל כמות המוחין שישנם באו"א מושפעים ג"כ לזו"ן, שעלו אליהם ביחד עם האח"פ שלהם. ולפיכך, בעת שה"פ אצילות מקבלים השלמה זו דמין הב', אז יש ג"ר גם להגופים דג' פרצופים הראשונים, שהם עתיק וא"א ואו"א דאצילות. וכן להזו"ן דאצילות, שהם גוף הכולל דאצילות.

ואז עולים ה' פרצופי אצילות ומלבישים לה"פ א"ק. כי בעת התפשטות הג"ר גם אל הגופים דה"פ אצילות, הרי הם משתוים עם ה"פ א"ק. ועתיק דאצילות עולה ומלביש לפרצוף כתר דא"ק, וא"א לע"ב דא"ק, ואו"א לס"ג דא"ק, וזו"ן למ"ה וב"ן דא"ק.

ואז מקבל כל אחד מהם נשמה חיה יחידה מהבחינה שכנגדו בא"ק.

קמב) אמנם כלפי הזו"ן דאצילות נבחנים המוחין הללו רק לבחינת מין הא' דהשלמת הע"ס. כי אלו האח"פ אינם אח"פ גמורים, רק הארת האח"פ, שהם מקבלים ע"י או"א, הוא בעת שהם במקום או"א. אבל בהתפשטותם למקומם עצמם, הרי הם עוד חסרים האח"פ שלהם (אות קל"ו). ומטעם זה נבחנים כל המוחין שהזו"ן משיג בשתא אלפי שני בשם "מוחין דעליה". כי אי אפשר להם להשיג מוחין דג"ר, רק בעת עלותם למקום ג"ר. כי אז נשלמים על ידם. אמנם אם אינם עולים למעלה למקום הג"ר, אי אפשר להיות להם מוחין. כי עדיין לא נבררו לזו"ן בחינת המוחין דמין הב', שזה לא יהיה זולת בגמר התיקון.

קמג) והנה נתבאר, שהמוחין דה"פ הקבועים באצילות, הם מבחינת בירורי כלים דמין הא' דאו"א, שבעולם הנקודים מכונה הארה זו בשם "הארת הטבור", או "נקודת החולם".

שאפילו או"א אין להם השלמה, אלא מבחינת מין הא'. וע"כ אין מגיע מהראשים דעתיק וא"א ואו"א להגופים שלהם עצמם וכן להזו"ן שום הארת ג"ר. כי גם הז"ת דנקודים לא קבלו כלום מהארה זו דבחינת החולם (אות פ"ח).

והמוחין דשתא אלפי שני עד גמר התיקון הבאים ע"י העלאת מ"ן של התחתונים, הם מבחינת בירורי כלים להשלמת ע"ס דמין הב' דאו"א, שבעולם הנקודים מכונה הארה זו בשם "הארת היסוד" או "נקודת השורק".

כי אז מעלה או"א את האח"פ של עצמם, שעליהם דבוקים גם הגו"ע דז"ת. וע"כ גם הז"ת מקבלים במקום או"א בחינת מוחין דג"ר. ולפיכך מגיע המוחין הללו גם להגופים דה"פ אצילות ולזו"ן הכוללים. אלא בלבד שהם צריכים להיות למעלה במקום הג"ר ולהלבישם אותם.

ולעתיד לבא בגמר התיקון יקבלו אז הזו"ן את בחינת השלמת ע"ס דמין הב'. ויורידו ה"ת המסיימת מבחינת החזה שלהם, שהוא הפרסא דאצילות, אל מקום סיום רגלי א"ק (אות קל"ו). ואז יתחברו התנה"י דזו"ן שבבי"ע אל מדרגת הזו"ן דאצילות. וישתוה סיום רגלין דאצילות לסיום רגלים דא"ק. ואז יתגלה מלכא משיחא. בסו"ה "ועמדו רגליו על הר הזיתים". ונתבאר היטב, שבשתא אלפי שני אין תיקון לעולמות רק בדרך עליה.

ביאור ג' העולמות בריאה יצירה ועשיה

קמד) ז' עיקרים כוללים יש להבחין בג' העולמות בי"ע: א. מהיכן נעשה המקום לג' העולמות הללו, ב. שיעורי קומת פרצופי בי"ע ועמידת העולמות בראשונה, בעת שנאצלו ויצאו מהנוקבא דאצילות, ג. כל אלו שיעורי קומה מהמוחין דתוספת ומצב עמידתם, שהשיגו מטרם חטאו של אדה"ר, ד. המוחין שנשתיירו בפרצופי בי"ע, ומקום נפילת העולמות לאחר שנפגמו בחטאו של אדה"ר, ה. המוחין דאמא, שקבלו פרצופי בי"ע אחר נפילתם למטה מפרסא דאצילות, ו. בחינת פרצופי האחור דה"פ אצילות, שירדו ונתלבשו בפרצופי בי"ע ונעשו להם לבחינת נשמה לנשמה, ז. בחינת המלכות דאצילות, שירדה ונעשית בחינת עתיק לפרצופי בי"ע.

קמה) הנה הבחן הא' כבר נתבאר (אות ס"ו), שמפאת עלית המלכות המסיימת, שמתחת סיום רגלי א"ק, למקום החזה דז"ת דנקודות דס"ג, הנעשה בזמן צמצום ב', יצאו ונפלו ב"ש תתאין דת"ת ונהי"מ למטה מנקודת הסיום החדשה שבחזה דנקודות. ואינם ראויים עוד לקבל אור העליון. ונעשו מהם המקום לג' העולמות בי"ע: שמב"ש תתאין דת"ת נעשה מקום עולם הבריאה; ומג' ספירות נה"י נעשה מקום עולם היצירה; ומהמלכות נעשה מקום עולם העשיה.

קמו) והבחן הב' הוא שיעורי קומת פרצופי בי"ע ומקום עמידתם בעת יציאתם ולידתם מבטן הנוקבא דאצילות. דע, שבעת הזאת כבר השיג הז"א בחינת חיה מאבא, והנוקבא כבר השיגה בחינת נשמה מאמא. וכבר ידעת, שאין הזו"ן מקבלים המוחין מאו"א אלא בדרך עליה והלבשה (אות קמ"ב). וע"כ נמצא: הז"א מלביש את אבא דאצילות, הנקרא "או"א עילאין"; והנוקבא מלבשת לאמא דאצילות, הנקרא "ישסו"ת". ואז הנוקבא דאצילות ביררה והאצילה את עולם הבריאה בכללות ה"פ שבו.

קמז) וכיון שהנוקבא עומדת במקום אמא, הרי היא נחשבת למדרגת אמא, כי התחתון העולה לעליון נעשה כמוהו. ולפיכך עולם הבריאה, שנבררה על ידה, נבחנת למדרגת ז"א, להיותה מדרגה תחתונה להנוקבא, שהיא בחינת אמא. והתחתון מאמא הוא ז"א. ונמצא אז עולם הבריאה, שעומדת במקום ז"א דאצילות, מתחת להנוקבא דאצילות, שהיתה אז בחינת אמא דאצילות.

קמח) ועל פי זה נבחן עולם היצירה, שנברר ונאצל ע"י עולם הבריאה, שהוא אז במדרגת הנוקבא דאצילות, להיותה מדרגה תחתונה לעולם הבריאה, שהיה אז בחינת הז"א דאצילות. והתחתון מהז"א היא בחינת נוקבא. אמנם לא כל הע"ס דעולם היצירה הם בחינת הנוקבא דאצילות, אלא רק הד' ראשונות דיצירה בלבד. והטעם הוא, כי יש ב' מצבים בנוקבא, שהם פב"פ ואב"א. שבהיותה פב"פ עם הז"א, קומתה שוה אל הז"א.

ובהיותה אב"א, היא תופשת רק ד' ספירות תנה"י דז"א. ומשום שאז היה מצב כל העולמות רק אב"א, לא היה בבחינת הנוקבא אלא ד"ס לבד. וע"כ גם עולם היצירה אין לו במקום

הנוקבא דאצילות רק ד"ס ראשונות שלו. ושאר ששה תחתונות דיצירה היו בששה ספירות ראשונות דעולם הבריאה של עתה. דהיינו ע"פ תכונות מקום בי"ע שבהבחן הא' (אות קמ"ה), ששם נפלו העולמות בי"ע אחר חטאו של אדה"ר, ושם היא מקום קביעותם עתה.

קמט) ועולם העשיה, שנברר ע"י עולם היצירה, נבחן למדרגת בריאה של עתה. כי מתוך שעולם היצירה היה אז במדרגת הנוקבא דאצילות, נמצא המדרגה שמתחתיה עולם העשיה, שהוא בבחינת עולם הבריאה של עתה. אלא מתוך שרק הד"ר דיצירה היה בבחינת הנוקבא דאצילות, והשש תחתונות שלה היו בעולם הבריאה, לכן גם עולם העשיה שמתחתיה, נמצאים רק הד"ר שלו בבחינת ד"ס תחתונות דעולם הבריאה, והשש התחתונות דעולם העשיה היו במקום שש ראשונות דעולם היצירה של עתה.

ונמצאו אז י"ד הספירות, שהם נהי"ם דיצירה של עתה, וכל הע"ס דעולם עשיה של עתה, היו ריקנות מכל קדושה. ונעשו למדור הקליפות. כי רק הקליפות היו נמצאות במקום י"ד ספירות הללו. כי העולמות דקדושה נסתיימו במקום החזה דעולם היצירה של עתה. והנה נתבאר מדרגות שיעורי הקומה של פרצופי בי"ע ומקום עמידתם בעת שנאצלו בראשונה.

קנ) ועתה נבאר הבחן הג', שהוא שיעורי קומה דפרצופי בי"ע ומצב עמידתם, שהיה להם מהמוחין דתוספת, מטרם חטאו של אדה"ר. והוא, כי ע"י הארת תוספת שבת, היה להם אז ב' עליות: א. בשעה חמשית בערב שבת, שבו נולד אדה"ר. שאז מתחיל להאיר תוספת שבת, בסוד הה' דיום הששי.

103

ואז השיג הז"א בחינת יחידה ועלה והלביש לא"א דאצילות, והנוקבא בחינת חיה, ועלתה והלבישה לאו"א דאצילות, והבריאה עלתה לישסו"ת, והיצירה עלתה כולה לז"א, והד"ס ראשונות דעשיה עלו למקום הנוקבא דאצילות, והשש תחתונות דעשיה עלו במקום שש ראשונות דבריאה.

ב. היתה בערב שבת בין הערבים. שע"י תוספת שבת, עלו גם הו' תחתונות דעשיה למקום הנוקבא דאצילות, והיו עומדים עולם היצירה ועולם העשיה בעולם האצילות במקום זו"ן דאצילות בבחינת פב"פ.

קנא) ועתה נבאר הבחן הד', שהוא קומת המוחין שנשתיירו בבי"ע. ומקום נפילתם לאחר החטא. והוא, כי מחמת פגם חטאו של עצה"ד, נסתלקו מהעולמות כל המוחין דתוספת, שהשיגו ע"י ב' העליות. והזו"ן חזר לו"ק ונקודה.

וג' העולמות בי"ע, נשתיירו בהם רק המוחין שיצאו בהם בראשונה בעת אצילותם, שעולם הבריאה היה במדרגת הז"א שפירושו ו"ק, וכן היצירה ועשיה בשיעור הנ"ל (אות קמ"ח). ונוסף ע"ז, כי נסתלק מהם כל בחינת אצילות ונפלו למתחת הפרסא דאצילות בתכונת מקום בי"ע, שהוכן ע"י צמצום ב' (אות קמ"ה). ונמצאו ד"ת דיצירה וע"ס דעולם העשיה, שנפלו ועמדו במקום הי"ד ספירות של הקליפות (אות קמ"ט), הנקרא "מדור הקליפות."

קנב) הבחן הה' הוא המוחין דאמא, שקבלו בי"ע במקום נפילתם. כי אחר שיצאו הבי"ע מאצילות ונפלו למתחת הפרסא דאצילות, לא היה בהם אלא בחינת ו"ק (אות קנ"א). ואז נתלבשו הישסו"ת בהזו"ן דאצילות. ונזדווגו הישסו"ת מבחינת

התלבשות בזו"ן. והשפיעו מוחין דנשמה לפרצופי בי"ע במקומם: שעולם הבריאה קבל מהם ע"ס שלמות בקומת בינה, ועולם היצירה קבל מהם ו"ק, עולם העשיה רק בחינת אב"א.

קנג) הבחן הו' הוא בחינת נשמה לנשמה, שהשיגו פרצופי בי"ע מפרצופי האחור דה"פ אצילות. כי בעת מיעוט הירח נפל פרצוף האחור דנוקבא דאצילות ונתלבש בפרצופי בי"ע. והוא כולל ג' פרצופים, המכונים: עבור, יניקה, מוחין. ובחינת המוחין נפלה לבריאה, ובחינת היניקה נפלה ליצירה, ובחינת העיבור נפלה לעשיה. ונעשו בחינת נשמה לנשמה לכל פרצופי בי"ע, שהיא בחינת חיה אליהם.

קנד) הבחן הז' הוא הנוקבא דאצילות, שנעשתה לרדל"א ולהארת יחידה בבי"ע. כי נתבאר, שבעת מיעוט הירח, נפלו ג' הבחינות עי"מ דפרצוף האחור דנוקבא דאצילות ונתלבשו בבי"ע. והם בחינת אחורים דט"ת דנוקבא, שהם עי"מ: שנה"י נקרא "עיבור", וחג"ת נקרא "יניקה", וחב"ד נקרא "מוחין".

אמנם בחינת האחור דבחינת הכתר דנוקבא, נעשתה לבחינת עתיק לפרצופי בי"ע. באופו שבחינת עיקר אורותיהם דפרצופי בי"ע של עתה, הם מהשירים שנשארו בהם אחר חטאו של אדה"ר, שהוא בחינת הו"ק דכל פרט מהם (אות קנ"א). ובחינת נשמה קבלו ממוחין דאמא (אות קנ"ב), ובחינת נשמה לנשמה, שהוא בחינת חיה, קבלו מט"ת דפרצוף האחור דנוקבא, ובחינת יחידה קבלו מבחינת האחור דכתר דנוקבא דאצילות.

ביאור ענין עליות העולמות

קנה) עיקר ההפרש מפרצופי א"ק לפרצופי עולם האצילות הוא, כי פרצופי א"ק הם מבחינת צמצום א'. שבכל מדרגה שבו יש בה ע"ס שלמות. ואין בע"ס רק בחינת כלי אחד, שהוא כלי מלכות. אבל הט"ס ראשונות הן רק בחינת אורות לבד.

משא"כ פרצופי אצילות הם מבחינת צמצום הב', בסו"ה "ביום עשות הוי"ה אלהים ארץ ושמים", ששיתף רחמים בדין (אות נ"ט). שמדת הדין, שהיא מלכות, עלתה ונתחברה בהבינה, שהיא מדת הרחמים. ונשתתפו יחד.

שעי"ז נעשה סיום חדש על אור העליון במקום הבינה. שהמלכות המסיימת את הגוף עלתה לבינה דגוף, שהיא ת"ת, במקום החזה. והמלכות המזדווגת שבפה דראש עלתה לבינה דראש, הנקרא "נקבי עינים", שעי"ז נתמעטו שיעור קומת הפרצופים לגו"ע, שהם כתר חכמה דכלים, בקומת ו"ק בלי ראש, שהוא נפש רוח דאורות (אות ע"ד). ונמצאו חסרים מאח"פ דכלים, שהם בינה וזו"ן, ומנשמה חיה יחידה דאורות.

קנו) והגם שנתבאר (אות קכ"ד), שע"י עלית מ"ן לעיבור ב' השיגו פרצופי אצילות הארת המוחין מע"ב ס"ג דא"ק, המוריד ההה"ת מנקבי עינים בחזרה למקומה לפה, כבצמצום א', ומשיגים שוב האח"פ דכלים והנשמה חיה יחידה דאורות.

אמנם זה הועיל רק לבחינת הע"ס דראש של הפרצופים, ולא להגופים שלהם, כי המוחין הללו לא נמשכו מפה ולמטה אל הגופים שלהם (אות קל"ח). וע"כ גם לאחר המוחין דגדלות, נשארו הגופים בצמצום ב', כמו בזמן הקטנות.

ומשום זה נחשבו כל ה"פ אצילות, שאין להם רק קומת ע"ס היוצאת על עביות דבחי"א, שהוא קומת ז"א, ו"ק בלי ראש, הנקרא "קומת מ"ה". והם מלבישים על קומת מ"ה דה"פ א"ק, דהיינו מטבור ולמטה דה"פ א"ק.

קנז) באופן: שפרצוף עתיק דאצילות מלביש על פרצוף הכתר דא"ק מטבורו ולמטה, ומקבל שפעו מקומת מ"ה דפרצוף הכתר דא"ק אשר שם, ופרצוף א"א דאצילות מלביש מטבור ולמטה דפרצוף ע"ב דא"ק, ומקבל שפעו מקומת מ"ה דע"ב דא"ק אשר שם, ואו"א דאצילות מלבישים מטבור ולמטה דפרצוף ס"ג דא"ק, ומקבלים שפעם מקומת מ"ה דס"ג אשר שם.

זו"ן דאצילות מלבישים מטבור ולמטה דפרצוף מ"ה וב"ן דא"ק, ומקבלים שפעם מקומת מ"ה דפרצוף מ"ה וב"ן דא"ק. הרי שכל פרצוף מה"פ אצילות אינו מקבל מפרצוף שכנגדו בא"ק, רק בחינת ו"ק בלי ראש, הנקרא "קומת מ"ה".

ואע"פ שיש בראשים דה"פ אצילות בחינת ג"ר, מכל מקום אנו מתחשבים רק בהמוחין המתפשטים מפה ולמטה לגופים שלהם, שהוא רק ו"ק בלי ראש (אות קל"ט).

קנח) ואין הכוונה שה"פ אצילות מלבישים כל אחד על הבחינה שכנגדו בא"ק. כי זה אי אפשר, שהרי ה"פ א"ק מלבישים זה על זה. וכן ה"פ אצילות. אלא הכוונה היא, שקומת

107

כל פרצוף מפרצופי אצילות מכוונת לעומת הבחינה שכנגדו שבה"פ א"ק, שמשם מקבל שפעו (אילן, ציור ג').

קנט) ובכדי שיושפעו המוחין מפה ולמטה אל הגופים דה"פ אצילות, נתבאר (אות קמ"א) שצריכים לעלית מ"ן מהתחתונים, שאז מושפעים להם השלמת הע"ס דמין הב' המספיק גם להגופים. והנה באלו המ"ן שהתחתונים מעלים, יש ג' בחינות.

כי כשמעלים מ"ן מבחינת עביות דבחי"ב, יוצאות עליהם ע"ס בקומת בינה, הנקראת "קומת ס"ג", שהן מוחין דאור הנשמה. וכשמעלים מ"ן מעביות דבחי"ג, יוצאות עליהם ע"ס בקומת חכמה, הנקראת "קומת ע"ב", שהן מוחין דאור החיה, וכשמעלים מ"ן מעביות דבחי"ד, יוצאות עליהם ע"ס בקומת כתר, הנקרא "קומת גלגלתא", שהן מוחין דאור היחידה (אות כ"ט).

קס) ודע שהתחתונים הראוים להעלות מ"ן, הם רק בחינת נר"ן דצדיקים, שכבר כלולים מבי"ע, ויכולים להעלות מ"ן לזו"ן דאצילות, הנחשבים לבחינת העליון שלהם. ואז הזו"ן מעלים מ"ן אל העליון שלהם, שהם או"א. ואו"א יותר למעלה, עד שמגיעים לפרצופי א"ק.

ואז יורד אור העליון מא"ס ב"ה לפרצופי א"ק על המ"ן שנתעלו שמה. ויוצאות קומת ע"ס ע"פ מדת העביות של המ"ן שהעלו: אם הוא מבחי"ב הוא קומת נשמה, אם מבחי"ג הוא קומת חיה וכו'.

ומשם יורדים המוחין ממדרגה למדרגה דרך פרצופי א"ק, עד שבאים לפרצופי אצילות. וכן עוברים ממדרגה למדרגה דרך כל פרצופי אצילות, עד שבאים להזו"ן דאצילות, שהם משפיעים

המוחין האלו אל הנר"ן דצדיקים, שהעלו את המ"ן הללו מבי"ע. וזה הכלל, שכל חידוש מוחין אינו בא אלא רק מא"ס ב"ה לבדו. ואין מדרגה יכולה להעלות מ"ן או לקבל שפע, רק מהעליון הסמוך לו.

קסא) ומכאן תדע, שאי אפשר שהתחתונים יקבלו משהו מהזו"ן דאצילות, מטרם שיתגדלו על ידיהם כל הפרצופים העליונים דעולם האצילות ועולם הא"ק. כי נתבאר, שאין חידוש מוחין אלא מא"ס ב"ה. אמנם אין הנר"ן דצדיקים יכולים לקבלם אלא מהעליון הסמוך להם, שהם זו"ן דאצילות.

ולפיכך צריכים המוחין להשתלשל דרך העולמות והפרצופים העליונים, עד שמגיעים אל הזו"ן, שהם המשפיעים לנר"ן דצדיקים. וכבר ידעת, שאין העדר ברוחני. וענין העברה ממקום למקום, אין הפירוש שנעדרים ממקום הא' ובאים למקום הב', כנוהג בגשמיים, אלא שנשארים במקום הא', גם אחר שעברו ובאו למקום הב', כמו מדליק נר מנר ואין חברו חסר.

ולא עוד, אלא זה הכלל, שעיקר ושורש האור נשאר במקום הא', ובמקום הב' נמשך רק בחינת ענף ממנו. ועם זה תבין, שאותו השפע העובר דרך העליונים עד שמגיע לנר"ן דצדיקים, נשאר בכל מדרגה ומדרגה שעבר דרכה. ונמצאות כל המדרגות מתגדלות בסבת השפע, שהם מעבירים לצורך נר"ן דצדיקים.

קסב) ובהאמור תבין, איך התחתונים במעשיהם גורמים עליות וירידות להפרצופין והעולמות העליונים. כי בעת שמטיבים מעשיהם ומעלים מ"ן וממשיכים שפע, הרי כל העולמות והמדרגות, שדרכם עברה השפע, מתגדלים ועולים למעלה בסבת השפע שמעבירים, כנ"ל, ובעת שחוזרים

ומקלקלים מעשיהם, הנה מתקלקל המ"ן, והמוחין מסתלקים גם ממדרגות העליונות, כי נפסק ענין העברת השפע מהן לצורך התחתונים, ונמצאות חוזרות ויורדות למצבן הקבוע כבתחילה.

קסג) ועתה נבאר סדר עליות ה"פ אצילות לה"פ א"ק, וג' העולמות בי"ע לישסו"ת וזו"ן דאצילות. החל ממצבם הקבוע, עד להגובה שאפשר להיות בהשתא אלפי שני מטרם גמר התיקון. שבדרך כלל הן רק ג' עליות. אמנם הן מתחלקות לפרטים מרובים.

והנה מצב העולמות א"ק ואבי"ע בקביעות כבר נתבאר לעיל, כי פרצוף הראשון הנאצל לאחר צמצום א', הוא פרצוף גלגלתא דא"ק, שעליו מלבישים ד' פרצופי א"ק: ע"ב ס"ג מ"ה וב"ן. וסיום רגלי א"ק הוא למעלה מנקודת העוה"ז (אות כ"ז, ל"א). ועליו מסבבים המקיפים דא"ק מא"ס ב"ה, שלגדלם אין קץ ושיעור (אות ל"ב). וכמו שא"ס ב"ה מקיף מסביב לו, כן הוא מתלבש בפנימיותו. והוא המכונה "קו א"ס ב"ה".

קסד) ובפנימיות מ"ה דא"ק וב"ן דא"ק יש פרצוף תנהי"מ דא"ק, המכונה "נקודות דס"ג דא"ק" (אות ס"ג, ס"ו). שבעת צמצום הב' עלתה מלכות המסיימת, שעמדה ממעל לנקודה דעוה"ז, וקבעה מקומה בהחזה דפרצוף הזה, מתחת שליש עליון דת"ת שלו. ונעשה שם סיום חדש על אור העליון, שלא יתפשט משם ולמטה. וסיום חדש הזה נקרא בשם "פרסא שמתחת האצילות" (אות ס"ח).

ואלו הספירות שמחזה ולמטה דפרצוף נקודות דס"ג דא"ק, שנשארו מתחת הפרסא, נעשו מקום לג' העולמות בי"ע: ב"ש

ת"ת עד החזה, נעשה מקום לעולם הבריאה, ונה"י נעשו מקום לעולם היצירה והמלכות נעשה מקום לעולם העשיה (אות ס"ז). ונמצא שמקום ג' העולמות בי"ע מתחיל מתחת הפרסא ומסתיים ממעל לנקודה דעוה"ז.

קסה) ונמצאים ד' העולמות אצילות, בריאה, יצירה ועשיה. שמתחילים ממקום למטה מטבור דא"ק ומסתיימים ממעל לנקודת העוה"ז. כי ה"פ עולם האצילות מתחילים ממקום שלמטה מטבור דא"ק ומסתיימים ממעל להפרסא. מהפרסא ולמטה עד לעוה"ז עומדים ג' העולמות בי"ע. וזהו מצב הקבוע של העולמות א"ק ואבי"ע, שלעולם לא יארע בהם שום מיעוט.

וכבר נתבאר (אות קל"ח), שבמצב הזה אין בכל הפרצופים והעולמות אלא רק בחינת ו"ק בלי ראש. כי אפילו בג' הפרצופים הראשונים דאצילות, שיש ג"ר בראשים שלהם, מכל מקום אינן מושפעות מפה ולמטה שלהם. וכל הגופים הם ו"ק בלי ראש. וכ"ש בפרצופי בי"ע. ואפילו פרצופי א"ק, בערך המקיפים שלו, נבחנים ג"כ שהם חסרי ג"ר (אות ל"ב).

קסו) ולפיכך נוהגות ג' עליות כוללות, בכדי להשלים העולמות בג' הקומות נשמה חיה יחידה, החסרות להם. ועליות האלו תלויות בהעלאת מ"ן של התחתונים. העליה הא' היא, בעת שהתחתונים מעלים מ"ן מבחינת העביות דבחי"ב. שאז נבררים האח"פ דקומת בינה ונשמה מבחינת השלמת הע"ס דמין הב'. דהיינו מהארת נקודת השורק (אות קל"ה). אשר המוחין האלו מאירים גם לבחינת הז"ת והגופים. כמו בפרצופי א"ק, שכל הכמות שיש בע"ס דראשי פרצופי א"ק, עוברת ומתפשטת גם לגופים.

קסז) ונמצא, בעת שהמוחין אלו עוברים דרך פרצופי האצילות, מקבל כל אחד מה"פ אצילות בחינת מוחין דבינה ונשמה, הנקרא "מוחין דס"ג", המאירים ג"ר גם לפרצופים שלהם, כמו בא"ק. וע"כ נבחן אז, שהם מתגדלים ועולים ומלבישים על פרצופי א"ק, כפי מדת המוחין שהשיגו.

קסח) באופן, שבעת שפרצוף עתיק דאצילות השיג המוחין האלו דבינה, נמצא עולה ומלביש לפרצוף בינה דא"ק, המכוון נגד קומת ס"ג דפרצוף גלגלתא דא"ק. והוא מקבל משם בחינת נשמה דיחידה דא"ק, המאירה גם להז"ת שלו.

וכשהמוחין באים לפרצוף א"א דאצילות, הוא עולה ומלביש על ראש דעתיק דקביעות, המכוון נגד קומת הס"ג דפרצוף ע"ב דא"ק. והוא מקבל משם בחינת נשמה דחיה דא"ק, המאירה לז"ת שלו. וכשהמוחין באים לפרצוף או"א דאצילות, הם עולים ומלבישים לג"ר דא"ק דקביעות, המכוון נגד קומת בינה דס"ג דא"ק. והם מקבלים משם בחינת נשמה דנשמה דא"ק, המאירה גם להז"ת שלהם.

וכשהמוחין האלו באים לישסו"ת וזו"ן דאצילות, הם עולים ומלבישים על או"א דקביעות, המכוון נגד קומת בינה דפרצוף מ"ה וב"ן דא"ק. ומקבלים משם בחינת נשמה דנפש רוח דא"ק. ואז מקבלים הנר"ן דצדיקים את המוחין דנשמה דאצילות. וכשהמוחין באים לפרצופי עולם הבריאה, עולה עולם הבריאה ומלביש את הנוקבא דאצילות. ומקבל ממנה בחינת נפש דאצילות.

וכשבאים המוחין לעולם היצירה, הוא עולה ומלביש לעולם הבריאה דקביעות. ומקבל ממנו בחינת נשמה וג"ר דבריאה. וכשהמוחין באים לעולם העשיה, הוא עולה ומלביש על עולם

היצירה, ומקבל משם בחינת מוחין דו"ק שביצירה. והנה נתבאר העליה הא', שהשיג כל פרצוף מאבי"ע, בסבת המ"ן דבחי"ב, שהעלו התחתונים. (האילן, ציור ז').

קסט) העליה הב' היא בעת שהתחתונים מעלין מ"ן מבחינת העביות דבחי"ג, שאז נבררים האח"פ דקומת חכמה וחיה, מבחינת השלמת הע"ס דמין הב'. שמוחין אלו מאירים גם לבחינת הז"ת והגופים, כמו בפרצופי א"ק. וכשהמוחין עוברים דרך הפרצופים דאבי"ע, נמצא כל פרצוף עולה ומתגדל על ידיהם כפי המוחין שהשיג.

קע) באופן, כשבאו המוחין לפרצוף עתיק דאצילות, עולה ומלביש לג"ר דפרצוף חכמה דא"ק, הנקרא ע"ב דא"ק, המכוון נגד קומת ע"ב דגלגלתא דא"ק. ומקבל משם בחינת אור החיה דיחידה. וכשהמוחין מגיעים לפרצוף א"א דאצילות, הוא עולה ומלביש לג"ר דס"ג דא"ק, המכוונים נגד קומת ע"ב דפרצוף ע"ב דא"ק. ומקבל משם בחינת אור החיה דחיה דא"ק.

וכשהמוחין מגיעים לפרצופי או"א דאצילות, הם עולים ומלבישים לג"ר דעתיק דקביעות, המכוונות נגד קומת ע"ב דפרצוף ס"ג דא"ק. ומקבל משם בחינת אור החיה דנשמה דא"ק, המאירה גם להז"ת והגופים. וכשהמוחין באים לישסו"ת דאצילות, הם עולים ומלבישים לג"ר דא"א דקביעות, המכוונות נגד קומת ע"ב דמ"ה דא"ק. ומקבלות משם אור החיה דמ"ה דא"ק.

וכשהמוחין באים לזו"ן דאצילות, הם עולים לג"ר דאו"א, המכוונים נגד קומת ע"ב דב"ן דא"ק. ומקבלים משם בחינת אור החיה דב"ן דא"ק. ומהחזו"ן מקבלים נשמת הצדיקים. וכשמגיעים

המוחין לעולם הבריאה, הוא עולה ומלביש על הז"א דאצילות. ומקבל ממנו בחינת רוח דאצילות.

וכשהמוחין באים לעולם היצירה, עולה היצירה ומלביש על הנוקבא דאצילות. ומקבל ממנה אור הנפש דאצילות. וכשבאים המוחין לעולם העשיה עולה ומלביש לעולם הבריאה ומקבל ממנו בחינת ג"ר ונשמה דבריאה. ואז נשלם עולם העשיה בכל הנר"ן דבי"ע. והנה נתבאר העליה הב' של כל פרצוף מפרצופי אבי"ע, שעלו ונתגדלו בסבת המ"ן דבחי"ג, שהעלו הנר"ן דצדיקים. (האילן, ציור ח').

קעא) העליה הג' היא בעת שהתחתונים מעלים מ"ן מעביות דבחי"ד. שאז נבררים האח"פ דקומת כתר ויחידה, מבחינת השלמת הע"ס דמין הב'. אשר המוחין אלו מאירים גם להז"ת והגופים שלהם, כמו בפרצופי א"ק. וכשהמוחין אלו עוברים דרך פרצופי אבי"ע, הרי כל פרצוף עולה ומתגדל ומלביש לעליונו כפי מדת המוחין ההם.

קעב) באופן, שבעת ביאת המוחין לפרצוף עתיק דאצילות, עולה ומלביש לג"ר דפרצוף גלגלתא דא"ק. ומקבל משם בחינת אור היחידה דיחידה. וכשהמוחין מגיעים לפרצוף א"א דאצילות, עולה ומלביש להג"ר דפרצוף ע"ב דא"ק. ומקבל משם אור היחידה דחיה דא"ק.

וכשהמוחין מגיעים לפרצוף או"א דאצילות, הם עולים ומלבישים לג"ר דס"ג דא"ק. ומקבלים משם אור היחידה דנשמה דא"ק. וכשהמוחין מגיעים לפרצוף ישסו"ת, הם עולים ומלבישים לג"ר דמ"ה דא"ק. ומקבלים משם אור היחידה דמ"ה דא"ק. וכשהמוחין מגיעים לזו"ן דאצילות, הם עולים ומלבישים לג"ר

דב"ן דא"ק. ומקבלים משם אור היחידה דב"ן דא"ק. ואז מקבלים הנר"ן דצדיקים את אור היחידה מהזו"ן דאצילות.

ובעת שהמוחין מגיעים לעולם הבריאה, עולה ומלביש לפרצוף ישסו"ת דאצילות. ומקבל משם נשמה דאצילות. וכשהמוחין מגיעים לעולם היצירה, עולה ומלביש לפרצוף ז"א דאצילות. ומקבל ממנו בחינת רוח דאצילות. וכשהמוחין מגיעים לעולם העשיה, עולה ומלביש לנוקבא דאצילות, ומקבל ממנה בחינת אור הנפש דאצילות. (האילן, ציור ט').

קעג) ונמצא עתה בעת עליה הג', אשר ה"פ אצילות, נשלמו כל אחד בג' הקומות נשמה חיה יחידה מא"ק, שהיו חסרים להם מבחינת הקביעות. ונבחן, שה"פ אצילות עלו והלבישו את ה"פ א"ק, כל אחד להבחינה שכנגדו בפרצופי א"ק. וגם הנר"ן דצדיקים קבלו בחינת הג"ר, שהיה חסר להם. וגם ג' העולמות בי"ע, שהיו נמצאים מתחת הפרסא דאצילות, שמבחינת הקביעות לא היה בהם אלא בחינת נר"ן דאור חסדים, הנפרשים מחכמה מכח הפרסא שעליהם. ועתה עלו למעלה מפרסא, והלבישו לישסו"ת וזו"ן דאצילות, ויש להם נר"ן דאצילות, שאור החכמה מאיר בחסדים שלהם.

קעד) ויש לדעת, שהנר"ן דצדיקים מלבישים בקביעות רק לפרצופי בי"ע שמתחת הפרסא: הנפש מלביש לע"ס דעשיה, והרוח לע"ס דיצירה, והנשמה לע"ס דבריאה. ונמצא, שהגם שהם מקבלים מזו"ן דאצילות, עכ"ז הוא מגיע אליהם רק דרך פרצופי בי"ע, שמלבישים עליהם. באופן, שגם הנר"ן דצדיקים עולים בשוה עם עליות הג' עולמות בי"ע. ונמצא שגם עולמות בי"ע אינם מתגדלים, אלא לפי מדת קבלת השפע של הנר"ן דצדיקים, דהיינו ע"פ המ"ן הנבררים על ידיהם.

קעה) והנה נתבאר, שמבחינת הקביעות, אין בכל העולמות והפרצופים שבהם רק בחינת ו"ק בלי ראש. כל אחד כפי בחינתו. כי אפילו הנר"ן דצדיקים אינם אלא בחינת ו"ק. כי הגם שיש להם ג"ר דנשמה מעולם הבריאה, עכ"ז ג"ר אלו נחשבים רק בבחינת ו"ק בערך עולם האצילות. מטעם שהם בחינת אור חסדים, הנפרשים מחכמה.

וכן פרצופי אצילות, אע"פ שיש ג"ר בראשים שלהם, מכל מקום כיון שאינם מאירים לגופים, הם נחשבים רק לבחינת ו"ק. וכל המוחין המגיעים לעולמות, שהם יותר מבחינת ו"ק, אינם אלא ע"י המ"ן שמעלים הצדיקים.

אמנם המוחין האלו לא יוכלו להתקבל בפרצופים, זולת דרך עלית התחתון למקום העליון. והוא מטעם, כי אע"פ שהם נחשבים לבחינת השלמת הע"ס דמין הב', מכל מקום כלפי הגופים והז"ת עצמם עוד הם נחשבים לבירורי אח"פ דמין הא', דהיינו שאינם נשלמים במקומם עצמם, אלא רק כשהם נמצאים במקום העליון (אות קמ"ב).

ולפיכך לא יוכלו ה"פ אצילות לקבל נשמה חיה יחידה דא"ק, זולת בעת שהם עולים ומלבישים אותם.

וכן הנר"ן וג' עולמות בי"ע לא יוכלו לקבל נר"ן דאצילות, זולת רק בעת שהם עולים ומלבישים לישסו"ת וזו"ן דאצילות. כי אלו האח"פ דמין הב', השייכים להז"ת, שיש להם התפשטות ממעלה למטה, למקום הז"ת, לא יתבררו רק בגמר התיקון. ולפיכך בעת שהג' עולמות בי"ע עולים ומלבישים לישסו"ת וזו"ן דאצילות, נמצא אז, שמקומם הקבוע מפרסא ולמטה, נשאר ריקן לגמרי מכל אור קדושה. ויש שם הפרש בין מחזה ולמעלה דעולם היצירה, לבין מחזה ולמטה שלו.

116

כי נתבאר לעיל, שמחזה ולמטה דעולם היצירה, הוא מקום הקבוע רק לקליפות (אות קמ״ט). אלא מסבת פגם חטאו של אדה״ר, ירדו ד״ת דיצירה דקדושה וע״ס דעשיה דקדושה ונתלבשו שם (אות קנ״ו). ולפיכך בעת, עליות בי״ע לאצילות, נמצא שמחזה דיצירה ולמעלה, אין שם לא קדושה ולא קליפות. אבל מחזה דיצירה ולמטה, יש שם קליפות. כי שם המדור שלהם.

קעו) ולפי שהמוחין היתירים מקומת ו״ק אינם באים רק ע״י מ״ן של התחתונים, אינם נמצאים משום זה בקביעות בפרצופים, כי תלוים במעשי התחתונים. ובעת שהם מקלקלים מעשיהם, נמצאים המוחין מסתלקים (אות קס״ב). אמנם המוחין דקביעות שבפרצופים, שנתתקנו מכח המאציל עצמו, לא יארע בהם שום שינוי לעולם, שהרי אינם מתגדלים ע״י התחתונים. ולכן אינם נפגמים על ידיהם.

קעז) ולא יקשה לך, הרי א״א דב״ן הוא נבחן לכתר דאצילות, ואו״א לע״ב (אות ק״ל).

כי א״א הוא מחצית הכתר התחתונה דב״ן, ואו״א הם מחצית התחתונה דחו״ב דנקודים. וא״כ הבחינה שכנגדו דא״א בא״ק היה צריך להיות פרצוף הכתר דא״ק, והבחינה שכנגדם דאו״א בא״ק היה צריך להיות ע״ב דא״ק. והתשובה היא, כי פרצופי הב״ן הן נוקבין, שאין להם שום קבלה מעצמם, אלא רק מה שהזכרים, שהם פרצופי המ״ה, משפיעים להם.

ולפיכך, כל אלו ההבחנות שבהעליות, שפירושם, השגת מוחין מהעליון, נבחנים רק בהזכרים, שהם פרצופי המ״ה. וכיון שא״א דמ״ה אין לו מבחינת כתר כלום, אלא רק קומת חכמה בלבד, ואו״א דמ״ה אין להם מבחינת חכמה כלום, אלא קומת

בינה בלבד (אות קכ"ו). ע"כ נבחן הבחינה שכנגדם בא"ק: ע"ב
דא"ק לא"א, וס"ג דא"ק לאו"א. ופרצוף הכתר דא"ק מתיחס רק
לעתיק בלבד, שלקח כל הקומת כתר דמ"ה.

קעח) גם צריך שתבחין בהאמור, כי סולם המדרגות, כפי
שהם בהמוחין דקביעות, אינו משתנה לעולם, בסבת כל העליות
הנ"ל. שהרי נתבאר לעיל, שסבת כל אלו העליות, הם מפאת
שהנר"ן דצדיקים, העומדים בבי"ע, אי אפשר להם לקבל משהו,
מטרם שכל הפרצופים העליונים מעבירים אותה להם מא"ס
ב"ה. שבשיעור הזה נמצאים העליונים עצמם, עד א"ס ב"ה,
מתגדלים ועולים גם הם. כל אחד להעליון שלהם (אות קס"א).

ונמצא, שבשיעור התעלות מדרגה אחת, כן מחויבים
להתעלות כל המדרגות כולם, עד א"ס ב"ה. כי למשל, בהתעלות
הזו"ן ממצבם הקבוע, שהוא למטה מטבור דא"א, ומלביש מחזה
ולמטה דא"א, הרי גם א"א נתעלה באותה העת במדרגה אחת
ממצבו הקבוע, שהיה מפה דעתיק ולמטה. ומלביש לג"ר דעתיק.
שאחריו מתעלים גם מדרגות הפרטיות שלו. כי החג"ת שלו עלו
למקום ג"ר הקבועות. והמחזה עד הטבור שלו עלו למקום חג"ת
הקבועים, והמטבור ולמטה שלו עלו למקום המחזה עד הטבור.

אשר לפי זה נמצא הזו"ן, שעלה למקום מחזה עד הטבור
דא"א הקבוע, שהוא עדיין למטה מטבור דא"א. שהרי בעת
הזאת כבר עלה גם הלמטה מטבור דא"א למקום המחזה עד
הטבור. (האילן, ציור ד' - עליות הזו"ן בערך הקבוע דה"פ
דאצילות, שעולה ומלביש בעת השגת נשמה, לג"ר דישסו"ת,
שעל גבי מפה ולמטה דאו"א, שעל גבי מחזה ולמטה דא"א).

אמנם גם כל פרצופי אצילות עולים בעת הזאת (האילן,
ציור ז'). לכן תמצא שם את הזו"ן עדיין מלביש מפה ולמטה

דישסו"ת, שעל גבי מחזה ולמטה דאו"א, שעל גבי מטבור ולמטה דא"א. הרי שסולם המדרגות לא נשתנה כלום מחמת העליה. ועד"ז בכל מיני העליות (האילן, מציור הג' עד סופו).

קעט) גם יש לדעת, שגם אחר עליות הפרצופים, הם משאירים כל מדרגתם במקום הקבוע או במקום שהיו שם מתחילה. כי אין העדר ברוחני (אות צ"ו). באופן, שבעת שהג"ר דאו"א עולים להג"ר דא"א, עוד נשארו הג"ר דאו"א במקום הקבוע מפה ולמטה דא"א. ונמצאים הישסו"ת, שעלו אז על גבי החג"ת דאו"א דעליה, שהם מקבלים מהג"ר דאו"א ממש, אשר היו שם מטרם העליה.

ולא עוד, אלא שנבחן שיש שם ג' מדרגות ביחד. כי הג"ר דאו"א דעליה, העומדות במקום ג"ר דא"א דקביעות, נמצאות משפיעות למקומם הקבוע שמפה ולמטה דא"א, ששם נמצאים עתה ישסו"ת. הרי הג"ר דא"א ואו"א וישסו"ת מאירים בבת אחת במקום אחד. ועד"ז נבחנים כל הפרצופים דא"ק ואבי"ע בעת העליות.

ומטעם זה יש להבחין תמיד בעלית הפרצוף, את ערך העליה כלפי העליונים במצבם הקבוע, ואת ערך שלו כלפי העליונים, שגם הם עלו מדרגה אחת כמותו. (ועיין כל זה באילן. כי בציור ג' תמצא מצב הפרצופים במצבם הקבוע. וג' עליות הז"א לפי ערכם של ה"פ אצילות הקבועים תמצא בציור ד', ה', ו'. וג' עליות של כל ה"פ אצילות, לפי ערכם של ה"פ א"ק הקבועים, תמצא בציורים ז', ח', ט'. וג' עליות של כל ה"פ א"ק, בערך קו א"ס ב"ה הקבוע, תמצא בהציורים י, י"א, וי"ב).

ענין התחלקות כל פרצוף לכתר ואבי"ע

קפ) יש לדעת, שהכלל ופרט שוים זה לזה. וכל, הנבחן בכלל כולו יחד, נמצא גם בפרטי פרטיות שבו, ובפרט האחרון, שאך אפשר להפרט. ולפיכך, כיון שהמציאות בדרך כלל נבחן לה' עולמות א"ק ואבי"ע, שעולם הא"ק נבחן להכתר של העולמות, וד' עולמות אבי"ע נבחנים לחו"ב וזו"ן (אות ג).

כמו כן אין לך פרט קטן בכל ד' העולמות אבי"ע, שאינו כלול מכל ה' האלו, כי הראש של כל פרצוף נבחן להכתר שבו, שהוא כנגד עולם הא"ק. והגוף מפה עד החזה נבחן לאצילות שבו. וממקום החזה עד הטבור נבחן לבריאה שבו ומטבור ולמטה עד סיום רגליו נבחן ליצירה ועשיה שלו.

קפא) וצריך שתדע, שיש כינויים מרובים לעשר ספירות כח"ב חג"ת נהי"מ. כי פעמים נקרא גו"ע ואח"פ, או כח"ב זו"ן, או נרנח"י, או קוצו של יוד וד' אותיות י"ה ו"ה, או הוי"ה פשוטה וע"ב ס"ג מ"ה וב"ן, שהם ד' מיני מילואים שבהוי"ה:

א) מילוי ע"ב הוא יוד הי ויו הי,
ב) מילוי ס"ג הוא יוד הי ואו הי,
ג) מילוי מ"ה הוא יוד הא ואו הא,
ד) מילוי ב"ן הוא יוד הה וו הה.

וכן הם הנקראים א"א ואו"א וזו"ן. שא"א הוא כתר, ואבא הוא חכמה, ואמא היא בינה, וז"א הוא חג"ת נה"י, והנוקבא

120

דז"א היא מלכות. וכן נקראים א"ק ואבי"ע או כתר ואבי"ע. והמלכות דכתר נקרא פה, והמלכות דאצילות נקרא חזה, והמלכות דבריאה נקרא טבור, והמלכות דיצירה נקרא עטרת יסוד, והמלכות דכללות נקרא סיום רגלין.

קפב) ותדע שיש תמיד להבחין באלו שינוי השמות של הע"ס ב' הוראות: א. הוא ענין השואתו להספירה, שעל שמה הוא מתיחס, ב. הוא ענין השינוי שבו מאותו הספירה שמתיחס אחריה. שמסבה זו נשתנה שמו בהכינוי המיוחד. למשל, הכתר דע"ס דאו"י ה"ס א"ס ב"ה. וכל ראש של פרצוף נקרא ג"כ כתר. וכן כל ה"פ א"ק נקראים ג"כ כתר. וכן פרצוף עתיק נקרא כתר. וכן א"א נקרא כתר.

וע"כ יש להתבונן: אם הם כולם כתר, למה נשתנה שמם להקרא בהכינוים הללו? וכן אם הם מתיחסים כולם לכתר, הרי צריכים להשתוות להכתר?

אמנם האמת הוא, שמבחינה אחת הם כולם שוים לכתר, שהם בחינת א"ס. כי זה הכלל: שכל עוד שאור העליון לא נתלבש בכלי, הוא בחינת א"ס.

ולכן כל ה"פ א"ק נחשבים כלפי עולם התיקון שהם אור בלי כלי. כי אין לנו שום תפיסא בהכלים דצמצום א'. ולכן נחשב אצלנו אורותיו לבחינת א"ס ב"ה.

וכן עתיק וא"א דאצילות, הם שניהם מבחינת הכתר דנקודים. אמנם מבחינה אחרת הם רחוקים זה מזה. כי הכתר דאו"י הוא ספירה אחת, אבל בא"ק יש בו ה"פ שלמים, שבכל אחד מהם רת"ס (אות קמ"ב). וכן פרצוף עתיק הוא רק ממחצית הכתר העליון דנקודים, ופרצוף א"א הוא ממחצית

הכתר התחתון דנקודים (אות קכ"ט). ועל דרך זה צריכים להבחין בכל מיני הכינוים של הספירות אותם ב' ההוראות.

קפג) ותדע שההוראה המיוחדת לעצמה שבאלו הכינוים דע"ס בשם כתר ואבי"ע, הוא להורות, שהכוונה היא על בחינת התחלקות הע"ס לכלים דפנים ולכלים דאחורים, שנעשו בסבת הצמצום ב' (אות ס), שאז עלתה מלכות המסיימת למקום בינה דגוף, הנקרא "ת"ת במקום החזה", וסיימה שם את המדרגה, ונעשה שם סיום חדש, הנקרא "פרסא שמתחת האצילות" (אות ס"ח).

והכלים שמחזה ולמטה יצאה לבר מאצילות ונקראים "בי"ע". שב"ש ת"ת שמחזה עד הסיום נקראים "בריאה", ונה"י נקראים "יצירה", והמלכות נקראת "עשיה". גם נתבאר, שמטעם זה נחלקה כל מדרגה לכלים דפנים וכלים דאחורים, שמחזה ולמעלה נקרא "כלים דפנים", ומחזה ולמטה נקרא "כלים דאחורים".

קפד) ולפיכך, הבחן זה של הפרסא במקום החזה, מחלק המדרגה לד' בחינות מיוחדות, הנקראות "אבי"ע": האצילות עד החזה, והבי"ע מחזה ולמטה. וראשית ההבחן הוא בא"ק עצמו. אלא בו ירדה הפרסא עד הטבור שלו (אות ס"ח).

ונמצא בחינת אצילות שלו הוא הע"ב ס"ג המסתיימים למעלה מטבורו. ומטבורו ולמטה הוא בי"ע שלו, ששם ב' הפרצופים מ"ה וב"ן שבו. הרי איך ה"פ א"ק נחלקים על אבי"ע, מכח הסיום דצמצום ב', שנקרא "פרסא": שהגלגלתא הוא הראש, והע"ב ס"ג עד טבורו הוא אצילות, והמ"ה וב"ן שמטבורו ולמטה הוא בי"ע.

קפה) ועד"ז נחלקים ה"פ עולם האצילות בפני עצמם לכתר ואבי"ע: כי א"א הוא הראש דכללות אצילות, ואו"א עלאין, שהם ע"ב, המלבישים מפה ולמטה דא"א עד החזה, הם אצילות. ושם, בנקודת החזה, עומדת הפרסא, המסיימת בחינת האצילות של עולם האצילות.

וישסו"ת, שהם ס"ג, המלבישים מחזה דא"א עד טבורו, הם בריאה דאצילות. והזו"ן, שהם מ"ה וב"ן, המלבישים מטבור דא"א עד סיום האצילות, הם יצירה ועשיה דאצילות. הרי שגם עולם האצילות, בכללות ה"פ שבו, מתחלק לראש ואבי"ע, כמו ה"פ א"ק. אלא כאן עומדת הפרסא על מקומה, שהוא בחזה דא"א, ששם מקומה האמיתי (אות קכ"ז).

קפו) אמנם בכללות כל העולמות, נבחנים כל ג' הפרצופים גלגלתא ע"ב ס"ג דא"ק לבחינת הראש דכללות. וה"פ עולם האצילות, המלבישים מטבור דא"ק ולמטה עד הפרסא דכללות, שהיא הפרסא שנעשתה בחינה דנקודות דס"ג (אות ס"ו), הנה שם הוא אצילות דכללות, מפרסא ולמטה, עומדים ג' העולמות בי"ע דכללות (אות ס"ז-ס"ח).

קפז) וממש על דרך הנ"ל מתחלקת כל מדרגה דפרטי פרטיות שבכל עולם מאבי"ע לראש ואבי"ע. ואפילו בחינת מלכות דמלכות שבעשיה. כי נבחן בו ראש וגוף. והגוף נחלק לחזה, וטבור, וסיום רגלין. והפרסא, שמתחת האצילות של אותו המדרגה, עומדת בהחזה שלו ומסיימת האצילות. ומחזה עד הטבור הוא בחינת בריאה של המדרגה, שנקודת הטבור מסיימתה. ומטבור ולמטה עד סיום רגליו הוא בחינת יצירה ועשיה של המדרגה. ומבחינת הספירות נבחנים החג"ת עד

החזה לאצילות. וב"ש תתאין דת"ת שמחזה עד הטבור לבריאה. ונה"י ליצירה. והמלכות לעשיה.

קפח) ולכן הראש דכל מדרגה מיוחס לבחינת כתר, או יחידה, או לפרצוף גלגלתא. והאצילות שבו, שמפה עד החזה, מיוחס לחכמה, או לאור החיה, או לפרצוף ע"ב. והבריאה שבו, שמחזה עד הטבור, מיוחס לבינה, או לאור הנשמה, או לפרצוף ס"ג. והיצירה ועשיה שבו, שמטבור ולמטה, מיוחס לזו"ן, או לאורות דרוח נפש, או לפרצוף מ"ה וב"ן. (ותראה בהאילן, מציור ג' ואילך, איך כל פרצוף מתחלק לפי הבחינות הנ"ל).

Иврит-русский словарь

ОГЛАВЛЕНИЕ

א

א	**Алеф** первая буква ивритского алфавита, числовое значение 1
א״א	**Арих Анпин** (сокр.) парцуф мира Ацилут, **И Эфшар** (сокр.) нельзя, невозможно
א״כ	**Им Кэн** (сокр.) вместе с тем, если так, то..., **Эйн Кэн** (сокр.) но, не так, напротив
א״ס	**Эйн Соф** (сокр.) Бесконечность, (досл. нет конца)
א״ק	**А"К, Адам Кадмон** (сокр.) первый мир, образовавшийся после Первого Сокращения
אאריך	**Аарих** долго распространяться
אב״א	**Ах бэ ах, Ахор бэ Ахор** (сокр.) обращены друг к другу обратными сторонами
אבא	**Аба** парцуф мира Ацилут, (досл. отец)
אבי״ע	**АБИ"Я** (сокр.) миры Ацилут, Брия, Ецира, Асия
אבל	**Аваль** но, однако
אבר	**Эвэр** часть парцуфа, (досл. орган)
אדה״ר	**Адам аРишон** (сокр.) парцуф, включающий в себя все части творения, активно участвующие в процессе исправления
אדם	**Адам** парцуф, (иногда Зэир Анпин называется именем Адам)

אדרבא	**Адараба** более того
אדרבה	**Адараба** более того
או	**О** или
או״א	**Аба вэ Има** (сокр.) парцуф мира Ацилут
או״ח	**Ор Хозэр** (сокр.) возвращённый свет
או״מ	**Ор Макиф** (сокр.) окружающий свет
או״פ	**Ор Пними** (сокр.) внутренний свет
אובדים	**Овдим** теряют
אודיעך	**Одиэха** я сообщу тебе
אוהבים	**Оавим** любящие
אוזן	**Озэн** стадия 2 Бины, в голове парцуфа (досл. ухо)
אוכל	**Охэль** пища, еда
אומר	**Омэр** говорит
אומרים	**Омрим** говорим
אופן	**Офэн** образ, (таким образом) **Офэн** сила мира Асия
אור	**Ор** свет
אורו	**Оро** его свет
אורות	**Орот** света
אורותיהם	**Оротэйэм** их света

אורותיה	**Оротэя** ее света
אורותיו	**Оротав** его света
אות	**От** буква (афавита), параграф (книги)
אות	**От** знак (сигнал), знамение
אותה	**Ота** её, (тишбор ота - разбей её) **Ота** та
אותו	**Ото** его, (тишбор ото - разбей его) **Ото** тот
אותיות	**Отиёт** буквы (алфавита), параграфы (книги) **Отиёт** знаки, знамения
אותם	**Отам** их (муж. род), (тишбор отам — разбей их) **Отам** те
אותן	**Отан** их (жен. род), (тишбор отан — разбей их) **Отан** те
אז	**Аз** тогда
אזן	**Озэн** стадия 2 Бины в голове парцуфа (досл. ухо)
אח"ז	**Ахарэй зэ** (сокр.) после этого
אח"כ	**Ахар ках** (сокр.) впоследствии, после этого, потом
אח"פ	**АХа"П,** **Озэн, Хотэм, Пэ** (сокр.) эгоистические желания в парцуфе
אחד	**Эхад** один

אחור	**Ахор** обратная сторона
אחורים	**Ахораим** задняя часть, обратная сторона
אחיזה	**Ахиза** зацепка, держание, возможность зацепки
אחיזתו	**Ахизато** его зацепка, его держание, его возможность зацепки
אחר	**Ахар** после **Ахэр** другой
אחר ש...	**Ахар Шэ...** после того как
אחרונה	**Ахрона** последняя
אחריה	**Ахарэя** после нее
אחריו	**Ахарав** после него
אחרת	**Ахэрэт** по-другому
אחת	**Ахат** одна
אי	**И** частица, обозначающая отрицание
אי אפשר	**И Эфшар** невозможно
איהו	**Иу** он (арамейский)
איזה	**Эйзе** какой
איך	**Эйх** как, каким образом
אילן	**Илан** древо **Илан** сокращенное название книги «Сэфэр аИлан»
אימת	**Эймат** когда, время

אֵין	**Эйн** нет (отсутствие), не есть (отрицание)
אֵינָה	**Эйна** она не …, её нет
אֵינֶנָה	**Эйнэна** она не …, её нет
אֵינוֹ	**Эйно** он не …, его нет
אֵינָם	**Эйнам** они не …, их нет (муж. род)
אֵינָן	**Эйнан** они не …, их нет (жен. род)
אֵירַע	**Ира** случилось, произошло
אַךְ	**Ах** но, только, однако
אֲכִילָתוֹ	**Ахилато** в процессе его еды
אָכֵן	**Ахэн** действительно
אַל	**Аль** частица, выражающая отрицание, (аль тилех - не иди) **Эль** Творец, сила **Эль** к, в (направление)
אֶלָּא	**Эла** но, только, однако
אֶלָּא שׁ...	**Эла Шэ…** но, только, однако
אֵלֶּה	**Эле** эти
אֱלֹהִים	**Элоим** Творец
אֵלּוּ	**Элу** эти
אֵלֶיהָ	**Элея** к ней
אֲלֵיהֶם	**Элейэм** к ним

אליו	**Элав** к нему
אלפי	**Алфэй** (в словосочетаниях) тысячи
אלקיות	**Элокиют** божественность
אם	**Эм** мать **Им** если
אמא	**Има** парцуф мира Ацилут
אמיתיות	**Амитиют** истинность
אמנם	**Умнам** напротив, однако, но
אמצעי	**Эмцаи** средний **Эмцаи** средство
אמצעיות	**Эмцаиёт** средние, переходные
אמר	**Амар** сказал
אמרנו	**Амарну** мы сказали
אמת	**Эмэт** правда, истина
אנו	**Ану** мы
אנפין	**Анпин** лицо, употребляется в словосочетаниях - Зэир Анпин, Арих Анпин
אע״פ ש...	**Аф Аль Пи Шэ...** (сокр.) несмотря на то что...
אעפ״י ש...	**Аф Аль Пи Шэ...** (сокр.) несмотря на то что...
אף	**Аф** гнев **Аф** также, даже

אפילו	**Афилу** даже
אפשר	**Эфшар** можно, возможно
אפשרות	**Эфшарут** возможность
אצבעות	**Эцбаот** пальцы
אצילות	**Ацилут** мир Ацилут **Ацилут** создание (процесс), творение (процесс)
אצילותו	**Ацилуто** его создание (процесс), его творение (процесс)
אצילותם	**Ацилутам** их создание (процесс), их творение (процесс)
אצלו	**Эцло** у него
אצלנו	**Эцлейну** у нас
אריך	**Арих** длинный
ארץ	**Эрэц** земля, страна
אשר	**Ашэр** который
את	**Эт** указывает на определённый объект, (раити эт аиш - я видел этого человека) **Ат** ты (жен. род)

ב

ב	**Бэт** вторая буква ивритского алфавита, цифровое значение 2 **Бэ** приставка, предлог, обозначающая нахождение внутри чего-либо (ба-байт — в доме) **Бэ** приставка, обозначающая действие с помощью объекта, (бэ-макель - палкой) **Бэ** приставка, обозначающая время действия, (бэ-ридато — во время его спуска)
ב"ה	**Барух У** (сокр.) благословен Он
ב"ן	**Бо"Н** (сокр.) парцуф мира Адам Кадмон, числовое значение 52 **Бо"Н** (сокр.) мир Нэкудим по отношению к миру Ацилут
ב"ר	**Бэрешит Раба** (сокр.) название сборника иносказаний
ב"ש	**Бэт Шлиш, Шней Шлиш** (сокр.) две трети
בא	**Ба** приходит, прибывает (муж. род)
באה	**Баа** приходит, прибывает (жен. род)
בא"ק	**БэА"К** (сокр.) в Адам Кадмон (см. א"ק)
באה	**Баа** приходящая, прибывающая, в прошедшем времени — пришла
באו	**Бау** они пришли

באו״א	**БэАба вэ Има** (сокр.) в Аба вэ Има (см. אוי״א)
באו״ח	**БэОр Хозэр** (сокр.) в Возвращённом Свете (см. אוי״ח)
באו״מ, מכה באו״מ	**БэОр Макиф,** **Макэ БэОр Макиф** (сокр.) ударяет в Окружающий Свет (см. אוי״מ)
באו״פ, ביטוש דאו״מ באו״פ, ביטוש האו״מ באו״פ	**БэОр Пними,** **Битуш ДэОр Макиф БэОр Пними** (сокр.), **Битуш аОр Макиф БэОр Пними** (сокр.) удары «Окружающего Света» (см. אוי״מ) о «Внутренний Свет» (см. אוי״פ)
באופן אחר	**БэОфэн Ахэр** другим образом
באופן כש...	**БэОфэн КэШэ...** таким образом, что когда...
באופן ש...	**БэОфэн Шэ...** таким образом, что...
באור	**БэОр** в свете, светом, посредством света
המכה באור, מכה באור	**аМакэ БэОр,** **Макэ БэОр** ударяет об свет
הכאת המסך באור	**Акаат аМасах БэОр** удары масаха об свет
באורות	**БэОрот** в светах
באות	**БэОт** в букве, в параграфе
באותה העת	**БэОта аЭт** в то время
באותו	**БэОто** в тот же
באותיות	**БэОтиёт** в буквах
באותם	**БэОтам** по тем (муж. род)
באותן	**БэОтан** в тех (жен. род)
באח״פ	**БэАХа"П** (сокр.) к АХа"П, в АХа"П (см. אחי״פ)

באחור, אחור באחור	**БэАхор,** **Ахор БэАхор** обращены друг к другу обратными сторонами
באחוריו	**БэАхорав** обращен его обратной стороной
באחרונה	**БэАхрона** последним
באיזה שיעור	**БэЭйзе Шиур** в каком-то размере
באילן	**БэИлан** в книге «Сэфэр аИлан»
באים	**Баим** приходят, прибывают
באלו	**БээЭлу** в этих
באמצעו	**БэЭмцао** в его середине, в его центре
באמת	**БэЭмэт** на самом деле
באצילות	**БэАцилут** в мире Ацилут (см. אצילות)
באשר	**БэАшер** в том, что
בב"ש	**БэБэт Шлиш, БэШней Шлиш** (сокр.) в двух третях
בב'	**БаБэт** в двух
בבחי"א	**БаБхина Алеф** (сокр.) в (на) первой стадии; в первый уровень, на первом уровне
בבחי"ב	**БаБхина Бэт** (сокр.) во второй стадии, на второй стадии; во второй уровень, на втором уровне
בבחי"ג	**БаБхина Гимэл** (сокр.) в (на) третьей стадии; в третий уровень, на третьем уровне
בבחי"ד	**БаБхина Далет** (сокр.) в (на) четвертой стадии; в четвертый уровень, на четвер- том уровне
בבחינה	**БаБхина** в стадии; в уровне

בבחינות	**БаБхинот** в стадиях, в уровнях, в качестве
בבחינת	**БаБхинат** (в словосочетаниях) в качестве
בבחינתן	**БаБхинатан** в их стадиях, в их качествах
בבי״ע	**БаБИ"Я** (сокр.) в БИ"Я (см. ביי״ע)
בביאת	**БаБиат** (в словосочетаниях) с приходом
בבינה	**БаБина** с Биной, в Бине
בבת אחת	**БэВат Ахат** моментально, одновременно, в один миг
בג״ר	**БэГа"Р** (сокр.) в Га"Р (см. גי״ר)
בג׳	**БэГимэл** (сокр.) в трех, тремя
בגו״ע	**БэГальгальта Эйнаим** (сокр.) в Гальгальта Эйнаим (см. גו״ע)
בגוף	**БэГуф** в гуф (см. גוף)
בגופים	**БэГуфим** в гуфим (см. גוף, мн. ч.)
בגימטריא	**БэГематрия** в числовом значении
בגמר התיקון	**БэГмар аТикун** в конце исправления
בגניזו	**БаГнизу** в сокрытии, в состоянии скрытия
בגשמיות	**БэГашмиют** в материальном
בגשמיים	**БэГашмиим** в материальных (см. גשמי)
בד׳	**БэДалет** (сокр.) в далет, в четырех
בדביקות	**БэДвикут** в соединении (см. דביקות)

בדבר	**БиДвар** по теме; в предмете
בדומה	**БэДомэ** в подобии на...
בדיוק	**БэДиюк** точно, в точности
בדין	**БэДин** с мерой справедливости (см. דין)
בדעותיהם	**БэДэотэйэм** в их мировосприятии
בדעתם	**БэДаатам** в их мировосприятии
בדרך	**БэДэрэх** по правилу **БэДэрэх** в процессе, через, путем
בדרך כלל	**БэДэрэх Клаль** в общем
בדרך פרט	**БэДэрэх Прат** в частном
בה	**Ба** в ней, в нее
בה"פ	**БаЭй Парцуфим** (сокр.) в пяти парцуфах, пятью парцуфами (см. פרצוף)
בה'	**БаЭй** (сокр.) в пять, в пяти, пятью, к пяти
בהאילן	**БэАИлан** в книге «Сэфэр аИлан»
בהאמור	**БэААмур** в сказанном
בהארה	**БэЭара** свечением
בהארת	**БэЭарат** (в словосочетаниях) в свечении
בהבדל	**БэЭвдэль** в различии
בהבחי"ד	**БэАБхина Далет** (сокр.) в этой четвертой стадии, на этой четвертой стадии, с этой четвертой стадии

בהבינה	**БэАБина** в Бине, в Бину, с Биной (см. בינה)
בהגוף	**БэАГуф** в гуф (см. גוף)
בהון	**Баон** в них
בהז״ת	**БэАЗа"Т** (сокр.) в семь последних сфирот
בהזדככות	**БэИздахэхут** в процессе утоньшения, в процессе ослабления
בהזו״ן	**БэАЗО"Н** (сокр.) в ЗО"Н (см. זו״ן)
בהזווג	**БэАЗивуг** в зивуг (см. זווג)
בהזכר	**БэАЗахар** в захар (см. זכר)
בהזכרים	**БэАЗхарим** в зхарим (см. זכר множ. число)
בהחזה	**БэАХазэ** в хазэ (см. חזה)
בהיות	**БэИёт** ввиду того что; принимая во внимание; поскольку
בהיותה	**БэИёта** поскольку она, являясь (она), находясь (она)
בהיותם	**БэИётам** когда они, находясь (в состоянии)
בהיחס	**БэАЯхас** по отношению, по происхождению
בהיפך	**БэЭфэх** наоборот
בהכינוי	**БэАКинуй** на название
בהכינוים	**БэАКинуим** на эти названия
בהכלי	**БэАКли** в кли (см. כלי)
בהכלים	**БэАКелим** в келим, к келим, с келим (см. כלים)

בהכרח	**БэЭхрах** обязательно
בהכתר	**БэАКэтэр** в кэтэр (см. כתר)
בהם	**БаЭм** в них, к ним
בהמאציל	**БэАМаациль** к Творцу
בהמדרגה	**БэАМадрега** на ступени
בהמוחין	**БэАМохин** с мохин, в мохин (см. מוחין)
בהמלכות	**БэАМалхут** в малхут
בהמסך	**БэАМасах** в масах, с масахом, в масахе
בהמציאות	**БэАМэциют** в действительности, в творении
בהן	**БаЭн** в них, ими
בהנברא	**БэАНивра** в творении
בהנקבה	**БэАНэкева** в нэкеву (см. נקבה)
בהנשמות	**БэАНэшамот** в душах
בהסתלקות	**БэИсталкут** при исходе
בהע״ס	**БэАЭсер Сфирот** (сокр.) в 10 сфирот
בהעלאת	**БэАлаат** (в словосочетаниях) от подъема
בהעליון	**БэАЭлион** в Высшем
בהפכיות צורה ...	**БэАфхиют цура** в состоянии противоположности по свойствам
בהפרצוף	**БэАПарцуф** в парцуф (см. פרצוף)

ב

בה ציורים	**БэАЦиурим** в чертежах
בהקומות	**БэАКомот** в стадиях, в величинах (см. קומות)
בהראש	**БэАРош** в Рош (см. ראש)
בהראשים	**БэАРошим** в Рошим (см. ראש, мн. число)
בהרשימו	**БэАРешимо** в Решимо (см. רשימו)
בהרשימות	**БэАРешимот** в Решимот (см. רשימות)
בהשאת הצורה	**БэАшваат аЦура** в сравнении по свойствам, одинаковы по свойствам
בהשיעור	**БэАШиур** в размере
בהשלמת	**БэАшламат** (в словосочетаниях) дополнением (дополнение до цельного)
בהשם	**БэАШем** в понятии
בהשמות	**БэАШемот** именами
בהשתא	**БэАшта** в шесть
בהשתא אלפי שני	**БэАшта алфэй шни** в шесть тысяч лет
בהתכללות	**БэИткалэлут** во включении (одного в другого) (см. התכללות)
בהתלבשות	**БэИтлабшут** в облачении (см. התלבשות)
בהתעלות	**БэИтъалут** при поднятии (см. התעלות)
בהתפשטות	**БэИтпаштут** при распространении
בהתפשטותם	**БэИтпаштутам** при их распространении
בו	**Бо** в нем, им
בו"ק	**БэВа"К** (сокр.) в Ва"К

בז"ת	**БэЗа"Т** (сокр.) в семь нижних сфирот, в семи нижних сфирот
בזה	**БаЗэ** этим
זה בזה	**Зэ БаЗэ** один с другим, один к другому, один, другого
בזו"ן	**БэЗО"Н** (сокр.) в ЗО"Н (см. זו"ן)
בזוהר	**БэЗоар** в «Книге Зоар»
בזווג	**БэЗивуг** в зивуге, зивугом, в зивуг (см. זווג)
בזכר	**БэЗахар** в захар (см. זכר)
בזמן	**БиЗман** во время, в состоянии
בחוסר	**БэХосэр** (сокр.) в отсутствии, из-за отсутствия
בחותם	**БэХотэм** на печати
בחזה	**БэХазэ** в Хазэ (см. חזה)
בחזרה	**БэХазара** снова, обратно, назад
בחטאו	**БэХатъо** из-за его прегрешения (см. חטאו)
בחי"א	**Бхина Алеф** (сокр.) первая стадия, первый уровень
בחי"ב	**Бхина Бэт** (сокр.) вторая стадия, второй уровень
בחי"ג	**Бхина Гимел** (сокр.) третья стадия, третий уровень
בחי"ד	**Бхина Далет** (сокр.) четвертая стадия, четвертый уровень
בחייהם	**БэХаейэм** во время их жизни
בחינה	**Бхина** стадия, уровень; **Бхина** состояние (когда сравнивают с чем- то другим); качество, категория, отличительное свойство

ב

בחינות	**Бхинот** стадии, уровни; **Бхинот** состояния (когда сравнивают с чем-то другим) качества
בחינותיו	**Бхинотав** его стадии, его уровни; **Бхинотав** его состояния (когда сравнивают с чем- то другим) его качества
בחינת	**Бхинат** (в словосочетаниях) стадия, уровень; **Бхинат** (в словосочетаниях) состояние (когда сравнивают с чем- то другим) качество, категория
בחינתה	**Бхината** ее стадия, ее уровень; **Бхината** ее состояние (когда сравнивают с чем- то другим) ее качество
בחינתו	**Бхинато** его стадия, его уровень; **Бхинато** его состояние (когда сравнивают с чем-то другим) его качество
בחכמה	**БэХохма** в мудрости (наука); **БэХохма** в хохме (см. חכמה)
בחסדים	**БэХасадим** в хасадим (см. חסדים)
בחסר	**БэХасэр** при отсутствии, с отсутствием
בחצי	**БэХаци** в половине
בחציה	**БэХация** в ее половине
בטבור	**БэТабур** в табуре (см. טבור)
בטלה	**Батэла** аннулируется, незначима
בטעמים	**БэТаамим** в таамим (см. טעמים)

בי"ע	**БИ"Я** (сокр.) Брия, Ецира, Асия (миры)
ביאור	**Биур** объеснение, прояснение
ביאת	**Биат** (в словосочетаниях) приход
בידך	**БэЯдха** в своих руках, у себя
ביום	**БэЁм** в день
ביותר	**БэЁтэр** наиболее, в большей степени
ביחד	**БэЯхад** вместе
ביטול	**Битуль** отмена, аннулирование
ביטוש	**Битуш** битуш (досл. удар)
בימין	**БэЯмин** справа, с правым свойством
בין	**Бэйн** между
בינה	**Бина** бина (сфира)
בינה	**Бэйна** между ней
בינו	**Бэйно** между ним
ביניהם	**Бэйнээм** между ними
בירורי	**Бирурэй** анализ, выбор какого-то свойства из других
בירידתו	**БэЕридато** в процессе его спуска
בירידתם	**БэЕридатам** в процессе их спуска
בירר	**Бирэр** выбрал

ברירה	**Бирэра** выбрала
ביררו	**Бирэру** выбрали
בכדי	**Бихдэй** чтобы, для того чтобы
בכולם	**БэХулам** во всех них
בכח	**БэКоах** по причине; **БэКоах** с силой
בכחה עצמה	**БэКоха Ацма** своей собственой силой
בכל	**БэКоль** во всем, во всей, во всех; в каждом
בכלי	**БэКли** в кли (см. כלי)
בכלים	**БэКелим** в келим (см. כלים)
בכלל	**БиХлаль** в общем
בכללה	**БиХлала** в общем (она)
בכללו	**БиХлало** в общем (он)
בכללות	**БиХлалут** в общем, в обобщении
בכתר	**БэКэтэр** в Кэтэр, с Кэтэр (см. כתר)
בלבד	**Бильвад** только, исключительно
בלבדה	**Бильвада** только она, исключительно она
בלבדם	**Бильвадам** только они, исключительно они
בלי	**Бли** без
במ"ה	**БэМ"А** в М"А (см. מ"ה)

במאומה	**БэМэума** даже чуть-чуть
במדה	**БэМида** в мере, в степени
במדרגה	**БэМадрега** на ступень (сравнение), на ступени
במדרגת	**БэМадрегат** (в словосочетаниях) на ступени
במדרגתם	**БэМадрегатам** на их ступени
במדת	**БэМидат** (в словосочетаниях) по мере, по степени, с мерой, в мере
במדת הדין	**БэМидат аДин** мерой справедливости (см. דין)
במה	**БэМа** в чем
במה שהוא	**БэМа ШэУ** в том, что он
במחשבה	**БэМахшава** в мысли
במחשבת הבריאה	**БэМахшэвет АБрия** в замысле творения
במילואו	**БэМилуо** в полной мере
במין	**БэМин** в виде
במלה	**БэМила** в слове
במלכות	**БэМалхут** в малхут (см. מלכות)
במסך	**БэМасах** в масахе, с масахом, о масах, благодоря масаху, в масах (см. מסך)
במעשי	**БэМаасэй** (в словосочетаниях) от поступков
במעשיהם	**БэМаасэйэм** своими поступками
במצבם	**БэМацавам** в их состоянии

במצח	**БаМэцах** в Мэцах (см. מצח)
במקום	**БиМком** вместо **БэМаком** на месте
במקומה	**БиМкома** на своем месте (она); на ее месте
במקומו	**БиМкомо** на своем месте (он); на его месте
במקומם	**БэМкомам** на своих местах (они); на их местах
במשהו	**БэМашэу** в чем-то
במשך	**БэМэшэх** в течение
בן	**Бэн** сын; порождение
בנוקבא	**БэНуква** в нукве
בני	**Бнэй** (в словосочетаниях) сыновья; следствия
בנקבה	**БэНэкева** в нэкеву
בנקבי עינים	**БэНиквей Эйнаим** (сокр.) в Никвей Эйнаим
בנקודים	**БэНэкудим** в Нэкудим (см. נקודים)
בנקודת	**БэНэкудат** (в словосочетаниях) в точке
בס״ג	**БэСа"Г** в Са"Г (см. ס״ג)
בסבת	**БэСибат** (в словосочетаниях) по причине
בסדר	**БэСэдэр** в порядке; в последовательности
בסו״ה	**БэСод аКатув** (сокр.) внутренний смысл написанного
בסוד	**БэСод** внутренний смысл

ב

בסופה	**БэСофа** в своем конце (она), в ее конце; в последней стадии
בסופו	**БэСофо** в своем конце (он), в его конце; в последней стадии
בסיום	**БэСиюм** в конце
בספירת	**БэСфират** (в словосочетаниях) в сфират (см. ספירה)
בספר	**БэСэфэр** в книге
בספרי	**БэСифри** в моей книге
בע״ס	**БэЭсер Сфирот** (сокр.) в десять сфирот, в десяти сфирот (см. עײס)
בעביות	**БэАвиют** с авиют (см. עביות)
בעוד ש...	**БэОд Шэ...** пока еще
בעודם	**БэОдам** пока они
בעוה״ז	**БэОлам аЗэ** (сокр.) в этом мире (см. עוהײז)
בעולם	**БэОлам** о мире, в мире (см. עולם)
בעולמות	**БэОламот** в мирах
בעיניו	**БэЭйнав** в его глазах
בעינים	**БэЭйнаим** в эйнаим (см. עינים)
בעיקרו	**БэИкаро** в основе своей (он)
בעיקרם	**БэИкарам** в основном
בעלי החיים	**Баалей аХаим** животные
בעליון	**БэЭлион** в высшем, в высшего, к высшему
בעליונים	**БэЭльёним** в высших

בעלית	**БэАлият** (в словосочетаниях) в процессе подъёма
בעלמא	**БэАлма** только (арамейский)
בענין	**БэИньян** в деле; по теме
בעניני	**БэИньяней** (в словосочетаниях) в теме
בענינינו	**БэИньянейну** в нашей теме
בעצמה	**БэАцма** сама по себе
בעצמו	**БэАцмо** сам по себе
בעצמותה	**БэАцмута** в своей сущности (она)
בעצמותו	**БэАцмуто** в его сущности, к его сущности
בעקבות	**БэАквут** вследствие
בערב	**БэЭрев** в вечер
בערך	**БэЭрех** по значению; по отношению; по важности **БэЭрех** примерно
בעת	**БэЭт** во время, в то время как
בעת ש...	**БэЭт Шэ...** во время когда...
בפגישת	**БэПгишат** (в словосочетаниях) при встрече
בפה	**БэПэ** в пэ (см. פה)
בפני	**БиФней** перед
בפני עצמה	**БиФней Ацма** сама по себе
בפני עצמו	**БиФней Ацмо** сам по себе
בפני עצמם	**БиФней Ацмам** сами по себе

בפנים	**Бифним** внутри
פנים בפנים	**Паним БэПаним** обращены друг к другу лицевыми сторонами
בפנימיות	**БиПнимиют** во внутреннюю часть
בפנימיותה	**БиПнимиюта** в ее внутреннюю часть
בפנימיותו	**БиПнимиюто** в его внутреннюю часть
בפנימיותם	**БиПнимиютам** в их внутреннюю часть
בפעולות	**БэПэулот** в действиях
בפרט קטן	**БиФрат Катан** в малой части
בפרטי	**БиПертэй** (в словосочетаниях) в частях
בפרטי פרטיות	**БиПертэй Пратиот** в самых мелких частях
בפרטיות	**БиПратиют** в подробностях
בפרסא	**БэПарса** в парсе (см. פרסא)
בפרצוף	**БэПарцуф** в парцуфе, в парцуф (см. פרצוף)
בפרצופי	**БэПарцуфей** (в словосочетаниях) в парцуфах (см. פרצופי)
בפרצופים	**БэПарцуфим** в парцуфах (см. פרצופים)
בצורת	**БэЦурат** (в словосочетаниях) в форму
בצורתו הסופית	**БэЦурато аСофит** в его конечной форме
בצורתם הרגילה	**БэЦуратам аРэгила** в их обычной форме
בציור	**БэЦиур** на чертеже

ב

בציורים	**БэЦиурим** на чертежах
בצמצום	**БэЦимцум** с сокращением, во время сокращения, в сокращении (см. צמצום)
בקביעות	**БэКвиют** в постоянном состоянии; в минимальном состоянии; постоянно
בקומה	**БэКома** в величине (парцуфа), в величину (парцуфа) (см. קומה)
בקומת	**БэКомат** (в словосочетаниях) в величине (парцуфа) (см. קומת)
בקיעת	**Бкият** (в словосочетаниях) рассечения, разделения
בקיצור	**БэКицур** вкратце
בקירוב	**БэКирув** примерно приблизительно
בקרבה	**БэКирба** внутрь себя (она)
בראש	**БэРош** на рош, в рош, с рош (см. ראש)
בראשונה	**БэРишона** в начале вначале
בראשים	**БэРошим** в рошим (см. ראש мн. число)
ברוחני	**БэРухани** в духовном
ברוחניות	**БэРуханиют** в духовном
ברור	**Барур** ясно
בריאה	**Брия** Брия (мир) **Брия** творение
בריה	**Брия** творение
בריות	**Бриёт** творения

151

ברצון	**БэРацон** в желание
ברשות	**БэРешут** во власти
ברשות עצמו	**БиРшут Ацмо** в личной власти (самостоятельный)
ברשימות	**БэРешимот** в решимот (см. רשימות)
בשאר	**БэШаар** в остальных
בשביל	**Бишвиль** для
בשבירת	**БэШвират** (в словосочетаниях) при разбиении
בשוה	**БэШавэ** наравне, на одном уровне, в той же мере
בשורשו	**БэШоршо** к своему корню
בשינוים	**БэШинуим** в изменения
בשיעור	**БэШиур** в размере, в мере
תלוי בשיעור	**Талуй БэШиур** зависит от размера
בשליש עליון	**БэШлиш Элион** в верхней трети
בשם	**БэШэм** именем
בשם בפני עצמה	**БэШэм Бифней Ацма** самостоятельным именем
בשמאל	**БиСмоль** слева
בשמות	**БиШмот** именами
בשעה	**БэШаа** в час
בשפע	**БэШэфа** в наслаждении (исходящем из источника)
בשפעו	**БаШефъо** в его наслаждении (исходящем из источника)

בשר	**Басар** мясо
בששה	**БэШиша** в шести
בשתא אלפי שני	**БэШита Алфей Шни** (арамейский) в шесть тысяч лет
בת זוגיה	**Бат Зугэ** (арамейский) пара (женское свойство, дополняющее мужское)
בתאות	**БэТаават** (в словосочетаниях) в страсти, в сильном, страстном желании
בתוך	**БэТох** внутри (см. תוך) **БэТох** в тох (см. תוך)
בתוכו	**БэТохо** внутри себя (он)
בתוכם	**БэТохам** в них
בתורה	**БэТора** Торой
בתחילה	**БэТхила** в начале
בתחלה	**БэТхила** в начале
בתחתון	**БэТахтон** в нижнем
בתחתונים	**БэТахтоним** в нижних
בתכונת	**БэТхунат** (в словосочетаниях) в свойства
בתמורתה	**БэТмурата** вместо нее
בתנה"י	**БэТаН"И** (сокр.) в сфирот Тифэрэт, Нецах, Од, Исод (см. תנהי״י)
בתנהי"מ	**БэТаНИ"М** (сокр.) в сфирот Тифэрэт, Нецах, Од, Исод, Малхут (см. תנהיי״מ)

ג

ג	**Гимэл** третья буква ивритского алфавита, числовое значение 3
ג״כ	**Гам Кэн** (сокр.) так же
ג״ר	**Га"Р, Гимэл Ришонот** (сокр.) три первых сфиры
גבוה	**Гавоа** высокий, высший
גבוהה	**Гвоа** высокая
גבולו	**Гвуло** его границы
גבורה	**Гвура** сфира (досл. мужественность)
גבורות	**Гвурот** (мн. ч.) см. גבורה
גבי, על גבי	**Габэй,** **Аль Габэй** на (более внешняя)
גדול	**Гадоль** большой
גדולה	**Гдола** большая
גדלו	**Гадло** его величины
גדלות	**Гадлут** величие **Гадлут** большое состояние
גדר	**Гэдэр** граница, определение

ג"ע	**Гальгальта вэ Эйнаим** (сокр.) Гальгальта вэ Эйнаим (альтруистические келим)
גוף	**Гуф** гуф (получающая часть парцуфа), (досл. тело) **Гуф** желание получать (досл. тело) **Гуф** тело объекта, объект
גופא	**Гуфа** желание получать (досл. тело)
גופו	**Гуфо** его желание получать (досл. его тело)
גופים	**Гуфим** тела объектов, объекты
גורם	**Горэм** вызывает, является причиной, влияет
גורמים	**Гормим** вызывают, являются причинами
גידולם	**Гидулам** их роста (процесс)
גידין	**Гидин** одно из названий бины (досл. жилы)
גילוי	**Гилуй** раскрытие, проявление
גלגלתא	**Гальгальта** Гальгальта (первый парцуф мира Адам Кадмон), кэтэр, (досл. череп)
גלגלתא ועינים	**Гальгальта ВэЭйнаим** альтруистические келим в парцуфе
גלוי	**Галуй** раскрыто
גם	**Гам** также
גמור	**Гамур** законченный, полный, совершенный
גמורה	**Гмура** законченная, полная, совершенная
גמורים	**Гмурим** законченные, полные, совершенные

גמר	**Гмар** завершение
גמר תיקון	**Гмар Тикун** полное исправление
גרם	**Гарам** повлиял
גרמה	**Гарма** повлияла
גרמו	**Гарму** повлияли
גשמי	**Гашми** материальный, эгоистический

ד

ד	**Далет** четвертая буква ивритского алфавита, цифровое числовое значение 4.
ד...	**Дэ...** который (обозначает принадлежность)
ד"ס	**Далет Сфирот** (сокр.) четыре сфиры
ד"ת	**Далет Тахтонот** (сокр.) четыре нижних
דא"א	**ДэАрих Анпин** (сокр.) принадлежащий, относящийся к Арих Анпин (см. א"א).
דא"ק	**ДэАдам Кадмон** (сокр.) принадлежащий, относящийся к Адам Кадмон (см. א"ק)
דאבא	**ДэАба** (сокр.) принадлежащий, относящийся к Аба (см. אבא)
דאבי"ע	**ДэАБИ"Я** (сокр.) принадлежащий, относящийся к АБИ"Я (см. אבי"ע)
דאו"א	**ДэАба ВэИма** (сокр.) принадлежащий, относящийся к Аба вэИма (см. או"א)
דאו"ח	**ДэОр Хозер** (сокр.) принадлежащий, относящийся к Ор Хозер (см. או"ח)
דאו"י	**ДэОр Яшар** (сокр.) принадлежащий, относящийся к Ор Яшар (см. או"י)
דאו"מ	**ДеОр Макиф** (сокр.) принадлежащий, относящийся к Ор Макиф (см. או"מ)
דאו"פ	**ДэОр Пними** (сокр.) принадлежащий, относящийся к Ор Пними (см. או"פ)
דאור	**ДэОр** принадлежащий, относящийся к свету

ד

דאורות	**ДэОрот** принадлежащие, относящиеся к светам
דאח"פ	**ДэАХа"П** (сокр.) принадлежащий, относящийся к АХа"П (см. אח״פ)
דאחורים	**ДэАхораим** принадлежащий, относящийся к обратной части парцуфа (см. אחורים)
דאמא	**ДэИма** принадлежащий, относящийся к Има (см. אמא)
דאצילות	**ДэАцилут** принадлежащий, относящийся к Ацилут (см. אצילות)
דב"ן	**ДэБо"Н** принадлежащий, относящийся к Бо"Н (см. ב״ן)
דביקות	**Двекут** состояние соединения
דבוק	**Давук** приклеенный, соединенный, причастный
דבוקה	**Двука** приклеенная, соединенная, причастная
דבוקים	**Двуким** приклеенные, соединенные, причастные
דבחי"א	**ДэБхина Алеф** (сокр.) принадлежащий, относящийся к первой стадии (см. בחי״א)
דבחי"ב	**ДэБхина Бэт** (сокр.) принадлежащий, относящийся ко второй стадии (см. בחי״ב)
דבחי"ג	**ДэБхина Гимэл** (сокр.) принадлежащий, относящийся к третьей стадии (см. בחי״ג)
דבחי"ד	**ДэБхина Далет** (сокр.) принадлежащий, относящийся к четвертой стадии (см. בחי״ד)
דבחינת	**ДэБхинат** (в словосочетаниях) принадлежащий, относящийся к стадии, к качеству, к категории (см. בחינת)
דבי"ע	**ДэБИ"Я** (сокр.) принадлежащий, относящийся к БИ"Я (см. בי״ע)
דבינה	**ДэБина** принадлежащий, относящийся к бине (см. בינה)
דבקות	**Двекут** соединение (состояние)

דבר	**Давар** вещь, предмет, аспект
דבריאה	**ДэБрия** принадлежащий, относящийся к Брие (см. בריאה)
דברנו	**Дибарну** мы говорили
דג"ר	**ДэГа"Р** (сокр.) принадлежащий, относящийся к Га"Р (см. ג"ר)
דג'	**ДэГимэл** принадлежащий, относящийся к трем … .
דגדלות	**ДэГадлут** принадлежащий, относящийся к состоянию Гадлут (см. גדלות)
דגוף	**ДэГуф** принадлежащий, относящийся к Гуф (см. גוף)
דגופא	**ДэГуфа** принадлежащий, относящийся к Гуф (см. גופא)
דגלגלתא	**ДэГальгальта** принадлежащий, относящийся к Гальгальта (см. גלגלתא)
דה"פ	**ДэЭй Парцуфим** принадлежащий, относящийся к пяти парцуфам (см. ה"פ)
דהיינו	**Дэайну** то есть
דהיינו ש...	**Дэайну Шэ...** то есть, что...
דהכאה	**ДэАкаа** ударного вида (см. הכאה)
זווג דהכאה	**Зивуг ДэАкаа** зивуг ударного вида (см. זווג)
דהשלמת	**ДэАшламат** (в словосочетаниях) принадлежащий, относящийся к действию завершения, дополнения
דהתחלקות	**ДэИтхалкут** принадлежащий, относящийся к действию разделения
ועניין זה דהתחלקות	**Вэ Инъян Зэ ДэИтхалкут** и суть этого разделения
דהתלבשות	**ДэИтлабшут** принадлежащий, относящийся к процессу облачения, к состоянию облачения
דו"ק	**ДэВа"К** (сокр.) принадлежащий, относящийся к Ва"К, Вав Кцавот (см. ו"ק)

דוחה	**Дохэ** отталкивает
דומה	**Домэ** похож
דוקא	**Давка** как раз, именно
דז"א	**ДэЗэир Анпин** (сокр.) принадлежащий, относящийся к Зэир Анпин (см. ז"א)
דז"ת	**ДэЗа"Т** (сокр.) принадлежащий, относящийся к За"Т (см. ז"ת)
דזו"ן	**ДэЗО"Н** (сокр.) принадлежащий, относящийся к ЗО"Н (см. זו"ן)
דזכר	**ДэЗахар** принадлежащий, относящийся к Захар (см. זכר)
דחג"ת	**ДэХаГа"Т** (сокр.) принадлежащий, относящийся к ХаГа"Т (см. חג"ת) **ДаХГа"Т** (сокр.) даат, хесед, гвура, тиферет (имена четырех сфирот)
דחו"ב	**ДэХУ"Б** (сокр.) принадлежащий, относящийся к хохме и бине (см. חו"ב)
דחיה	**ДэХая** принадлежащий, относящийся к свету Хая (см. חיה)
דחיי העולם	**ДэХаей аОлам** принадлежащий, относящийся к обычной жизни в окружающем нас мире
דחכמה	**ДэХохма** принадлежащий, относящийся к Хохме (см. חכמה)
דחסדים	**ДэХасадим** принадлежащий, относящийся к Хасадим (см. חסדים)
דט"ת	**ДэТэт Тахтонот** (сокр.) принадлежащий, относящийся к девяти нижним сфирот
דטעמים	**ДэТаамим** принадлежащий, относящийся к таамим (см. טעמים)
דיהבינן, עד דיהבינן	**ДэЯавинан,** **Ад ДэЯавинан** (арамейский) пока не дадут
דיום הששי	**ДэЁм аШиши** принадлежащий, относящийся к состоянию, называемому Шестой День

דיחידה	**ДэЕхида** принадлежащий, относящийся к Ехида (см. יחידה)
דין	**Дин** мера справедливости; запрет; закон
דיניקה	**ДэЕника** принадлежащий, относящийся к состоянии Еника (см. יניקה)
דיסוד	**ДэИсод** принадлежащий, относящийся к Исод (см. יסוד)
דיצירה	**ДэЕцира** принадлежащий, относящийся к Ецира (см. יצירה)
דישסו״ת	**ДэИШСУ"Т** (сокр.) принадлежащий, относящийся к ИШСУ"Т (см. ישסו״ית)
דכל	**ДэКоль** всех
דכלים	**ДэКелим** принадлежащий, относящийся к келим (досл. сосуд)
דכללות	**ДэКлалут** принадлежащий, относящийся к общему; общее
דכר	**Дхар** (арамейский) захар (досл. мужское свойство)
דכתר	**ДэКэтэр** принадлежащий, относящийся к Кэтэр (см. כתר)
דמ״ה	**ДэМ"А** (сокр.) принадлежащий, относящийся к парцуфу М"А (см. מ״ה)
דמין	**ДэМин** (сокр.) принадлежащий, относящийся к виду
דמלך הדעת	**ДэМэлэх аДаат** принадлежащий, относящийся к Мелех Даат (парцуф мира Некудим)
דמלכות	**ДэМалхут** принадлежащий, относящийся к малхут (см. מלכות)
דמסך	**ДэМасах** принадлежащий, относящийся к масах (см. מסך)
דנה״י	**ДэНЭ"И** (сокр.) принадлежащий, относящийся к НэХ"И (см. נה״י)
דנוקבא	**ДэНуква** (сокр.) принадлежащий, относящийся к нукве (см. נוקבא)
דנפש	**ДэНэфеш** принадлежащий, относящийся к нэфеш (см. נפש)

דנקבה	**ДэНэкева** принадлежащий, относящийся к нэкева (см. נקבה)
דנקודות	**ДэНэкудот** принадлежащий, относящийся к нэкудот (см. נקודות)
דנקודים	**ДэНэкудим** принадлежащий, относящийся к нэкудим (см. נקודים)
דנשמה	**ДэНэшама** принадлежащий, относящийся к нэшама (см. נשמה)
דס"ג	**ДэСа"Г** принадлежащий, относящийся к Са"Г (см. ס"ג)
דסוף	**ДэСоф** принадлежащий, относящийся к завершающей стадии (см. סוף)
דסיום	**ДэСиюм** принадлежащий, относящийся к завершающей стадии (см. סיום)
דע	**Да** знай
דע"ב	**ДэА"Б** (сокр.) принадлежащий, относящийся к А"Б (см. ע"ב)
דע"ס	**ДэЭсэр Сфирот** (сокр.) принадлежащий, относящийся к десяти сфирот (см. ע"ס)
דעבדין	**ДэАвдин** который делают
דעביות	**ДэАвиют** принадлежащий, относящийся к авиют (авиют - мера эгоизма, досл. толщь, грубость)
דעוה"ז	**ДэОлам аЗэ** (сокр.) принадлежащий, относящийся к "Этому миру" (см. עוה"ז)
דעולם	**ДэОлам** принадлежащий, относящийся к миру (см. עולם)
דעליה	**ДэАлия** принадлежащий, относящийся к процессу подъема
דעליון	**ДэЭлион** принадлежащий, относящийся к Высшему
דעליונה	**ДэЭлиона** принадлежащий, относящийся к Высшей
דעשיה	**ДэАсия** принадлежащий, относящийся к миру Асия (см. עשיה)

דעתיק	**ДэАтик** принадлежащий, относящийся к парцуфу Атик (см. עתיק)
דפה	**ДэПэ** принадлежащий, относящийся к пэ (см. פה)
דפנים	**ДэПаним** принадлежащий, относящийся к лицевой стороне парцуфа
דפרטי פרטיות	**ДэПиртэй Пратиот** принадлежащий, относящийся к самой мелкой (частной, не общей) части творения (см. פרטי פרטיות)
דפרצוף	**ДэПарцуф** принадлежащий, относящийся к парцуфу (см. פרצוף)
דפרצופי	**ДэПарцуфим** (в словосочетаниях) принадлежащий, относящийся к парцуфам (см. פרצופי)
דצדיקים	**ДэЦадиким** принадлежащий, относящийся к цадиким (часть творения, подлежащая исправлению)
דצמצום	**ДэЦимцум** принадлежащий, относящийся к состоянию сокращения (см. צמצום)
דק	**Дак** тонкий
דקביעות	**ДэКвиют** принадлежащий, относящийся к постоянному состоянию (см. קביעות)
דקדושה	**ДэКдуша** принадлежащий, относящийся к кдуша (см. קדושה)
דקומה	**ДэКома** принадлежащий, относящийся к высоте, величине (см. קומה)
דקומת	**ДэКомат** (в словосочетаниях) принадлежащий, относящийся к высоте, величине (см. קומת)
דקות	**Дакот** тонкие, не обладающие эгоизмом
דקטנות	**ДэКатнут** принадлежащий, относящийся к малому состоянию (см. קטנות)
דקים	**Даким** тонкие, не обладающие эгоизмом

דראש	**ДэРош** принадлежащий, относящийся к рош (см. ראש)
דראשו	**ДэРошо** принадлежащий, относящийся к рош (его) (см. ראשו)
דראשי	**ДэРошей** (в словосочетаниях) принадлежащий, относящийся к рош (см. ראש множ. ч.)
דרוח	**ДэРуах** принадлежащий, относящийся к руах (см. רוח)
דרך	**Дэрэх** путь **Дэрэх** через
דרכה	**Дарка** через нее
דרכו	**Дарко** через него
דרשימו	**ДэРешимо** принадлежащий, относящийся к решимо (см. רשימו)
דרשימות	**ДэРешимот** принадлежащий, относящийся к решимот (см. רשימות)
דשורש	**ДэШорэш** принадлежащий, относящийся к шореш (см. שורש)
דשרשים	**ДэШорашим** принадлежащий, относящийся к шорашим (см. שורשים)
דשתא אלפי שני	**ДэШита Алфэй Шни** принадлежащий, относящийся к состоянию «шесть тысяч лет»
דת״ת	**ДэТифэрэт** (сокр.) принадлежащий, относящийся к тиферет (см. ת״ת)
דתוך	**ДэТох** принадлежащий, относящийся к тох (см. תוך)
דתוספת	**ДэТосэфэт** принадлежащий, относящийся к добавлению (см. תוספת)
דתנה״י	**ДэТаН"И** (сокр.) принадлежащий, относящийся к Тифэрэт, Нэцах, Од, Исод (см. תנה״יי)
דתנהי״מ	**ДэТаНИ"М** (сокр.) принадлежащий, относящийся к Тифэрэт, Нэцах, Од, Исод, Малхут (см. תנהיי״מ)

ה

ה	**Эй** пятая буква ивритского алфавита, числовое значение 5 **А** определенный артикль, пишется слитно с именем
ה"ג	**Эй Гвурот** (сокр.) пять гвурот
ה"ח	**Эй Хасадим** (сокр.) пять хасадим
ה"ס	**У Сод** (сокр.) это внутренний смысл
ה"פ	**Эй Парцуфим** (сокр.) пять парцуфов (см. פרצוף)
ה"ת	**Эй Татаа** (сокр.) последняя буква 4-ех буквенного имени Творца, обозначает свойство малхут в творении
הא'	**аАлеф** (см. א)
הא"א	**аАрих Анпин** (сокр.) (см. א"א)
הא"ס	**аЭйн Соф** (сокр.) (см. א"ס)
הא"ק	**аА"К** (сокр.) (см. א"ק)
האבוקה	**аАвука** факел
האבי"ע	**аАБИ"Я** (сокр.) (см. אבי"ע)
האדם	**аАдам** (см. אדם)

האו״ח	aОр Хозер (сокр.) (см. אוי״ח)
האו״מ	aОр Макиф (сокр.) (см. אוי״מ)
האו״פ	aОр Пними (сокр.) (см. אוי״פ)
האור	aОр (см. אור)
האורות	aОрот (см. אורות)
האותיות	aОтиёт (см. אותיות)
האח״פ	aAХа"П (сокр.) (см. אחי״פ)
האחד	aЭхад (см. אחד)
האחור	эЭхор (см. אחור)
האחורים	aAхораим (см. אחורים)
האחרון	aAхарон (см. אחרון)
האחרונה	aAхрона (см. אחרונה)
האחרונים	aAхроним (см. אחרון множ. ч.)
האילן	aИлан (см. אילן)
האיר	Эир осветил, светил
האירו	Эиру осветили, светили
האכילה	aAхила еда (процесс)
האלו	aЭлу (см. אלו)
האמור	aAмур сказанное

ה

האמורות	**аАмурот** сказанные
האמיתי	**аАмити** истинный
האמת	**аЭмэт** (см. אמת)
האצילות	**аАцилут** (см. אצילות)
הארה	**Эара** свечение
הארת	**Эарат** (в словосочетаниях) свечение
הב׳	**аБэт** (см. ב)
הב״ן	**аБо"Н** (сокр.) (см. ב״ן)
הב״ש	**аБэйт Шлиш** (сокр.) (см. ב״ש)
הבא	**аБа** (см. בא)
הבאה	**аБаа** приходящая
הבאים	**аБаим** приходящие
הבושה	**аБуша** стыд
הבזיון	**аБизайон** позор, стыд
הבחי״ב	**аБхина Бэт** (сокр.) (см. בחי״ב)
הבחי״ג	**аБхина Гимел** (сокр.) (см. בחי״ג)
הבחי״ד	**аБхина Далет** (сокр.) (см. בחי״ד)
הבחינה	**аБхина** (см. בחינה)
הבחינות	**аБхинот** (см. בחינות)

הבחינת	**аБхинат** (в словосочетаниях) (см. בחינת)
הבחן	**Эвхен** разница, различие, особенность
הבי״ע	**аБИ"Я** (сокр.) (см. בי״ע)
הביטול	**аБитул** (см. ביטול)
הביטוש	**аБитуш** (см. ביטוש)
הבינה	**аБина** (см. בינה)
הבנה	**Авана** понимание
הבריאה	**аБрия** (см. בריאה)
הבריה	**аБрия** (см. בריה)
הבריות	**аБриот** (см. בריות)
הג׳	**аГимэл** (см. ג)
הג״ר	**аГа"Р** (сокр.) (см. ג״ר)
הגבוהים	**аГвоим** более высокие
הגבול	**аГвуль** ограничение (досл. граница)
הגבורה	**аГвура** (см. גבורה)
הגדול	**аГадоль** очень большой (подчеркивает величину)
הגדולים	**аГдолим** очень большие (подчеркивает величину)
הגדלות	**аГадлут** (см. גדלות)
הגו״ע	**аГальгальта Эйнаим** (см. גו״ע)

ה

הגוף	**аГуф** (см. גוף)
הגופים	**аГуфим** (см. גופים)
הגיע	**Игиа** пришел
הגלגלתא	**аГальгальта** (см. גלגלתא)
הגם	**аГам** хотя, несмотря на то ...
הגשמי	**аГашми** (см. גשמי)
הד'	**аДалет** (см. ד)
הד"ר	**аДа"Р,** **Далет аРишонот** (сокр.) четыре первых сфиры
הדבוקים	**аДвуким** (см. דבוקים)
הדבקות	**аДвекут** (см. דבקות)
הדבר	**аДавар** (см. דבר)
הדברים	**аДварим** (см. דבר множ. ч.)
הדחיה	**аДхия** отталкивание
הדין	**аДин** закон, чуство ограничения
הדעת	**аДаат** Даат (сфира)
הדק	**аДак** очень тонкий (указывает на превосходную степень тонкости)
הדרך	**аДэрэх** (см. דרך)
הה"ת	**аЭй Татаа** (см. הי"ת)
ההבדל	**аЭвдэль** различие

ההבחן	аЭвхэн (см. הבחן)
ההבחנות	аАвханот стадии, отличительные свойства
ההוא	аУ тот
ההוראות	аОраот указания
ההזדככות	аИздахэхут (см. הזדככות)
ההיא	аИ та
ההכאה	аАкаа (см. הכאה)
ההכאות	аАкаот удары
ההכשר	аЭхшэр (см. הכשר)
ההלבשה	аАлбаша (см. הלבשה)
ההם	аЭм те
ההסתלקות	аИсталкут (см. הסתלקות)
ההפכי	аОфхи (см. הפכי)
ההפצרה	аАфцара просьба, мольба
ההפרש	аЭфрэш (см. הפרש)
ההשפעה	аАшпаа (см. השפעה)
ההתגשמות	аИтгашмут (см. התגשמות)
הו'	аВав (см. ו)
הו"ק	аВа"К (см. ו"ק)

הוא	**У** он, тот
הוד	**Од** од (имя сфиры)
הוטבע	**Утба** дан в природу (досл. втоплен)
הוי״ה	**АВА"Я** четырехбуквенное имя Творца
הוכחנו	**Охахну** доказали (мы)
הוכרה	**Укра** осозналась, ощутилась
הוכרח	**Ухрах** был вынужден
הוכרחה	**Ухраха** была вынуждена
הולך	**Олех** слово, выражающее продолжительность действия (муж. род)
הולכים	**Олхим** слово, выражающее продолжительность действия (множ. число)
הולכת	**Олехэт** слово, выражающее продолжительность действия (жен. род)
הוספה	**Осафа** дополнение, добавление
הועיל	**Оиль** принесло пользу
הוציא	**Оци** вывел, произвел
הוראות	**Ораот** указания
הורידו	**Ориду** опустили
הז׳	**аЗаин** (см. ז)
הז״א	**аЗэир Анпин** (сокр.) (см. ז״א)

הז״ת	**аЗаин Тахтонот** (сокр.) (см. זי״ת)
הזאת	**аЗот** (см. זאת)
הזדככות	**Издахэхут** утоньшение, уменьшение желания получать
הזדככותו	**Издахэхуто** (его) утоньшение, (его) уменьшение желания получать
הזה	**аЗэ** этот
הזו	**аЗу** эта
הזו״ן	**аЗО"Н** (см. זו״ן)
הזווג	**аЗивуг** (см. זווג)
הזווגים	**аЗивугим** (см. זווגים)
הזיתים, הר הזיתים	**аЗэйтим, Ар аЗэйтим** истинное эгоистическое желание (досл. Маслиничная Гора)
הזך	**аЗах** самый тонкий, самый альтруистический
הזכות	**аЗхут** заслуга
הזכר	**аЗахар** (см. זכר)
הזמן	**аЗман** (см. זמן)
החג״ת	**аХаГа"Т** (см. חג״ת)
החדש	**аХадаш** (см. חדש)
החדשה	**аХадаша** (см. חדשה)
החדשות	**аХадашот** (см. חדשות)
החו״ב	**аХУ"Б** (см. חו״ב)

ה

החולם	**аХолам** (см. חולם)
החוצץ	**аХоцэц** разделяющий
החוקים	**аХуким** законы (мн. ч.)
החזה	**аХазэ** (см. חזה)
החזירה	**Эхзира** вернула
החזרת	**Ахзарат** (в словосочетаиях) возврат
החטא	**аХэт** нарушение запрета
החיה	**аХая** (см. חיה)
החיות	**аХают** жизненная сила
החיים	**аХаим** жизненная сила
אור החיים	**Ор аХаим** свет жизни
בעלי החיים	**Баалей аХаим** животные
מחיי החיים, מחי החיים	**МиХай аХаим** от истинно живого
החיצוניות	**аХейцониют** внешняя часть
החירק	**аХирик** (см. חירק)
החכמה	**аХохма** (см. חכמה)
החל מ...	**Эхэль Ми...** начиная с...
החלל	**аХалаль** (см. חלל)
החמישי	**аХамиши** (см. חמישי)
החסד	**аХэсэд** (см. חסד)

ה

החסדים	**аХасадим** (см. חסדים)
החסר	**аХасэр** (см. חסר)
החסרות	**аХасэрот** отсутствующие, недостающие (жен. род)
החסרים	**аХасэрим** отсутствующие, недостающие (муж. род)
הט״ס	**аТэт Сфирот** (сокр.) девять сфирот
הטבור	**аТабур** (см. טבור)
הטובה	**аТова** (см. טובה)
הטעם	**аТаам** (см. טעם)
הטעמים	**аТаамим** (см. טעמים)
הי״ד	**аЮд Далет** (см. ייד)
היא	**И** она, та
היה	**Ая** был
היו	**Аю** были
היוצא	**аЁцэ** выходящего, происходящего
היוצאות	**аЁцьот** выходящие, происходящие (жен. род)
היוצאת	**аЁцэт** выходящая, происходящая
היות, היות בה	**Эёт,** **Эёт Ба** поскольку есть в ней
היותר	**аЁтэр** наиболее
היחידה	**аЕхида** (см. יחידה)

היטב	**Эйтэв** хорошо, наилучшим образом
היינו	**Айну** то есть
היניקה	**аЕника** (см. יניקה)
היסוד	**аИсод** (см. יסוד)
היצירה	**аЕцира** (см. יצירה)
הירח	**аЯрэах** досл. Луна
הישנים	**аЕшаним** старые
הישסו״ת	**аИШСУ״Т** сокр. (см. ישסוי״ת)
היתה	**Айта** была
היתירים	**аЕтэрим** большие
הכאה	**Акаа** соударение, удар
הכאת	**Акаат** (в словосочетаниях) соударение, удар
הכאתו	**Акаато** (его) соударение, удар
הכה	**Эка** ударил
הכולל	**аКолель** общий
הכוללים	**аКолелим** общие
הכונה	**аКавана** подразумевается
הכח״ב	**аКаХа״Б** (см. כחי״ב)
הכחות	**аКохот** (см. כחות)

הכינוים	**аКинуим** названия
הכלול	**аКалуль** (см. כלול)
הכלולות	**аКлулот** включенные, содержащиеся (жен. род)
הכלולים	**аКлулим** включенные, содержащиеся (муж. род)
הכלי	**аКли** (см. כלי)
הכלים	**аКелим** (см. כלים)
הכלל	**аКлаль** (см. כלל)
הכמות	**аКамут** (см. כמות)
הכפילות	**аКфилут** удвоение
הכר	**Экэр** признак
הכרח הוא	**Эхрах У** это обязательно
הכשר	**Экшэр** подготовка
הכתר	**аКэтэр** (см. כתר)
הלביש	**Илбиш** облачил
הלבישה	**Илбиша** облачила
הלבשה	**Албаша** облачение
הלבשת	**Албашат** (в словосочетаниях) облачение
הלבשתה	**Албашата** облачение (ее)
הלבשתם	**Албашатам** облачение (их)

הללו	**Алалу** эти
הלמטה	**аЛемата** (см. למטה)
הם	**Эм** они, те
המ״ה	**аМ"А** (см. מייה)
המ״ן	**аМа"Н** (см. מיין)
המאיר	**аМэир** (см. מאיר)
המאירה	**аМэира** светящая (жен. род)
המאירים	**аМэирим** светящие
המאציל	**аМаациль** (см. מאציל)
המביא	**аМэви** приводящий (к чему-либо)
המגביל	**аМагбиль** тот, который ограничиавет
המגולה	**аМэгула** раскрытая
המגיעים	**аМагиим** приходящие
המדור	**аМадор** (см. מדור)
המדרגה	**аМадрега** (см. מדרגה)
המדרגות	**аМадрегот** (см. מדרגות)
המה	**Эма** они
המהפכים	**аМэафхим** обращающие на обратное значение, переворачивающие
המוחין	**аМохин** (см. מוחין)

המוטבע	**аМутба** данный в природу (досл. втоплен)
המוציא	**аМоци** (см. מוציא)
המוציאה	**аМоциа** выводящая, производящая
המוציאות	**аМоциот** выводящие, производящие (жен. род)
המוציאים	**аМоциим** выводящие, производящие (муж. род)
המורה	**аМорэ** указывающий
המוריד	**аМорид** спускающий
המזדווגת	**аМиздавэгэт** совершающая зивуг (см. זווג)
המזווג	**аМэзавэг** вызывающий зивуг (см. זווג)
המזכך	**аМэзакэх** утоньшающий, уменьшающий желание получить
המזרח	**аМизрах** восток
המחברת	**аМэхабэрэт** соединяющая (жен. род)
המחודש	**аМэхудаш** (см. מחודש)
המחודשת	**аМэхудэшэт** (см. מחודשת)
המחזה	**аМиХазэ** от хазэ и дальше (см. חזה)
המחיים	**аМэхаим** оживляющие
המטרה	**аМатара** цель
המיוחד	**аМеюхад** специальный, особый, предназначенный только для этого
המיוחדת	**аМеюхэдэт** специальная, особая, предназначенная только для этого

ה

המיוחס	**аМеюхас** относящийся
המיוחסים	**аМеюхасим** относящиеся
המין	**аМин** (см. מין)
המכה	**аМакэ** ударяющий
המכוון, המכוון נגד	**аМэхуван,** **аМэхуван Нэгэд** соответствущий (муж. род)
המכוונות, המכוונות נגד	**аМэхуванот,** **аМэхуванот Нэгэд** соответствующие (жен. род)
המכוונים, המכוונים נגד	**аМэхуваним,** **аМэхуваним Нэгэд** соответствующие (муж. род)
המכונה	**аМэхунэ** называемый
המכונים	**аМэхуним** называемые
המכריע	**аМахриа** решающий (в пользу одного из двух вариантов)
המלבישו	**аМалбишо** облачающий его
המלבישות	**аМалбишот** облачающие (жен. род)
המלבישים	**аМалбишим** облачающие (муж. род)
המלובש	**аМэлубаш** облаченный
המלובשים	**аМэлубашим** облаченные
המלכות	**аМалхут** (см. מלכות)
המלכיות	**аМалхуёт** (см. מלכיות)
הממלא	**аМэмале** наполняющий

המשיים	**аМамашиим** настоящие, истинные
המשיך	**аМамших** продолжает, протягивает
המנענעות	**аМэнаанэот** заставляющие двигаться, заставляющие меняться, про- буждающие
המסיים	**аМэсаем** завершающий, заканчивающий (муж. род)
המסיימת	**аМэсаемэт** завершающая, заканчивающая (жен. род)
המסך	**аМасах** (см. מסך)
המספיק	**аМаспик** достаточный
המסתיימים	**аМистаймим** заканчивающиеся
המעכב	**аМэакэв** задерживающий, удерживающий, не дающий совершить какое-либо действие
המעכבו	**аМэакво** задерживающий его, удерживающий его, не дающий ему совершить какое-либо действие
המעלה	**аМаале** поднимающий
המפריד	**аМафрид** разделяющий, отделяющий
המצח	**аМэцах** (см. מצח)
המציאות	**аМэциют** действительность
המקבל	**аМэкабэль** получающий
המקום	**аМаком** (см. מקום)
המקיים	**аМэкаем** осуществляющий, дающий возможность действовать
המקיפים	**аМакифим** окружающие (название светов или сосудов, не вошедших во внутренюю часть парцуфа (см. פרצוף)

המרובות	**аМэрубот** многочисленные
המרחיק	**аМархик** отдаляющий
המשאיר	**аМашъир** оставляющий
המשהו	**аМашэу** (см. משהו)
המשוערים	**аМэшуарим** вычисленные (в соответствии с чем-либо)
המשיך	**Эмших** протянул, продолжил
המשיכה	**Имшиха** протянула, продолжила
המשיכו	**Имшиху** протянули, продолжили
המשכה	**Амшаха** продолжение **Амшаха** продолжение, притягивание
המשפיע	**аМашпиа** (см. משפיע)
המשפיעים	**аМашпиим** (см. משפיעים)
המתבארים	**аМитбаарим** проясняющиеся
המתוקן	**аМэтукан** исправленный
המתפשט	**аМитпашэт** распространяющийся
המתפשטים	**аМитпаштим** распространяющиеся
המתקרב	**аМиткарэв** приближающийся
הן	**Эн** они (жен. род)
הן	**Эн** как
הנ״ל	**АНа"Ль,** аНизкар Леиль (сокр.) вышеупомянутый

הנאמר	**аНээмар** сказанное
הנאצל	**аНээцаль** сотворенный
הנבחן	**аНивхан** различаемое (муж. род)
הנבחנות	**аНивханот** различаемые (жен. род)
הנבחנים	**аНивханим** различаемые (муж. род)
הנבחנת	**аНивхэнэт** различаемая
הנברא	**аНивра** (см. נברא)
הנבראים	**аНивраим** творения
הנבררים	**аНиврарим** избранные
הנגמר	**аНигмар** завершенный
הנדחה	**аНидха** оттолкнутый
הנה	**Инэ** вот
עד הנה	**Ад Эна** до сих пор
הנה"י	**аНЭ"И** (см. נה"יי)
הנהגתן	**Анъагатан** их поведение
הנוהג	**аНоэг** происходящий, имеющий место быть
הנוהגות	**аНоагот** имеющих место быть (жен. род)
הנוהגין	**аНоагин** имеющих место быть (муж. род)
הנוקבא	**аНуква** (см. נוקבא)
הנושא	**аНосэ** носитель, объект

הנזכר	**аНизкар** упомянутый
הנחשבים	**аНихшавим** считаемые
הנחתם	**аНихтам** отпечаток
הנכלל	**аНихлаль** (см. נכלל)
הנכללות	**аНихлалот** (см. נכללות)
הנמוך	**аНамух** более низкий, самый низкий
הנמצאת	**аНимцэт** находящаяся
הנמשך	**аНимшах** продолженный, происходящий
הנעלה	**аНаала** возвышенная
הנעשה	**аНааса** который стал; произошедший
הנעשים	**аНаасим** произошедшие
הנפולים	**аНэфулим** упавшие
הנפרשים	**аНифрашим** отделенные
הנפש	**аНэфэш** (см. נפש)
'הנק	**аНикраим** (сокр.) называемые
הנקבה	**аНэкева** (см. נקבה)
הנקודה	**аНэкуда** (см. נקודה)
הנקודות	**аНэкудот** (см. נקודות)
הנקודים	**аНэкудим** (см. נקודים)

הנקרא	**аНикра** называемый (муж. род)
הנקראות	**аНикраот** называмые (жен. род)
הנקראים	**аНикраим** называмые (муж. род)
הנקראת	**аНикрэт** называмая (жен. род)
הנר״ן	**аНаРа"Н** (см. נר״ן)
הנרנח״י	**аНаРаНХа"Й** (см. נרנח״יי)
הנרצה	**аНирцэ** желаемый
הנשאר	**аНишъар** оставшийся (муж. род)
הנשארות	**аНишъарот** оставшиеся (жен. род)
הנשארים	**аНишъарим** оставшиеся (муж. род)
הנשארת	**аНишъэрэт** оставшаяся (жен. род)
הנשמה	**аНэшама** (см. נשמה)
הס״ג	**аСа"Г** (см. ס״ג)
הסבה	**аСиба** (см. סבה)
הסופית	**аСофит** конечная
הסיום	**аСиюм** (см. סיום)
הסירוב	**аСирув** отказ
הסמוך	**аСамух** соседний, ближайший
הסעודה	**аСэуда** трапеза

הספירה	**аСфира** (см. ספירה)
הספירות	**аСфирот** (см. ספירות)
הסתכלות	**Истаклут** вид масаха (см. מסך), досл. всматривание
הסתלקות	**Исталкут** исход, выход
הסתלקותו	**Исталкуто** исход, выход (его)
הסתלקותם	**Исталкутам** исход, выход (их)
הע״ב	**аА"Б** (см. ע״ב)
הע״ס	**аЭсэр Сфирот** (сокр.) (см. ע״ס)
העבה	**аАва** эгоистичная (досл. грубая)
העביות	**аАвиют** (см. עביות)
העברה	**Аавара** перевод, переход
העברת	**Ааварат** (в словосочетании) перевод
העדר	**Ээдэр** исчезновение, отсутствие
העוביות	**аОвиют** (см. עוביות)
העובר	**аОвэр** проходящий (см. עובר)
העוה״ז	**аОлам аЗэ** место эгоизма (досл. этот мир)
העולה	**аОлэ** поднимающийся
העולם	**аОлам** (см. עולם)
העולמות	**аОламот** (см. עולמות)

העומד	**аОмэд** находящийся, стоящий (муж. род)
העומדות	**аОмдот** находящиеся стоящие (жен. род)
העומדים	**аОмдим** находящиеся, стоящие (муж. род)
העומדת	**аОмэдэт** находящаяся, стоящая (жен. род)
העור	**аОр** малхут, ограничивающая парцуф снаружи (досл. кожа)
העיבור	**аИбур** (см. עיבור)
העיכוב	**аИкув** препятствование
העינים	**аЭйнаим** (см. עינים)
העלאת	**Аалат** (в словосочетаниях) подъем
העלה	**Ээла** поднял
העליה	**аАлия** (см. עליה)
העליון	**аЭлион** (см. עליון)
העליונה	**аЭльёна** (см. עליונה)
העליונות	**аЭльонот** (см. עליונות)
העליונים	**аЭльёним** высшие
העליות	**аАлиёт** (см. עליות)
העלית	**аАлият** (в словосочетаниях) (см. עלית)
הענין	**аИньян** причина
הענינים	**аИньяним** (см. עניינים)

העסק	**аЭсэк** занятие
הערבים, בין הערבים	**аАрбаим,** **Бэйн аАрбаим** в сумерках
הערוכה לעינינו	**аАрука ЛеЭйнэйну** распростертая пред нашими глазами
העשיה	**аАсия** (см. עשיה)
העת, באותה העת	**аЭт,** **БэОта аЭт** в то время
העתיק	**аАтик** (см. עתיק)
העתקת	**Аатакат** (в словосочетаниях) перенесение (с места на место), переход (с места на место)
הפגם	**аПгам** (см. פגם)
הפה	**аПэ**(см. פה)
הפוך	**Афух** противоположный
הפוכות	**Афухот** противоположные (жен. род)
הפוכים	**Афухим** противоположные (муж. род)
הפירוד	**аПеруд** отделение, разделение (противоположность единству)
הפירוש אין הפירוש	**аПируш** объяснение, смысл **Эйн аПируш** не означает
הפכי	**Афхи** обратный, противоположный
הפכיות	**Афхиют** противоположность
הפנים	**аПаним** (см. פנים)
הפנימי	**аПними** (см. פנימי)

הפנימיות	**аПнимиют** (см. פנימיות)
הפסולה	**аПсула** непригодная к использованию
הפסק	**Эфсэк** прекращение
הפרטיות	**аПратиёт** частные
הפרסא	**аПарса** (см. פרסא)
הפרצוף	**аПарцуф** (см. פרצוף)
הפרצופים	**аПарцуфим** (см. פרצופים)
הפרצופין	**аПарцуфин** (см. פרצופין)
הפרש	**Эфрэш** разница, отличие, различие
הפתיחה	**аПтиха** (см. פתיחה)
הצדיקים	**аЦадиким** праведники
הצורה	**аЦура** (см. צורה)
הצמצום	**аЦимцум** (см. צמצום)
הצריך	**аЦарих** (см. צריך)
הצריכה	**аЦриха** (см. צריכה)
הקב"ה	**аКадош Барух У** (сокр.) имя Творца (досл. Святой Благословен Он)
הקבוע	**аКавуа** постоянный
הקבועות	**аКвуот** постоянные (жен. род)
הקבועים	**аКвуим** постоянные (муж. род)

הקביעות	**аКвиют** постоянное состояние
הקבלה	**аКабала** (см. קבלה)
הקדושה	**аКдуша** (см. קדושה)
הקדים	**Икдим** предварил
הקודם	**аКодэм** предыдущий
הקודמים	**аКодмим** предыдущие
הקודמת	**аКодэмэт** предыдущая
הקווין	**аКавин** линии
הקומה	**аКома** (см. קומה)
הקומות	**аКомот** (см. קומות)
הקומת	**аКомат** (в словосочетаниях) (см. קומת)
הקושיות	**аКошиют** твердость
הקטנות	**аКатнут** (см. קטנות)
הקיצור	**аКицур** сокращение
הקליפות	**аКлипот** (см. קליפות)
הקצה	**аКацэ** конец, край
הקרובים	**аКровим** близкие
הקשיות	**аКашиют** твердость
הר	**Ар** гора

הראוי	**аРауй** (см. ראוי)
הראוים	**аРэуим** (см. ראוים)
הראש	**аРош** (см. ראש)
הראשון	**аРишон** первый
הראשונה	**аРишона** первая
הראשונות	**аРишонот** первые (жен. род)
הראשונים	**аРишоним** первые (муж. род)
הראשים	**аРошим** множ. ч. от ראש
הרבה	**Эрба** умножил, увеличил
הרביעי	**аРэвии** четвертый
הרגילה	**аРэгила** обычная
הרגילים	**аРэгилим** обычные
הרוח	**аРуах** (см. רוח)
הרוחניות	**аРуханиют** (см. רוחניות)
הרוחניים	**аРуханиим** духовные (объекты)
הרוחנים	**аРуханим** духовные (объекты)
הרויח	**Ирвиах** заработал
הרוצה	**аРоцэ** желающий
הרחבה	**аРэхава** широкая

הרחוק	**аРахок** далекий (в превосходной степени)
הרחוקה	**аРэхока** (см. רחוקה, превосходная степень)
הרחיק	**Ирхик** удалил
הרחמים	**аРахамим** (см. רחמים)
הרי	**Арэй** вот, ведь
...הרי ש	**Арэй Шэ...** то есть
הריקים	**аРэйким** пустые
הרעב	**аРаав** голод
הרצוי	**аРацуй** желаемый
הרצון	**аРацон** (см. רצון)
הרשימו	**аРешимо** (см. רשימו)
הרשימות	**аРешимот** (см. רשימות)
הרשעים	**аРэшаим** (см. רשעים)
השבירה	**аШвира** (см. שבירה)
השגת	**Асагат** (в словосочетаниях) достижение, постижение
השואת	**Ашваат** (в словосочетаниях) сравнение, равенство по свойствам
השואתו	**Ашваато** его равенство по свойствам
השוה	**аШава** (см. שוה)
השווה	**Эшва** сделал равным
השוות	**аШавот** равные

השורק	**аШурук** (см. שורק)
השורש	**аШорэш** (см. שורש)
השיג	**Эсиг** достиг, постиг
השיגה	**Эсига** достигла, постигла
השיגו	**Эсигу** достигли, постигли
השייכים	**аШаяхим** принадлежащие
השינוי	**аШинуй** (см. שינוי)
השינויים	**аШинуим** изменения
השיעור	**аШиур** (см. שיעור)
השיתוף	**аШитуф** соучастие
השלמה	**Ашлама** дополнение, довершение
השלמות	**аШлемот** полные, целые **аШлемут** цельность, завершенность
השלמת	**Ашламат** (в словосочетаниях) дополнение, довершение
השלמתם	**Ашламатам** их дополнение, их довершение
השם	**аШэм** (см. שם)
השמות	**аШэмот** (см. שמות)
השנויים	**аШинуим** изменения
השני	**аШэни** (см. שני)
השפע	**аШэфа** (см. שפע)

השפעה	**Ашпаа** альтруизм
השקועים	**аШкуим** находящиеся под властью (досл. погруженные)
השרשים	**аШорашим** (см. שורשים)
הששי	**аШиши** шестой
השתוקקות	**Иштокэкут** сильное, глубокое желание
השתלשלות	**Ишталшэлут** развивается по причинно-следственной цепочке
השתתפות	**Иштатфут** соединение и соучастие
הת״ת	**аТифэрэт** (см. תי״ת)
התגשמות	**Итгашмут** огрубление увеличение эгоизма
התדבקותם	**Итдабкутам** их соединения
התהוות	**Итъавут** образование
התהפכות	**Итъапхут** превращение, принятие обратного значения
התוכן	**аТохэн** внутреннее содержание
התורה	**аТора** (см. תורה)
התחדשות	**Итхадшут** обновление
התחיל	**Итхиль** начал
התחלקות	**Итхалкут** деление
התחלת	**Атхалат** (в словосочетаниях) начало
התחתון	**аТахтон** (см. תחתון)

התחתונה	**аТахтона** (см. תחתונה)
התחתונות	**аТахтонот** (см. תחתונות)
התחתונים	**аТахтоним** нижние
התיקון	**аТикун** (см. תיקון)
התכללות	**Иткалэлут** проникновение свойств одного объекта в другой
התכללותו	**Иткалэлуто** включение частного в общее
התכללותם	**Иткалэлутам** проникновение свойств одного объекта в другой
התלבשות	**Итлабшут** облачение
התלבשותו	**Итлабшуто** его облачение
התנה״י	**аТаНъ"И** (см. תנה״י)
התנהי״מ	**аТаНъИ"М** (см. תנהי״מ)
התעורר	**Итъорэр** пробудился
התעוררה	**Итъорэра** пробудилась
התעוררות	**Итъорэрут** пробуждение
התעלות	**Итъалут** возвышение, подъем
התענוג	**аТаануг** наслаждение
התערבותם	**Итъарвутам** их смешивание
התפארת	**аТифэрэт** (см. תפארת)
התפשטות	**Итпаштут** распространение

התפשטותה	**Итпаштута** ее распространение
התפשטותו	**Итпаштуто** его распространение
התפשטותם	**Итпаштутам** их распространение
התקשרותו	**Иткашруто** его связь
התרחבה	**Итрахва** расширилась
התרחקות	**Итрахкут** удаление
התשובה	**аТшува** ответ

ו

ו	**Вав** шестая буква ивритского алфавита, числовое значение 6.
ו...	**Вэ...** и
ו"ה	**Вав"Эй** две последние буквы четырехбуквенного имени Творца
ו"ק	**Ва"К** (сокр.) **Вав Кцавот** шесть сфирот Зэир Анпина (досл. шесть концов)
ו"ת	**Вав Тахтонот** (сокр.) шесть нижних сфирот
וא"כ	**ВэИм Кэн** (сокр.) и если так
ואילך	**ВэИлах** и далее
ואסביר	**ВэАсбир** и я объясню
ובאות	**ВэБаот** и прибывают, и приходят
ובאמת	**ВэБэЭмэт** и на самом деле
ובהאורות	**ВэБэАОрот** и в светах
ובהלבשתו	**ВэБэАлбашато** и своим облачением
ובהפך	**ВэБэЭфэх** и наоборот
ובטל, ובטל אליו כנר בפני האבוקה	**ВэБатэль,** **ВэБатэль Элав КаНэр Бифнэй аАвука** и аннулируется перед ним, как свеча перед факелом

ו

עברית	תרגום
וביטולם	**ВэБитулам** и их аннулированием
וביטל	**ВэБитэль** и отменил
ובינתים	**ВэБинатаим** а пока
ובנקודות	**ВэБэНэкудот** и в нэкудот (см. נקודות)
ובעברה	**ВэБэАвра** и когда она проходит
ובעליות	**ВэБэАлиёт** и в подъемах
ובתוכה	**ВэБэТоха** и внутри нее
וגבורה	**ВэГвура** и Гвура (см. גבורה)
וגורמות	**ВэГормот** и факторы
וגרמוהי	**ВэГармуи** и его цель
ודאי	**Вадай** без сомнения
ודחיתו	**ВэДхията** и отталкивание
ודין	**ВэДин** и дин (см. דין)
ודרכי הנהגתן	**ВэДаркэй Анъагатан** и пути их управления
והאיכות	**ВэАЭйхут** и качество
והאירו	**ВэЭиру** и посветили
והבן	**ВэАвэн** и пойми
והגם ש...	**ВэАГам Шэ...** и несмотря на то что...
והגורם	**ВэАГорэм** и то, что является причиной

והד״ס	**ВэАДалет Сфирот** (сокр.) и 4 сфиры
וההארה	**ВэАЭара** и свечение
וההשארה	**ВэААшара** и оставление
והוציאה	**ВэОциа** и вывела, и произвела
והוריד	**ВэОрид** и спустил
והורידו	**ВэОриду** и спустили
והחזיר	**ВэЭхзир** и вернул
והחזירו	**ВэЭхзиро** и вернул его
והחיצוניות	**ВэАХэйцаниют** и внешняя часть
והחמדה	**ВэАХэмда** и удовольствие
והטבור	**ВэАТабур** и табур (см. טבור)
והטעם	**ВэАТаам** и причина
והיא	**ВэИ** и она
והיה	**ВэАя** и был
והיו	**ВэАю** и были
והיינו	**ВэАйну** то есть
והיניקה	**ВэАЕника** и еника (см. יניקה)
והיסוד	**ВэАИсод** и исод (см. יסוד)
והיצירה	**ВэАЕцира** и Ецира (см. יצירה)

והישסו"ת	**ВэАИШСУ"Т** (сокр.) и ИШСУ"Т (см. ישסו״ת)
והכח"ב	**ВэАКаХа"Б** (сокр.) и КаХа"Б (см. כח״ב)
והכלי	**ВэАКли** и кли (см. כלי)
והכלים	**ВэАКелим** и келим (см. כלים)
והכר	**ВэЭкэр** и осознание; и ощущение
והלא אמרנו	**ВэАЛо Амарну** и не говорили ли мы
והלביש	**ВэЭльбиш** и облачил
והלבישה	**ВэЭльбиша** и облачила
והלבישו	**ВэЭльбишу** и оделись на...
והלבשה	**ВэАльбаша** и облачение
והם	**ВэЭм** и они
והמ"ה	**ВэАМ"А** и М"А (см. מ״ה)
והמאציל	**ВэАМаациль** и высший (см. מאציל)
והמדרגות	**ВэАМадрегот** и ступени (см. מדרגות)
והמוחין	**ВэАМохин** и мохин (см. מוחין)
והמזווג	**ВэАМэзавэг** и производящий зивуг (см. זווג)
והמחזה	**ВэАМиХазэ** и от хазэ (и дальше) см. חזה
והמטבור	**ВэАМиТабур** и от табура (и дальше) см. טבור
והמלכות	**ВэАМалхут** и малхут (см. מלכות)

והממעלה למטה	**ВэАМиМала ЛеМата** и сверху-вниз
והמסך	**ВэАМасах** и масах (см. מסך)
והמעלה	**ВэАМаала** и поднимающая
והמקום	**ВэАМаком** и место (см. מקום)
והמשיך	**ВэЭмших** и продолжил; и протянул
והמשיכה	**ВэЭмшиха** и продолжила; и протянула
והן	**ВэЭн** и они
והן	**ВэЭн** и так же
והן אמת	**ВэЭн Эмэт** и совершенно верно
והנה	**ВэИнэ** и вот
והנה״י	**ВэАНэ"И** и НэХ"И (см. נהי״י)
והנוקבא	**ВэАНуква** и нуква (см. נוקבא)
והנך	**ВэИнха** и вот ты
והנשמה	**ВэАНэшама** и нэшама (см. נשמה)
והס״ג	**ВэАСа"Г** и Са"Г (см. ס״ג)
והסירוב	**ВэАСирув** и отказ
והסתלקותו	**ВэИсталькуто** и его исход
והע״ב	**ВэАА"Б** и А"Б (см. ע״ב)
והע״ס	**ВэАЭсэр Сфирот** и 10 сфирот (см. ע״ס)
והעביות	**ВэААвиют** и толщина (см. עביות)

והעדר	**ВэЭэдэр** и отсутствия; и исчезновения (см. העדר)
והעולמות	**ВэАОламот** и миры (см. עולמות)
והעלה	**ВэЭэла** и поднял
והעלו	**ВэЭэлу** и подняли
והעליה	**ВэААлия** и подъем
והעמדה	**ВэААмада** и поддержка
והענין הוא	**ВэАИньян У** и дело в том ...
והעשר ספירות	**ВэАЭсэр Сфирот** и десять сфирот
והעתידים להתגלות	**ВэААтидим Леитгалот** и раскроются в будущем
והעתיק	**ВэААтик** и Атик (см. עתיק)
והפכי	**ВэАфхи** и обратный; и противоположный
והפרסא	**ВэАПарса** и парса (см. פרסא)
והפרצופים	**ВэАПарцуфим** и парцуфим (см. פרצופים)
והצורך	**ВэАЦорэх** и потребность (надобность)
והקדים	**ВэЭкдим** и предупредил (своему действию)
והקומה	**ВэАКома** и высота; и величина (см. קומה)
והקטנות	**ВэАКатнут** и малое состояние (см. קטנות)
והראש	**ВэАРош** и рош (см. ראש)
והרוח	**ВэАРуах** и руах (см. רוח)

והרצון	**ВэАРацон** и желание
והרשימו	**ВэАРешимо** и решимо (см. רשימו)
והרשימות	**ВэАРешимот** и решимот (см. רשימות)
והשואת	**ВэАШваат** (в словосочетаниях) и сравнение; и подобие
והשורק	**ВэАШурук** и шурук (см. שורק)
והשורש	**ВэАШорэш** и корень (источник) (см. שורש)
והשיבו	**ВэЭшиву** и вернули
והשיג	**ВэЭсиг** и достиг; и приобрел
והשיגו	**ВэЭсигу** и достигли; и приобрели
והשינוי	**ВэАШинуй** и изменение
והשלימו	**ВэЭшлимо** и дополнил его
והשלימם	**ВэЭшлимам** и дополнил их
והשפיע	**ВэЭшпиа** и дал
והשפיעו	**ВэЭшпиу** и дали
והשפע	**ВэАШэфа** и наслаждение (см. שפע)
והשש	**ВэАШэш** и шесть
והשתוקקות	**ВэИштокэкут** и стремление, сильное желание получить (см. השתוקקות)
והתאבון	**ВэАТэавон** и аппетит
והתגין	**ВэАТагин** и тагин (см. תגין)

ו

והתחתון	**ВэАТахтон** и более низкий
והתכללות	**ВэИткалелут** и проникновение свойств (см. התכללות)
והתכללותו	**ВэИткалелуто** и его включение как частного в общее (см. התכללותו)
והתלבשות	**ВэИтлабшут** и одеяния (см. התלבשות)
והתפשטה	**ВэИтпашта** и распространилась
והתפשטות	**ВэИтпаштут** распространение
והתקרבות	**ВэИткарвут** и приближение
והתשובה היא	**ВэАТшува И** и ответ он
ו"ק	**ВэВа"К** (сокр.) и Ва"К (см. וי"ק)
ו"ת	**ВэВав Тахтонот** (сокр.) и шесть нижних
וז"א	**ВэЗэир Анпин** (сокр.) и Зэир Анпин
וז"ס	**ВэЗэ Сод** (сокр.) и это внутренний смысл
וז"ש	**ВэЗэ ШэКатув** (сокр.) и это то, что написано
וז"ת	**ВэЗа"Т,** **ВэЗаин Тахтонот** и семь нижних сфирот
וז'	**ВэЗаин** и семь
וזאת	**ВэЗот** и это
וזה	**ВэЗэ** и это
וזה ש...	**ВэЗэ Шэ...** и это то, что...
וזהו	**ВэЗэу** и это

וזו"ן	**ВэЗО"Н** (сокр.) и ЗО"Н (см. זו"ן)
וזווג	**ВэЗивуг** и зивуг (см. זווג)
וזולת זה	**ВэЗулат Зэ** и кроме этого
וזיכך	**ВэЗикэх** и утоньшил; и уменьшил степень, силу сопротивления масаха эгоизму
וזכור	**ВэЗхор** и помни
וחב"ד	**ВэХаБа"Д** (сокр.) и ХаБа"Д (см. חב"ד)
וחג"ת	**ВэХаГа"Т** (сокр.) и ХаГа"Т (см. חג"ת)
וחוזרים	**ВэХозрим** и возвращаются
וחזרה	**ВэХазра** и вернулась
וחזרו	**ВэХазру** и вернулись
וחיבר	**ВэХибэр** и присоединил
וחיברה	**ВэХибра** и присоединила
וחיברו	**ВэХибру** и присоединили
וחיה	**ВэХая** и хая (см. חיה)
וחיוהי	**ВэХаюи** его действие
וחיים	**ВэХаим** и жизненная сила
וחיצוניות	**ВэХэйцониют** и внешняя часть
וחכמה	**ВэХохма** и хохма (см. חכמה)
וחסדים	**ВэХасадим** и хасадим (см. חסדים)

א

וחסר	**ВэХасэр** и не хватает
וחסרים	**ВэХасэрим** и отсутствуют
וחצי	**ВэХэци** и половина
וחשק	**ВэХэшэк** и жажда, страсть
וטבור	**ВэТабур** и табур (см. טבור)
וטעם	**ВэТаам** и причина
וי"ב	**ВэЮд Бэт** и номер 12
ויאדיר	**ВэЯадир** и возвеличит
ויהיה	**ВэИе** и будет
ויהיו	**ВэИю** и будут
ויוצא	**ВэЁцэ** и выходит (муж. род)
ויוצאות	**ВэЁцьот** и выходят (жен. род)
ויוצאים	**ВэЁцьим** и выходят (муж. род)
ויורד	**ВэЁрэд** и спускается (муж. род)
ויורדות	**ВэЁрдот** и спускаются (жен. род)
ויורדת	**ВэЁрэдэт** и спускается (жен. род)
ויורידו	**ВэЁриду** и спустят
ויחוד	**ВэИхуд** единение
ויחידה	**ВэЕхида** ехида (см. יחידה)

ויחסר	**ВэИхсар** и будет отсутствовать
ויכולים	**ВэЯхолим** и могут
ויניקה	**ВэЕника** и еника (см. יניקה)
ויצא	**ВэЯца** и вышел, и произошел (см. יצא)
ויצאה	**ВэЯцъа** и вышла, и произошла (см. יצאה)
ויצאו	**ВэЯцъу** и вышли, и произошли (см. יצאו)
ויציאת	**ВэЕциат** (в словосочетаниях) и выход, и образование (см. יציאת)
ויקבל	**ВэИкабэль** и получит
וירד	**ВэЯрад** и спустился
וירדה	**ВэЯрда** и спустилась
וירדו	**ВэЯрду** и спустились
ויירדות	**ВэЕридот** и спуски
ויירדת	**ВэЕридат** (в словосочетаниях) и спуск
ויש	**ВэЕш** и есть
ויש	**ВэЕш** и надо
וישסו״ת	**ВэИШСУ″Т** и ИШСУ″Т (см. ישסו״ית)
וישתוה	**ВэИштавэ** и сравняется
וית׳, ית׳ וית׳	**ВэИтбарах** (сокр.) **Итбарах ВэИтбарах** да будет благословен (превосходная степень)
ויתמעט	**ВэИтмаэт** и уменьшится

וכ"ש	**ВэКмо ШэКатув** (сокр.) и как написано
וכאן	**ВэКан** и здесь
וכבר	**ВэКвар** и уже
וכדוגמת	**ВэХэДугмат** (в словосочетаниях) и как пример
וכו'	**ВэХуле** (сокр.) и так далее
וכולה	**ВэКула** и вся она
וכח	**ВэКоах** и сила
וכחות	**ВэКохот** и силы
וכיון ש...	**ВэКейван Шэ...** и потому что...
וכל	**ВэХоль** у каждый
וכל מה	**ВэХоль Ма** и все что
וכל עוד שאין	**ВэХоль Од ШэЭйн** и все время пока нет
וכלי	**ВэКли** и кли (см. כלי)
וכלים	**ВэКелим** и келим (см. כלים)
וכמו	**ВэКмо** и как
וכמו ש...	**ВэКмо Шэ...** и как
וכמו כן	**ВэКмо Кэн** и так же
וכן	**ВэКэн** и так же
וכפי	**ВэКфи** и согласно
וכש...	**ВэКшэ...** и когда

וכשבא	**ВэКшэБа** и когда приходит
וכשבאים	**ВэКшэБаим** и когда приходят
וכשהוכרה	**ВэКшэУкра** и когда осозналась, и когда ощутилась
וכשהמוחין	**ВэКшэАМохин** и когда мохин (см. מוחין)
וכשיחזור	**ВэКшэЯхзор** и когда вернется
וכשמגיעים	**ВэКшэМагиим** и когда прибывают
וכשמעלים	**ВэКшэМаалим** и когда поднимают
וכשנגדל	**ВэКшэНигдаль** и когда вырос
וכשנגדלו	**ВэКшэНигдалу** и когда выросли
וכשנזדכך	**ВэКшэНиздахэх** и когда утоньшился (см. נזדכך)
ולא	**ВэЛо** и не; и нет
ולאבידת	**ВэЛэАвидат** (в словосочетаниях) и к потери
ולבטל	**ВэЛэватель** и отменить
ולבסוף	**ВэЛеВаСоф** и в конце
ולהארת	**ВэЛеАэрат** (в словосочетаниях) и свечением
ולהוקיר	**ВэЛеокир** и ценить
ולהלביש	**ВэЛеальбиш** и облачить их
ולהעלותם	**ВэЛеалотам** и поднять их
ולהעניקם	**ВэЛеаникам** и вознаградить их

ו

ולזו״ן	**ВэЛеЗО"Н** и к ЗО"Н (см. זו״ן)
ולחבר	**ВэЛеХабэр** и присоединить
ולידתם	**ВэЛидатам** и их рождения
ולכאורה	**ВэЛехэура** но в принципе
ולכלים	**ВэЛеКелим** и на сосуды (см. כלי)
ולכן	**ВэЛахэн** и поэтому
ולמה	**ВэЛама** и почему
ולמטה	**ВэЛемата** и вниз
ולמעלה	**ВэЛемала** и выше
ולמשל	**ВэЛемашаль** и например
ולעומתו	**ВэЛеумато** и напротив
ולעליון	**ВэЛеЭлион** и высшим
ולעשות	**ВэЛаасот** и сделать
ולעתיד לבא	**ВэЛеАтид Лаво** и в грядущем будущем
ולפי	**ВэЛефи** и согласно
ולפי ש...	**ВэЛефи Шэ...** и потому что
ולפיכך	**ВэЛефиках** и поэтому, и вследствие этого
ולפרצוף	**ВэЛеПарцуф** и на парцуф (см. פרצוף)
ולשם	**ВэЛеШэм** и ради
ומ״ה	**ВэМ"А** и М"А (см. מ״ה)

ומאביד	**ВэМаавид** и аннулирует (см. מאביד)
ומאוס	**ВэМаус** и отвратителен
ומאחורים	**ВэМиАхораим** и из (с) обратной стороны (см. אחורים)
ומאחר ש...	**ВэМиАхар Шэ...** и после того как; и так как; ввиду того, что
ומאיר	**ВэМэир** и светит
ומבחי"א	**ВэМиБхина Алеф** (сокр.) и 1-я стадия (см. בחיי"א)
ומבחינות	**ВэМиБхинот** (см. בחינות)
ומבחינת	**ВэМиБхинат** (в словосочетаниях) (см. בחינת)
ומג'	**ВэМиГимэл** (сокр.) и из трех
ומגבילה	**ВэМагбила** и ограничивает
ומדחה	**ВэМадхэ** и отталкивает
ומדמיון	**ВэМидимъён** и из примера
ומדרגה ...כל מדרגה ומדרגה	**ВэМадрега,** **Коль Мадрега ВэМадрега** каждая ступень и ступень
ומה	**ВэМа** и что
ומה ש...	**ВэМа Шэ** и то что
ומהזו"ן	**ВэМиАЗО"Н** и от ЗО"Н (см. זו"ן)
ומהמלכות	**ВэМиАМалхут** и из малхут (см. מלכות)
ומהעביות	**ВэМиААвиют** и от эгоизма (см. עביות)
ומוציא	**ВэМоци** и выводит, и производит

ומוציאה	**ВэМоциъа** и выводит (наружу)
ומוציאהו	**ВэМоциэу** и выводит его (наружу)
ומוציאים	**ВэМоциим** и выводят, и производят
ומזכך	**ВэМэзакэх** и утоньшает (см. מזכך)
ומחבר	**ВэМэхабэр** и присоединяет
ומחזה	**ВэМиХазэ** и от хазе (см. חזה)
ומחזיר	**ВэМахазир** и возвращает
ומחזירו	**ВэМахзиро** и возвращает его
ומחליטה	**ВэМахлита** и определяет
ומחציתה	**ВэМиХацита** и с ее половины
ומטבור	**ВэМиТабур** и от табура (см. טבור)
ומטבורו	**ВэМиТабуро** и от его табура (см. טבור)
ומטעם זה	**ВэМиТаам Зэ** и по этой причине
ומיחד	**ВэМэяхэд** и объединяет
ומילא	**ВэМила** и наполнил
ומיעוטו	**ВэМиуто** и незначительная его часть
ומיתה	**ВэМита** и смерть
ומכאן	**ВэМиКан** и из этого
ומכונות	**ВэМэхунот** и называются

ומכח זה	**ВэМиКоах Зэ** и по этой причине
ומכים	**ВэМаким** и бьют
ומכשרתו	**ВэМахшерто** и делает его пригодным
ומלביש	**ВэМальбиш** и облачает, и одевается (муж. род)
ומלבישים	**ВэМальбишим** и облачаются (муж. род)
ומלבשת	**ВэМальбэшет** и облачается (жен. род)
ומלכות	**ВэМалхут** и малхут (см. מלכות)
וממלא	**ВэМэмале** и наполняет
וממקום החזה	**ВэМиМаком аХазэ** и от места хазэ (см. חזה)
וממש	**ВэМамаш** и в самом деле
וממשיכה	**ВэМамшиха** и продолжает, и притягивает (жен. род)
וממשיכים	**ВэМамшихим** и притягивают (муж. род)
ומנענעים	**ВэМэнаанэим** и заставляют их двигаться (изменяться)
ומנקבי	**УМиНиквэй** (в словосочетании) и от никвей (см. נקבי)
ומנשמה	**ВэМиНэшама** и от нешама (см. נשמה)
ומסובב, סבה ומסובב	**ВэМэсував,** **Сиба ВэМэсував** причина и следствие
ומסיימת	**ВэМэсаемет** и завершает
ומסך	**ВэМасах** и экран (см. מסך)
ומספיק	**ВэМаспик** и достаточен

ומסתיים	**ВэМистаем** и заканчивается
ומסתיימים	**ВэМистаймим** и заканчиваются
ומעולם	**ВэМиОлам** и от мира
ומעכב	**ВэМэакэв** и задерживает, не дает завершить действие
ומעלה	**ВэМаале** и поднимает
ומעלהו	**ВэМаалеу** и поднимает его
ומעלים	**ВэМаалим** и поднимают
ומעמיד	**ВэМаамид** и поддерживает
ומצב	**ВэМацав** и состояние
ומצוות	**ВэМицвот** и заповеди
ומצות	**ВэМицвот** и заповеди
ומקבל	**ВэМэкабэль** и получает (муж. род)
ומקבלות	**ВэМэкаблот** и получают (жен. род)
ומקבלים	**ВэМэкаблим** и получают (муж. род)
ומקום	**ВэМаком** и место
ומקומם	**ВэМэкомам** и их место
ומקיימים	**ВэМэкаймим** и осуществляют
ומקלקלים	**ВэМэкалькэлим** и портят
ומקריהן	**ВэМикрэйэн** и их разновидности

ומרחיק	**ВэМархик** и отдаляет
ומשגת	**ВэМасэгэт** и достигает, и получает
ומשווה	**ВэМашвэ** и уподобляет
ומשום	**ВэМишум** и из-за
ומשום זה	**ВэМишум Зэ** и из-за этого
...ומשום ש	**ВэМишум Шэ...** и потому что...
ומשיב	**ВэМэшив** и возвращает
ומשיגים	**ВэМэсигим** и достигают, и постигают
ומשם	**ВэМишам** и оттуда
ומשפיע	**ВэМашпиа** и альтруистическая сила
ומשפעת	**ВэМашпат** и дает
ומשתלשלים	**ВэМиштальшэлим** и развиваются по причинно-следственной цепочке
ומת	**ВэМэт** и умер
ומתגדל	**ВэМитгадэль** и растет, и увеличивается
ומתו	**ВаМэту** и умерли
ומתוך	**УМиТох** и по причине
ומתוך זה	**УМиТох Зэ** и исходя из этого
...ומתוך ש	**УМиТох Шэ...** и из того что...
ומתחברות	**ВэМитхаброт** и соединяются (жен. род)
ומתחברים	**ВэМитхабрим** и присоединяются

ומתחדשים	**ВэМитхадшим** и обновляются
ומתלבש	**ВэМитлабэш** и облачается (в него)
ומתפשטת	**ВэМитпашэтэт** и распространяется
ומתרבים	**ВэМитрабим** и множатся
ומתרחקות	**ВэМитрахкот** и удаляются (жен. род)
ומתרחקת	**ВэМитрахэкэт** и удаляется (жен. род)
ונ״ע	**ВэНиквэй Эйнаим** (сокр.) и никвей эйнаим (досл. дырки глаз)
ונאצל	**ВэНээцаль** и создан
ונבאר	**ВэНиваэр** и выясним
ונבארם	**ВэНиваэрам** и выясним их
ונבדל	**ВэНивдаль** и отличный, и различный
ונבחן	**ВэНивхан** и различается
ונבחנת	**ВэНивхэнэт** и различается
ונגמר	**ВэНигмар** и закончился
ונגנזה	**ВэНигнэза** и скрылась
ונה״י	**ВэНЭ"И** (сокр.) и НэХ"И (см. נה״י)
ונהי״ם	**ВэНЭИ"М** (сокр.) и НэХИ"М (см. נהי״ם)
ונהי״מ	**ВэНЭИ"М** (скор.) и НэХИ"М (см. נהי״ם)
ונודע	**ВэНода** и известно

Hebrew	Transliteration / Translation
ונוסף עליו	**ВэНосаф Алав** и добавилось к нему
ונוסף ע"ז	**ВэНосаф Аль Зэ** (сокр.) и вдобавок к этому
ונוקבא	**ВэНуква** и нуква (см. נוקבא)
ונזדווג	**ВэНиздавэг** и произошел с ним зивуг (см. נזדווג)
ונזדווגו	**ВэНиздавгу** и произошел с ними зивуг (см. נזדווג)
ונזדככה	**ВэНиздахэха** и утоньшилась под действием чего-либо (см. נזדכך)
ונחזור	**ВэНахзор** и вернемся
ונחשבות	**ВэНихшэвот** и считаются
ונחת רוח	**ВэНахат Руах** и удовольствие
ונחתם	**ВэНихтам** и отпечаток
חותם ונחתם	**Хотэм ВэНихтам** печать и отпечток
וניכר	**ВэНикар** и различается, и ощущается
ונימוקיהם	**ВэНимукэйэм** и их объяснения
ונכלל	**ВэНихлаль** и включился как частное в общее (см. נכלל)
ונמצא	**ВэНимца** и находится, и оказывается (муж. род)
ונמצאה	**ВэНимцэа** и нашлась, и оказалась (жен. род)
ונמצאו	**ВэНимцэу** и оказались
ונמצאות	**ВэНимцаот** и находятся, и оказываются (жен. род)
ונמצאים	**ВэНимцаим** и находятся, и оказываются (муж. род)
ונמצאת	**ВэНимцэт** и находится, и оказывается (жен. род)

ונסתלק	**ВэНисталек** и изошли
ונסתלקה	**ВэНисталка** и изошла
ונעשה	**ВэНааса** и стал, и произошел
ונעשו	**ВэНаасу** и стали
ונעשים	**ВэНаасим** и становятся (муж. род)
ונעשית	**ВэНаасит** и становится (жен. род)
ונעשת	**ВэНаасет** и становится (жен. род)
ונפילתם	**ВэНафилатам** и их падения
ונפלו	**ВэНафлу** и упали
ונפסק	**ВэНифсак** и прекратился
ונפש	**ВэНэфэш** и нэфэш (см. נפש)
ונקבה	**ВэНэкева** и некева (см. נקבה)
ונקבי עינים	**ВэНиквей Эйнаим** и никвей эйнаим (см. נ״ע)
ונקודה	**ВэНэкуда** и точка
ונקודות	**ВэНэкудот** и некудот (см. נקודות)
ונקרא	**ВэНикра** и называется (муж. род)
ונקראות	**ВэНикраот** и называются (жен. род)
ונקראים	**ВэНикраим** и называются (муж. род)
ונקראת	**ВэНикрэт** и называется (жен. род)

ונשאר	**ВэНишъар** и остался
ונשארו	**ВэНишъару** и остались
ונשבר	**ВэНишбар** и разбился
ונשברו	**ВэНишбэру** и разбились
ונשלם	**ВэНишлам** и дополнился, и завершился (см. נשלם)
ונשלמו	**ВэНишлему** и дополнились, и завершились (см. נשלמו)
ונשלמים	**ВэНишламим** и дополняются (см. נשלמים)
ונשמה	**ВэНэшама** и нэшама (см. נשמה)
ונשנה	**ВэНишна** и повторился
ונשתוה	**ВэНиштава** и уподобился
ונשתתפו	**ВэНиштатфу** и объединились
ונתבאר	**ВэНитбаэр** и прояснилось
ונתבטלה	**ВэНитбатла** и аннулировалась
ונתבטלו	**ВэНитбатлу** и аннулировались
ונתגדלו	**ВэНитгадлу** и выросли, и увеличились
ונתוספו	**ВэНитосфу** и добавились
ונתחברה	**ВэНитхабра** и соединилась
ונתחברו	**ВэНитхабру** и соединились
ונתחדשו	**ВэНитхадшу** и обновились

ונתלבש	**ВэНитлабэш** и облачился
ונתלבשו	**ВэНитлабшу** и облачились
ונתעלו	**ВэНитъалу** и поднялись
ונתערבה	**ВэНитарва** и смешалась
ונתערבו	**ВэНитарву** и смешались
ונתפרדה	**ВэНитпарда** и отделилась
ונתפשט	**ВэНитпашет** и распространился
ונתפשטו	**ВэНитпашту** и распространились
ונתקיימו	**ВэНиткайму** и продолжают действовать
ונתקן	**ВэНиткан** и был исправлен, и был установлен
ונתקנו	**ВэНиткену** и были исправлены, и были установлены
ונתרוקנו	**ВэНитрокну** и опустошились
וס"ג	**ВэСа"Г** и Са"Г (см. ס״ג)
וסדר	**ВэСэдэр** и порядок
וסוד	**ВэСод** и внутренний смысл
וסוף	**ВэСоф** и соф (см. סוף)
וסיום	**ВэСиюм** и окончание (см. סיום)
וסיימה	**ВэСиема** и завершила
וספירה, לכל ספירה וספירה	**ВэСфира,** **ЛеКоль Сфира ВэСфира** каждую сфиру и сфиру (см. ספירה)

ׇ

וספירת	**ВэСфират** в (словосочетаниях) и сфира (см. ספירת)
וע"ב	**ВэА"Б** и А"Б (см. ע"ב)
וע"ד ש...	**ВэАль Дэрэх Шэ...** (сокр.) и по примеру того как...
וע"י	**ВэАль Ядэй** (сокр.) и посредством, и благодаря
וע"כ	**ВэАль Кен** (сокр.) и поэтому
וע"ס	**ВэЭсэр Сфирот** (сокр.) и 10 сфирот (см. ע"ס)
ועביות	**ВэАвиют** и авиют (см. עביות)
ועד"ז	**ВэАль Дэрэх Зэ** (сокр.) и таким же образом, и поэтому примеру
ועולים	**ВэОлим** и поднимаются
ועולם	**ВэОлам** и мир
כל עולם ועולם	**Коль Олам ВэОлам** каждый мир и мир
ועור	**ВэОр** название сферы малхут при пересчете сфирот изнутри наружу (досл. и кожа)
ועושה	**ВэОс** э и делает
ועי"ז	**ВэАль Ядэй Зэ** (сокр.) и благодаря этому, и посредством этого
ועיין	**ВэАен** и вникни
ועינים, גלגלתא ועינים	**ВэЭйнаим,** **Гальгальта ВэЭйнаим** (см. גלגלתא ועינים)
ועכ"ז	**Вэ Им Коль Зот** и несмотря на все это
ועכבה	**ВэАква** и задержала
ועכירות	**ВэАхирут** и нечистота

220

ועל פי זה	**ВэАль Пи Зэ** и исходя из этого
ועל כן	**ВэАль Кен** и поэтому
ועל דרך זה	**ВэАль Дэрэх Зэ** и таким же образом
ועלה	**ВэАла** и поднялся
ועלו	**ВэАлу** и поднялись
ועליהם	**ВэАлэйэм** и на них
ועליו	**ВэАлав** и его
ועליות	**ВэАлиёт** и подъемы
ועלית	**ВэАлият** (в словосочетаниях) и подъем
ועליתו	**ВэАлиято** и его подъем
ועלתה	**ВэАльта** и поднялась
ועם	**ВэИм** и с ...
ועם זה תבין	**ВэИм Зэ Тавин** и из этого поймешь
ועמדו	**ВэАмду** и стояли, и находились
ועמידת	**ВэАмидат** (в словосочетаниях) и расположение
ועמידתם	**ВэАмидатам** и их расположение
וענין	**ВэИнъян** и понятие, и вопрос
ועשיה	**ВэАсия** и мир Асия (см. עשיה)
ועתה	**ВэАта** и сейчас
ועתיק	**ВэАтик** и парцуф Атик (см. עתיק)

ופה	**ВэПэ** и пэ (см. פה)
ופירושו	**ВэПирушо** и объяснение
ופרט	**ВэПрат** и частное
ופרצוף	**ВэПарцуф** и парцуф (см. פרצוף)
וצריך	**ВэЦарих** и надо
וצריכים	**ВэЦрихим** и должны
וקבל	**ВэКибэль** и получил
וקבלה	**ВэКибла** и получила
וקבלו	**ВэКиблу** и получили
וקבעה	**ВэКавъа** и установила
וקו	**ВэКав** и линия
וקומה	**ВэКома** и величина, и высота (см. קומה)
וקומות	**ВэКомот** и величины, и высоты (см. קומות)
וקומת	**ВэКомат** (в словосочетаниях) и величина, и высота (см. קומת)
וקרבת	**ВэКирват** (в словосочетаниях) и близость
וקשורים	**ВэКшурим** и связаны
וקשיות	**ВэКашиют** мера твердости
וראה	**ВэРаа** и увидел
וראש	**ВэРош** и рош (см. ראש)
וראשית	**ВэРешит** и начало

ו

ורוצה	**ВэРоцэ** и желает
וריקן	**ВэРэйкан** и пустой
ורק	**ВэРак** и только
ורשימו	**ВэРешимо** и решимо (см. רשימו)
ורשימותיו	**ВэРешимотав** и его решимот (см. רשימות)
ושאר	**ВэШаар** и остальные
ושבירה	**ВэШвира** и разбиение
ושברת	**ВэШвират** (в словосочетаниях) и разбиение
ושורש	**ВэШорэш** и корень, и источник (см. שורש)
ושורשם	**ВэШоршам** и их корень, и их источник (см. שורש)
ושים כאן עיניך	**ВэСим Кан Эйнеха** и обрати здесь свое внимание
ושינוי	**ВэШинуй** и изменение
ושיעור	**ВэШиур** и размера
ושיתף	**ВэШитэф** и объединил для совместного действия
ושל כל	**ВэШэль Коль** и каждого (см. של)
ושליטה	**ВэШлита** и власть
ושליש	**ВэШлиш** и треть
ושם	**ВэШам** и там
ושמאל	**ВэСмоль** и лево (см. שמאל)
ושמו	**ВэШмо** и имя его

ושמור	**ВэШмор** и храни
ושמים	**ВэШамаим** и небо
ושמשו	**ВэШимшу** и действовали
ושנן	**ВэШанэн** и повтори
ושפל	**ВэШафэль** и низменный
ושרשם	**ВэШоршам** и их корень
ושתפה	**ВэШитфа** и объединил ее для совместного действия
ות״ת	**ВэТифэрэт** и тифэрэт (см. ת״ית)
ותאבון	**ВэТэавон** и аппетит
ותבין	**ВэТавин** и поймешь это
ותדע	**ВэТэда** и знай
ותוכל	**ВэТухаль** и сможешь
ותולדה	**ВэТолада** и следствие, и порождение (см. תולדה)
ותוקפו	**ВэТокфо** и силы, и агрессивности
ותזכור	**ВэТизкор** и помни это
ותחילה	**ВэТхила** и вначале
ותכלית	**ВэТахлит** и окончания, и цель
ותמורתו	**ВэТмурато** и вместо него
ותמצא	**ВэТимца** и найдешь
ותראה	**ВэТирэ** и увидишь

ז	**Заин** седьмая буква ивритского алфавита, числовое значение 7
ז"א	**Зэир Анпин** (сокр.) зэир анпин
ז"ל	**ЗаЛь,** **Зихронам ЛеВраха** (сокр.) благословенна их память
ז"ס	**Заин Сфирот** (сокр.) семь сфирот
ז"ת	**Заин Тахтонот** (сокр.) семь нижних сфирот
זא"ז	**Зэ Ахарэй Зэ** (сокр.) один за другим
זאת	**Зот** эта
זב"ז	**Зэ БаЗэ** (сокр.) один в другой
זה	**Зэ** это, этот
זו	**Зу** эта
זו"ן	**ЗО"Н** (сокр.) зэир анпин и нуква
זוגיה, בת זוגיה	**Зугэ,** **Бат Зугэ** (арамейский) пара (женское свойство, дополняющее мужское)
זווג	**Зивуг** зивуг (соединение, единение)
זווגו	**Зивуго** его зивуг (см. זווג)

זוווגים	**Зивугим** зивуг множ. ч. (см. זווג)
זולת	**Зулат** только как, кроме как
זולתם	**Зулатам** кроме них
זיכוכו	**Зикухо** процесс утоньшения (его), уменьшение степени эгоизма
זך	**Зах** тонкий, с малой степенью эгоизма
זכה	**Зака** тонкая, с малой степенью эгоизма
זכות	**Закут** тонкость (качество), малая степень эгоизма
זכותה	**Закута** тонкость (качество, её), малая степень эгоизма
זכר	**Захар** захар (досл. мужское свойство)
זמן	**Зман** состояние (досл. время)

ח

ח	**Хэт** восьмая буква ивритского алфавита, числовое значение 8.
ח״ו	**Хас ВэШалом** (сокр.) не дай Бог
חבירו	**Хавэро** друг, товарищ (его)
חברו	**Хавэро** друг, товарищ (его)
חג״ת	**ХаГа"Т** (сокр.) хесед, гвура, тиферет (сфирот)
חד	**Хад** (арамейский) один
חדש	**Хадаш** новый
חדשה	**Хадаша** новая
חדשות	**Хадашот** новые (жен. род)
חדשים	**Хадашим** новые (муж. род)
חו״ב	**Ху"Б,** **Хохма ВэБина** (сокр.) хохма и бина (сфирот)
חוזר	**Хозэр** возвращается
אור חוזר	**Ор Хозэр** возвращенный свет
חוזרות	**Хозрот** возвращаются (жен. род)

חוזרים	**Хозрим** возвращаются (муж. род)
חוזרת	**Хозэрэт** возвращается (жен. род)
חוטם	**Хотэм** стадия 3, тифэрэт в голове парцуфа (досл. нос)
חולם	**Холам** свет, приходящий сверху (буквально вид огласовки)
חומר	**Хомэр** вещество, материал
חופפים	**Хофэфим** парят
חוץ	**Хуц** кроме
חוק	**Хок** закон
חושבים	**Хошвим** считаем
חושקת	**Хошэкэт** желает
חותם	**Хотам** печать
חז"ל	**ХаЗа"Ль** (сокр.) **Хахамэйну Зихронам ЛеВраха** наши мудрецы, благословенна их память
חזה	**Хазэ** граница между альтруистическими и получающими желаниями тела парцуфа (досл. грудь)
חזר	**Хазар** вернулся
חזרה	**Хазра** вернулась
חזרו	**Хазру** вернулись
חטאו	**Хэтьо** нарушение запрета (его)
חיבורם	**Хибурам** соединения
חיבר	**Хибэр** присоединил

ח

חידוש	**Хидуш** появление нового, того, чего не было раньше
חיה	**Хая** хая (свет хохма)
חיותו	**Хаюто** жизнеспособность (его)
חייהם	**Хаэйэм** их жизнь
חילוק	**Хилук** деление, различие
חילוקים	**Хилуким** деления, различия
חירק	**Хирек** свет проходящий под парса (буквально вид огласовки)
חכמה	**Хохма** хохма (сфира, вид света)
חלוקות	**Халукот** деления, виды
חלל	**Халаль** пространство
חלק	**Хэлек** часть
חמישי	**Хамиши** пятый
חמשית	**Хамишит** пятая
חנניא	**Ханания** имя мудреца
חנר"נ	**Хохма, Нешама, Руах, Нефеш** (сокр.) четыре света
חסד	**Хэсэд** хесед (сфира) **Хэсэд** вид света **Хэсэд** альтруистическое действие
חסדים	**Хасадим** вид света
חסר	**Хасэр** отсутствует, не хватает (муж. род)

חסרה	**Хасэра** отсутствует, нехватает (муж. род)
חסרי	**Хасрэй** (в словосочетаниях) отсутствует у них, не хватает им
חסרים	**Хасэрим** отсутствуют, не хватает им
חפץ	**Хафэц** желает
חצאים	**Хацаим** половины
חצי	**Хаци** половина
חציו	**Хацъё** его половина
חצים	**Хацъям** половины

ט

ט	**Тэт** девятая буква еврейского алфавита, числовое значение 9
ט״ו	**Тэт Вав** гематрия 15
טבור	**Табур** граница между принимающей (тох) и отталкивающей (сиюм) частями парцуфа (досл. пуп)
טבורו	**Табуро** его табур (см. טבור)
טבע	**Тэва** природа
טבעו	**Тивъо** его природа
טו	**Тэт Вав** гематрия 15
טובה	**Това** добро, приятная вещь
טובים	**Товим** хорошие
טובתו	**Товато** его доброту
טז	**Тэт Заин** гематрия 16
טיהר	**Тиэр** очистил
טנת״א	**ТаНТ"А** (сокр.) таамим, некудот, тагин, отъёт
טעם	**Таам** причина
טעמים	**Таамим** первая стадия в распространении парцуфа (досл. вкус)

231

׳

י	**Юд** Йуд десятая буква еврейского алфавита, числовое значение 10
י״א יא	**Юд Алеф** гиматрия 11
י״ד	**Юд Далет** гиматрия 14
י״ה	**Юд Эй** две первые буквы четырехбуквенного имени Творца (альтруистические желния)
י״ח	**Юд Хэт** гиматрия 18
יארע	**Иръа** случится
יב	**Юд Бэт** гиматрия 12
יבא	**Яво** достиг
יג	**Юд Гимэл** гиматрия 13
יגדיל	**Ягдиль** увеличит
יגיעו	**Ягиу** достигают
יד	**Юд Далет** гиматрия 14
ידה	**Яда** её рука
על ידה	**Аль Яда** с её помощью

ידו	**Ядо** его рука
על ידו	**Аль Ядо** с его помощью
ידי,	**Ядэй** **Аль Ядэй** с помощью
על ידי	
ידיהם,	**Ядэйэм** **Аль Ядэйэм** с их помощью
על ידיהם	
ידיהן,	**Аль Ядэйэн** **Аль Ядэйэн** с их помощью
על ידיהן	
ידם,	**Ядам** **Аль Ядам** с их помощью
על ידם	
ידעת	**Ядата** ты знаешь
יהיה	**Ие** будет
יהפך	**Еафэх** перевернет, обратит
יו״ד	**Юд** гиматрия 10
יוחזרו	**Юхзэру** будут возвращены
יוכל	**Юхаль** сможет
יוכלו	**Юхлу** смогут
יוצא	**Ёцэ** выходит, происходит, проявляется
יוצאות	**Ёцот** выходят, происходят, проявляются (жен. род)
יוצאים	**Ёцим** выходят, происходят, проявляются (муж. род)
יוצאת	**Ёцэт** выходит, происходит, проявляется
יורד	**Ёрэд** спускается

יורדות	**Ёрдот** спускаются (жен. род)
יורדים	**Ёрдим** спускаются (муж. род)
יורדת	**Ёрэдэт** спускается (жен. род)
יורה	**Ёрэ** указывает
יותר	**Ётэр** более
יז	**Юд Заин** гематрия 17
יח	**Юд Хэт** гематрия 18
יחד	**Яхад** вместе
יחדיו	**Яхдав** вместе
יחודיה	**Ехудэ** (арамейский) единство
יחידה	**Ехида** свет (кэтэр)
יחסר	**Ихсар** будет отсутствовать, будет не хватать
יחסרו	**Ихсэру** будут отсутствовать, будет не хватать (их)
יט	**Юд Тэт** гематрия 19
יכול	**Яхоль** может (муж. род)
יכולה	**Яхола** может (жен. род)
יכולים	**Яхолим** могут (множ. ч., муж. род)
יכלה	**Яхла** могла
יכלו	**Яхлу** могли
ילך ויתמעט	**Илех ВэИтмаэт** начнет и будет продолжать уменьшатся

ימין	**Ямин** право (сторона), правые свойства
יניקה	**Еника** состояние вскармливания (первая стадия)
יסוד	**Исод** Есод (сфира)
יסודות	**Исодот** основы, сфира Есод (множ. число)
יסרב	**Есарэв** откажется
יצא	**Яца** вышел, отделился, произошел
יצאה	**Яцъа** вышла, отделилась, произошла
יצאו	**Яцъу** вышли, отделились, произошли
יציאת	**Ециат** (в словосочетаниях) выход, отделение, происхождение
יציאתו	**Ециато** выход, отделение, происхождение, раскрытие (его)
יציאתם	**Ециатам** выход, отделение, происхождение, раскрытие (их) муж. род.
יציאתן	**Ециатан** выход, отделение, происхождение, раскрытие (их) жен. род.
יצירה	**Ецира** мир Ецира
בספר יצירה	**БаСэфэр Ецира** в Книге Ецира
יקבל	**Икабэль** получит
יקבלו	**Икаблу** получат
יקשה	**Икшэ** затруднит (понимание)
ולא יקשה לך	**ВэЛо Икшэ Лэха** и не затруднит тебя
ירד	**Ярад** спустился
ירדה	**Ярда** спустилась

ירדו	**Ярду** спустились
ירידות	**Еридот** спуск
ירידת	**Еридат** (в словосочетаниях) спуск
ירידתו	**Еридато** спуск (его)
יש	**Еш** сущность; есть, существует
יש ל...	**Еш Ле...** следует
ישארו	**Ишъару** останутся
ישסו"ת	**ИШСУ"Т** (сокр.) **Исраэль Саба ВэТвуна** (сокр.) парцуф мира Ацилут
ישראל	**Исраэль** досл. народ Израиля
ישרה	**Яшара** прямая
ית'	**Итбарах** (сокр.) благословен
יתבררו	**Итбарэру** прояснятся, выяснятся
יתגלה	**Итгале** раскроется
יתחברו	**Итхабру** присоединятся
יתלבש	**Итлабэш** оденется, облачится
יתפשט	**Итпашет** распространится
יתפששטו	**Итпашту** распространятся
יתקיים	**Иткаем** сможет существовать
יתר	**Етэр** остальные

כ

כ	**Каф** одиннадцатая буква ивритского алфавита, числовое значение **Кэ...** слитная частица, перед именем означает: 1) как, подобно (сравнение); 2) около, приблизительно; 3) в качестве
כא	**Каф Алеф** гематрия 21
כ״ב כב	**Каф Бэт** гематрия 22
כ״ג כג	**Каф Гимэл** гематрия 23
כ״ד כד	**Каф Далет** гематрия 24
כ״ה כה	**Каф Эй** гематрия 25
כ״ו כו	**Каф Вав** гематрия 26
כ״ז	**Каф Заин** гематрия 27
כ״ט כט	**Каф Тэт** гематрия 29
כאחד	**КэЭхад** как один
כאלו	**КэИлу** как будто
כאן	**Кан** тут, здесь, в этом месте
כבהמות	**КэБээмот** подобны животным

כבוד	**Кавод** честь
כבחינה, מיחדהו כבחינה אחת עמו	**КэБхина** **Мэяхдэу КэБхина Ахат Имо** объединяет одного с другим как одну категорию
כבחינת	**КэБхинат** (в словосочетаниях) точно как категория
כבן	**КэБэн** как следствие, порождение (досл. как сын)
כבעולם	**КэБэОлам** как в мире
כבצמצום א'	**КэБэЦимцум Алеф** как в состоянии первого сокращения
כבר	**Квар** уже
כבתחילה	**КэБэТхила** как изначально
כגופו	**КэГуфо** как его тело
כדי	**Кдэй** для того чтобы
כדרך	**КэДэрэх** подобно
כדרכו	**КэДарко** исходя из его природы
כולה	**Кула** вся (она)
כולו	**Куло** весь (он), во всем, полностью
כולל	**Колель** включает (в себя)
כוללות	**Колелот** включают (в себя) жен. род
כוללים	**Колелим** общие
כוללת	**Колелет** включает (в себя) жен. род
כולם	**Кулам** все (муж. род)

כולן	**Кулан** всех (жен. род) **Кулан** все (жен. род)
כח	**Коах** мощь, сила **Коах** потенциал **Каф Хэт** гематрия 28
כח״ב	**КаХа"Б** кетер, хохма, бина (сфирот)
כחב״ד	**КаХБа"Д** (сокр.) кетер, хохма, бина, даат (сфирот)
כחות	**Кохот** силы
כטבע	**КэТэва** подобно природе
כי	**Ки** что **Ки** так как, потому что, ввиду того что **Ки** в то время как
כיון ש...	**Кэйван шэ...** так как, ввиду того, что
כינויים	**Кинуим** прозвища, наименования множ. число
כך	**Ках** так, таким образом
אחר כך	**Ахар Ках** затем, после этого
מתוך כך	**МиТох Ках** из-за этого
כל	**Коль** весь, всё, вся, все
כל	**Коль** каждый, всякий
כל עוד	**Коль Од** все время пока
כל אחד	**Коль Эхад** каждый
כלהו	**Кульу** (арамейский) весь (он)

כלול	**Калуль** включен, содержится
כלול ב...	**Калуль Бэ...** содержится (состоящий) в...
כלול מ...	**Калуль Ми...** состоящий из.., содержащий в себе
כלולה	**Клула** включена, содержится
כלולה מ...	**Клула Ми...** состоящая из.., содержащая (в себе)
כלולים	**Клулим** включены, содержатся
כלולים מ...	**Клулим Ми...,** содержащие (в себе)
כלום	**Клум** ничего
אין כלום	**Эйн Клум** ничего нет
אין... ולא כלום	**Эйн... ВэЛо Клум** ничего (такого) нет
כלומר	**Кломар** это значит; то есть
כלי	**Кли** желание (досл. сосуд) **Клей** (в словосочетаниях) множ. число, желания (досл. сосуды)
כלים	**Келим** множ. число, желания (досл. сосуды)
כלל	**Клаль** 1) вообще; 2) правило, общее правило, обобщение; 3) общее.
בדרך כלל	**БэДэрэх Клаль** в общем, как правило
כללות	**Клалут** совокупность
כללותו	**Клалуто** (его) совокупность
כלפי	**Клапэй** по отношению; по направлению
כמ"ש	**КаМа"Ш** (сокр.) **Кмо ШэКатув** как написано

כמבואר	**КэМэвуар** как выяснено
כמו	**Кмо** как
כמו כן	**Кмо Хэн** точно так, так же
כמוהו	**Камоу** как он
כמוהם	**Камоэм** как они
כמות	**Камут** количество
כמותו	**Кмото** как он, подобно ему
כמטרם	**КэМиТэрэм** как перед
כמעט ש...	**Кимъат Шэ...** почти что...
כמקודם לכן	**КэМиКодэмЛахэн** как прежде
כן	**Кэн** так
על כן	**Аль Кэн** поэтому
כמו כן	**Кмо Хэн** точно так, так же
כנ"ל	**КаНа"Ль** (сокр.) **Кмо ШэНээмар Лэалан** как сказано выше
כנגד	**КэНэгед** соответственно, соответствует
כנוהג	**КэНоэг** как происходит
כניסתם	**Книсатам** их вход (муж. род)
כנר	**КэНэр** подобно свече
כנר מפני האבוקה	**КэНэр Мипнэй ААвука** подобно свече перед пламенем
כעודם	**КэОдам** как еще

כעין	**КэАйн** подобно
כענף	**КэАнаф** как ветвь
כפולה	**Кфула** удвоенная
כפי	**Кфи** как, соответственно, сообразно
כפילת	**Кфилат** (в словосочетаниях) удвоение
כפרצוף	**КэПарцуф** как парцуф
כראוי	**КэРауй** как следует, как полагается
כרוכים	**Крухим** связанные, сплетенные
כרחוק	**КэРахок** как удален
כשבאו	**КэШэБау** когда пришли
כשבאים	**КэШэБаим** когда приходят
כשהאור	**КШэАОр** когда свет
כשהאירו	**КШэЭиру** когда посветили
כשהביטוש	**КШэАБитуш** когда соударение (битуш)
כשהם	**КШэЭм** когда они
כשהמלכות	**КШэАМалхут** когда малхут
כשהמסך	**КШэАМасах** когда масах
כשהנשמה	**КШэАНэшама** когда душа
כשהתחילו	**КШэИтхилу** когда начали

כ

כשחברו	**КШэХавэро** когда его друг
כשמזדכך	**КШэМиздакэх** когда утоньшается (с одной степени жесткости на другую)
כשמעלים מ״ן	**КШэМаалим Ма"Н** когда поднимают Ма"Н (просьба к Высшему)
כשמתפשטים	**КШэМитпаштим** когда распространяются
כשנגדל	**КШэНигдаль** когда вырос
כשנזדכך	**КШэНиздакэх** утоньшился
כשנזדכך מסך	**КШэНиздакэх Масах** когда утоньшился экран
כשנתפשט	**КШэНитпашет** когда распространился
כתר	**Кэтэр** 1-я сфира из десяти сфирот

243

ל

ל	**Ламэд** двенадцатая буква ивритского алфавита, числовое значение 30
-ל	**Лэ...** приставка обозначающая: 1) направление движения; 2) определенность во времени; 3) предназначение, цель; 4) принадлежность
ל"א	**Ламэд Алеф** гематрия 31
ל"ב	**Ламэд Бэт** гематрия 32
לג	**Ламэд Гимэл** гематрия 33
לד	**Ламэд Далет** гематрия 34
ל"ה	**Ламэд Эй** гематрия 35
לא	**Ло** не, нет **Ламэд Алеф** гематрия 31
לא"א	**ЛеАрих Анпин** (сокр.) на Арих Анпин, как Арих Анпин (см. א"א)
לא"ק	**ЛеАдам Кадмон** (сокр.) к А"К (см. א"ק)
לאדם	**ЛеАдам** у Адама (см. אדם)
לאו"א	**ЛеАба ВэИма** (сокр.) к Аба ВэИма, для Аба ВэИма, на Аба ВэИма, как Аба ВэИма (см. או"א)
לאו"מ	**ЛеОр Макиф** (сокр.) как (в качестве) Ор Макиф (см. או"מ)

ל

בין או"פ לאו"מ	**Бэйн Ор Пними ЛеОр Макиф** между Ор Пними (см. אוייפ) и Ор Макиф (см. אוי״מ)
לאו"פ	**ЛеОр Пними** (сокр.) для Ор Пними, как Ор Пними (см. אוייפ)
לאור	**ЛеОр** к свету, как свет, на свет, для света, в свете (см. אור)
לאורות	**ЛеОрот** к светам
מכנים לאורות	**Мэханим ЛеОрот** даем названия светам
שבין אורות לכלים	**ШэБэйн Келим ЛеОрот** который между сосудами и светами (см. אורות)
לאותיות	**ЛеОтиёт** к буквам
שממעל לאותיות	**ШэМималь ЛэОтиёт** который над буквами
לאותם	**ЛеОтам** те
לאחד	**ЛеЭхад** к одному
לאחור	**ЛеАхор** обратно, назад
לאחוריו	**ЛеАхорав** обратно по отношению к нему, назад по отношению к нему
לאחר	**ЛеАхар** после
לאחר ש...	**ЛеАхар Ше...** после того как...
לאחת	**ЛеАхат** в одну
לאיזה	**ЛеЭйзэ** к определенному
לאכול	**Леэхоль** есть, кушать
לאכילה	**ЛеАхила** для еды
לאמא	**ЛеИма** на Има (см. אמא)
לאצילות	**ЛеАцилут** для образования **ЛеАцилут** к Ацилут, в Ацилут, как Ацилут (см. אצילות)

לב'	**ЛеБэт** на два
לבא, לעתיד לבא	**Лаво,** **ЛеАтид Лаво** в грядущем будущем
לבאר	**Леваэр** выяснить
לבד	**Левад** только, исключительно
לבדה	**Левада** только она одна
לבדו	**Левадо** только он один
לבחי"א	**ЛеБхина Алеф** (сокр.) к первому уровню (см. לבחי"א)
לבחי"ב	**ЛеБхина Бэт** (сокр.) ко второму уровню (см. לבחי"ב)
לבחי"ג	**ЛеБхина Гимэл** (сокр.) к третьему уровню (см. לבחי"ג)
לבחי"ד, עד לבחי"ד	**ЛеБхина Далет,** **Ад ЛеБхина Далет** до четвертого уровня (см. לבחי"ד)
לבחינה א'	**ЛеБхина Алеф** к первому уровню (см. לבחינה)
לבחינות, נחשבות לבחינות	**ЛеБхинот** **Нихшавот ЛеБхинот** считаются категорией (см. לבחינות)
לבחינת	**ЛеБхинат** (в словосочетаниях) как Бхина, до Бхины, к Бхине, для Бхины, на Бхину (см. לבחינת)
לבחינתה עצמה	**ЛеБхината** к своим собственным свойствам (см. לבחינתה)
לבי"ע	**ЛеБИ"Я** (сокр.) к БЕ"Я, в БЕ"Я
שבין אצילות לבי"ע	**ШэБэйн Ацилут ЛеБИ"Я** который между Ацилут и БЕ"Я (см. לבי"ע)
לבין	**ЛеВэйн** и между
לבינה	**ЛеБина** к Бине (см. לבינה)

ל

לבירורי, נחשבים לבירורי	**ЛеБирурэй** (в словосочетаниях) **Нихшавим ЛеБирурэй** считаются как выбор, анализ (см. בירורי)
לבית	**ЛеБэйт** в дом
לבן	**ЛеБэн** как порождение (см. בן)
לבר	**ЛеВар** наружу, вне
לברא	**Ливро** творить
לברוא	**Ливро** творить
לבריאה	**ЛеБрия** в Брию, как Брия (см. בריאה)
לברֵרם	**Лэварэрам** выяснить их, выбрать одни свойства из других
לג״ר	**ЛеГа"Р** к Га"Р, в Га"Р, на Га"Р (см. ג״ר)
לג׳	**ЛеГимэл** для трех, на три, как три, у трех, для трех (см. ג׳)
לגו״ע	**ЛеГальгальта вэЭйнаим** (сокр.) до Г"Э (см. גו״ע)
לגוף	**ЛеГуф** как Гуф, для Гуф, в Гуф, в Гуф, к Гуф (см. גוף)
לגופים	**ЛеГуфим** для Гуфим, в Гуфим (см. גופים)
לגלגול, בדומה לגלגול	**ЛеГильгуль,** **БэДомэ ЛеГильгуль** подобно обращению (изменению)
לגמור	**Лигмор** закончить
לגמר עד לגמר התיקון	**ЛеГмар** как завершение **Ад ЛеГмар аТикун** до конца исправления (см. גמר)
לגמרי	**Легамрэ** полностью
לגרמייהו	**Легармэйу** для самих себя

לגשמיות, בין רוחניות לגשמיות	**ЛеГашмиют** **Бэйн Рухниют ЛеГашмиют** между духовностью и материальностью
לד׳	**ЛеДалет** в четырех, для четырех, на четыре
לדבר	**ЛеДвар** как категорию
לדחוק	**Лидхок** протиснуть
לדכר	**ЛиДхар** (арамейский) как Захар (см. דכר)
לדמות	**Ледамот** представить
לדמותו	**Ледамото** представить себе его
לדעת	**Ладаат** знать
לה	**Ла** ей, ее **Ламед Эй** гематрия 35
לה״פ	**ЛеЭй Парцуфим** (сокр.) на пять парцуфим, к пяти парцуфам (см. ה״פ)
לה׳	**ЛеЭй** на пять, как пять (см. ה׳)
להא״ק	**ЛеАА"К** к А"К (см. א״ק)
להאביד	**Леаавид** уничтожить
להאור	**ЛеАОр** к свету (см. אור)
להאותיות	**ЛеаОтиёт** буквы (см. אותיות)
להאיר	**Леаир** светить
להאציל	**Лаацил** создать
להבדילו	**Леавдило** отделить его

להבחין	**Леавхин** отличать, различать, выделять
להבחינה	**ЛеАБхина** на качество (см. בחינה)
להביא	**Леави** привести
להביאהו	**Леавиэу** привести его
להבין	**Леавин** понять
להבינה	**ЛеАБина** к Бине (см. בינה)
להברא	**Леибара** создаться
להג"ר	**ЛеАГа"Р** на Га"Р, к Га"Р (см. ג"ר)
להגובה, עד להגובה	**ЛеАГова,** **Ад ЛеАГова** до высоты
להגופים	**ЛеАГуфим** у Гуфим, к Гуфим, в Гуфим, для Гуфим (см. גופים)
להורות	**Леорот** указать
להוריד	**Леорид** опустить
להז"ת	**ЛеАЗа"Т** (сокр.) в За"Т, к За"Т (см. ז"ת)
להזדווג	**Леиздавэг** совершить зивуг
להזדווגות, כח להזדווגות	**ЛэИздавгут,** **Коах ЛеИздавгут** сила, способность совершить зивуг (см. זווג)
להזדך	**Лэиздакэх** утоньшиться, избавиться от эгоизма
להזדככות	**Лиздахэхут** к утоньшению, к ослаблению (см. הזדככות)
להזו"ן	**ЛеАЗО"Н** (сокр.) у ЗО"Н, к ЗО"Н, для ЗО"Н (см. זו"ן)
להזווג	**ЛеАЗивуг** для зивуга (см. זווג)

להחיותם	**Лэахьётам** оживить их (муж. род)
להיות	**Лииёт** быть
להיותה	**Лииёта** будучи (она)
להיותו	**Лииёто** будучи (он)
להיותם	**Лииётам** будучи (они)
להיפך	**ЛеЭфэх** наоборот, обратно
להכלים	**ЛеАКелим** в келим, для келим (см. כלים)
להכתר	**ЛеаКэтэр** в Кэтэр, как Кэтэр, на Кэтэр (см. כתר)
להלביש	**Леалбиш** облачить, одеться на, постичь его
להלבישו	**Леалбишо** облачить его, одеться на него, постичь его
להלבשת	**Леалбашат** (в словосочетаниях) для облачения (см. הלבשת)
להלן	**Леалан** ниже (сказано)
להם	**Лаэм** им, у них, для них (муж. род)
להמאציל	**ЛеАМаациль** к Создателю (см. מאציל)
להמדרגה	**ЛеаМадрега** к ступени, на ступень (см. מדרגה)
להמסך	**ЛеаМасах** масах (см. מסך)
להמקום	**ЛеаМаком** на место (см. מקום)
להמשיך	**Леамших** притянуть
להמשכת	**Леамшахат** (в словосочетаниях) для притяжения (см. המשכה)

ל

להמשפיע	**ЛеаМашпиа** как дающего (см. משפיע)
להן	**Лаэн** им, у них, для них (жен. род)
להנוקבא	**ЛеаНуква** до нуквы, к нукве, по отношению к нукве (см. נוקבא)
להנות	**Леанот** доставлять удовольствие
להנותם	**Леанотам** доставлять им удовольствие
להס″ג	**ЛеаСа"Г** на Са"Г, для Са"Г (см. ס″ג)
להספירה	**ЛеаСфира** к сфире (см. ספירה)
להסתיים	**Леистаем** закончиться
להסתלק	**Леисталек** удалиться, изойти
להסתלקותם	**Леисталкутам** для их исхода (см. הסתלקותם)
להע″ס	**ЛеаЭсэр Сфирот** на десять сфирот, для десяти сфирот, в десять сфирот (см. ע″ס)
להעלות	**Леаалот** поднять
להעליון	**ЛеаЭлион** у Высшего, к Высшему (см. עליון)
להעשות	**Леиасот** делаться, превращаться
להפה	**ЛеаПэ** в Пэ (см. פה)
להפציר	**Леафцир** умолять, упрашивать
להפרד	**Леипарэд** отделяться
להפרט	**Леипарэт** углубляться в частности
להפרסא, ממעל להפרסא	**ЛеаПарса, МиМаал ЛеаПарса** выше парсы (см. פרסא)

ל

להפרצופין	**ЛеаПарцуфин** у парцуфов (см. פרצופין)
להצטרף	**Леицтарэф** соединиться, собраться вместе
להציל	**Леациль** спасти
להצמצום, נכנה להצמצום ב'	**ЛеаЦимцум,** **Нэханэ ЛеаЦимцум Бэт** будем называть Цимцум Бэт (см. צמצום)
להקרא	**Леикара** называться (именем)
להקשות	**Леакшот** возражать
להשיג	**Леасиг** постигнуть, достигнуть
להשלים	**Леашлим** завершить, дополнить
להשלימם	**Леашлимам** завершить их, дополнить их
להשלמת	**ЛеаШламат** (в словосочетаниях) к довершению, для довершения (см. השלמת)
להשפיע	**Леашпиа** давать, доставлять **Леашпиа** давать наслаждение, производить альтруистический поступок
להשפע	**ЛеаШефа** к Шефа (см. שפע)
להשפעה	**Леашпаа** к альтруизму (см. השפעה)
להשתוות	**Леиштавот** сравниться, стать равным
להשתוקק	**Леиштокэк** страстно желать
להשתלם	**Леишталем** дополниться до цельного
להשתלשל	**Леишталшэль** развиваться по причинно-следственной цепочке
להשתלשלות	**ЛеИшталшэлут** в развитии (см. השתלשלות)

להשתנות, גרם להשתנות	**ЛеИштанут, Гарам ЛеИштанут** послужил причинной к изменению
להתבונן	**Леитбонэн** вникнуть
להתבטל	**Леитбатэль** аннулироваться
להתגלות	**Леитгалот** раскрыться
להתחבר	**Леитхабэр** соединяться
להתחדשות	**ЛеИтхадшут** для обновления (см. התחדשות)
להתחתון	**ЛеаТахтон** у нижнего (см. תחתון)
...להתלבש ב	**Леитлабэш бэ…** облачиться в…
להתלוות	**Леитлавот** сопутствовать
להתעלות	**Леиталот** подняться
להתפשט	**Леитпашэт** распространиться
להתפשטות	**ЛеИтпаштут** как распространение, для распространения (см. התפשטות)
להתקבל	**Леиткабэль** быть принятым
להתקיים	**Леиткаем** продолжать действовать
להתרחב	**Леитрахэв** распространиться вширь
להתרקם	**Леитракэм** образовываться, формироваться, зарождаться
לו	**Ло** ему, для него **Ламед Вав** гематрия 36
לו"ק	**ЛеВа"К** как Ва"К, к Ва"К (см. רו"ק)

לולא	**Луле** если бы не
לומר	**Ломар** сказать
לז"א	**ЛеЗэир Анпин** (сокр.) до Зэир Анпин, к Зэир Анпину (см. ז"א)
לז"ת	**ЛеЗа"Т** (сокр.) в За"Т (см. ז"ת)
לזה, זה לזה	**ЛеЗэ, Зэ ЛеЗэ** один к другому, один на другой, один с другим
לז"ן	**ЛеЗО"Н** (сокр.) в ЗО"Н, для ЗО"Н, к ЗО"Н (см. זו"ן)
לזווג	**ЛеЗивуг** для Зивуг (см. זווג)
לזכות	**Лезакот** утоньшить (качество), уменьшить степень эгоизма
לזכותה	**Лезакота** утоньшить ее (качество), уменьшить степень ее эгоизма
לחבב	**Лехавэв** любить
לחברו	**ЛеХаверо** для своего друга
בין אדם לחברו	**Бэйн Адам ЛеХаверо** между человеком и его другом
לחג"ת	**ЛеХаГа"Т** (сокр.) для ХаГа"Т (см. חג"ת)
לחו"ב	**ЛеХохма ВэБина** (сокр.) к Хохма и Бина, у Хохма и Бина, как Хохма и Бина (см. חו"ב)
לחוץ	**ЛеХуц** наружу, вне
לחזה	**ЛеХазэ** на Хазэ (см. חזה)
לחכמה	**ЛеХохма** для Хохмы, к Хохме (см. חכמה)
לחלק	**Лехалек** делить (на части)
לחצי ת"ת	**ЛеХэци Тифэрэт** к половине Тиферет (см. ת"ת)

1

ל

לטבור, ממעל לטבור	**ЛеТабур, МиМааль ЛеТабур** выше табура (см. טבור)
לטעום	**Литъом** попробовать
לטעמים	**ЛеТаамим** в таамим (см. טעמים)
לידע	**Лейда** знать
ליה	**Ле** (арамейский) ему
ליוצרו	**ЛеЁцро** Творцу (тому, кто его творит)
ליציאת	**ЛеИцият** (в словосочетаниях) для выхода, для образования, к выходу, к образованию (см. יציאת)
ליצירה	**ЛеЕцира** в Ецира, как Ецира (см. יצירה)
לירד	**Лейрэд** спуститься, спускаться
לישסו"ת	**ЛеИШСУ"Т** (сокр.) к ИШСУ"Т, в ИШСУ"Т, на ИШСУ"Т (см. ישסו"ית)
ליתן	**Литэн** дать
לך	**Лэха** тебе
לכולו, נחשב לכולו	**ЛеКуло, Нихшав ЛеКуло** считается, что он весь...
לכח"ב	**ЛеКаХа"Б** (сокр.) как КаХа"Б (см. כח"יב)
לכל	**ЛеКоль** для каждой, у каждого, для всех
לכלו, נבחנת לכלו אור	**ЛеКуло, Нивхэнэт ЛеКуло Ор** различается, что она вся свет (см. אור)
לכלי	**ЛеКли** как Кли, в Кли, к Кли, в Кли (см. כלי)
מחוץ לכלי	**МиХуц ЛеКли** вне Кли (см. כלי)

לכלים	**ЛеКэлим** как Келим, для Келим, в Келим, на Келим (см. כלים)
בין אורות לכלים	**Бэйн Орот ЛеКэлим** между Светами и Келим (см. כלים)
מכנים לכלים	**Мэханим ЛеКэлим** называем Келим (см. כלים)
לכן	**Лахэн** поэтому
מקודם לכן	**КэМиКодэм ЛаХэн** как перед этим
לכתר	**ЛеКэтэр** к Кэтэр, как Кэтэр, на Кэтэр, с Кэтэр (см. כתר)
ללבוש, נעשה ללבוש	**ЛеЛивуш,** **Нааса ЛеЛивуш** сделался облачением
למ"ה	**ЛеМ"А** к М"А, на М"А (см. מ״ה)
למ"ן	**ЛеМа"Н** для Ма"Н, как Ма"Н (см. מ״ן)
למאציל	**ЛеМаациль** к Создателю (см. מאציל)
למדור	**ЛеМадор** как Мадор (см. מדור)
למדרגה	**ЛеМадрега** к ступени, на ступень, как ступень (см. מדרגה)
למדרגות	**ЛеМадрегот** на ступени (множ. ч.)
למדרגת	**ЛеМадрегат** (в словосочетаниях) на ступень, как ступень
למדרגתם	**ЛеМадрегатам** на их ступень, к их ступени
למדת	**ЛеМидат** (в словосочетаниях) как степень
למדת	**ЛеМидат** (в словосочетаниях) в качество
למדת הדין	**ЛеМидат аДин** с мерой Справедливости
עד למדת	**Ад ЛеМидат** (в словосочетаниях) до степени
למה	**Лама** почему

למוחין	**ЛеМохин** для мохин (см. מוחין)
למטה	**ЛеМата** ниже, внизу
מלמעלה למטה	**МиЛеМала ЛеМата** сверху вниз
למי שהוא	**Леми ШэУ** для кого-нибудь
למלא	**Лемале** заполнить
למלאות	**Лемалот** наполнить
למלכות	**ЛеМалхут** в Малхут (см. מלכות)
למסך	**ЛеМасах** с Масахом, к Масаху, у Масаха
בינו למסך	**Бэйно ЛеМасах** между ним и Масахом (см. מסך)
למעלה	**Лемала** наверху, вверх, выше
ממטה למעלה	**МиМата ЛеМала** снизу вверх
למען	**Лемаан** чтобы, ради
למצבן	**ЛеМацаван** к их состоянию
למקבל	**ЛеМэкабэль** как получающий, к получающему
למקום	**ЛеМаком** как место, на место, к месту (см. מקום)
למקומה	**ЛиМкома** на ее место (см. מקום)
למקומו	**ЛиМкомо** на его место(см. מקום)
למקומם	**ЛиМкомам** на их место, к их месту (см. מקום)
למקומן	**ЛиМкоман** на их место (см. מקום)
למשל	**ЛеМашаль** например

ל

למתחת	**ЛеМиТахат** ниже
למתים	**ЛеМэтим** как мертвые
לנאצל	**ЛеНээцаль** к сотворенному (см. נאצל)
לנברא	**ЛеНивра** к творению (см. נברא)
לנבראיו, להנות לנבראיו	**ЛеНивраав,** **Леанот ЛеНивраав** доставить наслаждение его творениям (см. נברא)
לנבראים, להנות לנבראים	**ЛеНивраим,** **Леанот ЛеНивраим** доставить наслаждения творениям (см. נברא)
לנו	**Лану** нам, нас, у нас
לנוקבא	**ЛеНуква** как Нуква, на Нукву (см. נוקבא)
לנקבי עינים	**ЛеНиквэй Эйнаим** к Никвэй Эйнаим (см. נקבי עינים)
לנקודה דעוה"ז	**ЛеНэкуда ДэОлам а3э** (сокр.) к точке Этого Мира (см. עוה"ז)
לנקודת עוה"ז	**ЛеНэкудат Олам а3э** к точке Этого Мира (см. עוה"ז)
לנר"ן	**ЛеНаРа"Н** (сокр.) к НаРа"Н (см. נר"ן)
לנשמה	**ЛеНэшама** к нэшама (см. נשמה)
לס"ג	**ЛеСа"Г** к Са"Г (см. ס"ג)
לסגל	**Лесагэль** усвоить
לסיום	**ЛеСиюм** к завершению (см. סיום)
לספירת חסד	**ЛеСфират Хэсэд** к сфире Хэсэд
לע"ב	**ЛеА"Б** (сокр.) на А"Б, как А"Б (см. ע"ב)
לע"ס	**ЛеЭсэр Сфирот** (сокр.) на десять сфирот, для десяти сфирот, на десять сфирот (см. ע"ס)

לעבור	**Лаавор** пройти
לעביות	**ЛеАвиют** к Авиют (см. עביות)
לעוה"ז	**ЛеОлам аЗэ** (сокр.) к этому миру
עד לעוה"ז	**Ад ЛеОлам аЗэ** (сокр.) до этого мира (см. עוה"ז)
לעולם	**ЛеОлам** в мир, как мир, к миру, для мира, на мир (см. עולם) **ЛеОлам** навечно
לעולמות	**ЛеОламот** для миров, в миры (см. עולם)
לעומת	**Леумат** напротив
לעיבור	**ЛеИбур** для Ибура (см. עיבור)
לעיל	**Леэйл** выше (в тексте)
לעילא, מתתא לעילא	**ЛеЭйла,** **МиТата ЛеЭйла** снизу вверх
לעינים, גלוי לו לעינים	**ЛеЭйнаим,** **Галуй Ло ЛеЭйнаим** раскрыто пред его глазами
לעינינו, הערוכה לעינינו	**ЛеЭйнэйну,** **аАруха ЛеЭйнэйну** устроенной пред нашими глазами
לעיקר	**ЛеИкар** как основа (см. עיקר)
לעליון	**ЛеЭлион** к Высшему (см. עליון)
לעליונה	**ЛеЭльона** к Высшей (см. עליון)
לעליונו	**ЛеЭльоно** на своего Высшего (см. עליון)
לעלית	**ЛеАлият** (в словосочетаниях) в поднятии
לעמוד	**Лаамод** стоять

ל

לעניין	**ЛеИньян** как понятие, как вопрос; для понятия, для вопроса
לעצמה	**ЛеАцма** к самой себе
המיוחדת לעצמה	**аМэюхэдэт ЛеАцма** особая сама по себе
לעצמם	**ЛеАцмам** для самих себя
לעשות	**Лаасот** делать
לעשיה	**ЛеАсия** в Асия, как Асия (см. עשיה)
לעשר ספירות	**ЛеЭсэр Сфирот** для десяти сфирот (см. ע״ס)
לעת	**ЛеЭт** в состоянии (досл. во время)
לעתיק	**ЛеАтик** для Атик, к Атик (см. עתיק)
לפב״פ	**ЛеПаним БэПаним** для состояния Паним БэПаним (см. פב״פ)
לפה	**ЛеПэ** в Пэ, к Пэ (см. פה)
לפוגמם	**Лефогмам** нанести им ущерб
לפועל, יוצא לפועל	**ЛеФоаль,** **Ёце ЛеФоаль** осуществляется
לפי	**Лефи** согласно, соответственно
לפי ש...	**Лефи Шэ...** потому что; так как
לפי״ז	**Лефи Зэ** согласно этому
לפיכך	**Лефи Ках** поэтому, вследствие этого
לפנות	**Лефанот** освободить (место)
לפני	**Лифней** перед
לפניך	**Лефанэха** перед тобой

לפנימיות	**ЛеПнимиют** во внутреннюю часть, на внутреннюю часть (см. פנימיות)
לפעול	**Лифъоль** действовать
לפרטים מרובים	**ЛеПратим Мэрубим** на многие частности (см. פרט)
לפרצוף	**ЛеПарцуф** у парцуфа, как парцуф, по отношению к парцуфу, в пар- цуф, на парцуф, для парцуфа (см. פרצוף)
לפרצופי	**ЛеПарцуфэй** (в словосочетаниях) для парцуфов, к парцуфам, в парцуфы, на парцуфы (см. פרצופי)
לפרצופים	**ЛеПарцуфим** для парцуфов (см. פרצופים)
לצאת	**Лацэт** выходить (образовываться), выходить (из)
לצורך	**ЛеЦорэх** ради, для
לצייר	**Лецаер** вырисовать
לצמצום, וגרם לצמצום	**ЛеЦимцум,** **ВэГарам ЛеЦимцум** и вызвал цимцум (см. צמצום)
לצרף	**Лецарэф** очищать
לקבוע	**Ликбоа** установить, дать постоянную форму
לקביעות, עד לקביעות	**ЛеКвиют,** **Ад ЛеКвиют** до установления, до образования
לקבל	**Лекабэль** получать
לקבלם	**Лекаблам** получить их
לקבלת	**ЛеКабалат** (в словосочетаниях) для получения
לקומת	**ЛеКомат** (в словосочетаниях) на величину, к величине, как величина, для величины, до величины
עד לקומת	**Ад ЛеКомат** (в словосочетаниях) до величины (см. קומה)

ל

לקח	**Лаках** взял
לקחו	**Лакху** взяли
לקיום	**ЛеКиюм** для приведения в действие
לקליפות	**ЛеКлипот** для клипот (см. קליפות)
לראש	**ЛеРош** в рош, на рош (см. ראש)
לרגלי א״ק	**ЛеРаглей А"К** для раглей парцуфа А"К (см. רגלים)
לרדל״א	**ЛеРаДЛ"А** как РаДЛ"А (см. רדל״יא)
לרדת	**Ларэдэт** спуститься
לרוחני	**ЛеРухани** как духовный (см. רוחני)
לרוחניות	**ЛеРуханиют** как духовность (см. רוחניות)
לרחבה	**ЛеРхава** в свою ширину
לרשות, לרשות בפני עצמו	**ЛеРешут, ЛеРешут Бифнэй Ацмо** в самостоятельный объект
לרשימו	**ЛеРешимо** как решимо (см. רשימו)
לרת״ס	**ЛеРош, Тох, Соф** (сокр.) в Рош, Тох Соф (см. רת״יס)
לשבירת, גרמה לשבירת גרמו לשבירת	**ЛеШвират,** (в словосочетаниях) **Гарма ЛеШвират** (в словосочетаниях) вызвала разбиение (см. שבירה) **Гарму ЛеШвират** (в словосочетаниях) вызвали разбиение (см. שבירה)
לשום	**ЛеШум** никаких
לשורש	**ЛеШорэш** как корень, как источник (см. שורש)
לשורשם	**ЛеШоршам** к их корню, к их источнику (см. שורש)

ל

לשיעור מספיק	**ЛеШиур Маспик** к достаточному размеру
לשליטתה, לצאת לשליטתה	**ЛеШлитата,** **Лацэт ЛеШлитата** властвовать
לשם	**ЛеШэм** на имя
לשנים	**ЛеШнаим** на двоих
לשרשו	**ЛеШаршо** к его корню, к его источнику
לשרשי כלים	**ЛеШаршэй Келим** для корней келим (см. כלי)
לשרשים	**ЛеШорашим** как корень, как источник (см. שורש)
לתוכה	**ЛеТоха** внутрь ее
לתולדה	**ЛеТолада** как порождение, как следствие
לתוספת	**ЛеТосэфэт** как добавка
לתחתון	**ЛеТахтон** к нижнему, как нижний (см. תחתון)
לתיקון	**ЛеТикун** для исправления, ради исправления
לתפקידו	**ЛеТафкидо** для его предназначения
לתקן	**Летакэн** исправить
לתקנה	**Летакна** исправить ее

מ

מ	**Мэм** тринадцатая буква ивритского алфавита, числовое значение 40 **Ми...** 1) от, из; 2) чем (после имени прилагательного придает ему значение сравнительной степени)
מ"א מא	**Мэм Алеф** гематрия 41
מ"ב מב	**Мэм Бэт** гематрия 42
מ"ג מג	**Мэм Гимэл** гематрия 43
מד	**Мэм Далет** гематрия 44
מה מ"ה	**М"А** имя парцуфа (имя АВА"Я с наполнением Алеф, чис. знач. 45) **Мэм Эй** гематрия 45
מו	**Мэм Вав** гематрия 46
מ"ז מז	**Мэм Заин** гематрия 47
מח	**Мэм Хэт** гематрия 48
מט	**Мэм Тэт** гематрия 49
מ"מ	**МиКоль Маком** (сокр.) все же
מ"ן	**Ма"Н,** **Мэй Нуквин** (сокр.) просьба низшего парцуфа к высшему о возможности получить Ор Хохма

מ"ש	**Ма ШэКатув** (сокр.) как написано
מ"ש חז"ל	**Ма ШэАмру ХаЗа"Ль** (сокр.) как сказано нашими мудрецами
מא"ס ב"ה	**МиЭйн Соф Барух У** (сокр.) из мира Бесконечности (см. א"ס)
מא"ק	**МиА"К** (сокр.) из А"К, от А"К (см. א"ק)
מאבא	**МиАба** от Аба (см. אבא)
מאבי"ע	**МиАБИ"Я** (сокр.) из АБЕ"Я (см. אבי"ע)
מאביד	**Маавид** аннулирует
מאד	**Мэод** очень
מאו"א	**МиАба ВэИма** (сокр.) от Аба ВэИма, из Аба ВэИма (см. או"א)
מאו"פ לאו"מ	**МиОр Пними ЛеОр Макиф** (сокр.) между внутренним и окружающим светами (см. או"מ, או"פ)
מאוד	**Мэод** очень
מאור	**МиОр** из света, от света (см. אור)
מאורותיהם	**МиОротэйэм** от их светов (см. אור)
מאותו	**МиОто** от того
מאותם	**МиОтам** от тех
מאח"פ	**МиАХа"П** от АХа"П (см. אח"פ)
מאחר, מאחר ש...	**МиАхар,** **МиАхар Шэ...** после того, как; ввиду того, что
מאיזה שיעור	**МиЭйзэ Шиур** из определенной меры
מאין, יש מאין	**МиАйин,** **Еш МиАйин** существующее из несуществующего

מאיר	**Мэир** светит
מאירים	**Мэирим** светят
מאליו, מובן מאליו	**МеЭлав** **Муван МеЭлав** само собою разумеется
מאמא	**МиИма** от Имы, по отношению к Име (см. אמא)
מאציל	**Маациль** Творец; излучает, излучающий (перен.)
מאצילות	**МиАцилут** из Ацилут (см. אצילות)
מאת	**Миэт** от, из
מב׳	**МиБэт** от двух, из двух (см. ב׳)
מבדיל	**Мавдиль** разделяет
מבדילהו	**Мавдилеу** отделяет его
מבחוץ	**МиБаХуц** снаружи
מבחי״א	**МиБхина Алеф** от первой стадии, из первой стадии
החל מבחי״א	**Эхэль МиБхина Алеф** начиная с первой стадии
ביותר מבחי״א	**БэЁтэр МиБхина Алеф** более чем первая стадия (см. בחיי״א)
מבחי״ב	**МиБхина Бэт** от второй стадии, из второй стадии
יותר מבחי״ב	**Ётэр МиБхина Бэт** более чем вторая стадия (см. בחיי״ב)
מבחי״ג	**МиБхина Гимэл** от третьей стадии, из третьей стадии (см. בחיי״ג)
מבחי״ד	**МиБхина Далет** из четвертой стадии, от четвертой стадии
ביותר מבחי״ד	**БэЁтэр МиБхина Далет** более чем четвертая стадия
שלמעלה מבחי״ד	**ШэЛимала МиБхина Далет** который выше чем четвертая стадия

מבחינה	**МиБхина** со стороны
מבחינות	**МиБхинот** со сторон
מבחינים	**Мавхиним** различаем, рассматриваем
מבחינת	**МиБхинат** (в словосочетаниях) со стороны, в качестве
מבטן	**МиБэтэн** из Бэтэн (нижняя треть сфиры тифэрэт в каждом парцуфе)
מבטשים	**Мэватшим** соударяются (муж. род)
מבי"ע	**МиБИ"Я** из БЕ"Я (см. בי״ע)
מבלי	**МиБли** без
מבפנים	**МиБифним** изнутри
מבקשו	**Мэвакшо** просит его
מבריאת	**МиБрият** (в словосочетаниях) с момента сотворения
מג׳	**МиГимэл** от трех
מגבורה	**МиГвура** от гвуры (см. גבורה)
מגביל	**Магбиль** ограничивает, ограничивающий
מגודל	**МиГодэль** от величины
מגוף הגשמי	**МиГуф аГашми** из материльного тела
מגיע	**Магиа** достигает, прибывает
מגיעים	**Магиим** достигают, прибывают (муж. род)
מד׳	**МиДалет** от четырех, из четырех

מדביק	**Мадбик** соединяет вместе, (досл. склеивает)
מדברים	**Мэдабрим** говорим (муж. род)
מדומה	**Мэдумэ** воображаемый
מדור	**Мадор** место обитания
מדליק	**Мадлик** зажигающий
מדרגה	**Мадрега** ступень
מדרגות	**Мадрегот** ступени
מדרגת	**Мадрегат** (в словосочетаниях) ступень
מדרגתם	**Мадрегатам** их ступени
מדרך	**МиДэрэх** из особенности
מדת	**Мидат** (в словосочетаниях) мера, размер; свойство, мера
מה, מה ש...	**Ма Шэ...** что бы, то что
מה״פ	**Ми Эй Парцуфим** из пяти парцуфим
מה׳	**МиЭй** из пяти
מהאור	**МиАОр** от света (см. אור)
מהאורות	**МиАОрот** от светов (см. אור)
מהאצילות	**МиААцилут** из Ацилут (см. אצילות)
מהארה	**МиЭара** от свечения (см. הארה)
מהארת	**МиЭарат** (в словосочетаниях) от свечения (см. הארת)

מהבורא	**МиАБорэ** от Творца
מהבחינה	**МиАБхина** от стадии, от качества (см. בחינה)
מהג״ר	**МиАГа"Р** (сокр.) от Га"Р (см. ג״ר)
מהגוף	**МиАГуф** от Гуф (см. גוף)
מהד׳	**МиАДалет** из четырех (см. ד׳)
מהדכר	**МиАДхар** от Захар (см. זכר)
מהויות	**МиАвайот** из примеров
מהז״א	**МиАЗэир Анпин** (сокр.) от Зэир Анпин
והתחתון מהז״א	**ВэАТахтон МиАЗэир Анпин** и более низший чем Зэир Анпин (см. ז״א)
מהזו״ן	**МиАЗО"Н** от Зо"Н (см. זו״ן)
מהזווג	**МиАЗивуг** из Зивуг (см. זווג)
מהחזה	**МиАХазэ** из Хазэ, от Хазэ (см. חזה)
מהחכמה	**МиАХохма** от Хохмы (см. חכמה)
מהטבור	**МиАТабур** от Табур (см. טבור)
מהי	**МаИ** что это
מהיכן	**МиЭйхан** откуда
מהישסו״ת	**МиАИШСУ"Т** из ИШСУ"Т (см. ישסו״ת)
מהכלי	**МиАКли** из Кли (см. כלי)
מהכלים	**МиАКелим** из Келим, от Келим (см. כלים)

מהכתר	**МиАКэтэр** из Кэтэр, от Кэтэр (см. כתר)
מהם	**МиЭм** из них; от них (муж. род)
מהמ״ה	**МиАМ"А** от М"А (см. מ״ה)
מהמאציל	**МиАМаациль** из Создателя, от Создателя (см. מאציל)
מהמדרגה	**МиАМадрега** из ступени
מהמדרגות	**МиАМадрегот** из ступени
מהמוחין	**МиАМохин** от Мохин (см. מוחין)
מהמסך	**МиАМасах** из Масаха (см. מסך)
מהמצב	**МиАМацав** из состояния
מהמצח	**МиАМэцах** из Мэцах (см. מצח)
מהמשל	**МиАМашаль** из примера
מהמשפיע	**МиАМашпиа** от дающего (см. משפיע)
מהן	**МиЭн** из них; от них (жен. род)
מהנהי״מ	**МиАНЭИ"М** (сокр.) от НэХИ"М (см. נהי״ם)
מהנוקבא	**МиАНуква** из Нуквы (см. נוקבא)
מהסיום, למטה מהסיום	**МиАСиюм, Лемата МиАСиюм** ниже чем окончание (см. סיום)
מהע״ס	**МиАЭсэр Сфирот** из десяти сфирот (см. ע״ס)
מהעביות	**МиААвиют** от Авиют (см. עביות)
מהעולמות	**МиАОламот** из миров (см. עולמות)

מהעליון	**МиАЭлион** от Высшего, из Высшего (см. עליון)
מהפה	**МиАПэ** из Пэ (см. פה)
מהפרסא למטה מהפרסא	**МиАПарса** от Парсы **Лемата МиАПарса** ниже чем Парса (см. פרסא)
מהפרצוף	**МиАПарцуф** чем Парцуф (см. פרצוף)
מהראש שלמטה מהראש	**МиАРош** из Рош **ШэЛимата МиАРош** который ниже Рош (см. ראש)
מהראשים	**МиАРошим** из Рошим (см. ראש множ. число)
מהרצון לקבל	**МиАРацон Лекабель** из желания получать
מהרשימו	**МиАРешимо** от Решимо (см. רשימו)
מהרשימות	**МиАРешимот** из Решимот (см. רשימות)
מהשירים	**МиАШираим** из остатков
מהתחתון	**МиАТахтон** от нижнего (см. תחתון)
מהתחתונים	**МиАТахтоним** от нижних (см. תחתון множ. число.)
מהתכללות	**МиИткалэлут** от включения (см. התכללות)
מובן, מובן מאליו	**Муван** **Муван Меэлав** само собою разумеется
מוגבל	**Мугбаль** ограниченный
מוח, מוח הדעת	**Моах** **Моах аДаат** Моах аДаат
מוחא	**Моха** (арамейский) сфира кетер при перечислении сфирот вширь, (дослов. мозг)

מוחין	**Мохин** свет хохма; сфирот ХаБа"Д
מוכרח	**Мухрах** вынужден
מוכרחת	**Мухрахат** вынуждена
מוכשר	**Мухшар** пригодный
מוכשרים	**Мухшарим** пригодные
מוסיף	**Мосиф** добавляет
מועטת	**Муэтэт** уменьшенная
מוצא,	**Моцэ** находишь
והנך מוצא, ש...	**ВэИнха Моцэ, Шэ...** и ты находишь, что..
מוצאו,	**Моцао** его происхождение
שורש מוצאו	**Шорэш Моцао** источник (корень) его происхождения
מוציא	**Моци** выводит, производит
מוקדם	**Мукдам** предшествует, является причиной
מוקטן	**Муктан** уменьшенный
מורידים	**Моридим** опускают
מושג	**Мусаг** постигаемый
מושלם	**Мушлам** законченный, совершенный
מושלמת	**Мушлемэт** законченная, совершенная
מושפעות	**Мушпаот** даются (жен. род)
מושפעים	**Мушпаим** даются (муж. род)

מזדווג	**Миздавэг** совершает зивуг
מזדכך	**Миздакэх** утоньшается, теряет желание получить
מזה	**МиЗэ** об этом, от этого
ומה שיותר מזה	**УМа ШэЁтэр МиЗэ** и то что кроме этого
זה מזה	**Зэ МиЗэ** друг от друга
יותר מזה	**Ётер МиЗэ** больше чем это
זה למטה מזה	**Зэ Лимата МиЗэ** один ниже другого
מזו, זו למטה מזו	**МиЗу,** **Зу Лимата МиЗу** одна ниже другой (см. זו)
מזו"ן	**МиЗО"Н** от ЗО"Н (см. זו"ן)
מזווג	**Мэзавэг** производящий зивуг (см. זווג)
מזכך	**Мэзакэх** утоньшает, уменьшает желание получить
מחברו	**МиХаверо** от его друга
מחדש	**МиХадаш** заново
מחו"ב	**МиХу"Б** от ХУ"Б (см. חו"ב)
מחודש	**Мэхудаш** появление нового, того, чего не было раньше (муж. род)
מחודשת	**Мэхудэшэт** появление нового, того, чего не было раньше (жен. род)
מחויב	**Мэхуяв** обязан, обязательный
מחויבים	**Мэхуявим** обязаны, обязательные
מחוץ	**МиХуц** вне
מחזה	**МиХазэ** от Хазэ (см. חזה)

מ

מחזיר	**Махзир** возвращает
מחזירה	**Махзира** возвращает
מחזרת	**Махзэрэт** возвращает
מחי החיים	**МиХай аХаим** от Истинно Живого
מחיה	**Мэхае** оживляет
מחיי החיים	**МиХай аХаим** от Истинно Живого
מחכמה	**МиХохма** от Хохмы (см. חכמה)
מחלק	**Мэхалек** делит
מחמת	**Махмат** (в словосочетаниях) из-за, по причине
מחצית	**Махцит** половина
מחציתה	**Махцита** ее половина
מחשבת	**Махшэвэт** замысел
מט"ס	**МиТэт Сфирот** (сокр.) 9 сфирот
מט"ת	**МиТэт Тахтонот** (сокр.) из 9 нижних сфирот
מטבור	**МиТабур** от Табура, (см. טבור)
למעלה מטבור	**Лемала МиТабур** выше чем Табур (см. טבור)
למטה מטבור	**Лемата МиТабур** ниже чем Табур (см. טבור)
מטבורו	**МиТабуро** от его Табура (см. טבור)
שלמטה מטבורו	**ШэЛемата МиТабуро** который ниже его Табура (см. טבור)
למעלה מטבורו	**ЛеМала МиТабуро** выше его Табура (см. טבור)

מטבע	**МиТэва** из природы, естественно
מטבעה	**МиТэвъа** по своей природе (она)
מטעם	**МиТаам** по причине
מטעם ש...	**МиТаам Шэ** по причине того что ...
מטרם	**МиТэрэм** прежде
מי	**Ми** кто
מיוחדות	**Миюхадот** специальные
מיוחס	**Миюхас** относимый
מיחדהו	**Мияхдэу** объединяет его
מיין נוקבין	**Мэйн Нуквин** просьба низшего парцуфа к высшему
מילואים	**Милуим** наполнения
מילוי	**Милуй** наполнение
מין	**Мин** вид, род
מינה מינה ובה	**Минэ** **Минэ УБэ** от нее и дальше
מיני	**Миней** виды
מינים	**Миним** виды
מיעוט	**Миут** уменьшение
מיש, יש מיש	**Миеш** от существующего **Еш Миеш** существующее от существующего
מיתה	**Мита** смерть

מכ"ש	**МиКоль ШеКэн** тем более
מכאן	**МиКан** отсюда
מכבר	**МиКвар** издавна
מכה	**Макэ** ударяет
מכוונת	**Мехувэнэт** выстовлена (см. כוונה)
מכולם	**МиКулам** от всех, чем все
מכונה	**Мэхунэ** называется (муж. род) **Мэхуна** называется (жен. род)
מכונים	**Мэхуним** называются
מכות	**Макот** название части Талмуда
מכח	**МиКоах** по причине
מכח"ב, וחסרה מכח"ב	**МиКаХа"Б,** **ВэХасэра МиКаХа"Б** и отсутствует у нее КаХа"Б (см. כח"ב)
מכים	**Маким** бьют
מכל	**МиКоль** из всего, от всего
עמוק מכל עמוק	**Амок МиКоль Амок** глубже всякого глубокого
מכל מקום	**МиКоль Маком** все же
מכלי	**МиКли** из Кли (см. כלי)
מכלל	**МиКлаль** из совершенства (см. כלל)
מכן, לאחר מכן	**МиКэн** **ЛеАхар МиКэн** после этого

מכנים	**Мэханим** называем
מכתר, וחסר מכתר	**МиКэтэр,** **ВэХасэр МиКэтэр** и не хватает у него Кэтэр (см. כתר)
מלאפום	**Мелафум** то же самое, что **Шурук**, свечение через Исод
מלבד	**Милвад** кроме
מלביש	**Малбиш** облачает, облачается на... (муж. род)
מלבישים	**Малбишим** облачают, облачаются на... (муж. род)
מלבשת	**Мальбэшэт** облачает, облачается на... (жен. род)
מלהאיר	**МиЛеаир** от свечения
אינו פוסק מלהאיר	**Эйно Посек МиЛеаир** не прекращает светить
מלהיות	**МиЛииёт** от того чтобы быть
מלהתלבש	**МиЛеитлабэш** от облачения (см. להתלבש)
מלהתפשט	**МиЛеитпашэт** от распространения (см. להתפשט)
מלובש	**Мэлубаш** облаченный (во что-то)
מלובשים	**Мэлубашим** облаченные (во что-то)
מלך	**Мэлэх** парцуф мира Нэкудим
מלכא משיחא	**Малка Машиха** (арамейский) царь Машиах
מלכות	**Малхут** 10-я (последняя) сфира, законченное желание получить, законченное творение (дословно царство)
מלכיות	**Малхуёт** множ. число от малхут (см. מלכות)
ב' מיני מלכיות	**Бэт Минэй Малхуёт** два вида малхут в парцуфе

מלכים	**Малахим** парцуфы мира Нэкудим
מלמטה	**МиЛемата** снизу
מלמעלה	**МиЛемала** сверху
מלקבל אור	**МиЛекабэль Ор** от получения света
מלשון	**МиЛашон** образован от слова
ממדרגה למדרגה	**МиМадрега ЛеМадрега** от ступени к ступени
ממדרגות	**МиМадрегот** из ступеней
ממדרגת	**МиМадрегат** (в словосочетаниях) из ступени
ממדת	**МиМидат** (в словосочетаниях) от свойства (см. מדת)
ממוחין	**МиМохин** из Мохин (см. מוחין)
ממחצית	**МиМахацит** из половины
ממחציתן	**МиМахацитан** из их половины (жен. род)
ממטה	**МиМата** снизу
ממלא	**Мэмале** наполняет (муж. род)
ממלאת	**Мэмалат** (в словосочетаниях) наполняет (жен. род)
ממנה	**Мимэна** из нее, от нее
ממנו	**Мимэну** из него, от него
ממסך	**МиМасах** из Масаха, от Масаха (см. מסך)
ממעל	**Мимааль** выше

ממעלה	**МиМала** сверху
ממערב	**МиМаарав** от Запада
ממעשים ממעשים טובים	**МиМаасим** **МиМаасим Товим** от хороших поступков
ממצבו ממצבו הקבוע	**МиМацаво** **МиМацаво аКавуа** от своего постоянного состояния
ממצבם ממצבם הקבוע החל ממצבם הקבוע	**МиМацавам** **МиМацавам аКавуа** от их постоянного состояния **Эхель МиМацавам аКавуа** начиная с их постоянного состояния
ממקום	**МиМаком** от места, с места, из места (см. מקום)
ממקומה	**МиМкома** с ее места (см. מקום)
ממקומו	**МиМкомо** с его места (см. מקומו)
ממקומם	**МиМкомам** с их места (см. מקום)
ממקור	**МиМакор** из источника
ממש	**Мамаш** действительно, в действительности
ממשיך	**Мамших** продолжает
מן	**Мин** из, от
מנאצל	**МиНээцаль** от творения (см. נאצל)
מניח	**Маниах** допускает **Маниах** оставляет
מניצוצי	**МиНицуцэй** (в словосочетаниях) из искр (см. ניצוצים)
מנענע	**Мэнаанэа** заставляет двигаться, заставляет меняться, пробуждает

מנצוצי	**МиНицуцэй** (в словосочетаниях) от искр (см. ניצוצים)
מנצחיותו	**МиНицхиюто** от Его вечности
מנקבי עינים	**МиНиквей Эйнаим** из Никвей Эйнаим (см. נקבי עינים)
מנקודה, למעלה מנקודה	**МиНэкуда,** **Лемала МиНэкуда** выше чем точка (см. נקודה)
מנר, נר מנר	**МиНэр,** **Нэр МиНэр** свечу от свечи
מנת, על מנת	**Мнат,** **Аль Мнат** ради
מסבב	**Мэсавэв** окружает
מסבבים	**Мэсавэвим** окружают
מסביב	**МиСавив** вокруг
מסבירות, פנים מסבירות	**Масбирот,** **Паним Масбирот** комментарий Бааль аСулама к Эц Хаим
מסבת	**МиСибат** (в словосочетаниях) по причине
מסגלתו	**Мэсаглето** приспосаблевает его, дает ему силы
מסוים	**Мэсуям** определенный, некоторый
מסוימת	**Мэсуемэт** определенная, некоторая
מסיום	**МиСиюм** (см. סיום)
מסיימה	**Мэсайма** завершает (жен. род)
מסיימת	**Мэсаемэт** завершает (жен. род)
מסיימתה	**Мэсаемта** завершает ее

מסך	**Масах** экран, сила противодействия эгоизму
מספיק	**Маспик** достаточный
מספקת	**Маспэкэт** достаточная
מסתיים	**Мистаем** завершается, заканчивается (муж. род)
מסתיימים	**Мистаймим** завершаются, заканчиваются
מסתיימת	**Мистаемэт** завершается, заканчивается (жен. род)
מסתלקים	**Мисталким** исходят, выходят
מסתלקת	**Мисталекэт** исходит, выходит (жен. род)
מע"ב	**МиА"Б** с А"Б, из А"Б, от А"Б (см. עי״ב)
מע"ס	**МиЭсэр Сфирот** из десяти сфирот (см. עי״ס)
מעביות	**МиАвиют** от Авиют, из Авиют (см. עביות)
מעבירים	**Маавирим** проводят
מעוה"ז	**МиОлам аЗэ** чем Этот Мир (см. עוה״ז)
מעולם, למעלה מעולם	**МиОлам** из мира, от мира **ЛеМала МиОлам** выше чем мир (см. עולם)
מעורב	**Мэурав** смешан (с чем-либо), замешан (во что-либо)
מעט	**Мэат** немного
מעכב	**Мэакэв** задерживает
מעלה	**Маале** поднимает (муж. род)

מעלים	**Маалим**
	скрывает
	Маалим
	поднимают
מעלין	**Маалин**
	поднимают
מעלית	**МиАлият** (в словосочетаниях)
	о подъеме, от подъема (см. עלית)
מענינו,	**Мииньяно,**
הפוך מענינו עצמו	**Афух Мииньяно Ацмо**
	обратный своей собственной сути
מעצם	**МиЭцэм**
	от самого, собственно от
מעצמו	**МиАцмо**
	от самого себя, сам по себе
מעצמותו ית'	**МиАцмуто Итбарах**
	от его сути (см. עצמותו)
מעצמם	**МиАцмам**
	от своих собственных сил, от самих себя
מעשי,	**Маасэй**
מעשי התחתונים	**Мааэй аТахтоним**
	действия нижних
מעשיהם	**Маасэйэм**
	их действия
מעשיו	**Маасав**
	его действия
מעשים	**Маасим**
	действия
מעת	**МиЭт**
	с состояния (дословно со времени)
מעתה	**МиАта**
	с этого момента
מעתיק	**МиАтик**
	из Атик (см. עתיק)
מפאת	**МиПэат**
	из-за, по причине
מפה	**МиПэ**
	от Пэ, чем Пэ (см. פה)
מפני	**МиПнэй**
	потому, что; из-за

מפנים לחוץ	**МиПним Лехуц** изнутри наружу
מפנים ומאחורים	**МиПаним УМиАхораим** от лицевой и от обратной части
מפנימיות וחיצוניות	**МиПнимиют ВэХэйцониют** от внутреней и внешней части (см. פנימיות)
מפריד	**Мафрид** разделяет (муж. род)
מפרידה	**Мафрида** разделяет (жен. род)
מפרסא	**МиПарса** чем Парса, от Парсы (см. פרסא)
מפרצוף	**МиПарцуф** из Парцуфа, от Парцуфа (см. פרצוף)
מפרצופי	**МиПарцуфей** (в словосочетаниях) из Парцуфов, от Парцуфов (см. פרצופי)
מצב	**Мацав** состояние
מצבים	**Мацавим** состояния
מצד	**МиЦад** по причине
מצווים, ואנו מצווים	**Мэцувим, ВэАну Мэцувим** нам заповедано
מצוי	**Мацуй** находится
מצורת	**МиЦурат** (в словосочетаниях) от формы (см. צורת)
מצות	**Мицвот** заповеди
מצח	**Мэцах** часть парцуфа, бина в кетэр (досл. лоб)
מציאות	**Мэциют** действительность
מציור	**МиЦиюр** от рисунка (см. ציור)
מצמצום	**МиЦимцум** и цимцума (см. צמצום)

מקבל	**Мэкабэль** получающий, получает
מקבלה, נדחה מקבלה	**МиКабала** от получения **Нидха МиКабала** отторгнутый от получения
מקבלים	**Мэкаблим** получающие, получают
מקובל	**Мэкубаль** получаемый
מקודם	**МиКодэм** раньше
מקום	**Маком** место
מקומה	**МиКома** с уровня **Мэкома** ее место
מקומו	**Мэкомо** его место
מקומות	**Мэкомот** места **МиКомот** (см. קומות)
מקומם	**Мэкомам** их место (муж. род)
מקומן	**Мэкоман** их место (жен. род)
מקומת	**МиКомат** (в словосочетаниях) от величины, от высоты (см. קומה)
מקורו	**Мэкоро** его источник
מקושרים	**Мэкушарим** связаны
מקיים	**Мэкаем** выполняет
מקיף	**Макиф** окружающий
מקלקלים	**Мэкалкэлим** портят

מקצה אל הקצה	**МиКацэ Эль аКацэ** от края и до края
מקצת	**МиКцат** частично
מקרבם	**Мэкарвам** сближает их
מקרבת	**Мэкарэвэт** сближает (жен. род)
מקרה	**Микрэ** случай
מקריהם	**Микрэйэм** их случаи
מראש	**МиРош** из Рош (см. ראש)
מראשה עד סופה	**МиРоша Ад Софа** от ее начала до ее конца
מרבה	**Марбэ** приумножает, много раз повторяет
מרגיש	**Маргиш** чувствует
מרגלי א״ק	**МиРаглей А״К** от Раглэй А״К (см. רגלים)
מרובים	**Мэрубим** многочиленные
מרחיק	**Мархик** удаляет
מרחק	**Мерхак** расстояние
מרחקם	**Мэрахкам** удаляет (их)
מרשימו	**МиРшимо** от Решимо (см. רשימו)
מרשימות	**МиРшемот** от Решимот (см. רשימות)
משא״כ	**Ма ШэЭйнКэн** (сокр.) что не так
משאירים	**Машъирим** оставляют

משגת	**Масэгэт** достигает
משהו	**МаШэУ** что-то
משווה	**Машва** делает равными
משום	**Мишум** из-за того, что; потому, что; так как
משונים	**Мэшуним** отличны, различны
משיג	**Масиг** постигает
משיגים	**Масигим** достигаем
משיחא	**Машиха** (арамейский) Машиах
משיעור	**МиШиур** чем величина, чем размер (см. שיעור)
משלם	**МиШалем** полностью
משם	**МиШам** оттуда
משמשת	**Мэшамэшэт** служит, используется
משפיע	**Машпиа** дающий наслождение
משפיעות	**Машпиот** дают наслаждение (жен. род)
משפיעים	**Машпиим** дают наслаждение (муж. род)
משקלים	**Мишкалим** меры
משתוים	**Миштавим** становятся равными
משתלשלת	**ミшталшэлет** развивается по причино-следственной цепочке (жен. род)
משתנה	**Миштанэ** изменяется (муж. род)

משתנים	**Миштаним** изменяются (муж. род)
מת"ת	**МиТифэрэт** от Тифэрэт, чем Тифэрэт (см. ת״ית)
מתבאר	**Митбаэр** проясняется (муж. род)
מתבארות	**Митбаарот** проясняются (жен. род)
מתבטל	**Митбатэль** аннулируется
מתגדלות	**Митгадлот** растут (жен. род)
מתגדלים	**Митгадлим** растут (муж. род)
מתגלה	**Митгалэ,** **Митгала** раскрывается, становится явным, проявляется (муж. род, жен. род)
מתגשם	**Митгашэм** огрубляется, приобретает эгоизм
מתדבקים	**Митдабким** полностью соединяются
מתוך ש...	**Митох Шэ...** из-за того, что, по причине
מתוך	**Митох** изнутри
מתוקן	**Мэтукан** исправленный
מתוקנת	**Мэтукэнэт** исправленная
מתחברת	**Митхабэрэт** связывается, соединяется
מתחיל	**Матхиль** начинает, начинается (муж. род)
מתחילה	**Матхила** начинает, начинается (жен. род)
מתחילים	**Матхилим** начинают, начинаются (муж. род)
מתחילת	**МиТхилат** (в словосочетаниях) от начала

מתחילתו	**МиТхилато** со своего начала
מתחלק	**Митхалек** делится (муж. род)
מתחלקות	**Митхалкот** делятся (жен. род)
מתחלקת	**Митхалекэт** делится (жен. род)
מתחלת	**Матхэлет** начинается (жен. род)
מתחשבים	**Митхашвим** считаемся
מתחת	**МиТахат** снизу, под
מתיחס	**Митъяхэс** относится (муж.)
מתיחסים	**Митъяхасим** относятся
מתים	**Мэтим** мертвые
מתלבש	**Митлабэш** облачается на (муж. род)
מתלבשים	**Митлабшим** облачаются на (муж. род)
מתלבשת	**Митлабэшэт** облачается на (жен. род)
מתנה	**Матана** подарок
מתנת מתנת ידו הרחבה	**Матнат** **Матнат Ядо аРэхава** огромная доброта (дословно широкое качество отдачи другим)
מתעלים	**Митъалим** поднимаются
מתפרדים	**Митпардим** отделяются
מתפשט	**Митпашэт** распространяется (муж. род)
מתפשטות	**Митпаштот** распространяются (жен. род)

מתפשטים	**Митпаштим** распространяются (муж. род)
מתפשטת	**Митпашэтэт** распространяется (жен. род)
מתקיים	**Миткаем** выполняет свою роль
מתקלקל	**Миткалкэль** портится
מתקן	**Мэтакэн** исправляет
מתרחבת	**Митрахэвэт** расширяется
מתרצה	**Митрацэ** начинает желать, соглашается
מתתא	**МиТата** (арамейский) снизу

נ

נ	**Нун** четырнадцатая буква ивритского алфавита, числовое значение 50
נא	**Нун Алеф** гематрия 51
נ״ב נב	**Нун Бэт** гематрия 52
נג	**Нун Гимэл** гематрия 53
נ״ד	**Нун Далет** гематрия 54
נ״ה נה	**Нун Эй** гематрия 55
נו	**Нун Вав** гематрия 56
נז	**Нун Заин** гематрия 57
נח	**Нун Хэт** гематрия 58
נ״ט נט	**Нун Тэт** гематрия 59
נ״ר	**Нахат Руах** (сокр.) наслаждение
נאבד	**Нээвад** ушел, убыл
נאבדה	**Нээвда** ушла, убыла
נאמר	**Нээмар** сказано

נאצל	**Нээцаль** творение, сотворен
נאצלו	**Нээцлу** сотворены
נבאר	**Нэваэр** разъясним
נבדל	**Нивдаль** отдельный
נבדלו	**Нивдалу** отделились
נבדלים	**Нивдалим** отдельные
נבזה	**Нивзэ** постыдно
נבחן	**Нивхан** различается, рассматривается
נבחנות	**Нивханот** различаются, рассматриваются (жен. род)
נבחנים	**Нивханим** различаются, рассматриваются (муж. род)
נבחנת	**Нивхэнэт** различается, рассматривается (жен. род)
נבקעה	**Нивкэа** разделилась
נברא	**Нивра** творение, сотворен
נברר	**Ниврар** выбирается, очищается
נבררו	**Нивpapy** были выбраны, были очищены
נבררים	**Ниврарим** выбираются, очищаются
נגד	**Нэгэд** напротив
נגדל	**Нигдаль** растет, вырос
נגדלו	**Нигдалу** выросли

נגדלים	**Нигдалим** растут
נגיע	**Нагиа** достигнем
נגיעה	**Нэгиа** косания
נגלה	**Нигла** раскрылся
נגמר	**Нигмар** завершился
נגמרו	**Нигмару** завершились
נגמרת	**Нигмэрэт** завершается
נדחה	**Нидха** оттолкнутый
נה"י	**НЭ"И** **Нэцах, Од, Исод** (сокр.) три последних сфиры в парцуфе
נהי"ם	**НЭИ"М** **Нэцах, Од, Исод, Малхут** (сокр.) четыре последних сфиры в парцуфе
נהפך	**Нээфах** обернулся, получил противоположное значение
נו"ה	**Нэцах ВэОд** (сокр.) Нэцах и Од (две сфиры)
נודע	**Нода** известно
נוהג	**Ноэг** происходит, имеет место быть
נוהגות	**Ноагот** происходят, имеют место быть
נולד	**Нолад** родился, произошел
נולדו	**Нолду** родились
נוסף	**Носаф** дополнительный
נוקבא	**Нуква** нуква (от некев - ощущение недостатка)

נוקבין	**Нуквин** нуквин (от некев - ощущение недостатка) множ. ч.
נזדווג	**Низдавэг** глагол от слова **зивуг** (соединение, единение; пассивная форма - совершает действие над собой под влиянием внешних сил) см. זווג
נזדכך	**Низдахэх** утоньшился, избавился от эгоизма (пассивная форма - совершает действие над собой под влиянием внешних сил)
נחזור	**Нахзор** вернемся
נחית	**Нахит** (арамеский) покоится
נחלק	**Нихлак** разделился, делится (муж. род)
נחלקה	**Нихлэка** разделилась, делится (жен. род)
נחלקות	**Нихлакот** разделились, делятся (жен. род)
נחלקים	**Нихлаким** разделились, делятся (муж. род)
נחסר	**Нихсар** недостает
נחשב	**Нихшав** считается (муж. род)
נחשבו	**Нихшеву** считаются
נחשבות	**Нихшавот** считаются (жен. род)
נחשבים	**Нихшавим** считаются (муж. род)
נחשבת	**Нихшэвэт** считается (жен. род)
נחת רוח	**Нахат Руах** удовольствие
נחתם	**Нихтам** отпечатался **Нихтам** отпечаток

נ/כר	**Никар** различается, заметен
ניכרת	**Никэрэт** различается, заметна
ניצוצים	**Ницуцим** искры
נכונים	**Нэхоним** правильные, готовые
נכלל	**Нихлаль** включается (во что- то), соединяется (муж. род)
נכללה	**Нихлела** включилась (во что- то), соединилась (жен. род)
נכללו	**Нихлелу** включились (во что-то), соединились
נכללות	**Нихлалот** включаются (во что- то), соединяются (жен. род)
נכללים	**Нихлалим** включаются (во что-то), соединяются (муж. род)
נכללת	**Нихлэлет** включается (во что- то), соединяется (жен. род)
נכנה	**Нэханэ** будем называть
נכנס	**Нихнас** входит
נכנסים	**Нихнасим** входят
נכפל	**Нихпаль** удвоился
נמוך	**Намух** ниже, низкий
נמצא	**Нимца** находится, оказывается, существует (муж. род)
נמצאות	**Нимцаот** находятся, оказываются существуют (жен. род)
נמצאים	**Нимцаим** находятся, оказываются, существуют (муж. род)
נמצאת	**Нимцэт** находится, оказывается, существует (жен. род)

נמרץ	**Нимрац** решительно
נמשך	**Нимшах** происходит, протягивается (жен. род)
נמשכו	**Нимшаху** произошли, протянулись
נמשכים	**Нимшахим** происходят, протягиваются (муж. род)
נמשכת	**Нимшэхэт** происходит, протягивается. (жен. род)
נמשל	**Нимшаль** похож
נסדקה	**Нисдэка** треснула
נסתיים	**Нистаем** закончился, завершился
נסתיימו	**Нистайму** закончились, завершились
נסתלק	**Нисталек** ушел, изошел
נסתלקה	**Нисталка** ушла, изошла (жен. род)
נסתלקו	**Нисталку** ушли, изошли
נעדרו	**Нээдру** отсутствуют
נעדרים	**Нээдарим** отсутствовали
נעלמה	**Нээлма** скрылась
נעשה	**Нааса** стал, был сделан, произошел
נעשו	**Наасу** стали, были сделаны, произошли
נעשית	**Наасит** стала, сделалась, произошла
נעשת	**Наасэт** стала, была сделана, произошла

נעשתה	**Нааста** стала, была сделана, произошла
נפגמו	**Нифгэму** повредились
נפגמים	**Нифгамим** повреждаются
נפולים	**Нэфулим** упавшие
נפילת	**Нэфилат** (в словосочетаниях) падение
נפילתם	**Нэфилатам** их падение
נפל	**Нафаль** упал
נפלה	**Нафла** упала
נפלו	**Нафлу** упали
נפסלה	**Нифсэла** стала непригодной
נפסלו	**Нифсэлу** стали непригодными
נפסק	**Нифсак** прекратился
נפרד	**Нифрад** отделился, отдельный
נפרדים	**Нифрадим** отделились, отдельные
נפש	**Нэфеш** нэфеш (вид света)
נצח	**Нэцах** нецах (сфира)
נצטמצמה	**Ництамцэма** сократилась
נק'	**Никра** (сокр.) называется
נקבה	**Нэкева** от слова нэкев - ощущение недостатка

נ

נקבי׳	**Никвэй** (в словосочетаниях) от слова некев - ощущение недостатка
נקבע	**Никва** установился, утвердился
נקודה	**Нэкуда** точка
נקודות	**Нэкудот** вторая стадия развития парцуфа (досл. точки)
נקודות	**Нэкудот** точки
נקודים	**Нэкудим** мир Некудим
נקודת	**Нэкудат** (в словосочетаниях) точка
נקרא	**Никра** называется
נקראות	**Никраот** называются (жен. род)
נקראים	**Никраим** называются (муж. род)
נקראת	**Никрэт** называется (жен. род)
נר	**Нэр** свеча
נר״ן	**НаРа"Н** (сокр.) нэфеш, руах, нэшама (три уровня света)
נרנח״י	**НаРаНХа"Й** (сокр.) нэфеш, руах, нэшама, хая, ехида (пять уровней света)
נשאר	**Нишар** остался
נשארה	**Нишара** осталась (жен. род)
נשארו	**Нишару** остались
נשארים	**Нишарим** остались
נשברו	**Нишбэру** разбились
נשלם	**Нишлам** завершается, доходит до цельного состояния

נשלמו	**Нишлему** завершаются, доходят до цельного состояния
נשלמים	**Нишламим** завершаются, доходят до цельного состояния
נשלמת	**Нишлемэт** завершается, доходит до цельного состояния
נשמה	**Нэшама** нэшама (вид света)
נשמות	**Нэшамот** внутренние части парцуфов (досл. души)
נשמת הצדיקים	**Нэшмат АЦадиким** части творения, активно участвующие в исправлении
נשתוה	**Ништава** сравнилась
נשתיירו	**Ништайру** остались
נשתנה	**Ништана** изменился
נתבאר	**Нитбаэр** прояснилось
נתבארו	**Нитбаэру** прояснились
נתבטלה	**Нитбатла** аннулировалась, отменилась
נתבטלו	**Нитбатлу** аннулировались, отменились
נתבקעו	**Нитбакъу** рассеклись
נתגלגל	**Нитгальгэль** развился
נתגלגלה	**Нитгальгэла** развилась
נתגלגלו	**Нитгальгэлу** развились
נתגלו	**Нитгалу** раскрылись
נתגשם, נתגשם בצורתו הסופית	**Нитгашем,** **Нитгашем БэЦурато аСофит** приобрел законченную эгоистическую форму

נתהוו	**Нитъаву** образовались, возникли
נתהווה	**Нитъава** образовался, возник
נתהפכה	**Нитъапха** обернулась, приняла обратное значение
נתהפכו	**Нитъапху** обернулись, приняли обратное значение
נתוספים	**Нитосфим** добавляются
נתחברה	**Нитхабра** соединилась
נתחברו	**Нитхабру** соединились
נתחדש	**Нитхадэш** добавилось то, чего не было раньше
נתחדשו	**Нитхадшу** добавились те, которых не было раньше.
נתחלקו	**Нитхалку** разделились
נתלבש	**Нитлабэш** оделся
נתלבשו	**Нитлабшу** оделись
נתמעט	**Нитмаэт** уменьшился
נתמעטו	**Нитмаату** уменьшились
נתנו	**Нитну** были даны
נתעלה	**Нитъала** поднялся
נתעלו	**Нитъалу** поднялись
נתערבו	**Нитъарву** смешались
נתפשט	**Нитпашэт** распространился

נתפשטה	**Нитпашта** распространилась
נתפשטו	**Нитпашту** распространились
נתקיים	**Ниткаем** осуществился, выполнил роль
נתקן	**Ниткан** устроено, установлено
נתקנה	**Ниткена** устроена, установлена
נתקנו	**Ниткену** устроены, установлены
נתרוקנו	**Нитрокну** опустошились
נתרשמו	**Нитрашму** записались

ס	**Самэх** пятнадцатая буква ивритского алфавита, числовое значение 60
ס״א סא	**Самэх Алеф** гематрия 61
ס״ב סב	**Самэх Бэт** гематрия 62
ס״ג	**Са"Г** парцуф мира Адам Кадмон, гематрия 63
ס״ג סג	**Самэх Гимэл** гематрия 63
סד	**Самэх Далет** гематирия 64
סה	**Самэх Эй** гематрия 65
ס״ו סו	**Самэх Вав** гематрия 66
ס״ז סז	**Самэх Заин** гематрия 67
סח	**Самэх Хэт** гематрия 68
ס״ז-ס״ח	**Самэх Заин – Самех Хэт** гематрия 67 - 68
סס	**Самэх Тэт** гематрия 69
סבה	**Сиба** причина
סבות	**Сибот** причины

סביב	**Савив** вокруг
סדר	**Сэдэр** порядок, поледовательность действий
סדרים	**Сдарим** последовательности действий
סוד	**Сод** внутренний смысл (досл. тайна)
סולם	**Сулам** лестница
סוף	**Соф** конец, конечная цель **Соф** завершающая часть в парцуфе
סוף סוף	**Соф Соф** в конце концов
סופה	**Софа** ее конец
סופו	**Софо** его конец
סופם	**Софам** их конечная цель
סותר	**Сотэр** отрицает
סיום	**Сиюм** окончание
סיומו	**Сиюмо** его окончание
סעודת	**Сэудат** (в словосочетаниях) трапеза
סעודתו	**Сэудато** его трапеза
ספי״ב	**Соф Перек Юд Бэт** (сокр.) конец двенадцатой главы
ספירה	**Сфира** сфира
ספירות	**Сфирот** сфирот (множ. число от сфира)
ספירת	**Сфират** (в словосочетаниях) сфира

ע

ע	**Аин** шестнадцатая буква ивритского алфавита, числовое значение 70
ע״א עא	**Аин Алеф** гематрия 71
ע״ב	**А"Б** парцуф мира Адам Акадмон (гематрия 72) **Амуд Бэт** (сокр.) страница 2 **Аин Бэт** гематрия 72
ע״ב-ס״ג-מ״ה	**А"Б – Са"Г – М"А** три парцуфа
עג	**Аин Гимэл** гематрия 73
...ע״ד ש	**Аль Дэрэх Шэ...** (сокр.) по примеру того как
ע״ד עד	**Аин Далет** гематрия 74
עה	**Аин Эй** гематрия 75
ע״ו עו	**Аин Вав** гематрия 76
ע״ו-ע״ז	**Аин Вав–Аин Заин** гематрия 76-77
עז	**Аин Заин** гематрия 76
ע״ז	**Аль Зэ** (сокр.) к этому
ע״ח עח	**Аин Хэт** гематрия 78

303

ע״ט עט	**Аин Тэт** гематрия 79
ע״י	**Аль Ядэй** (сокр.) с помощью
ע״כ	**Аль Кэн** (сокр.) поэтому
ע״מ	**Аль Мнат** (сокр.) с тем чтобы
ע״ס	**Эсэр Сфирот** (сокр.) 10 сфирот
ע״פ	**Аль Пи** (сокр.) в соответствии, согласно
עב	**Ав** грубый, эгоистичный **Аин Бэт** гематрия 72
עבדין	**Авдин** (арамейский) делают
עבור	**Ибур** первая стадия развития творения (досл. зародыш)
עביות	**Авиют** мера эгоизма (досл. толща, грубость)
עביותה	**Авиюта** мера ее эгоизма (досл. толща, грубость)
עביותו	**Авиюто** мера его эгоизма (досл. толща, грубость)
עברה	**Авра** прошла
עד	**Ад** до тех пор; до **Аин Далет** гематрия 74
עד ש...	**Ад Шэ...** пока не...
ע״ד ז	**Аль Дэрэх Зэ** (сокр.) по этому примеру
עדיין	**Адайн** до сих пор
עוביות	**Овиют** мера эгоизма (досл. грубость)

עוביותו	**Овиюто** мера его эгоизма (досл. грубость)
עובר	**Овэр** переходит **Убар** стадия развития творения (досл. зародыш)
עוברים	**Оврим** проходят, переходят
עוברת	**Овэрэт** проходит, переходит
עוד	**Од** еще
כל עוד	**Коль Од** все время что; пока
עוה"ז	**Олам аЗэ** (сокр.) Этот мир
עולה	**Оле** поднимается
עולות	**Олот** поднимаются (жен. род)
עולים	**Олим** поднимаются (муж. род)
עולם	**Олам** мир
עולמות	**Оламот** миры
עומד	**Омэд** стоит (муж. род)
עומדים	**Омдим** стоят (муж. род)
עומדת	**Омэдэт** стоит (жен. род)
עושה	**Осэ** делает
עושים	**Осим** делают
עטרת	**Атэрэт** венец
עי"ז	**Аль Ядэй Зэ** (сокр.) с помощью этого

עי"מ	**Ибур, Еника, Мохин** (сокр.) три стадии развития творения (досл. зародыш, период вскармливания грудью, период мудрости)
עיבור	**Ибур** первая стадия развития творения (досл. зародыш)
עיינין	**Эйнин** (арамейский) хохма в рош парцуфа (досл. глаза)
עיכב	**Икэв** задержал
עילאין	**Илаин** высшие, верхние
עיניך	**Эйнэха** твои глаза
עינים	**Эйнаим** хохма в рош парцуфа (досл. глаза)
עיקר	**Икар** основная часть, основа
עיקרו	**Икаро** его основная часть, его основа
עיקרים	**Икарим** основы
עכ"ז	**Им Коль Зот** (сокр.) вместе с тем
על	**Аль** на, около, у; о, об; из-за, через
עלאין	**Илаин** высшие, верхние
עלה	**Ала** поднялся
עלו	**Алу** поднялись
עלותם	**Алотам** их поднятие
עליה	**Але** (арамейский) на нем **Алея** на нее **Алия** подъем

עֲלֵיהֶם	**Алейэм** на них (муж. род)
עֲלֵיהֶן	**Алейэн** на них (жен. род)
עָלָיו	**Алав** на нем
עֶלְיוֹן	**Элион** высший, верхний
עֶלְיוֹנָה	**Эльёна** высшая, верхняя
עֶלְיוֹנוֹ	**Эльёно** его высший, его верхний
עֶלְיוֹנוֹת	**Эльёнот** высшие, верхние (жен. род)
עֶלְיוֹנִים	**Эльёним** высшие, верхние (муж. род)
עֲלִיּוֹת	**Алиёт** подъёмы
עֲלִיַּת	**Алият** (в словосочетаниях) подъём
עֲלִית	**Алият** (в словосочетаниях) подъём
עֲלִיָּתוֹ	**Алиято** его подъём
עָלְתָה	**Альта** она поднялась
עִם	**Им** с (предлог)
עִמָּהֶם	**Имаэм** с ними
עִמּוֹ	**Имо** с ним
עָמוֹק	**Амок** глубокий
עֲמִידָתָם	**Амидатам** их нахождение
עִנְיָן	**Иньян** понятие, вопрос (разбираемый, обсуждаемый)
עִנְיָנִים	**Иньяним** понятия, вопросы (разбираемые, обсуждаемые)

ע

עָנָף	**Анаф** ветвь, следствие
עֵץ הַדַּעַת	**Эц аДаат** Древо Познания
עַצְמָהּ	**Ацма** она сама, собственно она
בִּפְנֵי עַצְמָהּ	**Бифней Ацма** перед самой собой, сама по себе (жен. род)
עַצְמוֹ	**Ацмо** он сам, собственно он **Бифней Ацмо** перед самим собой, сам по себе (муж. род)
עַצְמוֹת	**Ацамот** сфира хохма при перечислении в ширину (досл. кости)
עַצְמוּתוֹ	**Ацмуто** его сущность
עַצְמָם	**Ацмам** они сами, собственно они **Бифней Ацмам** перед самими собой, сами по себе (муж. род)
בִּפְנֵי עַצְמָם	
עֲקוּדִים	**Акудим** название мира Адам Кадмон (досл. связанные)
עֲקַשְׁיָא	**Акашья** имя мудреца
עֵרֶךְ	**Эрэх** значение, величина
עֲרָכִים	**Арахим** значения, величины
עֶרְכָּם	**Аркам** их значение, их величина
עֲשׂוֹת	**Асот** творение
עֲשִׂיָּה	**Асия** мир Асия
עֶשֶׂר	**Эсэр** десять, 10
עַתָּה	**Ата** сейчас, в данный момент
עַתִּיק	**Атик** Атик (парцуф мира Ацилут)

פ

פ	**Пэй, Фэй** семнадцатая буква ивритского алфавита, числовое значение 80
פ״א פא	**Пэй Алеф** гематрия 81
פב	**Пэй Бэт** гематрия 82
פג	**Пэй Гимэл** гематрия 83
פ״ד פד	**Пэй Далет** гематрия 84
פ״ו פו	**Пэй Вав** гематрия 86
פז	**Пэй Заин** гематрия 87
פ״ח	**Пэй Хэт** гематрия 88
פ״ט	**Пэй Тэт** гематрия 89
פ״ט-צ״ד	**Пэй Тэт – Цадик Тэт** гематрия 89 - 99
פ״ב	**Паним Бэ Паним** (сокр.) обращены друг к другу лицевыми сторонами
פגם	**Пгам** недостаток, дефект
פגמה	**Пгама** ее недостаток, ее дефект
פה	**Пэ** малхут рош (досл. рот) **Пэй Эй** гематрия 85

309

פו"א	**Паним Вэ Ахор** (сокр.) лицевая и обратная сторона
פוסק	**Посэк** прекращает
פועל	**Поэль** действует **Поаль** действительность
פועלים	**Поалим** действуют
פחות	**Пахот** меньше
פי, על פי	**Пи,** **Аль Пи** в соответствии, согласно
פיהם, על פיהם	**Пиэм** **Аль Пиэм** в соответствии с ними, согласно им
פירוש	**Пируш** объяснение
פירושו	**Пирушо** объяснение этого
פירושם	**Пирушам** объяснение им
פנוי	**Пануй** свободный
פנים	**Паним** лицевая сторона
פנים מסבירות	**Паним Масбирот** Паним Масбирот - название объяснения Бааль Сулама к книге «Эц Хаим»
פנימי	**Пними** внутренний
פנימיות	**Пнимиют** внутреннее
פעל	**Пааль** сделал
פעם	**Паам** раз, однажды
פעמים	**Паамим** иногда

פרודא	**Перуда** разделение, отдаление (обратное к единству)
פרוש	**Перуш** объяснение
פרט	**Прат** частность, деталь (обратное от общности)
פרטי פרטיות	**Пиртэй Пратиют** самая мелкая частность
פרסא	**Парса** граница между дающими и получающими сосудами
פרסה	**Парса** граница между дающими и получающими сосудами
פרצוף	**Парцуф** духовный объект
פרצופו	**Парцуфо** его духовный объект
פרצופי	**Парцуфей** (в словосочетаниях) духовные объекты
פרצופים	**Парцуфим** духовные объекты
פרצופין	**Парцуфин** духовные объекты
פשוטה	**Пшута** простая
פתיחה	**Птиха** введение

צ

צ	**Цади** восемнадцатая буква ивритского алфавита, числовое значение 90
צא	**Цади Алеф** гематрия 91
צב	**Цади Бэт** гематрия 92
צ"ג צג	**Цади Гимэл** гематрия 93
צ"ד צד	**Цади Далет** гематрия 94
צה	**Цади Эй** гематрия 95
צ"ו צו	**Цади Вав** гематрия 96
צז	**Цади Заин** гематрия 97
צ"ח צח	**Цади Хэт** гематрия 98
צדקו	**Цадко** своего праведника
צורה	**Цура** форма
צורת	**Цурат** (в словосочетаниях) форма
צורתה	**Цурата** ее форма
צורתו	**Цурато** его форма

ציור	**Циюр** рисунок, чертеж
צמצום	**Цимцум** сокращение
צריך	**Царих** должен, надо
צריכה	**Цриха** должна, ей надо
צריכים	**Црихим** должны, им надо

ק

ק	**Куф** девятнадцатая буква ивритского алфавита, чиловое значение 100
ק״א קא	**Куф Алеф** гематрия 101
קב	**Куф Бэт** гематрия 102
קג	**Куф Гимэл** гематрия 103
קד	**Куф Далет** гематрия 104
קה	**Куф Эй** гематрия 105
ק״ו	**Куф Вав** гематрия 106
ק״ז קז	**Куф Заин** гематрия 107
קח	**Куф Хэт** гематрия 108
קט	**Куф Тэт** гематрия 109
ק״ז-ק״ט	**Куф Заин – Куф Тэт** гематрия 107-109
קי	**Куф Юд** гематрия 110
ק״יא קיא	**Куф Юд Алеф** гематрия 111
קיב	**Куф Юд Бэт** гематрия 112

קי"ג	**Куф Юд Гимэл** гематрия 113	
קי"ד	**Куф Юд Далет** гематрия 114	
קט"ו	**Куф Тэт Вав** гематрия 115	
קט"ז קטז	**Куф Тэт Заин** гематрия 116	
קי"ז	**Куф Юд Заин** гематрия 117	
קי"ח קיח	**Куф Юд Хэт** гематрия 118	
קי"ט קיט	**Куф Юд Тэт** гематрия 119	
ק"כ	**Куф Хаф** гематрия 120	
קכ"א קכא	**Куф Хаф Алеф** гематрия 121	
קכב	**Куф Хаф Бэт** гематрия 122	
קכג	**Куф Хаф Гимэл** гематрия 123	
קכ"ד קכד	**Куф Хаф Далет** гематрия 124	
קכה	**Куф Хаф Эй** гематрия 125	
קכ"ו קכו	**Куф Хаф Вав** гематрия 126	
קכ"ז קכז	**Куф Хаф Заин** гематрия 127	
קכח	**Куф Хаф Хэт** гематрия 128	
קכ"ט קכט	**Куф Хаф Тэт** гематрия 129	
ק"ל קל	**Куф Ламэд** гематрия 130	
קלא	**Куф Ламэд Алеф** гематрия 131	

קלב	**Куф Ламэд Бэт** гематрия 132
קלג	**Куф Ламэд Гимэл** гематрия 133
קל״ד קלד	**Куф Ламэд Далет** гематрия 134
קל״ה קלה	**Куф Ламэд Эй** гематрия 135
קל״ו קלו	**Куф Ламэд Вав** гематрия 136
קלז	**Куф Ламэд Заин** гематрия 137
קל״ח קלח	**Куф Ламэд Хэт** гематрия 138
קל״ט קלט	**Куф Ламэд Тэт** гематрия 139
קמ	**Куф Мэм** гематрия 140
קמ״א קמא	**Куф Мэм Алеф** гематрия 141
קמ״ב קמב	**Куф Мэм Бэт** гематрия 142
קמג	**Куф Мэм Гимэл** гематрия 143
קמד	**Куф Мэм Далет** гематрия 144
קמ״ה קמה	**Куф Мэм Эй** гематрия 145
קמו	**Куф Мэм Вав** гематрия 146
קמז	**Куф Мэм Заин** гематрия 147
קמ״ח קמח	**Куф Мэм Хэт** гематрия 148
קמ״ט קמט	**Куф Мэм Тэт** гематрия 149
קנ	**Куф Нун** гематрия 150

קנ"א קנא	**Куф Нун Алеф** гематрия 151
קנ"ב קנב	**Куф Нун Бэт** гематрия 152
קנג	**Куф Нун Гимэл** гематрия 153
קנד	**Куф Нун Далет** гематрия 154
קנה	**Куф Нун Эй** гематрия 155
קנ"ו קנו	**Куф Нун Вав** гематрия 156
קנז	**Куф Нун Заин** гематрия 157
קנח	**Куф Нун Хэт** гематрия 158
קנט	**Куф Нун Тэт** гематрия 159
קס	**Куф Самэх** гематрия 160
קס"א קסא	**Куф Самэх Алеф** гематрия 161
קס"ב קסב	**Куф Самэх Бэт** гематрия 162
קסג	**Куф Самэх Гимэл** гематрия 163
קסד	**Куф Самэх Далет** гематрия 164
קסה	**Куф Самэх Эй** гематрия 165
קסו	**Куф Самэх Вав** гематрия 166
קסז	**Куф Самэх Заин** гематрия 167
קסח	**Куф Самэх Хэт** гематрия 168
קסט	**Куф Самэх Тэт** гематрия 169

קע	**Куф Аин** гематрия 170
קעא	**Куф Аин Алеф** гематрия 171
קעב	**Куф Аин Бэт** гематрия 172
קעג	**Куф Аин Гимэл** гематрия 173
קעד	**Куф Аин Далет** гематрия 174
קעה	**Куф Аин Эй** гематрия 175
קעו	**Куф Аин Вав** гематрия 176
קעז	**Куф Аин Заин** гематрия 177
קעח	**Куф Аин Хэт** гематрия 178
קעט	**Куф Аин Тэт** гематрия 179
קפ	**Куф Пэй** гематрия 180
קפא	**Куф Пэй Алеф** гематрия 181
קפב	**Куф Пэй Бэт** гематрия 182
קפג	**Куф Пэй Гимэл** гематрия 183
קפד	**Куф Пэй Далет** гематрия 184
קפה	**Куф Пэй Эй** гематрия 185
קפו	**Куф Пэй Вав** гематрия 186
קפז	**Куф Пэй Заин** гематрия 187
קפח	**Куф Пэй Хэт** гематрия 188

קביעות	**Квиют** постоянное состояние
קביעותם	**Квиютам** их постоянное состояние
קבלה	**Кабала** получение
קבלת	**Кабалат** (в словосочетаниях) получение
קדושה	**Кдуша** святость (части общей системы творения, обладающие свойствами Творца)
קו	**Кав** линия **Куф Вав** гематрия 106
קובעת	**Коват** устанавливает
קומה	**Кома** величина, высота
קומות	**Комот** величины, высоты
קומת	**Комат** (в словосочетаниях) величина, высота
קומתה	**Комата** ее величина, ее высота
קומתו	**Комато** его величина, его высота
קונה	**Конэ** приобретает
קוצו של יוד	**Куцо шель йуд** верхняя точка буквы йуд (י)
קטן	**Катан** малый
קטנות	**Катнут** малое состояние
קטנותם	**Катнутам** их малое состояние
קיום	**Киюм** существование, приведение в действие

קלוש	**Калуш** слабый
קלושה	**Клуша** слабая
קליפות	**Клипот** нечистые силы (желания с эгоистическим намерением)
קנתה	**Канта** приобрела
קץ	**Кец** окончание, конец
קשה	**Кашэ** твердый, тяжелый
קשורים	**Кшурим** привязаны
קשיות	**Кашиют** твердость
קשר	**Кэшэр** связь

ר

ר׳	**Рэйш** двадцатая буква ивритского алфавита, числовое значение 200
ראוי	**Рауй** пригодный
ראויה	**Рэуя** достойна, пригодна
ראוים, ראויים	**Рэуим** пригодны
ראש	**Рош** часть парцуфа, в котором делается расчет на получение света (досл. голова)
ראשונות	**Ришонот** первые
רב	**Рав** большой
רבי	**Раби** рабби, мудрец
רגלי	**Раглэй** (в словосочетаниях) нижняя часть парцуфа (досл. ноги)
רגליו	**Раглав** нижняя часть парцуфа (досл. его ноги)
רגלים	**Раглаим** нижняя часть парцуфа (досл. ноги)
רגלין	**Раглин** (арамейский) нижняя часть парцуфа (досл. ноги)
רגע,	**Рэга** мгновение, миг
אף רגע	**Аф Рэга** ни на миг

רדל״א	**РаДЛ"А,** **Рэйша ДэЛо Этъяда** (сокр.) ограничение в мире Ацилут (досл. голова, которая не раскрывается)
רואה	**Роэ** видишь
רוח	**Руах** вид света
נחת רוח	**Нахат Руах** удовольствие, удовлетворение
רוחני	**Рухани** духовный, альтруистический
רוחניות	**Руханиют** духовность, альтруизм
רוצה	**Роцэ** желает (муж. род)
רוצים	**Роцим** желают
רחוקה	**Рэхока** далекая
רחוקים	**Рэхоким** далекие
רחמים	**Рахамим** мера милосердия
ריבוי	**Рибуй** множественность
ריחוק	**Рихук** удаление
ריקן	**Рэйкан** пустой
ריקנות	**Рэйканот** пустые
רעב	**Раэв** голодный **Раав** голод
רעבון	**Раавон** голод
רפמ״ד	**Рэйш Пэрэк Мэм Далет** (сокр.) начало главы 44

רצה	**Раца** хотел
רצוי	**Рацуй** желательный
רצון	**Рацон** желание
רק	**Рак** только
רשימו	**Решимо** память о состояниях парцуфа (досл. запись)
רשימות	**Решимот** множ. число от **Решимо** (см. רשימו)
רשעים	**Рэшаим** злодеи
רת״ס	**Рош, Тох, Соф** (сокр.) 3 части парцуфа (досл. голова, внутренность, конец)

ש

ש	**Шин** двадцать первая буква ивритского алфавита, числовое значение 300
ש...	**Шэ...** который, что
ש"ע	**Шлиш Эмцаи** (сокр.) средняя треть
שא"א	**ШэАрих Анпин** (сокр.) так что Арих Анпин (см. א"א)
וכיון שא"א	**ВэКэйван ШэАрих Анпин** и из-за того что у Арих Анпин (см. א"א)
שא"ס ב"ה	**ШэЭйн Соф Барух У** (сокр.) что Эйн Соф благословен Он (см. א"ס)
וכמו שא"ס ב"ה	**УХмо ШэЭйн Соф Барух У** (сокр.) и как Эйн Соф благословен Он (см. א"ס)
שאו"א	**ШэАба ВэИма** (сокр.) что Аба ВэИма
בעת שאו"א	**БаЭт ШэАба ВэИма** (сокр.) во время когда Аба ВэИма
שאור	**ШэОр** что свет, который свет (см. אור)
עד שאור	**Ад ШэОр** до тех пор пока свет (см. אור)
וכיון שאור	**ВэКэйван ШэОр** и потому что свет (см. אור)
הרי שאור	**Арэй ШэОр** то есть свет (см. אור)
ומתוך שאור	**УМиТох ШэОр** и из того что свет (см. אור)
שכל עוד שאור	**ШэКоль Од ШэОр** что все время пока свет (см. אור)
שאורותיה	**ШэОротэя** что ее света (см. אור)
שאותו	**ШэОто** что этот

שאותן	**ШэОтан** что те (жен. род)
שאז	**ШэАз** что тогда
ומשום שאז	**УМиШум ШэАз** и потому что тогда
שאח״פ	**ШэАХа"П** что АХа"П (см. אח״פ)
שאחר	**ШэАхар** что после того как; что после
שאחריו	**ШэАхарав** что после него
שאי אפשר	**ШэИ Эфшар** что нельзя
שאין	**ШэЭйн** что нет, что не может быть, что не может, что не является;
עד שאין	**Ад ШэЭйн** в такой степени, что невозможно, в такой степени, что не...
וכל עוד שאין	**ВэКоль Од ШэЭйн** и все время пока нет
בעת שאין	**БаЭт ШэЭйн** во время когда нет
ובעת שאין	**УВаЭт ШэЭйн** и когда нет
וכיון שאין	**ВэКейван ШэЭйн** и потому что нет
הרי שאין	**Арэй ШэЭйн** то есть что нет
כיון שאין	**Кейван ШэЭйн** потому что нет
מה שאין כן	**Ма ШэЭйн Кэн** но что не так
שאינה ראויה	**ШэЭйна Рэуя** которая не подходит
שאינה רוצה	**ШэЭйна Роца** которая не хочет
שאינו	**ШэЭйно** который не...
כמעט שאינו	**Кимат ШэЭйно** почти что не...
שאינם	**ШэЭйнам** что не...
כיון שאינם	**Кейван ШэЭйнам** потому что не...

שאיננה, כמו שאיננה שם	**ШэЭйнэна,** **Кмо ШэЭйнэна Шам** как будто бы не находится там
שאך	**ШэАх** что только
שאליהם	**ШэЭлейэм** что к ним
שאם	**ШэИм** что если
שאמר, וזה שאמר	**ШэАмар,** **ВэЗэ ШэАмар** и это то, что сказал
שאמרו	**ШэАмру** как сказали
שאמרנו	**ШэАмарну** как мы сказали
ומה שאמרנו	**ВэМа ШэАмарну** и то, что мы сказали
כמו שאמרנו	**Кмо ШэАмарну** как мы сказали
שאנו	**ШэАну** который мы...
אע"פ שאנו	**Аф Аль Пи ШэАну** несмотря на то что мы
שאפילו	**ШэАфилу** что даже
שאפשר	**ШэЭфшар** который может быть
שאר	**Шаар** остальные
שב"ש	**ШэБэт Шлиш** так что две трети
שב'	**ШэБэт** что две
שבא, משום שבא	**ШэБа,** **Мишум ШэБа** потому что пришел
שבא"ס ית'	**ШэБэЭйн Соф Итбарах** (сокр.) который в мире Бесконечности, да будет благословен (см. א"ס)

שבא״ק	**ШэБэА"К** который в А"К (см. א״ק)
שבאבי״ע	**ШэБэАБИ"Я** который в АБЕ"Я (см. אבי״ע)
שבאה, עד שבאה	**ШэБаа,** **Ад ШэБаа** пока не приходит
שבאו״א	**ШэБэАба ВэИма** так что в Аба ВэИма, которые в Аба ВэИма (см. או״א)
שבאופן זה	**ШэБэОфэн Зэ** что таким образом
שבאור העליון	**ШэБэОр аЭлион** которые в Высшем Свете (см. אור)
שבאורות, כמו שבאורות	**ШэБэОрот,** **Кмо ШэБэОрот** так же, как в светах (см. אורות)
שבאים בעת שבאים	**ШэБаим,** **БаЭт ШэБаим** во время, когда приходят
עד שבאים	**Ад ШэБаим** пока не приходят
שבאלו	**ШэБаЭлу** что в этих, который в этих
שבאמת	**ШэБэЭмэт** что на самом деле
שבבחי״א	**ШэБэБхина Алеф** который в первой стадии (см. בחי״א)
שבבחי״ב	**ШэБэБхина Бэт** который во второй стадии (см. בחי״ב)
שבבחי״ד	**ШэБэБхина Далет** который в четвертой стадии (см. בחי״ד)
שבבחינה ד'	**ШэБэБхина Далет** который в четвертой стадии (см. בחינה)
שבבי״ע	**ШэБэБИ"Я** который в БЕ"Я (см. בי״ע)
שבגוף	**ШэБэГуф** который в теле (см. גוף)
שבדעתם	**ШэБэДаатам** который в их мировосприятии

שבדרך	**ШэБэДэрэх** который в пути
שבדרך זה	**ШэБэДэрэх Зэ** и таким образом
שבדרך כלל	**ШэБэДэрэх Клаль** которые обычно
שבה	**ШэБа** который в ней, что в ней
שבה"פ	**ШэБэЭй Парцуфим** который в пяти парцуфах (см. ה״יפ)
שבה'	**ШэБэЭй** который в пяти
שבהבחן א'	**ШэБэЭвхэн Алеф** который в первой особенности (см. הבחן)
שבהוי"ה	**ШэБэАВА"Я** который в АВА"Я (см. הוי״ה)
שבהיותה	**ШэБэЭёта** в состоянии, когда она
שבהכלי	**ШэБэАКли** которые в кли (см. כלי)
שבהם	**ШэБаЭм** который в них, так как в них, что в них
שבהמלכות	**ШэБэАМалхут** который в Малхут (см. מלכות)
שבהמסך	**ШэБэАМасах** который в масахе (см. מסך)
שבהנאצל	**ШэБэАНээцаль** который в творении (см. נאצל)
שבהעליות	**ШэБэААлиёт** которые в подъемах (см. עליות)
שבהשפע	**ШэБэАШэфа** который в Шефа (см. שפע)
שבו	**ШэБо** который в нем, что в нем, что в нем.
שבזה	**ШэБэЗэ** что этим
שבחוסר	**ШэБэХосэр** что в отсутствии
שבחזה	**ШэБэХазэ** который в хазэ (см. חזה)

שבחי"א	**ШэБхина Алеф** что первая стадия (см. בחיי"א)
שבחי"ד	**ШэБхина Далет** что четвертая стадия (см. בחיי"ד)
שבחינה	**ШэБхина** что уровень (см. בחינה)
שבחינת, באופן שבחינת עיקר	**ШэБхинат,** **БэОфэн ШэБхинат Икар** таким образом, что особенность основного качества (см. בחינה)
שבחכמה	**ШэБэХохма** который в этой мудрости
שביארנו, הגם שביארנו	**ШэБиарну,** **аГам ШэБиарну** несмотря на то что мы прояснили
שביה"כ	**Швират аКелим** (сокр.) разбиение сосудов
שבים	**Шавим** возвращаются
שבין	**ШэБэйн** который между
שביצירה	**ШэБэЕцира** который в Ецира (см. יצירה)
שבירה	**Швира** разбиение
שבירת	**Швират** (в словосочетаниях) разбиение
שבירתם	**Швиратам** (их) разбиение
שבכל	**ШэБэХоль** что в каждом
שבכלי	**ШэБэКли** который в кли (см. כלי)
שבכלים	**ШэБэКелим** что среди сосудов (см. כלי)
שבלי	**ШэБли** что без
שבמחשבת הבריאה	**ШэБэМахшэвэт аБрия** который в замысле творения

שבמלכות	**ШэБэМалхут** который в Малхут (см. מלכות)
שבמסך	**ШэБэМасах** который в масахе (см. מסך)
שבמצב	**ШэБэМацав** который в состоянии
שבמציאות	**ШэБэМэциют** который в Действительности (см. מציאות)
שבמקומם	**ШэБиМкомам** которые на своем месте
שבנו	**ШэБану** который в нас
שבנקבי העינים	**ШэБаНиквей аЭйнаим** который в Никвей Эйнаим (см. נקבי עינים)
שבסבת	**ШэБэСибат** (в словосочетаниях) что по причине
שבסבתו	**ШэБэСибато** что по его причине, из-за него
שבסבתם	**ШэБэСибатам** что по их причине, из-за них
שבע"ס	**ШэБаЭсэр Сфирот** который в десяти сфирот
לפי שבע"ס	**Лефи ШэБаЭсэр Сфирот** потому что в десяти сфирот (см. ע"ס)
שבעוה"ז	**ШэБэОлам аЗэ** который в Этом мире (см. עוה"ז)
שבעולם	**ШэБэОлам** что в мире, которые в мире (см. עולם)
שבעשיה	**ШэБэАсия** который в мире Асия (см. עשיה)
שבעשר ספירות	**ШэБэЭсэр Сфирот** который в десяти сфирот (см. ע"ס)
שבעת	**ШэБэЭт** что во время
שבפה	**ШэБэПэ** который в пэ (см. פה)
שבפרסא	**ШэБэПарса** который в парсе (см. פרסא)
שבפרצוף	**ШэБэПарцуф** который в парцуфе (см. פרצוף)

שבפרצופים	**ШэБэПарцуфим** которые в парцуфах (см. פרצופים)
שבקביעות	**ШэБэКвиют** которые постоянны (см. קביעות)
שבקטנות	**ШэБэКатнут** которые в малом состоянии (см. קטנות)
שבראה	**ШэБаръа** когда сотворил её
שבראש	**ШэБэРош** которые в рош (см. ראש)
שברצון לקבל	**ШэБэРацон Лекабэль** которые в желании получить наслождение
שברשימות	**ШэБэРешимот** который в решимот (см. רשימות)
שבשיעור	**ШэБэШиур** что в размере, что в мере
שבשם הוי"ה	**ШэБэШэм АВА"Я** которые в имени АВА"Я
שבשמו ית'	**ШэБэШмо Итбарах** который в Его имени, да будет благословенно
שבשפע	**ШэБэШэфа** который в шефа (см. שפע)
שבשתא, שבשתא אלפי שני	**ШэБэШита, ШэБэШита Алфэй Шни** что во время шесть тысяч лет
שבת	**Шабат** вид духовный подъем, (досл. суббота)
שבתוך	**ШэБэТох** что внутри
שבתוכו	**ШэБэТохо** что внутри его
שג"ר	**ШэГа"Р** где Га"Р (см. ג"ר)
שג'	**ШэГимэл** что три
מתוך שג'	**МиТох ШэГимэл** из того что три
ומה שג'	**УМа ШэГимэл** и то что три

שגו"ע	**ШэГальгальта ВэЭйнаим** что Гальгальта ВэЭйнаим (см. גו"ע)
שגלגלתא ועינים	**ШэГальгальта ВэЭйнаим** что Гальгальта ВэЭйнаим (см. גו"ע)
שגם	**ШэГам** что также
שגרם	**ШэГарам** которому послужил причиной
שדרכם	**ШэДаркам** через которые
שה'	**ШэЭй** что пять
ומה שה'	**ВэМа ШэЭй** и то что пять
שה"ס	**ШэУ Сод** (сокр.) внутренний смысл которого
שה"פ,	**ШэЭй Парцуфэй** (сокр.) что пять парцуфов (см. ה"פ)
בעת שה"פ	**БаЭт ШэЭй Парцуфэй** (сокр.) во время, когда пять парцуфов (см. ה"פ)
שה"ת, ומתוך שה"ת	**ШэЭй Татаа,** **УМиТох ШеЭй Татаа** (сокр.) и исходя из того Нижнее Эй (см. ה"ת)
שהאו"ח	**ШэАОр Хозэр** (сокр.) что возвращенный свет, который возвращенный свет (см. או"ח)
שהאו"מ	**ШэАОр Макиф** которые окружающий свет (см. או"מ)
עד שהאו"מ	**Ад ШэАОр Макиф** все время, что окружающий свет (см. או"מ)
שהאו"פ	**ШэАОр Пними** что внутрений свет (см. או"פ)
שהאור	**ШэАОр** что свет; где свет (см. אור)
בעת שהאור	**БаЭт ШэАОр** в то время когда свет (см. אור)
שהאורות, אחר שהאורות	**ШэАОрот,** **Ахар ШэАОрот** после того как света (см. אורות)
שהאח"פ	**ШэААХа"П** в то время когда АХа"П (см. אח"פ)

332

שהאיר	**ШэЭир** который посветил
שהאצילה, בעת שהאצילה	**ШэЭэцила, БаЭт ШэЭэцила** во время что создала
שהארה	**ШэЭара** что свечение
שהארת	**ШэЭарат** (в словосочетаниях) что свечение
הגם שהארת	**ШэАГам ШэЭарат** (в словосочетаниях) несмотря на то что свечение
שהב"ן	**ШэАБо"Н** где Бо"Н (см. ב"ן)
שהבחי"ד,	**ШэАБхина Далет** что четвертая стадия таким образом, что в четвертой ста-дии (см. בחי"ד)
באופן שהבחי"ד	**БэОфэн ШэАБхина Далет** таким образом, что четвертая стадия (см. בחי"ד)
בעוד שהבחי"ד	**Бэод ШэАБхина Далет** пока четвертая стадия (см. בחי"ד)
אחר שהבחי"ד	**Ахар ШэАБхина Далет** после того как четвертая стадия (см. בחי"ד)
מתוך שהבחי"ד	**МиТох ШэАБхина Далет** из-за того что четвертая стадия (см. בחי"ד)
ומאחר שהבחי"ד	**УМиАхар ШэАБхина Далет** и после того как четвертая стадия (см. בחי"ד)
מטעם שהבחי"ד	**МиТаам ШэАБхина Далет** по причине, что четвертая стадия (см. בחי"ד)
שהבחינה האחרונה	**ШэАБхина аАхрона** что последняя стадия
מתוך שהבחינה האחרונה	**МиТох ШэАБхина аАхрона** из-за того что четвертая стадия
ומתוך שהבחינה האחרונה	**УМиТох ШэАБхина аАхрона** и из-за того что четвертая стадия
שהביטוש, משום שביטוש	**ШэАБитуш, Мишум ШэАБитуш** из-за того что битуш (см. ביטוש)
שהבינה	**ШэАБина** где Бина, что Бина (см. בינה)
שהג"ר	**ШэАГа"Р** когда Га"Р (см. ג"ר)
שהג', בעת שהג'	**ШэАГимэл, БэЭт ШэАГимэл** в то время когда три

ש

שהגו״ע, ואחר שהגו״ע	**ШэАГальгальта Вэ Эйнаим,** (сокр.) **ВэАхар ШэАГальгальта ВэЭйнаим** (сокр.) и после того как Гальгальта ВэЭйнаим (см. גו״ע)
שהגופים, וכיון שהגופים	**ШэАГуфим,** **ВэКейван ШэАГуфим** и потому как гуфим (см. גוף)
שהגלגלתא	**ШэАГальгальта** где Гальгальта (см. גלגלתא)
שהגם ש...	**ШэАГам Шэ...** несмотря на то что...
שהגשמיים, כמו שהגשמיים	**ШэАГашмиим,** **Кмо ШэАГашмиим** так же, как материальные тела
שההוראה	**ШэАОраа** что указание
שהוא	**ШэУ** что он, который он
וכל שהוא	**ВэКоль ШэУ** и всякий, который...
אחר שהוא	**Ахар ШэУ** после того как он
בעת שהוא	**БаЭт ШэУ** в то время когда он
כמו שהוא	**Кмо ШэУ** так же, как он
למי שהוא	**ЛеМи ШэУ** кому-нибудь
במה שהוא	**БэМа ШэУ** в том, что он
ע״ד שהוא	**Аль Дэрэх ШэУ** таким же образом, как он
משום שהוא	**Мишум ШэУ** потому что он
ומשום שהוא	**УМишум ШэУ** и потому что он
אע״פ שהוא	**Аф Аль Пи ШэУ** несмотря на то что он
מתוך שהוא	**МиТох ШэУ** из-за того что он
שהוכן	**ШэУхан** который был подготовлен
שהוכרח	**ВэУхрах** что был вынужден
שהולך	**ШэОлех** что идет (см. הולך)

ש

שהולכים	**ШэОлхим** что идут (см. הולך)
שהופיע, בעת שהופיע	**ШэОфия** **БаЭт ШэОфия** в момент, когда появился
שהוציא	**ШэОци** который вывел (см. הוציא)
שהות	**Шэут** задержка
שהז״ת	**ШэАЗа"Т** то есть За"Т (см. ז״ת)
בעת שהז״ת	**БаЭт ШэАЗа"Т** во время когда За"Т (см. ז״ת)
שבעת שהז״ת	**ШэБаЭт ШэАЗа"Т** что во время когда За"Т (см. ז״ת)
שהגם שהז״ת	**ШэАГам ШэАЗа"Т** что несмотря на то что За"Т (см. ז״ת)
שהזו״ן	**ШэАЗО"Н** который ЗО"Н, что ЗО"Н (см. זו״ן)
ומתוך שהזו״ן	**УМиТох ШэАЗО"Н** и исходя из того, что ЗО"Н (см. זו״ן)
אחר שהזו״ן	**Ахар ШэАЗО"Н** после того как ЗО"Н (см. זו״ן)
שהגם שהזו״ן	**ШэАГам ШеАЗО"Н** несмотря на то что ЗО"Н (см. זו״ן)
בעת שהזו״ן	**БаЭт ШеАЗО"Н** в то время когда ЗО"Н (см. זו״ן)
שהזווג	**ШэАЗивуг** что зивуг (см. זווג)
מאחר שהזווג	**МеАхар ШэАЗивуг** после того как зивуг (см. זווג)
שהזכר	**ШэАЗахар** когда захар (см. זכר)
משום שהזכר	**Мишум ШэАЗахар** так как захар (см. זכר)
שהזכרים, מה שהזכרים	**ШэАЗхарим,** **Ма ШэАЗхарим** то, что зхарим (см. זכר)
שהחזה	**ШэАХазэ** что хазэ (см. חזה)
שהיא	**ШэИ** которая

ש

שהיה	**ШэАя** который был
כמו שהיה	**Кмо ШэАя** как было
מה שהיה	**Ма ШэАя** то, что было
אע"פ שהיה	**Аф Аль Пи ШэАя** несмотря на то что было
שהיו	**ШэАю** которые были
כמו שהיו	**Кмо ШэАю** как были
שהיתה	**ШэАйта** которая была
כמו שהיתה	**Кмо ШэАйта** как была
שהכונה היא	**ШэАКавана И** что подразумевают этим
שהכלי	**ШэАКли** что кли
כל עוד שהכלי	**Коль Од ШэАКли** все то время пока кли (см. כלי)
שהכלים	**ШэАКелим** что келим
מאחר שהכלים	**МеАхар ШэАКелим** в результате того, что келим
שהכלל	**ШэАКлаль** что общее
שהלבישו	**ШэЭльбишу** которые облачились на...
שהם	**ШэЭм** что они
אע"פ שהם	**Аф Аль Пи ШэЭм** несмотря на то что они
ואע"פ שהם	**ВэАф Аль Пи ШэЭм** и несмотря на то что они
והגם שהם	**ВэАГам ШэЭм** и несмотря на то что они
מפני שהם	**Мипней ШэЭм** потому что они
בעת שהם	**БаЭт ШэЭм** в то время когда они
ובעת שהם	**ВэБаЭт ШэЭм** и в то время когда они
מטעם שהם	**МиТаам ШэЭм** по причине того, что они
כפי שהם	**Кфи ШэЭм** такие, как они

שהמדרגה	**ШэАМадрега** когда ступень
שהמדרגות	**ШэАМадрегот** что ступени
שהמוחין	**ШэАМохин** что Мохин
בעת שהמוחין	**БаЭт ШэАМохин** в то время когда Мохин
ובעת שהמוחין	**ВэБаЭт ШэАМохин** и в то время когда Мохин
ולפי שהמוחין	**ВэЛефи ШэАМохин** и исходя из того что Мохин (см. מוחין)
שהמלכות	**ШэАМалхут** что Малхут (см. מלכות)
שהמסך	**ШэАМасах** так, что масах; что масах; который масах
אחר שהמסך	**Ахар ШэАМасах** после того как масах (см. מסך)
ואחר שהמסך	**ВэАхар ШэАМасах** и после того как масах (см. מסך)
שהמציאות, כיון שהמציאות	**ШэАМэциют,** **Кейван ШэАМэциют** потому что действительность
שהמשיך	**ШэЭмших** который протянул
שהמשיכו, בעת שהמשיכו	**ШэЭмшиху,** **БаЭт ШэЭмшиху** во время когда протянули
שהן	**ШэЭн** что они
שהנוקבא, וכיון שהנוקבא	**ШэАНуква,** **ВэКейван ШэАНуква** и из-за того что нуква (см. נוקבא)
שהנפש, איך שהנפש	**ШэАНэфеш,** **Эйх ШэАНэфеш** как нэфеш (см. נפש)
שהנקבה	**ШэАНэкева** когда нэкева (см. נקבה)
שהנקודות	**ШэАНэкудот** что нэкудот (см. נקודות)
שהנר"ן	**ШэАНаРа"Н** (сокр.) что НаРа"Н
מפאת שהנר"ן	**МиПат ШэАНаРа"Н** (сокр.) они по причине что НаРа"Н (см. נר"ין)

שהסבה	**ШэАСиба** что причина
שהסיום, מאחר שהסיום	**ШэАСиюм,** **МеАхар ШэАСиюм** после того как окончание (см. סיום)
שהספיק	**ШэЭспик** чего хватило
שהע"ס	**ШэАЭсэр Сфирот** сокр. что десять сфирот (см. ע"ס)
שאחר שהע"ס	**ШэАхар ШэАЭсэр Сфирот** что после того как десять сфирот (см. ע"ס)
כיון שהע"ס	**Кэйван ШэАЭсэр Сфирот** так как десять сфирот (см. ע"ס)
שהעביות	**ШэААвиют** где авиют (см. עביות)
מתוך שהעביות	**МиТох ШэААвиют** исходя из того, что авиют (см. עביות)
שהעובר, ואחר שהעובר	**ШэАУбар,** **ВэАхар ШэАУбар** и после того как убар (см. עובר)
שהעלה	**ШэЭэла** который поднял
שהעלו	**ШэЭэлу** который подняли
שהעלתה	**ШэЭэльта** которые подняла
שהפנימיות	**ШэАПнимиют** где внутренняя часть (см. פנימיות)
שהפריד	**ШэЭфрид** который отделил
שהצמצום, כיון שהצמצום	**ШэАЦимцум,** **Кейван ШэАЦимцум** из-за того что сокращение (см. צמצום)
שהקומה	**ШэАКома** что величина (см. קומה)
וכיון שהקומה	**ВэКейван ШэАКома** и потому что величина (см. קומה)
שהראש	**ШэАРош** где рош (см. ראש)
שהרי	**ШэАрэй** ведь

338

שהרעב, שהגם שהרעב	**ШэАраав,** **ШэАГам ШэАраав** что несмотря на то, что голод
שהרצון לקבל	**ШэАрацон Лекабэль** что желание получить
כל עוד שהרצון לקבל	**Коль Од ШэАрацон Лекабэль** все то время, что желание получить
ואחר שהרצון לקבל	**ВэАхар ШэАрацон Лекабэль** и после того как желание получить
ובכדי שהרצון לקבל	**УВихдей ШэАрацон Лекабэль** и для того чтобы желание получить
שהגם שהרצון לקבל	**ШэАГам ШэАрацон Лекабэль** что несмотря на то что желание получить
שהרשימו	**ШэАрешимо** что решимо (см. רשימו)
הגם שהרשימו	**АГам ШэАрешимо** несмотря на то что решимо (см. רשימו)
שהרשימות שכל אימת שהרשימות בעת שהרשימות	**ШэАрешимот** **ШэКоль Эймат ШэАрешимот** что все то время что решимо (см. רשימו) **БаЭт ШэАрешимот** во время, когда решимо (см. רשימו)
שהשואת הצורה	**ШэАшваат аЦура** сравнение свойств
שהשוה, עד שהשוה	**ШэЭшва,** **Ад ШэЭшва** до тех пор пока не сравнил
שהשיג	**ШэЭсиг** которого достиг (см. השיג)
שהשיגו	**ШэЭсигу** которого достигли (см. השיג)
שהשלימו	**ШэЭшлиму** которые дополнили
שהשפיע	**ШэЭшпиа** которые дал
שהשתוות הצורה	**ШэИштавут аЦура** сравнение по свойствам
שהתחיל, וכיון שהתחיל	**ШэИтхиль,** **ВэКэйван ШэЭтхиль** и потому что начал
שהתחתונה, וכמו שהתחתונה	**ШэАТахтона,** **ВэКмо ШэАТахтона** и как нижняя ступень

שהתחתונים	**ШэАТахтоним** которые нижние, что нижние
בעת שהתחתונים	**БаЭт ШэАТахтоним** во время когда нижние
שהתענוג	**ШэАТаануг** что наслаждение
שוב	**Шув** снова
שוה	**Шавэ (Шава)** равный (равная)
שוים	**Шавим** равные
שולט	**Шолет** властвует (муж. род)
שולטת	**Шолетэт** властвует (жен. род)
שום	**Шум** никакой (выражение полного отрицания)
שונאים	**Сонъим** ненавидят
שורק	**Шурук** свет, проходящий через есод (досл. буквально: огласовки внутри букв)
שורש	**Шорэш** корень, источник, зачаток
שורשה	**Шорша** ее корень, ее источник
שורשו	**Шоршо** его корень, его источник
שורשי	**Шоршэй** (в словосочетаниях) корни, источники
שורשים	**Шорашим** корни, источники
שורת	**Шурат** (в словосочетаниях) ряд
תוך שורת האותיות	**Тох Шурат аОтиёт** внутри букв
שז"ס	**ШэЗэ Сод** (сокр.) что это внутренний смысл

שזה	**ШэЗэ** что это
מטעם שזה	**МиТаам ШэЗэ** по причине, что это
שזו	**ШэЗу** которая
שזו״ן	**ШэЗО"Н** что ЗО"Н (см. זו״ן)
שזווג	**ШэЗивуг** где зивуг (см. זווג)
שזולת, עד שזולת זה	**ШэЗулат,** **Ад ШэЗулат Зэ** до такой степени, что кроме этого
שזכות	**ШэЗхут** что заслуга
שחברו	**ШэХавэро** чтобы его друг
בעת שחברו	**БаЭт ШэХавэро** в то время, когда его друг
שחוזרים ובעת שחוזרים	**ШэХозрим** **ВэБаЭт ШэХозрим** и во время, когда возвращаются
שחומר	**ШэХомэр** что материал
שחזר אחר שחזר	**ШэХазар** что вернулся **Ахар ШэХазар** после того как вернулся
שחזרה	**ШэХазра** которая вернулась
שחזרו	**ШэХазру** которые вернулись, когда вернулись
שחלק ומתוך שחלק	**ШэХэлек** **УМиТох ЩэХэлек** и исходя из того, что часть
שחסר כמו שחסר בעת שחסר מתוך שסר	**ШэХасэр,** **Кмо ШэХасэр** так же, как не хватает **БаЭтШэХасэр** во время когда не хватает **МиТох ШэХасэр** по причине того, что не хватает

שחסרה, כמו שחסרה	**ШэХасэра, Кмо ШэХасера** так же, как не хватает у нее
שחסרים	**ШэХасэрим** так что отсутствуют
שחשב	**ШэХашав** что задумал
שיאכל	**ШэЮхаль** что бы поел
שידעת אחר שידעת	**ШэЯдата Ахар ШэЯдата** после того как ты знаешь
שיהיה	**ШэИе** чтобы был
עד שיהיה	**Ад ШэИе** пока (не) будет
כדי שיהיה	**Кдэй ШэИе** чтобы был
שיהיו	**ШэИю** чтобы были
שיהפך	**ШэЕапэх** пока (не) обратит
שיוכל	**ШэЮхаль** чтобы смог
עד שיוכל	**Ад ШэЮхаль** пока (не) сможет
שיוכלו	**ШэЮхлу** чтобы смогли
שיוצאות	**ШэЁцъот** которые выходят (происходят), жен. род
שיוצאים	**ШэЁцъим** которые выходят (происходят), муж. род
שיוצאת	**ШэЁцет** которая выходит (происходит)
שיושפעו	**ШэЮшпэу** чтобы были даны
שיותר, ומה שיותר	**ШэЁтэр, УМа ШэЁтэр** и то, что больше
שיחלק, מה שיחלק	**ШэИхалек, Ма ШэИхалек** то, что разделит

עברית	Перевод
שייך	**Шаях** относится, принадлежит
שייכים	**Шаяхим** относятся, принадлежат
שילביש	**ШэЯльбиш** чтобы оделся (см. להלביש)
שינוי	**Шинуй** различие, разница, изменение
שיעור	**Шиур** мера
שיעורו	**Шиуро** его мера
שיעורי	**Шиурэй** (в словосочетаниях) меры
שיעורים	**Шиурим** меры
שיעשה	**ШэЕасэ** что бы сделал
שיפריד, אין מה שיפריד	**ШэЯфрид,** **Эйн Ма ШэЯфрид** нет того, что разделит
שיצא,	**ШэЯца** который вышел
מאחר שיצא	**МеАхар ШэЯца** после того как вышел
הרי שיצא	**Арей ШэЯца** то есть вышел
שיצאה	**ШэЯцъа** которая вышла
בעת שיצאה	**БаЭт ШэЯцъа** в момент когда вышла
שיצאו	**ШэЯцъу** которые вышли
משום שיצאו	**Мишум ШэЯцъу** из-за того что вышли
ע"ד שיצאו	**Аль Дэрех ШэЯцъу** по примеру того как вышли
אחר שיצאו	**Ахар ШэЯцъу** после того как вышли
שיציאת	**ШэЕциат** (в словосочетаниях) что выход (см. יציאת)

שירדה	**ШэЯрда** которая спустилась (см. ירדה)
שירדו	**ШэЯрду** которые спустились
אלא שירדו	**Эла ШэЯрду** а наоборот, спустились
שיש	**ШэЕш** что надо, что обязаны; который есть, что есть
וכל מה שיש	**ВэКоль Ма ШэЕш** и все то, что есть
מפני שיש	**Мипней ШэЕш** потому что есть
כל שיש	**Коль ШэЕш** все что есть
כמו שיש	**Кмо ШэЕш** так же, как есть
הרי שיש	**Арэй ШэЕш** то есть есть
באופן שיש	**БэОфэн ШэЕш** таким образом, что есть
שכל מה שיש	**ШэКоль Ма ШэЕш** что все то, что есть
ואע״פ שיש	**ВэАф Аль Пи ШэЕш** и несмотря на то что есть
שישנם	**ШэЕшнам** которые есть
שיתגדלו, מטרם שיתגדלו	**ШэИтгадлу,** **МиТэрэм ШэИтгадлу** прежде чем выросли
שיתחלק	**ШэИтхалек** что разделился
שיתרחקו	**ШэИтрахаку** чтобы удалились
שכבר	**ШэКвар** которые уже, который уже
אחר שכבר	**Ахар ШэКвар** после того как уже
מטעם שכבר	**МиТаам ШэКвар** по причине что уже
שכולו	**ШэКуло** который весь
שכח	**ШэКоах** что сила
לפי שכח	**Лефи ШэКоах** исходя из того, что сила

שכל	**ШэКоль** что весь, что все, что каждый
עד שכל	**Ад ШэКоль** в такой степени, что все
כיון שכל	**Кэйван ШэКоль** потому что весь
הרי שכל עוד	**Арэй ШэКоль Од** то есть что все время, пока
שכל אימת	**ШэКоль Эймат** что все время, пока
באופן שכל	**БэОфэн ШэКоль** таким образом, что все
שכל עוד	**ШэКоль Од** что все время, пока
שכלי, עד שכלי	**ШэКли,** **Ад ШэКли** пока кли (см. כלי)
שכנגדה	**ШэКэНэгда** которая соответствует ей
שכנגדו	**ШэКэНэгдо** которая соответствует ему
שכנגדם	**ШэКэНэгдам** которая соответствует им
שכתוב, מה שכתוב	**ШэКатув,** **Ма ШэКатув** то, что написано
של	**Шэль** частица, выражающая отношение принадлежности
שלא	**ШэЛо** чтобы не... который не...
שלאחר	**ШэЛеАхар** который после
אע"פ שלאחר	**Аф Аль Пи ШэЛеАхар** несмотря на то, что после
שלגדלו	**ШэЛеГадло** величине которого
שלגדלם	**ШэЛеГадлам** величине которых
שלה	**Шэла** ее
שלהם	**Шэлаэм** их

שׁ

שלו	**Шэло** его
שליטה	**Шлита** власть
שליטת	**Шлитат** (в словосочетаниях) власть
שלימותה	**Шлемута** полностью (она)
שלימותו	**Шлемуто** его совершенство, полностью
שליש	**Шлиш** треть
שלם	**Шалем** полный, цельный
שלמה	**Шлема** цельная, полная
שלמות	**Шлемот** полные, целые **Шлемут** цельность, завершенность
שלמותם	**Шлемутам** их цельность, их завершенность
שלמטה	**ШэЛеМата** которые ниже
שלמים	**Шлемим** целые, полные
שלמעלה	**ШэЛеМала** которые выше
שלעולם לא	**ШэЛеОлам Ло** что никогда не...
שלפי	**ШэЛефи** что в соответствии
שלקח	**ШэЛаках** который взял
שם	**Шам** там **Шэм** имя
שמאל	**Смоль** левый

שמב״ש	**ШэМиБэт Шлиш** что из двух третей
שמבחי״א	**ШэМиБхина Алеф** которые от бхины алеф (см. בחי״א)
שמבחינה	**ШэМиБхина** что с одной стороны
שמבחינת	**ШэМиБхинат** (в словосочетаниях) что от состояния
שמבחינתם	**ШэМиБхинатам** с их взгляда
שמגיע, עד שמגיע	**ШэМагиа,** **Ад ШэМагиа** пока (не) доходит, пока (не) достигает (муж. род)
שמגיעה, עד שמגיעה	**ШэМагиа,** **Ад ШэМагиа** пока (не) доходит, пока (не) достигает (жен. род)
שמגיעים, עד שמגיעים	**ШэМагиим,** **Ад ШэМагиим** пока (не) доходят..., пока (не) достигают...
שמדרגה	**ШэМадрега** что ступень
שמדרך, מתוך שמדרך	**ШэМиДэрэх,** **МиТох ШэМиДэрэх** по причине того, что в природе...
שמדת	**ШэМидат** (в словосочетаниях) что степень, что величина
שמדת הדין	**ШэМидат аДин** так что свойство справедливости, ощущение ограничения
שמה	**Шма** ее имя **Шама** там
שמהם	**ШэМиЭм** что от них
שמו	**Шмо** его имя
שמוחין	**ШэМохин** так что Мохин
מטעם שמוחין	**МиТаам ШэМохин** по причине, что Мохин (см. מוחין)
שמות	**Шэмот** имена

347

שמזדכך, עד שמזדכך	**ШэМиздакэх, Ад ШэМиздакэх** пока полностью не утоньшается
שמזכך	**ШэМэзакэх** то есть утоньшает (см. מזכך)
שמחזה	**ШэМиХазэ** который от хазэ; направление (см. חזה)
שמחזירו, עד שמחזירו	**ШэМахзиро, Ад ШэМахзиро** пока (не) возвращает его
שמטבור	**ШэМиТабур** который от табур; направление (см. טבור)
שמטבורו	**ШэМиТабуро** который от его табура; направление (см. טבור)
שמטיבים, בעת שמטיבים	**ШэМэтивим, БэЭт ШэМэтивим** во время когда исправляют (досл. делают хорошими)
שמטעם זה	**ШэМиТаам Зэ** что исходя из этой причины
שמטרם	**ШэМиТэрэм** что перед, которые перед
שמכח	**ШэМиКоах** что по причине
שמלבישים	**ШэМальбишим** которые облачаются (см. מלבישים)
שמם	**Шмам** их имена
שממטה למעלה	**ШэМиМата ЛеМала** который снизу-вверх
שממנו ולמטה	**ШэМимэно ВэЛемата** который от него и ниже
שממעל ל...	**ШэМимааль Ле...** которые над...
שממעלה למטה	**ШэМиМала ЛэМата** который сверху-вниз
שמנקבי	**ШэМиНиквэй** (в словосочетаниях) который от никвэй; направление (см. נקבי)
שמס"ג	**ШэМиСа"Г** которые от Са"Г; направление (см. ס"ג)

עברית	תרגום
שמסבה זו	**ШэМиСиба Зу** что по этой причине
שמסבת	**ШэМиСибат** (в словосочетаниях) которые по причине
שמספיק	**ШэМаспик** что достаточно
שמעבירים	**ШэМаавирим** которую проводят
שמעלים	**ШэМаалим** который поднимают
שמעלתו	**ШэМаалато** его ступень
שמפאת	**ШэМиПат** что по причине
שמפה	**ШэМиПэ** который от пэ, направление (см. פה)
שמקבל	**ШэМэкабэль** которую получает
אלא שמקבל	**Эла ШэМэкабэль** но получает
שמקבלת	**ШэМэкабэлет** что получает
שמקובל, כל מה שמקובל	**ШэМэкубаль** **Коль Ма ШэМэкубаль** все то, что принято
שמקודם	**ШэМиКодэм** которые прежде
שמקומו	**ШэМэкомо** чье место
שמקומם	**ШэМэкомам** что их место
שמקור	**ШэМакор** что источник
שמקורו	**ШэМэкоро** что его источник
שמשיגים	**ШэМэсигим** которые постигают
שמשם	**ШэМиШам** что оттуда

שמשמש	**ШэМэшамэш** что служит
שמשתוה, עד שמשתוה	**ШэМиштаве, Ад ШэМиштаве** пока не сравнивается свойствами
שמשתוקק, אלא שמשתוקק	**ШэМиштокэк Эла ШэМиштокэк** но сейчас страстно желает
שמתוך כך	**ШэМиТох** что из-за этого
שמתחילים	**ШэМатхилим** которые начинаются
שמתחלה	**ШэМитхила** что изначально
שמתחת	**ШэМиТахат** который под...
שמתחתיה	**ШэМиТахтэя** который под ней
שמתחתיהם	**ШэМиТахтээм** который под ними
שמתחתיו	**ШэМиТахтав** который под ним
שמתיחס	**ШэМитъяхес** к которой относится
שמתעורר, דהיינו שמתעורר	**ШэМитъорэр, Дэайну ШэМитъорэр** то есть просыпается
שנאמר	**ШэНээмар** как сказано
שנאצלו	**ШэНээцлу** которые были созданы
שנבחן, אלא שנבחן	**ШэНивхан, Эла ШэНивхан** но рассматривается
שנבחנת	**ШэНивхэнет** которая рассматривается
שנברר	**ШэНиврар** который был выбран (см. נברר)
שנבררה	**ШэНиврэра** которая была выбрана (см. נברר)

שנגמר, אחר שנגמר	**ШэНигмар,** **Ахар ШэНигмар** после того, как закончил
שנדחה	**ШэНидха** который был оттолкнут
שנה"י	**ШэНЭ"И** где НэХ"И (см. נה"יי)
שנזדכך, דהיינו שנזדכך	**ШэНиздакэх,** **Дэайну ШэНиздакэх** то есть утоньшился
שנחתם כולו	**ШэНихтам Куло** который полностью отпечатался
שני	**Шнэй** (в словосочетаниях) двое **Шэни** второй **Шни** (арамейский) лет
שניהם	**Шнэйэм** они оба
שנכלל	**ШэНихлаль** что включился (см. נכלל)
וכיון שנכלל	**ВэКэйван ШэНихлаль** и потому, что включился (стал частью чего-то) см. נכלל
שנכללו	**ШеНихлэлу** которые включились (стали частью)
שנמצא, מה שנמצא	**ШэНимца,** **Ма ШэНимца** то, что находится
שנמשכו	**ШэНимшеху** которые были притянуты
שנסתיים, מטעם שנסתיים	**ШэНистаем,** **МиТаам ШэНистаем** по причине того, что завершился
שנעדרה	**ШэНээдра** что пропала
שנעדרו	**ШэНээдру** что пропали
שנעדרים	**ШэНээдарим** что пропадают

שנעשה	**ШэНааса** который был сделан, который произошел
עד שנעשה	**Ад ШэНааса** пока не стал
הוא שנעשה	**У ШэНааса** он (тот), который стал
שבעת שנעשה	**ШэБаЭт ШэНааса** что во время, когда был сделан
ואחר שנעשה	**ВэАхар ШэНааса** и после того, как был сделан
שנעשו,	**ШэНаасу** которые произошли, которые стали
הרי שנעשו	**Арэй ШэНаасу** то есть что стали
כלומר שנעשו	**Клумар ШэНаасу** то есть что стали
שנעשתה	**ШэНааста** которая стала, которая была сделана
שנפגמו, לאחר שנפגמו	**ШэНифгэму,** **ЛеАхар ШэНифгэму** после того как повредились
שנפלו	**ШэНафлу** которые упали
שנפסלו	**ШэНифсэлу** которые стали непригодны
שנפרש, כמעט שנפרש	**ШэНифраш,** **Кимъат ШэНифраш** почти что отделился (устранился)
שנצטמצם	**ШэНицтамцэм** который сократился
שנצטמצמה אחר שנצטמצמה	**ШэНицтамцэма** которая сократилась **Ахар ШэНицтамцэма** после того как сократилась
שנצטמצמו	**ШэНицтамцэму** которые сократились
שנקודת	**ШэНэкудат** (в словосочетаниях) что точка
שנקרא	**ШэНикра** который называется
ומה שנקרא	**ВэМа ШэНикра** и то, что зовется

שנקראים	**ШэНикраим** которые называются
שנשאר	**ШэНишар** который остался
שנשארה	**ШэНишара** которая осталась
מטעם שנשארה	**МиТаам ШэНишара** по причине того, что осталась
שנשארו	**ШэНишару** которые остались
שנשארים, אלא שנשארים	**ШэНишарим,** **Эла ШэНишарим** но остаются
שנשברו, אע"פ שנשברו	**ШэНишбэру,** **Аф Аль Пи ШэНишбэру** несмотря на то что разбились
שנשלמה, אחר שנשלמה	**ШэНишлема,** **Ахар ШэНишлема** после того как полностью завершилась
שנשתווה, עד שנשתווה	**ШэНиштава,** **Ад ШэНиштава** пока не сравнялся по свойствам
שנשתיירו	**ШэНиштайру** которые остались
שנתבאר	**ШэНитбаэр** который выяснился
אחר שנתבאר	**Ахар ШэНитбаэр** после того как прояснился
ע"ד שנתבאר	**Аль Дэрэх ШэНитбаэр** как было выяснено
ועד"ז שנתבאר	**ВэАль Дэрэх Зэ ШэНитбаэр** и потому же принципу, как прояснилось
וכמו שנתבאר	**ВэКмо ШэНитбаэр** и как выяснилось
כמו שנתבאר	**Кмо ШэНитбаэр** как выяснилось
והגם שנתבאר	**ВэАГам ШэНитбаэр** и несмотря на то что выяснилось
שנתבארו, כפי שנתבארו	**ШэНитбаэру,** **Кфи Нитбаэру** как были прояснены
וע"ד שנתבארו	**ВэАль Дэрэх ШэНитбаэру** и как было выяснено

שנתבטלה	**ШэНитбатла** что аннулировалась (отменилась)
וכמו שנתבטלה	**ВэКмо ШэНитбатла** и точно так же, как аннулировалась (отменилась)
שנתבטלו	**ШэНитбатлу** которые аннулировались (отменились)
שנתבררו	**ШэНитбарэру** которые были выбраны
שנתחברה	**ШэНитхабра** которая соединилась
שנתחברו	**ШэНитхабру** которые соединились
שנתחדש	**ШэНитхадэш** который впервые проявился
שנתלבשו, עד שנתלבשו	**ШэНитлабшу** **Ад Нитлабшу** пока не облачились
שנתמעט, אחר שנתמעט	**ШэНитмаэт,** **Ахар ШэНитмаэт** после того как уменьшился
שנתעורר	**ШэНитъорэр** который пробудился
שנתעלו	**ШэНитъалу** которые поднялись
שנתפשט אחר שנתפשט ואחר שנתפשט	**ШэНитпашэт,** **Ахар ШэНитпашэт** после того как распространился **ВэАхар ШэНитпашэт** и после того как распространился
שנתפשטו, ואח״כ שנתפשטו	**ШэНитпашэт,** **ВэАхар Ках ШэНитпашэт** и после того как распространился
שנתקבל	**ШэНиткабэль** который был принят
שנתקן	**ШэНиткан** который был установлен
שנתקנה	**ШэНиткена** которая была установлена
שנתקנו	**ШэНиткену** которые были установлены
שסבת	**ШэСибат** (в словосочетаниях) что причина

שסולם, הרי שסולם המדרגות	**ШэСулам,** **Арэй ШэСулам аМадрегот** то есть что порядок ступеней
שסיום	**ШэСиюм** что окончание
שספירת	**ШэСфират** (в словосочетаниях) что сфира
שע"י	**ШэАль Ядэй** что из-за (по причине)
שעבר	**ШэАвар** что прошел
שעברו, אחר שעברו	**ШэАвру,** **Ахар ШэАвру** после того как прошли
שעוד לא	**ШэОд Ло** пока еще не...
שעודו	**ШэОдо** что еще он...
שעולה	**ШэОле** который поднимается
שעולם	**ШэОлам** что мир
מטעם שעולם	**МиТаам ШэОлам** по причине того что мир
מתוך שעולם	**МиТох ШэОлам** по причине того, что мир
שעומד	**ШэОмэд** что собирается
שעומדת	**ШэОмэдэт** что находится
שעורים	**Шиурим** меры (величины)
שעושה	**ШэОсэ** который производит
שעי"ז	**ШэАль Ядей Зэ** (сокр.) что с помощью этого
שעיכב	**ШэИкэв** что препятствовал, который препятствовал
מחמת שעיכב	**Махмат ШэИкэв** из-за того что задержал

עברית	תעתיק ופירוש
שעיקר	**ШэИкар** что основная часть
שעל	**ШэАль** что на
שעל פיהם	**ШэАль Пиэм** что в соответствии с ними
שעל ידיהן	**ШэАль Ядейэн** из-за них (жен. род)
שעל ידו	**ШэАль Ядо** что благодаря ему
שעל גבי	**ШэАль Габэй** который надевается на место
שעל שמה	**ШэАль Шма** что к ее имени
שעלה	**ШэАла** что поднялся, который поднялся
שעלו	**ШэАлу** которые поднялись, что поднялись
שאחר שעלו	**ШэАхар ШэАлу** что после того как поднялись
שעליה	**ШэАлея** что на нее
משום שעליה	**МиШум ШэАлея** из-за того что на нее
שעליהם	**ШэАлейэм** что о них, что на них, что над ними
שעליו	**ШэАлав** что на него
אעפ"י שעליו	**Аф Аль Пи ШэАлав** (сокр.) несмотря на то что на него
שעלית	**ШэАлият** (в словосочетаниях)
הרי שעלית	**Арей ШэАлият** то есть что подъем
מטעם שעלית	**МиТаам ШэАлият** по причине того, что подъем
שעלתה	**ШэАльта** которая поднялась
שעם זה	**ШэИм Зэ** что вместе с этим
שעמדה	**ШэАмда** которая стояла
שענין	**ШэИнъян** вопрос (разбираемый, обсуждаемый)

ש

עברית	תרגום
שעניינו הוא, ש...	**ШэИнъяно У Шэ...** что его суть в том, что...
שעתה	**ШэАта** что сейчас
שעתיק	**ШэАтик** что Атик
באופן שעתיק	**БэОфэн ШэАтик** таким образом, что у Атика (см. עתיק)
שפירושו	**ШэПирушо** что означает
שפירושם	**ШэПирушам** которые означают (муж. род)
שפירושן	**ШэПирушан** которые означают (жен. род)
שפירשו	**ШэПиршу** что объяснили
שפע	**Шэфа** наслаждение, раскрытие Творца
שפעו	**Шифъо** его наслаждение
שפעם	**Шифъам** их наслаждение
שפרצוף	**ШэПарцуф** что парцуф
ואחר שפרצוף	**ВэАхар ШэПарцуф** и после того как парцуф
הרי שפרצוף	**Арэй ШэПарцуф** то есть что парцуф
מתוך שפרצוף	**МиТох ШэПарцуф** из того, что у парцуфа
ומה שפרצוף	**ВэМа ШэПарцуф** и то, что парцуф (см. פרצוף)
שצריכים	**ШэЦрихим** что нуждаются
שקבלו	**ШэКиблу** которые получили
אלא שקבלו	**Эла ШэКиблу** только (то) что получили (разница)
שקו	**ШэКав** что кав (см. קו)
שקומה	**ШэКома** что величина, что высота, где величина, где высота (см. קומה)

שֶׁקּוֹמַת	**ШэКомат** (в словосочетаниях) что величина, что высота (см. קומה)
שֶׁרַגְלָיו	**ШэРаглав** что его раглаим (см. רגליו)
שֶׁרָצָה	**ШэРаца** что хотел
שֶׁרָצְתָה, מִשּׁוּם שֶׁרָצְתָה	**ШэРацта,** **Мишум ШэРацта** из-за того что хотела
שֶׁרַק, מִתּוֹךְ שֶׁרַק	**ШэРак,** **МиТох ШэРак** из-за того что только
שָׁרָשֵׁי	**Шаршэй** (в словосочетаниях) корни источники, зачатки
שָׁרָשִׁים	**Шарашим** корни, источники, зачатки
שֵׁשׁ	**Шэш** шесть
שִׁשָּׁה	**Шиша** шесть
שֶׁשִּׁימְּשׁוּ	**ШэШимшу** которые служили
שֶׁשִּׁינּוּי, הֲרֵי שֶׁשִּׁינּוּי	**ШэШинуй,** **Арэй ШэШинуй** то есть что различие
שֶׁשִּׁיעוּר, הֲרֵי שֶׁשִּׁיעוּר	**ШэШиур,** **Арэй ШэШиур** то есть что размер (величина)
שֶׁשִּׁיתֵּף	**ШэШитэф** что привлек к участию, сочетал
שֶׁשָּׁם	**ШэШам** что там
שֶׁשִּׁמְּשָׁה	**ШэШимша** которая служила
שֶׁשִּׁמְּשׁוּ	**ШэШимшу** которые служили
שֶׁשָּׁרְשָׁם, מִתּוֹךְ שֶׁשָּׁרְשָׁם	**ШэШаршам,** **МиТох ШэШаршам** из того, что их корни

שתבחין	**ШэТавхин** чтобы обнаружил
שתבין	**ШэТавин** чтобы понял
שתדע, וצריך שתדע	**ШэТэда,** **ВэЦарих ШэТэда** и надо, чтобы ты знал
שתהיה, עד שתהיה	**ШэТиэе** чтобы была **Ад ШэТиэе** пока (не) будет
שתמצא, וכמו שתמצא	**ШэТимца,** **ВэКмо ШэТимца** и как найдешь здесь

ת

ת	**Тав** двадцать вторая буква ивритского алфавита, цифровое значение 400
ת״ת	**Тифэрэт** (сокр.) тифэрэт (сфира)
תאבון	**Тэавон** аппетит
תבין	**Тавин** поймешь (ты)
תגין	**Тагин** тагин (буквально: короны над буквами ивритского алфавита)
תדע	**Тэда** узнаешь
תהיה	**Тиэе** (она) будет
שלא תהיה	**ШэЛо Тиэе** которая не была бы которая бы не была
וגם תהיה	**ВэГам Тиэе** и так же будет
תו״מ	**Тифэрэт ВэМалхут** (сокр.) тифэрэт и малхут
תוך	**Тох** внутрь, внутри; часть парцуфа в которую получают свет
תוכל	**Тухаль** сможешь
תוכן	**Тохэн** внутренняя природа, содержание, суть
תוכנה	**Тохна** ее суть

360

תוכנו, למדת תוכנו	**Тохно, ЛеМидат Тохно** степень содержания
תוכנם	**Тохнам** их внутрение заполнение
תולדה	**Толада** следствие, порождение
תוספת	**Тосэфэт** добавка, не основная часть парцуфа
תופשת	**Тофэсэт** занимает
תורה	**Тора** Тора
תזכור	**Тизкор** запомни
תחזור	**Тахзор** вернется (она)
תחילה	**Тхила** вначале, сначала
תחילת	**Тхилат** (в словосочетаниях) раньше
תחלה	**Тхила** вначале
תחת, זה תחת זה	**Тахат** под **Зэ Тахат Зэ** один под другим
תחתון	**Тахтон** нижний
תחתונה	**Тахтона** нижняя
תחתונות	**Тахтонот** нижние
תיכף	**Тэхэф** немедленно
תיקון	**Тикун** исправление
תיקונה	**Тикуна** ее исправление

תיקונו	**Тикуно** его исправление
תיקוני	**Тикунэй** (в словосочетаниях) исправления
תיקונים	**Тикуним** исправления
תכונה	**Тхуна** свойство
תכונות	**Тхунот** свойства
תכונתו הסופית	**Тхунато аСофит** его завершенная форма
תכף	**Тэхэф** немедленно
תלוי	**Талуй** зависит
תלויות	**Тлуёт** зависят (жен. род)
תלויים	**Тлуим** зависят (муж. род)
תלוים	**Тлуим** зависят (муж. род)
תלמוד תלמוד עשר הספירות	**Талмуд** **Талмуд Эсэр аСфирот** Талмуд Эсэр аСфирот (основное сочинение Бааль аСулама)
תמיד	**Тамид** всегда
תמצא	**Тимца** найдешь
תנה"י	**ТаНъ"И** **Тифэрэт, Нэцах, Од, Исод** (сокр.) сфирот тифэрэт, нэцах, од, исод
תנהי"מ	**ТаНъИ"М** **Тифэрэт, Нэцах, Од, Исод, Малхут** (сокр.) сфирот тифэрэт, нэцах, од, исод, малхут
תנועה	**Тнуа** движение
תפארת	**Тифэрэт** тифэрэт (сфира)

תפיסא	**Тфиса** постижение
תפקיד	**Тафкид** функция, роль
תקבל, שלא תקבל	**Тэкабэль,** **ШэЛо Тэкабэль** что бы не получила
תקיש בעניניו	**Такиш БэИнъянэйну** перенеси на наш случай
תקרב	**Тэкарэв** приблизит (она)
תשכיל	**Таскиль** поймешь
תשע	**Тэйша** девять
תתאין	**Татаин** нижние
תתבלבל	**Титбалбэль** запутаешься

Введение
в науку Каббала

(Смысловой перевод статьи «Птиха ле Хохмат а Каббала»)

ОГЛАВЛЕНИЕ

ТРИ ОСНОВНЫХ ПОНЯТИЯ

1. Рабби Ханания бен Акашия сказал: «Захотел Творец удостоить Израиль, для этого он дал им Тору и Заповеди...». В иврите слово «удостоить» (лизкот) похоже на слово «очистить» (лезакот). В мидраше «Берейшит Раба» сказано: «Заповеди даны только для того, чтобы с их помощью очистить Израиль». Отсюда возникают два вопроса:

1) Что это за привилегия, которой нас хочет удостоить Творец?

2) Что это за «нечистота», «грубость», которая есть в нас и которую мы должны исправить с помощью Торы и Заповедей?

Мы говорили уже об этом в моих книгах «Паним Масбирот уМеирот» и «Талмуд Десяти Сфирот». Повторим сейчас это вкратце. Замысел Творения заключается в том, что Творец захотел насладить создания своей щедрой рукой. Для этого Он создал в душах огромное желание получить это удовольствие, содержащееся в изобилии (шефа, изобилие — то, чем Творец хочет нас насладить). Желание получить как раз и является сосудом для получения удовольствия, заключенного в шефа.

Чем больше желание получить, тем больше удовольствия входит в сосуд. Эти понятия настолько взаимосвязаны, что невозможно их разделить. Можно только указать на то, что удовольствие относится к шефа (т.е. к Творцу), а желание получить относится к творению. Оба эти понятия на самом деле исходят от Создателя и включены в Замысел творения, но если шефа напрямую исходит из Творца, то желание получать, которое тоже заключено в шефа, является корнем, источником творений.

Желание получать — это принципиально новое, то, чего раньше не существовало. Потому что у Творца нет даже намека на желание получать. Выходит, что это желание является сутью творения от начала и до конца, единственным «материалом», из которого оно состоит. Все многочисленные разновидности творения — это лишь разные «порции» желания получать, а все события, происходящие с ними, — это изменения, происходящие с этим желанием.

Все, что есть у творений, все, что наполняет и удовлетворяет их желание получать, исходит напрямую из Творца. Итак, все, что существует вокруг нас, на самом деле исходит из Создателя либо напрямую, как шефа, либо опосредованно, как, например, желание получать, которое у самого Творца отсутствует, но было создано Им для наслаждения творений.

2. Как было сказано выше, желание получать со всеми его разновидностями было заключено в Замысле творения с самого начала. Оно было неразрывно связано с шефа — удовольствием, которое Творец приготовил для нас. Желание получать — это сосуд, а шефа — это свет, который наполняет этот сосуд. Свет и сосуд — это то, что составляет духовные миры. Они неразрывно связаны между собой. Они вместе спускаются сверху вниз со ступени на ступень.

Чем больше эти ступени отдаляются от Творца, тем больше огрубляется и увеличивается желание получать. Можно сказать и наоборот, что чем больше желание получать огрубляется и увеличивается, тем больше оно удаляется от Творца. Это происходит до тех пор, пока не доходит до самого низкого места, где желание получать достигает максимального размера. Это состояние является желательным и необходимым для начала подъема, т.е. исправления.

Это место называется «мир Асия». В этом мире желание получать называется «телом человека», а шефа, свет, называется «жизнью человека». Все различие между высшими мирами и этим миром (олам аЗэ) заключается в том, что в высших мирах желание получать еще не полностью огрубилось, оно еще не полностью отделено от света. В нашем же мире желание получать достигло своего окончательного развития и полностью отделилось от света.

3. Вышеприведенный порядок развития желания получать сверху вниз подчиняется порядку 4 уровней (бхинот). Этот порядок закодирован в тайне четырехбуквенного Имени Творца. Порядку этих четырех букв АВА”Я («йуд-хэй-вав-хэй») подчинено все Мироздание. Эти буквы соответствуют десяти сфирот: хохма, бина, тифэрэт (или зэир анпин), малхут и их корень. Почему десять? Потому что сфира тифэрэт включает в себя шесть сфирот: хэсэд, гвура, тифэрэт, нэцах, ход и есод.

Корень этих сфирот называется «кэтэр», но часто он не входит в перечисление сфирот, и поэтому говорят: ХУ”Б ТУ”М (хохма и бина, тифэрэт и малхут). Эти четыре бхины соответствуют четырем мирам: Ацилут, Брия, Ецира и Асия. Мир Асия включает в себя также и этот мир (олам аЗэ). Не существует ни одного создания, которое бы не имело корень в мире Бесконечности, в Замысле творения. Замысел творения — это желание Творца насладить создания.

Он включает в себя и свет, и сосуд. Свет исходит напрямую от Творца, в то время как желание получать было создано Творцом заново, из ничего. Для того чтобы желание получать достигло своего окончательного развития, оно должно вместе со светом пройти через четыре мира: Ацилут, Брия, Ецира и Асия (АБЕ”А). И тогда заканчивается развитие творения созданием сосуда и света, называемых, соответственно, «тело» и «свет Жизни в нем».

4. Необходимость развития желания получать из четырех уровней (бхинот) и необходимость прохождения его через четыре мира АБЕ”А вызвана правилом, согласно которому только распространение света с последующим его выталкиванием, исчезновением, делают сосуд пригодным для его предназначения.

Объяснение: пока свет наполняет сосуд, свет и сосуд неразрывно связаны между собой, сосуда как такового фактически нет — он уничтожает сам себя, подобно тому как огонек свечи меркнет при пламени факела.

Желание удовлетворено — следовательно, его фактически не существует. Оно сможет снова проявиться только тогда, когда свет выйдет из него, перестанет его заполнять. Причиной этого самоуничтожения сосуда является полная противоположность между светом и сосудом — ведь свет напрямую исходит от Сущности Творца, из Замысла творения. Свет — это желание отдавать, он не имеет ничего относящегося к желанию получать. Сосуд же является его полной противоположностью — это огромное желание получать свет.

Сосуд — это корень, источник чего-то принципиально нового, чего раньше не существовало: творения. Сосуд не имеет ни малейшего желания отдавать. Так как свет и сосуд тесно связаны между собой, то желание получать аннулируется относительно света. Сосуд приобретает определенную форму только после исторжения из него света. Только после выхода света сосуд начинает страстно желать получить его. Это страстное желание и определяет необходимую форму желания получать. После того как свет снова входит в сосуд, они становятся уже разными объектами — сосуд и свет, или тело и жизнь. И обрати внимание на это, потому что это — глубочайшие понятия.

5. Как было сказано выше, творение развивается согласно четырем стадиям, бхинот, которые закодированы в имени АВА"Я и называются хохма, бина, тифэрэт и малхут. Бхина Алеф (1), которая называется «хохма», содержит в себе и свет, и сосуд, состоящий из желания получать. Этот сосуд содержит в себе весь свет, который называется ор хохма (свет мудрости), или ор хая (свет жизни). Потому что это весь свет жизни, который находится внутри творения.

Тем не менее бхина Алеф все же еще считается светом, а сосуд, заключенный в ней, еще почти не проявляется, он находится в ней как бы в потенциале. Он еще очень тесно переплетен и связан со светом, самоаннулируясь по отношению к нему. После нее идет бхина Бэт (2), которая возникла в результате того, что хохма в конце своего развития захотела приобрести сходство свойств со светом, находящимся внутри нее. В ней пробудилось желание отдавать Творцу.

Ведь природа света — это чистое желание отдавать. В ответ на возникновение этого желания, которое пробудилось в ней, от Творца пришел новый, качественно другой свет, который называется «ор хасадим» (свет милосердия). Поэтому бхина Алеф почти избавилась от ор хохма, который давал ей Творец. Ор хохма может находиться только внутри подходящего сосуда, т.е. желания получать. Итак, и свет, и сосуд в бхине Бэт полностью отличаются от тех, которые были в бхине Алеф. Ведь сосудом в бхине Бэт является желание отдавать, а светом — ор хасадим. Ор хасадим — это удовольствие от сходства свойств с Творцом.

Желание отдавать приводит к сходству свойств с Творцом, а сходство свойств в духовных мирах ведет к слиянию. Потом идет бхина Гимел. После того как свет внутри творения уменьшился до уровня ор хасадим при практически полном отсутствии ор хохма (а, как известно, именно ор хохма является основной жизненной силой в творении), бхина Бэт почувствовала его недостаток. В конце своего развития она притянула к себе определенную порцию света ор хохма, чтобы он начал светить внутри ее ор хасадим.

Для этого она снова пробудила внутри себя определенную порцию желания получать, которая и сформировала новый сосуд, называемый «бхина Гимел», или «тифэрэт». А свет, который находится в нем, называется «ор хасадим со свечением ор хохма», потому что главной частью в этом свете является ор хасадим, а меньшей частью является ор хохма. После нее идет бхина Далет. Потому что сосуд бхины Гимэл в конце своего развития тоже захотел притянуть к себе ор хохма, но уже во всей полноте, во всем том размере, который был у бхины Алеф.

Получается, что это вновь проснувшееся желание ведет к тому, что у бхины Далет появляется и то страстное желание получать, которое было у бхины Алеф, к которому добавляется и то, что творение уже один раз изгоняло из себя свет, и теперь оно знает, как это плохо — быть без света хохма, и потому желает этот свет намного больше, чем на стадии бхина Алеф.

Итак, распространение света, а затем его изгнание создают сосуд. Получается, что если сейчас сосуд снова примет свет, то он будет первичным по отношению к нему, предшествовать свету. Поэтому бхина Далет является окончательной стадией создания сосуда, называемой «малхут».

6. Вышеперечисленные четыре стадии соответствуют десяти сфирот, на которые делится любое творение. Эти четыре бхинот соответствуют четырем мирам АБЕ"А, включающим в себя все Мироздание, каждую деталь, которая существует в реальности. Бхина Алеф называется хохма, или мир Ацилут. Бхина Бэт называется бина, или мир Брия. Бхина Гимэл называется тифэрэт, или мир Ецира. Бхина Далет называется малхут, или мир Асия.

Выясним теперь природу этих четырех бхинот, существующих в каждой душе. Каждая душа (нэшама) выходит из Мира Бесконечности и спускается в мир Ацилут, приобретая там свойства бхины Алеф. В мире Ацилут она еще не называется «неэшама», потому что это название указывает на определенную отделенность от Творца, в результате которой она выходит из уровня Бесконечности, отсутствия границ, полного слияния с Творцом, и приобретает некоторую «самостоятельность». Но пока она еще не является сформировавшимся, законченным сосудом, и поэтому ее еще ничего не отделяет от Сущности Творца.

Как мы уже знаем, находясь в бхина Алеф, сосуд еще не является таковым, потому что на этой стадии он полностью самоаннулируется по отношению к свету. Поэтому говорят, что в мире Ацилут все еще является полностью Божественным — «Он един и Имя Его едино». И даже души других, отличных от человека существ, которые проходят через этот мир, слиты с Творцом.

7. В мире Брия уже правит бхина Бэт, т.е. ее сосудом является желание отдавать. Поэтому когда душа прибывает в мир Брия, она приобретает эту стадию развития сосуда, и теперь она уже называется «нэшама». Это значит, что она уже отделилась от Сущности Творца и приобрела определенную самостоятельность. Тем не менее пока этот сосуд еще очень «чист», «прозрачен», т.е. он еще очень близок по своим свойствам к Творцу, и поэтому считается, что он еще полностью духовен.

8. В мире Ецира уже правит Бхина Гимел, которая включает в себя определенную, небольшую порцию желания получать. Поэтому, когда душа спускается в мир Ецира и приобретает эту стадию развития сосуда, она выходит из состояния «нэшама», и теперь она уже называется «руах». Этот сосуд уже имеет определенную авиют, т.е. некоторую порцию желания получать. Тем не менее этот сосуд все еще считается духовным, потому что такога количества и качества желания получать еще недостаточно для того, чтобы полностью отделиться по своим свойствам от Сущности Творца. Полным отделением от Сущности Творца является тело, которое уже имеет полную видимую «самостоятельность».

9. В мире Асия уже властвует бхина Далет, которая является окончательной стадией развития сосуда. На этой стадии желание получать достигает своего максимального развития. Сосуд превращается в тело, которое полностью отделено от Сущности Творца. Свет, находящийся в бхине Далет, называется «нэфеш». Это название указывает на отсутствие у этого вида света собственного движения. И знай, что не существует ничего, что не состояло бы из своего АБЕ"А (или четырех бхинот).

10. Нэфеш, являющаяся светом жизни, который заключен в тело, напрямую выходит из Сущности Творца. Проходя через четыре мира АБЕ"А, она все больше и больше отдаляется от Творца, пока не достигает сосуда, предназначенного для нее тела; только тогда считается, что сосуд окончательно сформировался. На этой стадии развития сосуда свет, который находится в нем, настолько мал, что его источник уже не ощущается, т.е. творение (сосуд) перестает ощущать Творца.

Однако с помощью занятий Торой и Заповедями с намерением доставить этим удовольствие Творцу, творение может очистить свой сосуд, называемый телом, и тогда оно сможет получить весь свет, уготованный ему Творцом еще в Замысле творения. Именно это имел в виду рабби Ханания бен Акашия, говоря: «Захотел Творец удостоить Израиль, для этого Он дал им Тору и Заповеди...»

11. Теперь мы сможем понять разницу между духовным и материальным. Если желание получать достигло своего окончательного развития, т.е. стадии бхина Далет, то такое желание называется «материальным» и находится в нашем мире (олам а-зэ). Если же желание получать еще не достигло своего окончательного развития, то такое желание считается духовным и оно соответствует четырем мирам АБЕ”А, которые находятся выше нашего мира.

И теперь ты сможешь понять, что все подъемы и спуски, которые происходят в высших мирах, ни в коем случае не являются перемещениями в каком-то мнимом пространстве, а являются только изменениями в размере желания получать. Самый удаленный от бхины Далет объект находится на самом высоком месте. Чем больше объект приближается к бхине Далет, тем на более низком месте он находится.

12. Следует понять, что сутью каждого сосуда и сутью всего Творения в общем является только желание получать. Все, что выходит за рамки желания получать, никакого отношения к творению не имеет, а относится к Сущности Творца. Почему же мы рассматриваем желание получать как нечто грубое, отвратительное, требующее исправления? Нам заповедано «очистить» его с помощью Торы и Заповедей, в противном случае мы не сможем достигнуть высшей цели Замысла творения.

13. Подобно тому как материальные объекты отделяются друг от друга расстоянием в пространстве, духовные объекты отделяются друг от друга в результате различия внутренних свойств. Нечто подобное происходит и в этом мире. Допустим, два человека имеют сходные взгляды, они симпатизируют друг другу, и никакие расстояния не могут повлиять на симпатию между ними. И наоборот, когда их взгляды принципиально отличаются, они ненавидят друг друга, и никакая близость расстояний не сможет их соединить.

Таким образом, сходство во взглядах сближает людей, тогда как различия во взглядах разделяют их. Если же природа одного из них совершенно противоположна природе другого, то эти люди далеки друг от друга, как восток от запада. Так же и в духовных мирах: удаление, сближение, слияние — все эти процессы происходят только согласно различию или сходству внутренних свойств духовных объектов. Разница в свойствах отделяет их друг от друга, сходство же свойств сближает их и ведет к слиянию.

Желание получать — это главное, что есть в творении, это и есть сосуд, который необходим для осуществления Цели, заключенной в Замысле творения. Именно это желание полностью отделяет творение от Творца. Ведь Творец — это абсолютное желание отдавать, и у Него нет даже намека на желание получать. Невозможно представить бульшую противоположность, чем эта: между Творцом и творением, между желанием отдавать и желанием получать.

14. Для того чтобы избавить творения от такой удаленности от Творца, произошел Цимцум Алеф, Ц”А (Первое Сокращение), который отделил бхину Далет от духовных объектов. Это произошло таким образом, что желание получать превратилось в пустое от света пространство. После Цимцум Алеф все духовные объекты имеют экран на свой сосуд-малхут, для того чтобы не получать свет внутрь бхины Далет.

В тот момент, когда высший свет пытается войти внутрь творения, экран отталкивает его назад, и этот процесс называется ударом (акаа) между высшим светом и экраном. В результате этого удара отраженный свет поднимается снизу вверх и надевается на десять сфирот высшего света. Отраженный свет, надеваясь на высший свет, становится сосудом получения вместо бхины Далет.

После этого малхут расширилась в соответствии с величиной отраженного снизу вверх света и распространилась сверху вниз, впустив этим внутрь себя свет. Говорят, что высший свет оделся в отраженный свет. И это называется «рош» (голова) и «гуф» (тело) каждой ступени. Ударное взаимодействие высшего света с экраном вызывает подъем отраженного света снизу вверх. Последний надевается на 10 сфирот высшего света, образуя этим десять сфирот дэ-рош.

Эти 10 сфирот дэ-рош еще не являются настоящими сосудами, а считаются только их корнями, зародышами. Только после того как малхут вместе с отраженным светом распространяется теперь уже сверху вниз, отраженный свет превращается в сосуды для получения высшего света, и тогда происходит одевание светов в сосуды, которые называются «телом» данной ступени. Телом называются настоящие, законченные сосуды.

15. Итак, после Ц"А вместо бхины Далет возникают новые сосуды получения. Они возникли из отраженного света в результате ударного взаимодействия высшего света с экраном. Но нам еще нужно понять, каким образом этот свет стал сосудом получения, ведь вначале он был всего лишь светом, отраженным от сосуда получения. У нас получилось, что свет стал сосудом, т.е. он начинает выполнять прямо противоположную функцию.

Чтобы объяснить это, рассмотрим пример из нашего мира. Человеку по своей природе свойственно уважать желание отдавать, и наоборот, ему неприятно получать от кого-нибудь другого, ничего не отдавая взамен. Допустим, человек попадает в дом к своему товарищу, и тот предлагает ему пообедать. Естественно, что гость, как бы он ни был голоден, откажется от еды, потому что ему неприятно ощущать себя получателем, который ничего не дает взамен.

Хозяин, однако, начинает его уговаривать, убеждая, что тем, что он съест его еду, гость доставит ему большое удовольствие. Когда гость почувствует, что это действительно так, он согласится съесть предложенную еду, потому что больше не будет чувствовать себя получателем. Более того, теперь гость чувствует, что он дает хозяину, доставляя ему удовольствие тем, что соглашается поесть. Получается, что несмотря на то что гость был голоден (а именно голод — истинный сосуд получения еды), тем не менее из-за своего стыда он не смог даже отведать яств до тех пор, пока хозяин его не уговорил.

Итак, мы видим, как появляется новый сосуд получения еды. Сила убеждения со стороны хозяина и сила сопротивления со стороны гостя, нарастая, в конце концов превращают получение в отдачу. Факт получения остался, все, что изменилось, это только намерение. Именно сила отталкивания, а не чувство голода, которое является настоящим сосудом получения, стала основой для получения угощения.

16. С помощью этого примера о хозяине и госте мы можем понять, что такое зивуг дэ акаа (ударное взаимодействие), в результате которого вместо бхины Далет возникают новые сосуды для получения высшего света. Удар происходит из-за того, что высший свет бьет в экран, желая войти внутрь бхины Далет. Это подобно тому, как хозяин уговаривает гостя принять трапезу. Та сила, с которой гость отказывается от еды, напоминает экран. Подобно тому как отказ принимать еду превратился в новый сосуд, так и отраженный свет стал новым сосудом получения вместо бхины Далет, которая была сосудом до Ц"А.

Однако следует иметь в виду, что так происходит только в духовных объектах миров АБЕ"А; в объектах же, относящихся к системе нечистых сил, и в нашем мире бхина Далет продолжает быть сосудом получения. Поэтому ни в системе нечистых сил, ни в нашем мире нет света, и причина этого в отличии свойств бхины Далет от свойств Творца, света. Поэтому клипот (нечистые силы, желание получить свет без экрана) и грешники называются мертвыми, ведь желание получить свет без экрана приводит к тому, что они отделены от Жизни Жизней, Света Творца.

ПЯТЬ УРОВНЕЙ В МАСАХЕ

17. Мы выяснили три первых основополагающих понятия:

1) Ор и кли, где ор — прямое распространение света от Творца, а кли — это желание получить, создаваемое светом. Сначала свет содержит в себе еще не проявленное желание получать, но по мере развития этого желания сосуд (малхут) отделяется от света. Малхут называется «Имя Его» (Шмо) («Он Один и Имя Его Одно»). Слово «Шмо» имеет ту же гематрию, что и слово «рацон» — желание;

2) 10 сфирот, или 4 мира АБЕ"А, которые соответствуют четырем бхинот (уровням). Они обязаны присутствовать в каждом творении. Желание получить, кли, «спускается» по этим четырем мирам от Творца и достигает своего полного развития в нашем мире;

3) Ц"А и масах на бхина Далет. На этой основе рождается новый сосуд вместо бхины Далет. Этот сосуд называется «ор хозер», намерение насладить Творца. От величины намерения зависит количество принятого света.

18. Сейчас мы выясним пять бхинот экрана, согласно которым изменяется величина кли во время ударного взаимодействия с высшим светом.

После Ц"А бхина Далет перестала быть сосудом получения. Вместо нее эту роль теперь играет отраженный свет (ор хозер), поднимающийся от экрана вследствие ударного взаимодействия. Тем не менее бхина Далет со всей своей силой желания получать должна сопровождать ор хозер. Без участия этой силы ор хозер вообще не может быть сосудом получения.

Вспомним пример о хозяине и госте (см. п. 15). Сила, с которой гость отказывался есть, стала сосудом получения и играет роль чувства голода, которое перестало выполнять эту функцию из-за чувства стыда от получения. Во время этого отказа получение, по сути дела, превратилось в отдачу. Тем не менее нельзя сказать, что гость уже не нуждается в обычных сосудах получения, ведь без них он не сможет доставить хозяину удовольствие тем, что он у него ест.

Голод (желание получать) с помощью отказа приобрел новую форму — желание получать ради отдачи, ради Хозяина, Творца. Стыд превратился в доблесть. Получается, что обычные сосуды получения продолжают функционировать, как и прежде, но приобретают новое намерение получать не ради себя, а ради Творца. Бхина Далет из-за своей грубости, которая означает ее отличие от Творца, не может больше быть получающим сосудом.

Но благодаря экрану, установленному в бхине Далет, ударяющему и отбрасывающему свет, она приобрела новую форму, называемую ор хозер — обратный свет, наподобие превращения получения в отдачу в примере гость и хозяин. Причем содержание предыдущей формы не изменилось, потому что и теперь гость не станет есть без аппетита. Однако сейчас вся та сила желания получить, которая есть в бхине Далет, включается в обратный свет, придавая тому способность быть сосудом.

В экране всегда существуют две силы: первая — кашиют — это сила отталкивания высшего света, вторая — авиют — это сила желания бхины Далет получать, которая заключена в экране. После ударного сочетания высшего света с кашиют, жесткостью экрана, авиют меняет свои свойства на противоположные, и получение превращается в отдачу. Эти две силы экрана работают во всех его пяти частях: кэтэр, хохма, бина, тифэрэт, малхут.

19. Как мы уже говорили, три первые Бхины еще не считаются сосудами, и только бхина Далет является настоящим сосудом (см. п. 5). Так как эти три первые Бхины являются причинами, стадиями, предшествующими созданию бхины Далет, то после окончания своего развития она переняла их свойства. Они как бы отпечатались в ней, создав внутри бхины Далет ее собственные частные четыре уровня желания получать. Все начинается с бхины Алеф — самого «чистого», самого «слабого» желания получать, потом идет бхина Бэт, которая несколько более «грубая» и имеет большую авиют, чем бхина Алеф, т.е. больший уровень желания получать.

За ней следует бхина Гимел, которая имеет еще бульшую авиют, чем бхина Бэт. И в конце сама бхина Далет, которая имеет самую большую авиют, т.е. самое большое желание получать. Ее желание получать достигло максимального, совершенного и законченного уровня. Следует отметить, что корень (шореш) всех этих четырех бхинот кэтэр (а он, как известно, самый возвышенный и находится ближе всех к Творцу) тоже оставил свой отпечаток в бхине Далет. Итак, мы перечислили все пять уровней желания получать, которые заключены в бхине Далет, иначе они называются кэтэр, хохма, бина, тифэрэт и малхут.

20. Причиной того, что пять уровней желания получать, которые заключены в бхине Далет, называются по именам десяти сфирот высшего света, является то, что бхина Далет была сосудом получения этого высшего света еще до Ц”А («Он Один и Имя Его Одно»). Все миры, все Мироздание было заключено тогда в бхине Далет прямого света (Малхут Мира Бесконечности).

Каждая бхина, содержащаяся в малхут, переняла свойства соответствующей ей Бхины из десяти сфирот высшего света. Бхина шореш бхины Далет переняла свойства света кэтэр, «наделась на него», одного из десяти сфирот высшего света. Бхина Алеф бхины Далет «оделась» на свет хохма из десяти сфирот и т.д. Итак, даже сейчас, уже после Ц”А, когда бхина Далет перестала быть сосудом получения, ее пять уровней желания получать все равно называются по именам пяти сфирот: кэтэр, хохма, бина, тифэрэт и малхут.

21. Как мы уже знаем, материал экрана называется кашиют (жесткость). Это подобно очень твердому телу, которое не позволяет чему-либо проникнуть внутрь его границ. Также и экран не позволяет высшему свету проникнуть через него в малхут, т.е. в бхину Далет. Весь свет, предназначенный наполнить малхут, экран задерживает и возвращает назад. Пять бхинот авиют, находящиеся в бхине Далет, включаются в экран в соответствии с его кашиютом. Поэтому экран производит пять ударных сопряжений (зивугей дэ-акаа) со светом, согласно пяти бхинот авиют, которые есть в нем.

Свет, отраженный от экрана, состоящего из всех пяти бхинот авиют, поднимается обратно и, полностью одевая в себя приходящий свет, достигает самого источника света, бхины шореш. Но если в экране отсутствует 5 частей авиют, а есть только 4 части, то его отраженный свет «увидит» перед собой только 4, а не 5 частей наслаждения.

При отсутствии бхины далет и гимел, 5 и 4 частей жесткости в экране, он способен отразить ор хозер только до уровня бина. Если в экране есть только бхина алеф, его ор хозер очень маленький и способен облачить прямой свет только до бхинат тифэрэт, и отсутствуют кэтэр, хохма, бина. Ну а если в экране осталась только бхина шореш кашиюта, то его отталкивающая сила очень слабая, и ор хозер одевает только один приходящий свет малхут, а первые девять сфирот отсутствуют.

22. Пять уровней, бхинот десяти сфирот отраженного света возникают в результате пяти видов зивугей дэ акаа (ударного взаимодействия) высшего света с пятью уровнями авиют экрана. Свет никем не постигается, не воспринимается, если нет соответствующего сосуда для его получения.

Эти пять бхинот происходят от пяти бхинот авиют бхины далет, которые до Ц"А были пятью сосудами получения бхины далет, они одевали 10 сфирот кэтэр, хохма, бина, тифэрэт и малхут (см. п. 18). После Ц"А эти же пять бхинот соединились с пятью бхинот экрана, и с помощью отраженного света они снова становятся пятью сосудами получения вместо пяти бхинот самой бхины далет, выполнявшей эту роль до Ц"А.

Теперь мы можем понять, что если у экрана есть все эти пять бхинот авиют, то у него есть и пять сосудов для одевания десяти сфирот, т.е. получения высшего света. Если же у него не хватает авиют бхины далет, то у него есть только четыре сосуда, и он может получить только четыре света, соответствующие хохме, бине, тифэрэт и малхут, а свет кэтэр он получить не может.

Если же у экрана не хватает авиют бхины гимел, то у парцуфа с таким экраном есть только три сосуда, и он может получить только три света, соответствующие бине, тифэрэт и малхут. Света, соответствующие кэтэру и хохме, и сосуды, соответствующие бхинот гимэл и далет, у него отсутствуют.

Если у экрана есть только два уровня авиют — шореш и бхина алеф, то у него есть только два сосуда, которым соответствуют света тифэрэт и малхут. Получается, что у такого парцуфа не хватает три света — кэтэр, хохма и бина, и три сосуда, соответствующие бхинот бэт, гимэл и далет. Если же у экрана есть только авиют бхины шореш, то у него есть лишь один сосуд с одним светом — светом малхут.

Остальные же света — кэтэр, хохма, бина и тифэрэт у него отсутствуют. Итак, величина каждого парцуфа зависит только от размера авиют (толщины) экрана. Экран, имеющий авиют бхины далет, создает парцуф на все пять уровней — до кэтэр включительно. Экран, имеющий авиют бхины гимел, создает парцуф на четыре уровня — до хохмы и т.д.

23. Но нужно еще выяснить, почему когда отсутствует сосуд малхут, то не хватает именно света кэтэр, а когда отсутствует еще и сосуд тифэрэт, то не хватает еще и света хохма, и т.д. На первый взгляд, все должно быть наоборот — если у экрана нет авиют на бхину далет и сосуда малхут, то вроде бы должен отсутствовать свет малхут (нэфеш). Если же отсутствуют два сосуда — бхина гимэл и бхина далет, то вроде бы должны отсутствовать света тифэрэт и малхут.

24. Дело в том, что существует обратная зависимость между светами и сосудами — в парцуфе сначала возникают и растут высшие сосуды, начиная с кэтэр, потом идет сосуд хохма и т.д., пока очередь не доходит до малхут.

Поэтому мы называем сосуды согласно порядку их роста: кэтэр, хохма, бина, тифэрэт и малхут (КаХаБТу"М), сверху вниз. Света же, наоборот, — сначала нижние света входят в парцуф. Самый нижний свет — нэфеш, свет, который должен находиться внутри малхут, потом свет руах (свет Зэир Анпина) и т.д., пока очередь не доходит до ехиды.

Поэтому мы называем света в следующем порядке: нэфеш, руах, нэшама, хая и ехида (НаРаНХа"Й), снизу вверх, согласно порядку их вхождения в парцуф. Когда у парцуфа есть только один сосуд (а это может быть только сосуд кэтэр), то в него сначала входит не ехида, которая должна находиться внутри него, а нэфеш, самый нижний свет.

Когда у парцуфа появляются два высших сосуда — кэтэр и хохма, тогда в парцуф входит также и свет руах. Свет нэфеш выходит из сосуда кэтэр и спускается в сосуд хохма, а свет руах входит в сосуд кэтэр. Когда же у парцуфа появляется третий сосуд — бина, то свет нэфеш выходит из сосуда хохма и спускается в сосуд бина, а свет руах спускается в сосуд хохма и свет нэшама входит в сосуд кэтэр.

Когда у парцуфа возникает четвертый сосуд — тифэрэт, то в парцуф входит свет хая, и тогда свет нэфеш спускается из сосуда бина в сосуд тифэрэт, свет руах — в сосуд бина, свет нэшама — в сосуд хохма и свет хая — в сосуд кэтэр.

И когда у парцуфа появился пятый сосуд — малхут, то в этот парцуф вошел свет ехида. И тогда все света находятся на своих местах, потому что свет нэфеш выходит из сосуда тифэрэт и спускается в сосуд малхут, свет руах спускается в тифэрэт, свет нэшама — в сосуд бина, свет хая — в сосуд хохма, а свет ехида — в сосуд кэтэр.

25. Пока не закончилось формирование всех пяти келим в парцуфе, пять их светов находятся не на своих местах, более того, они размещаются в обратном порядке. При отсутствии кли малхут в парцуфе нет света ехида, а при отсутствии двух сосудов малхут и тифэрэт нет светов ехида и хая. И это потому, что вначале рождаются светлые, чистые сосуды, от кэтэр до малхут, но в них сначала входят слабые света, начиная с нэфеш.

И каждый новый свет входит обязательно в сосуд кэтэр, потому что любое получение света происходит в самых светлых сосудах. По прибытии нового света в сосуд кэтэр прежний свет, бывший в сосуде кэтэр раньше, спускается в сосуд хохма. Когда есть масах на сосуд хохма, в кэтэр входит ор руах, а ор нэфеш спускается в сосуд хохма.

При дальнейшем усилении экрана образуются сосуды: бина, тифэрэт и малхут, и через кэтэр последовательно проходят света: нэшама, хая и ехида, заполняя все келим. Все света заполняют соответствующие им места: нэфеш в малхут, руах в тифэрэт, нэшама в бине, хая в хохме и ехида в кэтэре.

Запомни это правило об обратной зависимости изменений светов и сосудов, и тогда ты всегда сможешь различить, говорится ли в определенном контексте о светах или о сосудах, и тогда ты не запутаешься. Мы выяснили пять бхинот (уровней) экрана и как в соответствии с ними возникают уровни — каждый последующий ниже предыдущего.

ПЯТЬ ПАРЦУФИМ
МИРА АДАМ КАДМОН

26. Мы выяснили понятие масаха (экрана), который был выставлен после Ц"А на кли малхут, т.е. на бхину далет, и также пять видов зивугей дэ-акаа, происходящих на этом экране и создающих пять уровней десяти сфирот, один ниже другого. Теперь мы выясним пять парцуфим мира Адам Кадмон (А"К), который предшествует четырем мирам АБЕ"А.

Ты уже знаешь, что ор хозер, поднимающийся в результате зивуга дэ-акаа снизу вверх, одевает 10 сфирот высшего света — этого достаточно только для создания «корней», зародышей будущих келим, называемых 10 сфирот дэ-рош. Для того чтобы закончить создание келим, малхут дэ-рош расширяется на те 10 сфирот ор хозер, которые наделись на 10 сфирот дэ-рош.

Малхут распространяется сверху вниз согласно величине уровня десяти сфирот дэ-рош. В результате этого заканчивается создание келим, называемых «гуф» (тело) парцуфа (см. пункт 14). Итак, в парцуфе всегда есть два вида десяти сфирот: рош и гуф.

27. Как только родился первый парцуф мира Адам Кадмон, немедленно после Ц"А бхина далет, перестав быть кли получения высшего света, получила исправление в виде экрана. И спустился высший свет облачиться в кли малхут, согласно своей природе. Но масах, стоящий перед кли малхут, отразил его и вернул к Источнику. В результате этого ударного взаимодействия ор хозер поднялся до уровня кэтэр высшего света и этот ор хозер стал одеянием и зачатками келим («шоршей келим») для десяти сфирот высшего света, которые называются 10 сфирот дэ-рош первого парцуфа мира Адам Кадмон.

После этого, используя силу 10 сфирот дэ-рош, малхут дэ-рош вместе с ор хозер расширилась и распространилась сверху вниз, создав этим внутри себя новые 10 сфирот, которые и являются настоящими, законченными келим. Все то, что в рош существовало только в потенциале, теперь окончательно проявилось и сформировалось в гуф. Так закончилось создание рош и гуф первого парцуфа мира Адам Кадмон.

28. После этого снова произошло ударное взаимодействие с масахом, стоящим в кли малхут, но на этот раз в нем отсутствовала бхина далет. У масаха есть теперь только четыре келим: кэтэр, хохма, бина и тифэрэт. Поэтому следующий парцуф мира А”К вышел на один уровень ниже парцуфа Гальгальта — на уровень хохма — и называется этот парцуф А”Б. Ор хозер в этом случае надевает только 4 света НаРаН”Х, а пятая часть, ор ехида, отсутствует.

В масахе третьего парцуфа отсутствуют бхинот далет и гимел. Поэтому он вышел на один порядок ниже парцуфа А”Б, т.е. на уровень Бина, и в нем нет светов ехида и хая. Относительно первого парцуфа он ниже на две ступени, а относительно второго — на одну. Он называется Бина, или Са”Г.

Затем произошел зивуг дэ-акаа на масах с авиют алеф, и образовался рош и гуф на уровне тифэрэт, со светами нэфеш и руах, а света — ехида, хая и нэшама отсутствуют. В этом парцуфе нет келим далет, гимел, бэт — поэтому и нет соответствующих им светов. Этот парцуф называется Тифэрэт, или М”А.

Последний, пятый парцуф вышел на авиют шореш со светом нэфеш. Он называется парцуф Малхут, или парцуф Бо”Н.

29. Итак, мы рассмотрели образование пяти парцуфим мира А”К, которые называются Гальгальта, А”Б, Са”Г, М”А и Бо”Н, где каждый из последующих парцуфим ниже предыдущего на одну ступень. Причем эта ступень была у предыдущего парцуфа высшей. Так, например, у парцуфа А"Б не хватает ор ехида, у парцуфа Са"Г недостает света хая, который был у предыдущего ему парцуфа А"Б. У парцуфа М"А не хватает света нэшама. Уровень каждого парцуфа зависит от толщины экрана, на который сделан зивуг дэ-акаа (см. п. 18). Однако мы не выяснили, что является причиной уменьшения толщины экрана при образовании нового парцуфа.

ОСЛАБЛЕНИЕ МАСАХА
ДЛЯ СОЗДАНИЯ ПАРЦУФА

30. Для того чтобы понять развитие духовных ступеней, проявившихся в создании пяти постепенно уменьшающихся парцуфим мира А"К, и всех уровней пяти парцуфим каждого из четырех миров АБЕ"А, вплоть до малхут мира Асия, мы должны хорошо усвоить, что такое утоньшение масаха дэ-гуф, ослабление его силы, которое происходит во всех парцуфим миров А"К, Некудим и мира Исправления (Ацилут).

31. Дело в том, что любой парцуф и даже любая духовная ступень имеет два вида света, которые называются ор макиф (окружающий свет) и ор пними (внутренний свет). Как уже было выяснено, в первом парцуфе мира А"К Гальгальте окружающим светом является свет Мира Бесконечности, заполняющий все Мироздание. После Ц"А и возникновения масаха в малхут происходит ударное взаимодействие (зивуг дэ-акаа) всего света Мира Бесконечности с этим масахом.

Ор хозер, возникший вследствие этого зивуга, позволил части высшего света войти в мир Сокращения (олам аЦимцум), создав этим десять сфирот дэ-рош и десять сфирот дэ-гуф, как сказано в п. 25.

Однако не весь свет вошел внутрь парцуфа Гальгальта. И теперь свет Мира Бесконечности не заполняет собой все Мироздание, как это было до Ц"А. Теперь существуют рош и соф, т.е. при распространении десяти сфирот сверху-вниз свет останавливается в точке «этого мира», в «ограничивающей» малхут; как сказано: «стоят его ноги на Масличной горе».

Кроме того, теперь существует понятие «изнутри наружу». Подобно тому, как есть распространение десяти сфирот сверху вниз, которые называются кэтэр, хохма, бина, тифэрэт, малхут (КаХаБТу"М) и ограничивающая малхут, также существует и распространение десяти сфирот КаХаБТу"М изнутри наружу.

Здесь сфирот называются так: моха-мозг (кэтэр), ацамот — кости (хохма), гидин — жилы (бина), басар — мясо (тифэрэт) и ор — кожа (малхут, ор с буквой «аин», т.е. «кожа», а не ор с буквой «алеф» — т.е. «свет»). Парцуф Гальгальта относительно Мира Бесконечности, где светом было заполнено все Мироздание, представляет собой лишь тонкий луч света. Ор (кожа), т.е. малхут, ограничивает парцуф снаружи, не давая свету распространиться дальше, «вширь», и заполнить собой опустевшее пространство.

То количество света (тонкий его луч), которое было получено в Гальгальта, называется «ор пними» (внутренний свет). Снаружи осталось огромное количество света Мира Бесконечности, который не вошел внутрь Гальгальты. Теперь именно этот свет и называется «ор макиф» (окружающий свет). Этот свет не может войти внутрь парцуфа, и он как бы окружает парцуф со всех сторон.

32. Выясним теперь, что такое ор макиф мира А"К (точнее, Гальгальты), величию и неисчерпаемости которого нет предела. Речь не идет о том, что свет Мира Бесконечности сам является ор макиф для А"К. Имеется в виду, что в тот момент, когда произошло ударное взаимодействие, весь этот громадный свет Мира Бесконечности ударил в масах малхут дэ-рош Гальгальты, ведь он хотел войти внутрь бхины далет, как будто не было никакого Цимцума Алеф, но этот масах остановил его и отразил назад, воспрепятствовав распространению в бхину Далет (см. п. 14).

Фактически этот ор хозер стал сосудом получения высшего света. Однако существует большая разница между получением бхиной далет до Ц"А и получением с помощью масах и ор хозер после него. Как было уже сказано, свет, вошедший в Гальгальта, — это лишь тонкий луч по сравнению с состоянием до Ц"А.

Та часть высшего света, которая не смогла войти внутрь парцуфа, превратилась в ор макиф Гальгальты. Существует правило: в духовном ничто не исчезает, поэтому свет Мира Бесконечности, который был предназначен для бхины далет, не исчез, он обязан выполнить свое предназначение и войти в малхут, и теперь он начинает заполнять собой миры А"К и АБЕ"А, но уже согласно совершенно другим принципам. Теперь творение получает только ту часть света, которую оно может получить не ради себя, а ради Творца.

Это происходит благодаря большому числу ударных взаимодействий света с масахим миров и парцуфим до тех пор, пока бхина далет с их помощью не исправится и не придет к состоянию полного совершенства, задуманного Творцом в начале Творения.

Тогда весь свет Мира Бесконечности снова войдет внутрь нее, но теперь творение будет партнером Творца по созданию самой себя, оно теперь «заработает» получение света. Итак, удар света о масах не приводит к какому-либо исчезновению света или его изменению. Но пока, до Окончательного Исправления (Гмар Тикуна), свет Бесконечности превращается в ор макиф (окружающий свет), это означает, что он должен войти внутрь данного парцуфа в будущем, а пока он окружает парцуф и светит ему как бы «снаружи».

Это наружное свечение распространяется во всех мирах в виде исправлений, способных привести малхут к полному заполнению светом Мира Бесконечности, в той мере, в которой он с самого начала хотел ее заполнить.

33. Теперь пришло время выяснить, что такое соударение между ор макиф и ор пними, приводящее к утоньшению масаха и потере им самого большого своего уровня авиют. Эти два вида света имеют совершенно противоположные свойства, хотя они и неразрывно связаны между собой экраном, стоящим в малхут пэ дэ-рош парцуфа.

Они находятся в постоянном противоречии, ведущем к удару между ними. Один и тот же зивуг дэ-акаа, который произошел на этом экране, вызвал, с одной стороны, наполнение парцуфа внутренним светом (ор пними), с другой стороны, этот же зивуг дэ-акаа послужил причиной возникновения окружающего света (ор макиф), так как он не дал свету Бесконечности войти внутрь бхины далет.

34. Ор пними и ор макиф связаны с масахом. Но действия их противоположны друг другу. В той мере, в которой масах пропускает внутрь парцуфа часть высшего света, облаченного в ор хозер, в той же мере он не позволяет проникнуть в него окружающему свету. Ор макиф, оставшийся снаружи парцуфа, по количеству намного превосходит ор пними.

Экран с его авиют и кашиют противодействует вхождению ор макиф внутрь парцуфа так же, как он противодействует и ор яшар. Удар между ор макиф и авиютом экрана называется битуш — соударение между ор макиф и ор пними. Это соударение происходит только в гуф парцуфа, потому что именно там произошло настоящее получение света в сосуды, оставляя значительную часть света снаружи. В десяти сфирот дэ-рош это соударение не происходит, так как там ор хозер еще не является настоящим сосудом получения, а образует только шоршей келим, т.е. зачатки сосудов.

Поэтому свет, находящийся в них, еще не является настоящим ор пними, по этой же причине нельзя выделить там и ор макиф. А так как нет еще между ними различия, то и нет соударения между ними в рош парцуф. И только после того как свет распространяется от пэ вниз, в виде 10 сфирот гуф, где происходит облачение орот в келим, являющимися десятью сфирот отраженного света. Тогда-то и происходит удар между внутренним светом, находящимся в келим, и светом, находящимся снаружи.

35. Это соударение происходит до тех пор, пока ор макиф не ликвидирует авиют масах дэ-гуф, стоящий в табуре. В результате этого масах дэ-гуф начинает подниматься вверх по направлению к экрану, стоящему в пэ дэ-рош, являющемуся шорешем, причиной экрана дэ-гуф. Слившись с экраном, стоящим в пэ дэ-рош, масах табура также включается в зивуг дэ-акаа, который постоянно происходит между масахом в пэ дэ-рош и светом. От этого зивуга образовывается новый парцуф, выходят совершенно новые 10 сфирот, называемые А"Б дэ-А"К, или парцуф Хохма мира Адам Кадмон. По отношению к первому парцуфу Гальгальта-Кэтэр этот новый парцуф считается сыном, порождением первого парцуфа.

36. После того как парцуф А"Б дэ-А"К родился и закончил свое развитие образованием рош и гуф, возобновился в нем процесс битуш ор пними бе ор макиф, так же как и в первом парцуфе дэ-А"К. И его масах дэ-гуф (экран его духовного тела) постепенно потерял весь свой авиют и соединился по своим свойствам с масах дэ-рош.

Теперь этот масах оказывается включенным в зивуг между высшим светом и экраном, находящимся в пэ дэ-рош. И обновился в нем зивуг дэ-акаа, родивший новый парцуф уровня бина, называемый Са"Г дэ-А"К, считающийся сыном и порождением парцуфа А"Б дэ-А"К, т.к. выходит вследствие зивуга в масах, стоящий в пэ дэ-рош. По этому же принципу выходят парцуфим от Са"Г и далее вниз.

37. И вот мы выяснили последовательное рождение парцуфим (один под другим), происходящее благодаря силе соударения внутреннего и окружающих светов (битуш ор пними у макиф), ослабляющее масах до такой степени, что он теряет всю свою силу и возвращается в пэ дэ-рош (совмещается с ней по своим качествам), тем самым включаясь в зивуг дэ-акаа, который постоянно происходит в масах дэ-рош.

Благодаря этому зивугу рождается новый парцуф, являющийся как бы сыном предыдущего. Так, А"Б является порождением парцуфа Кэтэр, Са"Г родился из парцуфа А"Б, парцуф М"А из Са"Г и т.д. во всех последующих ступенях мира Никудим и АБЕ"А. Но еще необходимо нам выяснить, почему высота парцуфа А"Б доходит только до бхины гимел, а не далет. Са"Г достигает только бхины бэт. То есть каждый последующий парцуф на ступень ниже предыдущего. Почему все они не равны друг другу?

38. Сначала необходимо понять, почему парцуф А"Б считается порождением парцуфа Кэтэр. Ведь после того как он родился от зивуга, произошедшего в пэ дэ-рош парцуфа Гальгальта, его высота точно соответствует десяти сфирот гуфа самого парцуфа. Что же не позволяет ему по-прежнему быть частью парцуфа Гальгальта, а не считаться отдельным парцуфом, порождением первого?

Здесь ты должен понять, какая огромная разница есть между масах дэ-гуф и масах дэ-рош. В парцуфе есть два вида малхут: первая — это малхут миздавегет, т.е. малхут, взаимодействующая с высшим светом благодаря своим исправленным намерениям — масаху, вторая — это малхут месаемет — малхут, ограничивающая своим экраном распространение высшего света в десяти сфирот дэ-гуф парцуфа.

Различие между ними настолько большое, насколько велика разница между Творцом и творением, т.к. малхут дэ-рош, сочетающаяся в ударном слиянии с высшим светом, считается Творцом для гуф парцуфа, ведь экран, установленный в ней, не отбросил высший свет после того, как тот ударил в масах, а наоборот, тем, что возникший в результате этого ор хозер оделся на ор яшар, и появились 10 сфирот рош, благодаря этому свет распространился сверху вниз, пока 10 сфирот высшего света не оделись в кли дэ-ор хозер, называемый гуф, телом парцуфа.

Поэтому масах и малхут дэ-рош считаются Творцом для десяти сфирот дэ-гуф. Однако пока еще нет абсолютно никакой ограничивающей силы в этой малхут и ее масахе. Это произойдет благодаря малхут и масах тела парцуфа. Объяснение: после того как 10 сфирот начали распространяться от пэ дэ-рош вниз, они смогли достичь только малхут этих десяти сфирот, т.к. высший свет не может распространиться в малхут дэ-гуф, потому что масах, установленный там, не позволяет ему заполнить ее, поэтому парцуф заканчивается и появляется там бхина соф, окончание парцуфа.

И поскольку вся сила Сокращения и ограничения проявляется именно в этом масахе малхут дэ-гуф, постольку соударение между внутренним и окружающим светом происходит только в экране тела парцуфа (масах дэ-гуф), т.к.

он ограничивает и отбрасывает ор макиф, не позволяя ему светить внутрь парцуфа, а не масах дэ-рош, ведь масах дэ-рош только притягивает и облачает свет, но ограничивающая сила совершенно не проявляется в нем пока.

39. Как уже было сказано, взаимные удары ор макиф в ор пними превратили масах ограничивающей малхут в масах малхут, которая делает зивуг в пэ дэ-рош. Битуш ор макиф ослабил силу ограничивающего масаха так, что от всего авиюта дэ-гуф остались лишь тонкие решимот, равные авиют масаха дэ-рош, что привело к слиянию масаха дэ-гуф с масахом дэ-рош, согласно чему он получил способность к такому же зивуг дэ-акаа, как масах рош.

В результате этого зивуга возник новый парцуф, имеющий свои 10 сфирот, чей уровень на порядок меньше предыдущего. Вместе с тем, в масахе дэ-гуф обновились те же решимот дэ-авиют, которые были там вначале, поэтому опять проявляется отличие свойств между ним и масах дэ-рош, в который он был включен, и это различие свойств отделяет и выводит его из масах дэ-рош.

После того как проявилась в нем его настоящая природа, не может уже находиться в пэ высшего, т.к. изменение свойств в духовном отделяет их один от другого, поэтому вынужден спуститься оттуда вниз и теперь является отдельным от высшего парцуфом, ведь даже рош нового парцуфа находится всего лишь на уровне гуф высшего парцуфа, т.к. родилось из масах дэ-гуф его.

Это отличие между ними разделяет их на два разных парцуфа и, поскольку новый парцуф родился из масах дэ-гуф предыдущего, поэтому относится к высшему как сын и как ветвь по отношению к корню.

40. Отличие низшего парцуфа от высшего заключается в том, что каждый низший появляется на другом, более низком уровне по сравнению с предыдущим. Как уже было сказано, этот уровень определяется толщиной (авиют) масаха, состоящего из пяти бхинот.

В каждом последующем парцуфе отсутствует наивысшая ступень света и самая низшая бхина келим предыдущего парцуфа. Чем меньшее желание с экраном я использую, тем ниже качество света, который я получаю в свой парцуф.

Соударение ор макиф с ор пними, происходящее на масахе, разделяющем их, способствует потере последней бхины авиют этого масаха. Так, в парцуфе Гальгальта исчезает бхина далет, так что даже решимот от нее не остаются.

После того как масах дэ-гуф поднимается и сливается с масах дэ-пэ и получает зивуг дэ-акаа на авиют, который остался в решимот масаха, появляется парцуф на порядок ниже, т.е. парцуф хохма. В нем отсутствует бхина далет со стороны келим и свет ехида. По причине изменения свойств новый парцуф А"Б отделяется от парцуфа Гальгальта в самостоятельный, но считается его сыном.

41. После образования парцуфа А"Б произошло соударение ор макиф с ор пними на масахе дэ-гуф А"Б, который имеет авиют гимел. Это соударение способствует потере последней бхины решимо масаха. Масах поднимается в пэ дэ-рош и делает там зивуг дэ-акаа только на авиют дэ-бхина бэт. И на этот зивуг выходят 10 сфирот на уровне бина, т.е. парцуф Са"Г мира Адам Кадмон, у которого отсутствуют келим З"А и малхут и света ехида и хая.

42. Выясним теперь смысл последовательного спуска ступеней во время распространения парцуфим одного за другим в результате битуш ор макиф и ор пними, который управляет в каждом парцуфе и способствует потере последней бхины решимо дэ-авиют, которая находится там.

Решимот, которые остаются после утоньшения масаха, делятся на два вида: решимо дэ-авиют и решимо дэ-итлабшут. Так, после ослабления масаха парцуфа Гальгальта осталось решимо дэ-авиют бхинат гимел, а решимо дэ-итлабшут бхинат далет не изменилось.

43. Исчезновение решимо дэ-итлабшут в каждой последней ступени, остающейся в масахе, приводит к образованию двух ступеней: захар и нэкева («мужское» и «женское» начала) в рош каждого парцуфа, начиная с А"Б дэ-А"К, а также в Са"Г, М"А, Бо"Н и во всех парцуфим мира Ацилут.

В экране парцуфа А"Б есть решимо дэ-авиют бхины гимел, поднимающее десять сфирот отраженного света только до уровня хохма, но решимо дэ-итлабшут бхины далет, оставшееся там, не способное на зивуг с высшим светом по причине своего захут (отсутствия желания получить, но желающей быть похожей на Творца), включая в себя решимо дэ-авиют и становясь с ним одним общим решимо, получает теперь силу совершить зивуг дэ-акаа с высшим светом.

Тогда происходит зивуг дэ-акаа с ор элион, и в результате появляется парцуф, чей уровень приближается к уровню кэтэр, поскольку присутствует в нем решимо дэ-итлабшут бхины далет. И это слияние называется включением нэкева в захар, т.к. решимо дэ-авиют бхины гимэл называется «нэкева», поскольку определятся свойством авиют (ощущение желания получить), а решимо дэ-итлабшут бхины далет называется «захар», потому что соответствует более высокому состоянию и не имеет авиют.

Решимо дэ-захар само не может сделать зивуг. Зивуг дэ-нэкева — это тот зивуг, который определяет уровень рождающегося парцуфа, количество и качество света, который в действительности войдет внутрь парцуфа.

44. Существует также включение захар в нэкева. Это значит, что решимо итлабшут объединяется с решимо авиют. В этом случае происходит зивуг только на уровень нэкева, т.е. на бхина гимэл (хохма), которая называется АВА"Я (йуд-хей-вав-хей, непроизносимое четырехбуквенное Имя Творца) дэ-А"Б.

Существуют «верхний» и «нижний» зивугим. Верхний зивуг соответствует включению нэкева в захар. В результате этого зивуга возникает парцуф, чей уровень приближается к уровню кэтэр. Нижний же зивуг соответствует включению захар в нэкева. Этот зивуг приводит к созданию парцуфа, чей уровень только хохма. Авиют, соответствующая уровню захар, не является его собственной, как уже было сказано, она была приобретена им в результате «включения», взаимодействия с некейвой.

Поэтому этот авиют достаточен только на создание десяти сфирот снизу вверх, что и называется рош, но не на распространение сверху вниз, что образует гуф — настоящие сосуды. Гуф парцуфа образуется только с помощью уровня нэкевы, которая имеет собственную авиют. Поэтому мы называем парцуф согласно уровню нэкевы, в данном случае — А"Б. Главной частью парцуфа является гуф, т.е. та его часть, где происходит получение света в сосуды.

45. Подобно тому как возникли два уровня, захар и нэкева, в рош парцуфа А"Б, эти уровни возникают и в парцуфе Са"Г. С той только разницей, что там уровень захар — это приблизительно хохма, потому что он возникает в результате зивуга на включение в решимо гимэл дэ-итлабшут (хохма) авиют бэт (бина). А уровень нэкева у Са"Г — это чистая бина, имеющая авиют бэт.

В случае с Са"Г парцуф тоже называется согласно уровню нэкевы, т.е. «бина», так как уровень захар имеет только рош без гуф. Захар парцуфа М"А мира А"К имеет уровень, приближающийся к бине и называющийся ИШСу"Т, потому что он возникает в результате взаимодействия решимо бэт дэ-итлабшут и решимо алеф дэ-авиют. Нэкева этого парцуфа имеет уровень З"А, так как она имеет только алеф дэ-авиют. По такому же принципу построены и все остальные парцуфим мира А"К.

ТААМИМ, НЕКУДОТ, ТАГИН И ОТИЁТ

46. Как уже было сказано выше, в результате битуш ор макиф в масах дэ-гуф масах ослабляется, поднимается вверх, пока он не соединится с масах дэ-рош и не станет с ним одним целым, а затем этот масах включается с ним в зивуг дэ-акаа, в результате чего выходит новый парцуф, в соответствии с авиют, имеющимся в его решимот. Теперь выясним четыре вида светов ТаНТ"А (таамим, некудот, тагин, отиет — на иврите пишется с буквы алеф), возникающих в результате битуш дэ-ор макиф и подъем масаха в пэ дэ-рош.

47. Однако масах не теряет свою силу в один прием, это происходит в определенном порядке: сначала масах освобождается от бхины далет, затем он теряет бхину гимел, потом исчезает бхина бэт, затем — алеф и шореш, пока масах совершенно не освободится от всего авиюта и не станет одним целым с масахом дэ-рош. Высший свет не прекращает светить ни на мгновение, он продолжает взаимодействовать с масахом, в каком бы состоянии тот ни находился в процессе своего ослабления.

Когда масах дэ-гуф поднялся из табур на одну ступень, т.е. из малхут дэ-гуф в Зэир Анпин дэ-гуф, в масахе дэ-рош произошел промежуточный зивуг дэ-акаа, в результате этого зивуга возник промежуточный парцуф, чей уровень — хохма.

Затем масах дэ-гуф продолжает подниматься. Из З"А дэ-гуф он поднимается в бину дэ-гуф. В это время на масахе дэ-рош происходит очередной промежуточный зивуг дэ-акаа, который приводит к образованию парцуфа с уровнем бина и т.д.

Таких промежуточных зивугим при переходе от Гальгальты к А"Б четыре, в результате этих зивугим возникают четыре промежуточных парцуфа: хохма дэ-Гальгальта, бина дэ-Гальгальта, З"А дэ-Гальгальта, малхут дэ-Гальгальта.

Итак, мы выяснили, что и второй парцуф А"Б рождается с помощью четырех зивугим, которые проходят постепенно один за другим во время ослабления масаха и подъема его вверх до полного слияния с масах дэ-рош. При переходе от А"Б к Са"Г, и вообще при переходе от любого парцуфа, происходит аналогичный процесс.

Существует общее правило: масах не может за один раз освободиться от авиюта, это происходит постепенно. Ор элион, который светит постоянно, делает зивуг на каждой ступени.

48. Эти промежуточные, внутренние парцуфим называются «некудот». Некудот — это, по сути, ор хозер, кроме того, некудот тесно связаны с категорией суда — «дин», потому что сила этого суда-ограничения уже вовлечена в некудот.

В духовном не бывает половинчатых решений. Поэтому после того как парцуф, находясь под воздействием соударения ор макиф с ор пними, принял решение изгнать из себя свет, то этот процесс уже нельзя остановить. Но, как уже было сказано выше, во время изгнания света, т.е. по мере подъема масаха из табура (малхут дэ-гуф), происходят промежуточные зивугим дэ-акаа, создающие промежуточные парцуфим, которые называются «некудот».

Итак, в каждом парцуфе мы можем выделить два вида ступеней: таамим и некудот. Что такое некудот, было сказано выше, а таамим — это первые 10 сфирот дэ-гуф парцуфа, которые возникают в результате первого, обычного зивуга дэ-акаа, который и приводит к образованию данного парцуфа.

49. Решимот (воспоминания), которые остаются в гуф парцуфа от таамим, называются тагин. Решимот, которые остаются от ступеней некудот, называются отиет или келим. Тагин, решимот светов таамим, находятся над буквами (отиет), которые как раз и являются настоящими келим и оживляют их.

Итак, десять сфирот, возникшие в результате первого зивуга дэ-акаа и последующего прямого распространения света сверху вниз, называются таамим. Десять сфирот, точнее, десять промежуточных парцуфим (или пять — зависит от того, считать З"А как одну сфиру или как шесть), возникшие в результате девяти (четырех) промежуточных зивугим, происходящих во время подъема масаха из табура в пэ, называются некудот. Решимот от таамим называются тагин, а решимот от некудот — отиет.

РОШ, ТОХ, СОФ И ОБЛАЧЕНИЯ
ПАРЦУФИМ ДРУГ В ДРУГА

50. Как уже было сказано, в каждом парцуфе есть две малхут: малхут, делающая зивуг, и малхут, ограничивающая вход света. В результате зивуга дэ-акаа, который происходит на масахе первой малхут, появляются десять сфирот ор хозер (отраженного света), которые поднимаются вверх от этого масаха и одеваются на высший свет, делят его на десять сфирот, образуя этим десять сфирот дэ-рош, т.е. исключительно корни, зачатки келим.

Затем эта малхут расширяется на свои десять сфирот вниз от масаха, распространяясь на десять сфирот дэ-гуф, что означает облачение света в законченные келим.

Десять сфирот дэ-гуф делятся на две части: тох и соф. Место нахождения десяти сфирот дэ-тох от пэ до табура, где света одеваются в келим. А от табура и ниже до «сиюм реглав» — места нахождения десяти сфирот дэ-соф и сиюм. Это значит, что малхут в этом месте ограничивает получение света в каждой сфире, достигнув максимума, соответствующего данной величине масаха, пока не достигает собственно малхут дэ-малхут, вообще не пригодную для получения.

Эта стадия называется «конец пальцев ног парцуфа». Оттуда и ниже находится пустое пространство без света («халаль пануй»). Оба вида десяти сфирот тох и соф нисходят из десяти сфирот дэ-рош и оба включены в малхут, делающую зивуг, так как в ней есть сила одевания ор хозер на ор элион.

Там также есть сила масаха, которая не дает свету войти в малхут, а поднимает ор хозер вверх. И две эти силы в голове только корни, зачатки келим. Но затем приходит в действие первая — сила одевания от пэ до табур в тох парцуфа, а вторая сила, ограничивающая получение света, приходит в действие в десяти сфирот дэ-соф исиюм от табура и ниже до окончания пальцев ног парцуфа.

Если рассматривать весь парцуф, т.е. рош, тох и соф, как единое целое, как общие десять сфирот, то получается, что рош соответствует сфирот кэтэр, хохма и бина — КаХа"Б, гимэл ришонот, Га"Р (три первые сфиры). Тох, т.е. пространство от пэ до табур, соответствует сфирот хэсэд, гвура, тифэрэт (ХаГа"Т); а соф, т.е. пространство от табур и ниже, соответствует сфирот нэцах, ход, есод, малхут (НеХИ"М).

51. Еще необходимо знать то, что Ц"А был исключительно на ор хохма, который находился в кли, желании получить, заканчивающемся в бхине далет. Именно на эту бхину был сделан Цимцум и создан масах. Но на ор хасадим не было никакого сокращения, потому что его кли — это желание отдавать, в котором нет никакого авиюта и отличия свойств от Создателя, и оно не нуждается в исправлении.

Как уже было сказано, свет Творца един, ор хохма и ор хасадим неразрывно связаны в нем вместе и вместе распространяются, наполняя келим. Это кли в зависимости от своих внутренних свойств выделяет в свете те или иные виды удовольствия — ор хохма (удовольствие от прямого получения света) и ор хасадим (удовольствие от сходства внутренних свойств кли со свойствами Творца).

Поэтому, когда свет после Ц"А покидает келим, то ор хасадим прекращает распространяться в малхут так же, как и ор хохма, хотя на ор хасадим не было Цимцума. Если бы ор хасадим смог войти в малхут, ограничивающую свет хохма, то произошло бы разбиение в ней высшего света, так как ор хасадим вынужден был бы совершенно отделиться от ор хохма. Но так как это невозможно, то малхут, ограничивающая свет, осталась полностью пустой, даже от ор хасадим.

52. Теперь мы сможем понять, что такое десять сфирот от табура и ниже. Было бы неправильно сказать, что там есть только ор хасадим вообще без ор хохма, так как ор хасадим не может отделиться полностью от ор хохма, там обязательно должна быть маленькая подсветка ор хохма, которая называется Ва”К бли рош, что означает 6 концов без головы. В любом парцуфе есть 10 сфирот: Га”Р — это кэтэр, хохма, бина, в них есть ор хохма во всем своем величии. А хэсэд, гвура, тифэрэт, нэцах, ход, есод — это Ва”К, в котором есть ор хасадим и немного ор хохма. Десятая сфира малхут остается незаполненной светом.

53. А сейчас выясним порядок одевания парцуфим Гальгальта, А”Б, Са”Г один на другой. Известно, что каждый последующий парцуф выходит из масаха дэ-гуф предыдущего парцуфа после того, как он потерял свою авиют, поднялся вверх и слился по свойствам с масах дэ-рош.

Зивуг дэ-акаа на этом экране происходит на два вида решимот, которые остались в масахе дэ-гуф прошлого парцуфа: авиют и итлабшут. Новый парцуф, который выходит из рош предыдущего парцуфа, спускается в его гуф и надевается на него, т.е. на место его корня — масаха дэ-гуф.

В действительности масах нового парцуфа и малхут, делающая зивуг, должны были бы спуститься на место табура предыдущего парцуфа, так как там находится корень нового парцуфа и место его прикрепления. Однако из-за битуш ор макиф и пними последняя бхина дэ-авиют была потеряна масахом предыдущего парцуфа, следовательно, в масахе осталась только бхина гимэл дэ-авиют, которая называется хазе, поэтому у масаха и малхут нового парцуфа нет никакого корня и зацепки в табуре предыдущего парцуфа, а только в его хазе, где он прикреплен, как ветвь к своему корню.

54. Поэтому масах нового парцуфа (А”Б) спускается в хазе предыдущего парцуфа (Гальгальта) и с помощью зивуг дэ-акаа с высшим светом создает десять сфирот головы от хазе и выше — до пэ предыдущего парцуфа, где находится его малхут дэ-рош. Нижний парцуф не в состоянии одеть десять сфирот головы высшего парцуфа, потому что рождается из масаха дэ-гуф высшего парцуфа, а не из его головы.

Каждый последующий парцуф может постичь только гуф предыдущего парцуфа, свой корень, а не его рош — расчеты, мысли и разум предыдущего. А затем экран создает десять сфирот дэ-гуф нового парцуфа сверху вниз от хазе до табура предыдущего, а от табура и ниже находятся десять сфирот дэ-сиюм предыдущего парцуфа, т.е. бхина далет, с которой новый парцуф работать не может, потому что потерял последнюю бхину своей авиют во время ослабления силы экрана.

Итак, рош, тох и соф парцуфа А"Б находятся от пэ Гальгальты до ее табура таким образом, что хазе Гальгальты является пэ дэ-А"Б, т.е. малхут, которая делает зивуг, а табур Гальгальты — это сиюм дэ-А"Б и ограничивающая малхут.

55. Порядок создания парцуфа А"Б из парцуфа Гальгальта распространяется и на образование всех остальных парцуфим, вплоть до самой нижней сфиры мира Асия, и заключается в том, что каждый последующий парцуф выходит из масаха дэ-гуф предыдущего после того, как масах, ослабляясь, поднимается вверх и сливается с масах малхут дэ-рош предыдущего парцуфа, участвуя в общем с ним зивуге дэ-акаа, а потом спускается в хазе предыдущего парцуфа, и там после зивуга с высшим светом выходят десять сфирот дэ-рош снизу вверх, а также распространяются сверху вниз в виде десяти сфирот тох и соф дэ-гуф, образуя парцуф А"Б мира Адам Кадмон.

ЦИМЦУМ БЭТ, НАЗЫВАЕМЫЙ
ЦИМЦУМ НеХ"И дэ-А"К

56. Итак, мы выяснили смысл Ц"А, который произошел на бхину далет — кли малхут, которая перестала принимать высший свет. Также мы говорили о том, что такое масах и его зивуг дэ-акаа с высшим светом, который поднимает ор хозер, исполняющий роль нового сосуда получения вместо бхины далет.

Затем мы говорили об ослаблении масаха дэ-гуф в результате соударения ор макиф и ор пними. Эти процессы ведут к образованию таамим, некудот, тагин и отиет дэ-гуф в каждом парцуфе, подъему масаха в пэ дэ-рош, включение его в зивуг дэ-акаа с высшим светом, в результате чего рождается второй парцуф, более низкий на одну ступень по сравнению с предыдущим, и дальнейшее создание по такому же принципу третьего парцуфа. Эти парцуфим мира А"К называются Гальгальта, А"Б, Са"Г, причем каждый последующий из них надевается на предыдущий от пэ дэ-рош и ниже.

57. И знай, что в этих трех парцуфим нет еще и намека на создание четырех миров АБЕ"А, для них даже еще не было места, потому что Гальгальта мира А"К доходит до точки нашего мира. Еще не раскрылся корень желаемого исправления, по причине которого и был сделан Ц"А, чтобы дать возможность бхине далет принимать высший свет, а затем создать из нее человека, который с помощью исполнения Торы и Заповедей ради Творца смог бы изменить получение на отдачу.

Тогда бхина далет сможет снова стать сосудом получения для высшего света, а также слиться с ним по свойствам воедино. Однако в мире А"К еще не раскрылся даже корень такого исправления. Для этого необходимо, чтобы человек состоял не только из бхины далет, т.е. из желания получать, но также и из свойств, которые относятся к первым девяти сфиротам, т.е. из желания отдавать, для того чтобы в нем появилась возможность «делать добрые дела», т.е. отдавать.

Если бы человек возник из состояния, в котором находились парцуфим дэ-А"К, то он был бы совершенно без света, потому что бхина далет, являющаяся корнем духовного тела человека, полностью находилась ниже сиюма мира А"К в абсолютной тьме и была полностью противоположна свету по своим свойствам.

И если бы человек был создан из такого «материала», то он никогда не смог бы исправиться в силу отсутствия в нем даже искры желания отдавать и считался бы животным, живущим только для себя. Подобно грешникам, которые погрязли в желании все получить ради себя, даже делая добрые дела, и поэтому они называются мертвыми еще при жизни.

58. Вначале замыслом Творца было создать мир наделенным свойствами «дин» (суда). Это значит, что если кто-то создан из «материала», взятого из первых девяти сфирот, то он будет обладать только желанием отдавать, а если кто-то создан из «материала», взятого из-под табура, то у него будет только желание получать.

Но потом Творец «увидел», что мир не может существовать, и смешал желания получать и отдавать. Что это значит? Творец не знал заранее, что в этом случае мир не сможет существовать? Все, что было, есть и будет, все, что создано и будет создаваться, — все Мироздание построено по принципу «причина и следствие». Нет начала и конца, а есть только причина и следствие.

Для этого Он поднял свойство суда, т.е. силу ограничения, которая есть в Малхут, в бину и перемешивал их до тех пор, пока бхина далет не включила в себя искры желания отдавать, которые есть в бине. Это позволило человеку, который затем был создан из бхины далет, также приобрести искры отдачи, чтобы потом, занимаясь добрыми делами, он смог окончательно изменить свои свойства, т.е. желание получать, на свойства, относящиеся к желанию отдавать, и дать этим возможность миру существовать.

59. Взаимодействие свойств малхут и бины в парцуфе Са"Г вызвало Цимцум Бэт в мирах ниже его, что характеризовалось появлением нового окончания на высший свет в месте нахождения бины. А малхут, которая ограничивала распространение света в конце Гальгальты, на уровне ее ног, стоя чуть выше точки Этого мира, поднялась в бину дэ-гуф парцуфа Некудот дэ-Са"Г и ограничила распространение света верхней половиной бины дэ-гуф, которая называется тифэрэт.

Действительно, Хэсэд, Гвура и Тифэрэт соответствуют Кэтэру, Хохме и Бине дэ-гуф, выходит, что Бина дэ-гуф — это Тифэрэт. Малхут, которая была в пэ дэ-рош, поднялась в никвей эйнайм (зрачки), т.е. на линию, отделяющую отдающие сосуды (Г"Э) от сосудов получения (АХа"П) бины головы, и сделала там зивуг, необходимый для создания парцуфа М"А дэ-А"К, называемого мир Некудим (или нижний М"А).

60. Цимцум Бэт называется также Цимцум НеХИ"М дэ-А"К (если разделить парцуф Гальгальта на десять сфирот, то получится, что рош — это КаХа"Б, тох — это Ха-Га"Т, а соф — НеХИ"М), потому что Некудот дэ-Са"Г, которые оканчивались там, где и парцуф Гальгальта, т.е. выше точки нашего мира, сейчас, при подъеме малхут в бину и совместном их действии, оканчиваются под табуром Гальгальты в тифэрэт гуф Гальгальты, куда поднялась малхут, ограничивающая распространение света.

А под малхут образовалось пустое пространство абсолютно без света в месте эгоистических желаний НеХИ"М дэ-Са"Г, которые сократились и опустошились от света. АХа"П дэ-рош дэ-Са"Г отделился от Г"Э и начал играть роль гуф. Десять сфирот дэ-рош поднимаются от никвей эйнаим (граница между Га"Р дэ-бина и За"Т дэ-бина) и выше, а ниже образовался гуф, который может получить только небольшое свечение, идущее от головы.

Эти десять сфирот, которые возникли в результате зивуга дэ-акаа, произошедшего в никвей эйнаим дэ-Са"Г, называются десять сфирот мира Некудим, которые спустились вниз от никвей эйнаим и заняли свое место под табуром мира А"К. Там они разделились на рош и гуф. Место, ниже которого ор хохма теперь не может распространяться, называется «парсой». Мир Некудим называется «внешней частью». Внутренние сфирот называются парцуф М"А и Бо"Н мира А"К.

61. Необходимо понять, что так как 10 сфирот мира Некудим и М"А мира А"К вышли из никвей эйнаим головы Са"Г (границы между «отдающими» сосудами и сосудами получения — Га"Р и За"Т дэ-бина), то они должны были одеть Са"Г от пэ головы и ниже по тому же принципу, как выходили прежние парцуфим, — каждый нижний надевается на верхний от пэ головы и вниз.

Почему же здесь они спустились ниже и оделись ниже табура дэ-А"К? Чтобы понять это, необходимо знать, как произошло взаимопроникновение бины и малхут, приведшее к тому, что они соединились в одно целое.

62. Дело в том, что когда вышел парцуф дэ-Са"Г, он весь закончился выше табура Гальгальты по тому же принципу, как А"Б, потому что он не смог спуститься под табур и ниже, где властвует бхина далет Гальгальты в виде десяти сфирот дэ-сиюм. А в парцуфим А"Б и Са"Г нет ничего общего с бхиной далет.

Но когда начали выходить некудот дэ-Са"Г после ослабления масаха от бэт дэ-авиют и гимэл дэ-итлабшут до алеф дэ-авиют и бэт дэ-итлабшут и исчезли таамим дэ-Са"Г, тогда вышел уровень некудот Ва"К (шесть сфирот), т.е. З"А, в котором не хватает трех первых сфирот. Там нет ор хохма, а только хасадим.

Это состояние полностью соответствует свойству десяти сфирот дэ-сиюм ниже табура, которые тоже находятся в состоянии Ва"К. Мы знаем, что соответствие свойств в духовном объединяет их в одно. Поэтому спустились Некудот дэ-Са"Г под табур и смешались там с Зо"Н (З"А и малхут) мира А"К в одно целое.

63. Однако нужно понять, что между Некудот дэ-Са"Г и НеХИ"М Гальгальты все же существует ощутимая разница. В некудот дэ-Са"Г есть бхина бэт дэ-авиют и нет ничего общего с бхинат далет, которая ниже табура, хотя оба они находятся на уровне З"А, но с разной степенью авиют.

Дело в том, что авиют совершенно не проявляется в парцуфе, когда он заполнен светом, который подавляет сосуд, желание. Но после выхода света из парцуфа в нем проявился необходимый авиют, дающий возможность Некудот дэ-Са"Г спуститься вниз под табур и смешаться с НеХИ"М Гальгальты. Это способствовало Ц"Б и образованию нового сиюма в месте бина дэ-гуф парцуфа. Изменилось также место зивуга, малхут переместилась из пэ дэрош в никвей эйнаим.

64. Получается, что источник совместного действия малхут и бины, который называется Ц"Б, проявился только ниже табур мира А"К при распространении туда парцуфа Некудот дэ-Са"Г. Поэтому десять сфирот мира Некудим, вышедшие по законам Ц"Б, не могли распространиться выше табура мира А"К, так как ничто не может проявиться выше своего источника, корня. И поскольку Ц"Б властвует от табура и ниже, мир Некудим был вынужден распространиться там же.

МЕСТО ЧЕТЫРЕХ МИРОВ АБЕ"А
И ПАРСА МЕЖДУ АЦИЛУТ И БЕ"А

65. Таким образом, выясняется, что суть Ц"Б проявилась исключительно в парцуфе Некудот дэ-Са"Г от табура вниз до окончания ног, находящихся над точкой этого мира (аОлам а-зе). И знай, что все изменения, вызванные Ц"Б, произошли только в парцуфе Некудот дэ-Са"Г, а не выше него. Как уже было сказано выше, в результате подъема малхут до середины тифэрэт сфирот дэ-соф мира А"К и отсечения ею сосудов получения в этом месте нижняя часть тифэрэт и НеХИ"М дэ-соф мира А"К превратились в пустое пространство, и произошло это не в самом А"К, а в парцуфе Некудот дэ-Са"Г дэ-А"К. Изменения, происшедшие в самом А"К, считаются только подъемом Ма"Н, что означает, что А"К только облачается в эти изменения для создания десяти сфирот мира Некудим. Но в самом А"К никаких изменений не произошло.

66. Разделение парцуфа Некудот дэ-Са"Г произошло уже во время Ц"Б (подъема малхут в бину), т.е. еще до подъема Ма"Н и зивуга, который произойдет в никвей эйнаим головы Са"Г. Это разделение произошло следующим образом: кэтэр, хохма, бина, хэсэд, гвура и верхняя треть тифэрэт до ее хазе — это место мира Ацилут; две трети тифэрэт от хазе и ниже до конца тифэрэт — место мира Брия; нэцах, ход, есод — место мира Ецира; малхут — место мира Асия.

67. Место мира Ацилут — это место, предназначенное для распространения высшего света сверху и до тифэрэт, где заканчивается парцуф, т.е. место подъема ограничивающей малхут в бину, ниже которого свет не может пройти. Таким образом, место мира Ацилут оканчивается в хазе, т.е. на границе между верхней третью тифэрэт и ее нижними двумя третями. Новое ограничение называется парсой, которая находится под миром Ацилут.

Ниже парсы место разделилось на три части, хотя должно было разделиться всего на две: Зо"Н дэ-гуф (З"А и нуква) или НеХИ"М, ведь после того как новый сиюм произошел в бине дэ-гуф, или тифэрэт, ниже нее находится только Зо"Н. Однако и две трети тифэрэт также вышли под парсу. Дело в том, что бина дэ-гуф (тифэрэт) в свою очередь состоит из своих десяти сфирот КаХа"Б и Зо"Н, и поскольку эти Зо"Н дэ-бина являются корнем Зо"Н дэ-гуф, постольку Зо"Н дэ-бина уже обладают свойствами, аналогичными свойствам Зо"Н.

Поэтому Зо"Н дэ-бина тоже находятся под парсой вместе с Зо"Н дэ-гуф. По этой причине разделилась (раскололась) сфират тифэрэт по всей ширине в хазе парцуфа. Потому что малхут, поднявшаяся в бину, стоит там и выводит наружу (под парса) также Зо"Н дэ-бина, соответствующие двум третям сфиры тифэрэт от хазе вниз.

Так образовалась разница между верхней частью тифэрэт, которая находится над парсой и относится исключительно к бине, и между нижней частью тифэрэт (Зо"Н), находящейся под парсой не по своей воле, а потому что она — корень для настоящих Зо"Н, и в дальнейшем она должна будет дать им свет. И нет в ней большого ущерба, потому что она вышла не самостоятельно. Но все же она отделилась от НеХИ"М (собственно Зо"Н), которые лежат ниже нее, образовав самостоятельный мир Брия.

68. Зо"Н дэ-гуф тоже разделились на две части: З"А (НеХ"И — нэцах, ход и есод) сделался миром Ецира, а малхут, или нуква, которая более ущербна, образовала мир Асия под миром Ецира.

И вот мы выяснили, как в результате Ц"Б разделился парцуф Некудот дэ-Са"Г и образовалось место для четырех миров: Ацилут, Брия, Ецира и Асия. Кэтэр, хохма, бина, хэсэд, гвура, тифэрэт до хазе образовали место для мира Ацилут. Две нижние трети тифэрэт от хазе и до окончания тифэрэт образовали место для мира Брия. Нэцах, ход, есод подготовили место для мира Ецира. А малхут создала место для мира Асия.

Общее место для всех миров начинается от точки табура мира А"К и заканчивается над нашим миром, т.е. доходит до пальцев ног мира А"К, которые являются окончанием уровня одевания Некудот дэ-Са"Г на парцуф Гальгальта.

СОСТОЯНИЯ КАТНУТ И ГАДЛУТ В МИРЕ НЕКУДИМ

69. После того как мы в общем познакомились с Ц"Б в парцуфе Некудот дэ-Са"Г, перейдем теперь к подробному изучению создания десяти сфирот мира Некудим, четвертого парцуфа мира А"К. Мы уже выяснили, как один парцуф образуется из другого, когда каждый нижний парцуф рождается и выходит из масаха дэ-гуф высшего после его ослабления и подъема в пэ и возобновления зивуга дэ-акаа. Потере авиюта масаха дэ-гуф и уменьшению его до авиюта дэ-рош способствует битуш ор макиф в масах.

Это и дает возможность создать следующий парцуф из предыдущего. Так вышел парцуф А"Б (хохма) из парцуфа Гальгальта (кэтэр), парцуф Са"Г (бина) из парцуфа А"Б. Таким же образом из парцуфа Са"Г возник и четвертый парцуф мира А"К, который называется десять сфирот мира Некудим.

70. В чем же заключается это принципиальное отличие парцуфа (мира) Некудим от предыдущих парцуфим? Дело в том, что при создании предыдущих парцуфим зивуг дэ-акаа всегда происходил на одну пару решимот — решимо дэ-итлабшут и решимо дэ-авиют. Теперь же в рош дэ-Са"Г поднялись сразу две пары решимот.

Так как он состоит не только из решимот своего авиюта, т.е. отражает свойства сфирот гуф дэ-Са"Г, но и включает в себя также решимот авиют дэ-Зо"Н парцуфа А"К ниже табура. Причина этого в том, что они перемешались вместе под табуром парцуфа А"К, как сказано в п. 61, что

413

Некудот дэ-Са"Г спустились под табур дэ-А"К и перемешались вместе с Зо"Н дэ-А"К, находящимися там.

71. Благодаря тому что сфирот перемешались вместе под табуром парцуфа А"К, в парцуфе Некудим появились новые состояния катнут и гадлут (малое и большое). На решимот дэ-авиют, находящиеся в масахе парцуфа Са"Г, вышли десять сфирот дэ-катнут Некудим, а на решимот Зо"Н дэ-А"К под табуром, перемешавшиеся с решимот масаха, вышли десять сфирот гадлут Некудим.

72. Знай, что 10 сфирот катнут мира Некудим считаются основным парцуфом, потому что он возник согласно тому же принципу, как и три предыдущих парцуфим мира А"К. Он возник в результате зивуга дэ-акаа на решимот бэт/алеф, находящиеся в масахе гуфа высшего парцуфа. Десять сфирот дэ-гадлут считаются только дополнением к парцуфу Некудим, потому что вышли не в порядке выхода ступеней, а от зивуга на решимот Зо"Н дэ-Гальгальты, которые добавились к экрану в результате спуска Некудот дэ-Са"Г под табур.

73. Сначала выясним процесс рождения парцуфа катнут дэ-Некудим. Как известно, после распространения парцуфа Са"Г возникает в его масахе соударение внутреннего и окружающего светов, ослабляющее масах и заставляющее его вернуться в пэ дэ-рош, при этом выходят промежуточные парцуфим, называемые Некудот дэ-Са"Г, которые затем, спустившись под табур парцуфа А"К, перемешались с находящейся там бхиной далет. После того как масах дэ-гуф освободился от всей авиют и в парцуфе остался только масах дэ-рош, считается, что масах дэ-гуф поднялся в рош и возобновился в нем зивуг (взаимодействие с высшим светом) на авиют решимот, оставшихся в масахе.

74. Как всегда, последняя ступень, в данном случае авиют бхины бэт, при возвращении масаха в рош полностью исчезла, и осталось от нее только решимо дэ-итлабшут, а от авиют осталась только бхина алеф.

Как и в предыдущих парцуфим, в рош дэ-Са"Г, после подъема туда решимот, оставшихся от промежуточного парцуфа Некудот дэ-Са"Г, произошло два зивуга. Один из них происходит в результате включения решимо дэ-авиют (нэкева) в решимо дэ-итлабшут (захар).

В данном случае речь идет о возникновении мира Некудим, следовательно, это решимот алеф дэ-авиют и бэт дэ-итлабшут, в результате этого зивуга возникает сфира, чей уровень называется «бина бэ кирув», или «Ва"К дэ-бина», т.е. промежуточное состояние между биной и З"А. И эта сфира называется кэтэр мира Некудим.

Второй зивуг произошел в результате включения бэт дэ-итлабшут (захар) в алеф дэ-авиют (нэкева), от которого появляется сфира с уровнем З"А, или «Ва"К бли рош», и эта сфира называется Аба ве Има мира Некудим, которые расположены по отношению друг к другу спина к спине (ахор бэ ахор).

И два этих уровня называются двумя головами мира Некудим. Но между ними есть разница, которая заключается в том, что кэтэр мира Некудим, т.е. уровень захар, не распространяется в гуф, а светит только в голове, а АВ"И (Аба ве Има) мира Некудим, уровень нэкева, распространяется в гуф и называется ХаГа"Т НеХИ"М мира Некудим.

75. Здесь мы говорим о трех ступенях, находящихся одна под другой в мире Некудим:

— Кэтэр мира Некудим имеет уровень Ва"К дэ-бина;
— Аба ве Има, имеющие уровень З"А — это две головы;
— третья — За"Т, или ХаГа"Т НеХИ"М — это гуф дэ-Некудим.

76. И знай, что в результате подъема малхут в бину определяются все ступени Некудим. Кроме того, они разделяются на две половины, называемые «паним ве ахораим» («передняя» и «задняя» части парцуфа). После того как зивуг произошел в никвей эйнаим, в голове есть только две с половиной сфиры: Г"Э и никвей эйнаим, т.е. кэтэр, хохма и верхняя треть бины — это и есть келим дэ-паним. АХа"П, который состоит из нижних двух третей бины, З"А и нуквы (малхут), вышел за пределы десяти сфирот дэ-рош и называется теперь келим дэ-ахораим, на которые расчет во время зивуга не делается. По такому же принципу разделилась каждая последующая ступень.

77. Не существует ступени в мире Некудим, в которой не было бы разделения на паним и ахораим. Так, АХа"П кэтэра, т.е. захар дэ-Некудим, спустился на ступень паним рош Аба ве Има, т.е. на уровень нэкева. А АХа"П, т.е. ахораим некейвы Аба ве Има, спустился на ступень гуф, т.е. в ХаГа"Т НеХИ"М дэ-Некудим. Таким образом, и кэтэр, и Аба ве Има состоят из двух частей: паним ве ахораим. Другими словами, паним Аба ве Има надеваются на ахораим дэ-кэтэр, которые спустились сверху. А ахораим дэ-Аба ве Има, которые спустились в гуф, составляют его внутреннюю часть, на которые сверху надеваются паним дэ-гуф.

78. Разделение каждой ступени на две части способствовало тому, что теперь в каждой верхней части ступени имеются только света нэфеш и руах, т.е. Ва"К, и сосуды кэтэр, хохма и часть бины. Итак, в катнут мира Некудим имеется три ступени: кэтэр, Аба ве Има и За"Т, т.е. сосуды кэтэр, хохма и часть бины, и света нэфеш и руах, так как За"Т дэ-бина и Зо"Н спустились с их уровня на нижнюю ступень.

ПОДЪЕМ Ма"Н
И ГАДЛУТ МИРА НЕКУДИМ

79. А сейчас мы выясним, что такое 10 сфирот дэ-гадлут дэ-Некудим, которые вышли на Ма"Н от решимот Зо"Н дэ-А"К ниже табура. До сих пор мы не говорили о подъеме Ма"Н. Речь шла о подъеме масаха дэ-гуф при его ослаблении из табура в пэ дэ-рош высшего и о том, что на решимот, которые были включены в масах, произошел в рош зивуг дэ-акаа, в результате которого возникли 10 сфирот нижнего парцуфа. Но сейчас поговорим о свете, который поднялся из-под табура дэ-А"К в рош дэ-Са"Г, т.е. о тех решимот Зо"Н дэ-гуф мира А"К, которые и называются подъемом женских вод (мей нуквин), называемым «алият Ма"Н».

80. И знай, что источником подъема Ма"Н являются З"А и бина 10 сфирот ор яшар, т.е. еще до Малхут Мира Бесконечности. Там между ними произошло следующее: бина, которая представляет собой ор хасадим и бхину бэт, родив тифэрэт, или З"А (бхину гимел), снова соединилась с бхиной хохма, для того чтобы попросить ор хохма и затем передать его З"А, который состоит из ор хасадим и небольшого свечения ор хохма.

Таким образом, произошла связь между З"А и биной. Каждый раз, когда решимот З"А поднимаются в бину, она соединяется с хохмой и притягивает оттуда небольшое количество ор хохма для З"А. Такой подъем З"А в бину, который соединяет ее с хохмой, и называется подъем Ма"Н. А без этого подъема бина сама не нуждается в хохме, ее суть — ор хасадим, и по отношению к хохме она всегда находится «ахор бэ ахор» (спина к спине), что говорит о том, что ей лично от хохмы ничего не нужно.

И только просьба З"А создает в бине необходимость получить ор хохма для него, превращает ее в нукву, поэтому этот подъем получает название «женские воды» (т.е. получающую сфиру) по отношению к хохме, разворачивая их из положения спина к спине в новое положение «паним бэ паним» (лицом к лицу).

81. Мы уже знаем, что парцуф А"Б является парцуфом хохма, а парцуф Са"Г — парцуфом бина. И определяются они по самому высшему своему свойству. Так, А"Б имеет авиют гимэл и поэтому называется хохмой. Са"Г же имеет авиют бэт и называется биной. Когда решимот Зо"Н дэ-гуф (З"А и малхут), которые находятся под табуром, поднялись в рош дэ-Са"Г (бину), этот процесс называют поднятием Ма"Н в Са"Г, там происходит зивуг между Са"Г и А"Б (между биной и хохмой), в результате которого произошла передача ор хохма от А"Б к Са"Г.

Но после получения Зо"Н «нового света» они снова спустились вниз под табур и осветили там 10 сфирот мира Некудим, что привело к возникновению 10 сфирот гадлут мира Некудим. Но, как мы потом узнаем, именно эти 10 сфирот дэ-гадлут способствовали разбиению келим.

82. Мы уже знаем, что в мире Некудим есть две головы: кэтэр и Аба ве Има. Когда новый свет хохма (А"Б-Са"Г) от рош дэ-Са"Г по просьбе Зо"Н Гальгальты начал светить в десять сфирот мира Некудим, то он сначала входит в рош кэтэр через табур мира А"К. Мир Некудим заполняет рош кэтэр светом Га"Р и поднимает сфирот бина и Зо"Н (т.е. АХа"П) кэтэра, которые до этого момента были в рош Аба ве Има. Затем свет А"Б-Са"Г входит в рош Аба ве Има мира Некудим через есод дэ-А"К, заполняет их светом Га"Р и поднимает наверх сфирот бина и Зо"Н дэ-Аба ве Има, которые находились в Га"Р дэ-гуф. Таким образом, обе головы кэтэр и Аба ве Има приходят в состояние гадлут.

83. Прежде всего выясним, что такое гадлут, переходу к которому способствовало распространение нового света (А"Б-Са"Г) в десять сфирот мира Некудим. Необходимо отметить, что ступени кэтэр и Аба ве Има мира Некудим были на уровне Ва"К, потому что имели авиют алеф. Но ранее мы говорили, что при спуске Некудот дэ-Са"Г (бина) под табур они смешались там с бхиной далет/гимэл НеХИ"М Гальгальты, а значит, в масахе, который поднялся в пэ дэ-рош, есть и решимо далет. Следовательно, после такого зивуга в рош дэ-Са"Г там должны были возникнуть десять сфирот мира Некудим уровня кэтэр со светом ехида, а не ступень Ва"К дэ-бина, как это произошло на самом деле.

Дело в том, что при включении бхины далет в бину в никвей эйнаим сама бхина далет в зивуге как бы не участвует, она как бы аннулируется по отношению к бине, кроме того, зивуг произошел не в пэ дэ-Са"Г, а поднялся выше — в никвей эйнаим, туда, где произошел Ц"Б на бэт дэ-итлабшут и алеф дэ-авиют, что является сутью масаха бины. На этот зивуг вышли две ступени: одна — Ва"К дэ-бина (бэт дэ-итлабшут), а вторая — законченный Ва"К (алеф дэ-авиют, уровень З"А).

84. Сейчас, после того как Зо"Н мира А"К, которые находятся под табуром, с помощью подъема Ма"Н вызвали новый свет от А"Б-Са"Г, этот свет осветил рош мира Некудим, аннулировав при этом Ц"Б из-за отсутствия какой-либо связи парцуфа А"Б с Ц"Б (его происхождение связано с Ц"А), при этом бхина далет дэ-А"К под табуром, которая поднялась в никвей эйнаим после Ц"Б, сейчас снова спустилась в пэ дэ-рош, как это было при Ц"А.

Поэтому сосуды АХа"П в рош дэ-Са"Г, которые из-за Ц"Б спустились со своего уровня под экран, сейчас снова поднялись наверх и заняли свое прежнее положение под сосудами Г"Э, а место зивуга спустилось с никвей эйнаим в пэ дэ-рош, бхину далет. Когда бхина далет очутилась на своем прежнем месте, это привело к появлению парцуфа с уровнем кэтэр и со светом ехида. Таким образом, с помощью нового света парцуф выиграл еще три вида света хохма: нэшама, хая и ехида и сосуды бина и Зо"Н, отсутствовавшие у него в состоянии катнут.

85. Мы выяснили, что такое катнут и гадлут мира Не-
кудим, когда Ц"Б, поднявший малхут в никвей эйнаим и
скрывший ее там, способствовал появлению мира Некудим
в катнут, т.е. в стадии, имеющей сосуды кэтэр, хохма и Га"Р
дэ-бина и света нэфеш-руах, когда отсутствуют сосуды За"Т
дэ-бина и Зо"Н и света нэшама, хая и ехида. А затем с при-
ходом нового света А"Б-Са"Г из мира А"К в мир Некудим
возвратилось состояние Ц"А, в результате чего сосуды За"Т
дэ-бина и Зо"Н в рош присоединились к вышестоящим со-
судам, экран спустился с никвей эйнаим в пэ.

Тогда произошел зивуг на бхину далет, которая возвра-
тилась на свое место (т.е. в пэ дэ-рош), приведший к возни-
кновению десяти сфирот с уровнем кэтэр. С этого момента
Ц"Б и катнут определяются как поднятие малхут в никвей
эйнаим и падение АХа"П вниз. А гадлут характеризуется
приходом света А"Б-Са"Г, спуском малхут на свое прежнее
место, как при Ц"А и подъемом АХа"П вверх.

Как уже было сказано выше, Г"Э и АХа"П — это име-
на десяти сфирот КаХа"Б Зо"Н дэ-рош. Десять сфирот дэ-
гуф, соответственно, называются ХаГа"Т НеХИ"М, кото-
рые также делятся на свои Г"Э (хэсэд, гвура и верхняя треть
тифэрэт до хазе) и АХа"П (две нижние трети тифэрэт и
НеХИ"М).

Помни также, что Г"Э (ХаГа"Т до хазе, грудь) еще на-
зываются **паним** (лицо, передняя часть). А АХа"П (две трети
тифэрэт и НеХИ"М) называются **ахораим** (задняя часть).
Необходимо также помнить о разделении ступеней после
Ц"Б, когда на каждой ступени остались только Г"Э, а АХа"П
этой ступени упали в Г"Э нижней ступени, чьи АХа"П в
свою очередь упали в Г"Э еще более нижней ступени.

НЕКУДОТ: ХОЛАМ, ШУРУК, ХИРИК

86. Знай, что некудот (точки) делятся на три вида: рош, тох, соф. Верхние некудот, которые находятся над буквами в виде точки, называются рош, или **холам**. Средние некудот, которые находятся внутри букв в виде вав с точкой, называются тох, или **шурук**. Нижние некудот, которые находятся под буквами, называются соф, или **хирик**.

87. Буквы — это сосуды, т.е. сфирот дэ-гуф. Десять сфирот рош называются только корнями сосудов, а не самими сосудами. Некудот — это света, оживляющие эти сосуды. Поэтому ор хохма называется светом жизни (ор хая). Это новый свет А"Б-Са"Г, который проходит через Зо"Н мира А"К, освещает сосуды мира Некудим, способствуя спуску малхут из никвей эйнаим в пэ в каждой ступени и возвращает этим АХа"П, в результате этого все света становятся на свои места. Этот свет возвращает келим из состояния Ц"Б в состояние Ц"А, из катнута в гадлут. Так, свет А"Б-Са"Г оживляет и возбуждает сосуды, одеваясь в них.

88. Мы уже знаем, что Зо"Н мира А"К осветил новым светом десять сфирот мира Некудим двумя путями: через табур он осветил кэтэр мира Некудим, а через есод осветил Аба ве Има мира Некудим. И знай, что свет, идущий через табур, называется холам, и он светит над буквами исключительно в кэтэр, т.е. он представляет собой уровень захар (активное мужское начало), или итлабшут, и не может распространиться в сосуды гуф, которые называются буквами.

И поэтому считается, что он светит только сверху над буквами, а в сами буквы не распространяется. Свет, идущий через есод, называется шурук, вав с точкой, что означает, что он находится внутри букв и попадает в Аба ве Има, которые являются женским началом рош мира Некудим. Этот свет распространяется и в гуф, т.е. За"Т мира Некудим, которые называются буквами. Таким образом, некудат шурук находится внутри букв.

89. Итак, мы выяснили смысл точек холам и шурук. Свечение нового света через табур, которое опускает экран из никвей эйнаим дэ-рош кэтэр в его пэ и возвращает АХа"П кэтэра на свою ступень, называется некудат холам, которая светит над буквами. А свечение нового света, идущее через есод, опускает экран с никвей эйнаим Аба ве Има в пэ, возвращает их АХа"П на свое место. Этот свет светит внутри букв и называется шурук. И эти мохин (свет Га"Р) проходят также в За"Т мира Некудим, которые называются буквами, т.е. сосудами, которые и принимают этот свет.

90. Хирик — это новый свет, который За"Т получают непосредственно от Аба ве Има и который опускает малхут из хазе в место сиюма мира А"К, благодаря чему АХа"П дэ-Зо"Н возвращаются из-под парсы на свое место. Эти АХа"П дэ-Зо"Н образовали под парсой миры БЕ"А, поэтому теперь, после прихода света хирик, миры БЕ"А должны вроде бы стать такими же, как мир Ацилут.

Однако Зо"Н мира Некудим не смогли опустить малхут из хазе вниз и совершенно аннулировать Ц"Б и парсу и этим изменить место миров БЕ"А. Как только свет прошел к БЕ"А, все сосуды За"Т раскололись, потому что там продолжал действовать закон ограничивающей малхут, стоящей в хазе. Свет тут же из сосудов вышел, и они раскололись, умерли и упали в БЕ"А. Раскололись также и сосуды дэ-паним, которые хотя и находились над парсой, но хотели образовать с АХа"П единый парцуф.

91. Мы видим, что мир Некудим еще не был готов к получению света, соответствующего точке хирик, и поэтому она способствовала разбиению келим. Произошло это потому, что она хотела войти внутрь букв, т.е. сосудов тифэрэт, нэцах, ход, есод и малхут, которые находятся под парсой в мирах БЕ"А. Но затем в мире Исправления (мир Ацилут) точка хирик получила исправление и способность светить под буквами.

Когда За"Т мира Некудим получили свет гадлут от Аба ве Има, который должен был опустить малхут из хазе в сиюм мира А"К и соединить сосуды АХа"П с Г"Э мира Некудим, то свет начал распространяться под парса, что привело к разбиению сосудов. Для того чтобы этого снова не произошло, в мире Ацилут исправленная некудат хирик поднимает тифэрэт, нэцах, ход, есод, малхут из-под парсы (миров БЕ"А) в мир Ацилут над парсой и становится под ними, т.е. в место парсы. Так мы выяснили, что такое три точки: холам, шурук, хирик.

ПОДЪЕМ Ма"Н За"Т дэ-НЕКУДИМ К АБА ве ИМА И ОБРАЗОВАНИЕ СФИРЫ ДААТ

92. Мы уже объясняли, что в результате подъема малхут в никвей эйнаим, вызванного Ц"Б, и возникновения мира Некудим в состоянии катнут каждая ступень разделилась на две части: Г"Э, которые остаются на своей ступени и называются поэтому келим дэ-паним, и АХа"П, которые падают со своей ступени на нижестоящую и поэтому называются келим дэ-ахораим. Таким образом, теперь каждая ступень состоит из внутренней и наружной части. АХа"П кэтэра мира Некудим находится внутри Г"Э Аба ве Има. АХа"П Аба ве Има упал внутрь Г"Э Зо"Н мира Некудим.

93. И отсюда следует, что когда приходит новый свет А"Б-Са"Г на какую-то ступень, он опускает малхут на свое прежнее место в пэ дэ-рош и приводит мир Некудим в состояние гадлут. При этом к данной ступени возвращаются ее АХа"П, дополняющие ее до десяти сфирот-сосудов и сфирот-светов. Вместе с подъемом АХа"П поднимаются и Г"Э нижней ступени, куда раньше были спущены АХа"П верхней ступени и которые были с ней тесно связаны. Это потому, что в духовном мире ничего не исчезает. Если нижняя ступень была связана с АХа"П верхней во время катнут, то она не отделяется от них и во время гадлут. То есть во время подъема АХа"П нижняя ступень, поднимаясь вместе с верхней, приобретает ее свойства.

94. Когда же Аба ве Има получают свет А"Б-Са"Г, то их малхут, естественно, также опускается в пэ дэ-рош, а их АХа"П поднимаются с нижней ступени Зо"Н, захватив с собой вместе и Г"Э дэ-Зо"Н на ступень Аба ве Има, составляя с ней как бы единое целое, что дает ей возможность также получить свет этой ступени. Подъем Зо"Н в Аба ве Има называется подъемом Ма"Н.

95. Подъем Зо"Н в бину, т.е. подъем Ма"Н, возвращает бину лицом к лицу с хохмой, а как известно, каждый За"Т (семь нижних сфирот) — это и есть Зо"Н, поэтому, когда За"Т поднялись вместе с АХа"П АВ"И на ступень АВ"И, они превратились в Ма"Н по отношению к десяти сфирот АВ"И, затем бина возвращается в состояние лицом к лицу с хохмой АВ"И и передает свечение света хохма Зо"Н, являющимся За"Т мира Некудим.

96. Однако подъем Зо"Н в Аба ве Има не означает, что они исчезли со своего прежнего места, ведь в духовном ничего не исчезает, и каждое изменение места в духовном не ведет к исчезновению данного объекта на своем первоначальном месте, как это происходит в нашем мире. В духовном говорится исключительно о небольшом дополнении: перешли на новое место и в то же время остались на прежнем. Это относится и к Зо"Н, которые одновременно с подъемом в Аба ве Има остались и на своем месте.

97. Необходимо также понять, что Зо"Н, которые поднимаются в Аба ве Има вместе с их АХа"П (подъем Ма"Н), получают там ор хохма от зивуга между Аба ве Има, а затем опускаются на свое место, не исчезают на ступени Аба ве Има, потому что такое исчезновение повлечет за собой прекращение зивуга между Аба ве Има, а следовательно, и поворот Аба ве Има ахор бэ ахор друг к другу, что приведет к исчезновению распространения ор хохма в Зо"Н внизу, так как бине по своей природе не нужен свет хохма, а только свет хасадим. Свет хохма ей нужен исключительно для передачи З"А в ответ на его просьбу. Если же просьба исчезает, то прекращается и поступление света хохма. Только подъем просьбы Ма"Н дэ-Зо"Н к Аба ве Има возвращает их к зивугу лицом к лицу и передаче света хохма З"А вниз. Поэтому Зо"Н вынуждены всегда быть наверху, постоянно возобновляя просьбу о поступлении света хохма. И, как мы уже говорили, любое изменение места в духовном — это лишь небольшое дополнение к предыдущему состоянию. Следовательно, Зо"Н одновременно находятся и наверху, и внизу. И именно Г"Э дэ-Зо"Н, находящиеся вверху, передают свет в Г"Э дэ-Зо"Н, находящиеся на своем месте.

98-99. Теперь мы можем понять, что такое сфира даат, которая появилась в мире Некудим. Как уже было сказано, во всех парцуфим мира А"К не было такого понятия, там были только 10 сфирот КаХа"Б Зо"Н и подъем экрана в пэ дэ-рош, но не существовало понятия «подъем Ма"Н». Сфира даат возникает в результате подъема Ма"Н дэ-Зо"Н к Аба ве Има и его постоянного нахождения там. Начиная с мира Некудим и далее, уже говорится о сфире даат, и сфирот теперь называются ХаБа"Д Зо"Н. Сфира даат называется также хей (5) хасадим и хей (5) гвурот, потому что З"А, оставшийся там, это хей (5) хасадим и нуква — хей (5) гвурот.

100. И не нужно думать, что существует не 10, а 9 или 11 сфирот. Так как в мире Некудим появилась сфира даат, то кажется, что она дополняет 10 сфирот до 11-ти. Но это не так. Она не является дополнением к 10 сфирот, потому что она на самом деле является Зо"Н, которые подняли Ма"Н к Аба ве Има и остались там. Просто есть две разновидности Зо"Н: одни находятся внизу, на своем месте, они получают свет хохма, вторые находятся наверху, в Аба ве Има, с постоянной просьбой о получении этого света, поэтому они и не являются дополнением к 10 сфирот.

РАЗБИЕНИЕ СОСУДОВ
И ИХ ПАДЕНИЕ В МИРЫ БЕ"А

101. Сфира даат является Г"Э дэ-Зо"Н мира Некудим, которые поднялись в Аба ве Има в результате того, что Аба ве Има получили свет А"Б-Са"Г от Зо"Н мира А"К, который называется шурук. Тогда малхут спускается из никвей эйнайим в пэ и таким образом поднимает АХа"П Аба ве Има, которые упали в Г"Э Зо"Н мира Некудим. А вместе с ними поднимаются и сосуды Г"Э дэ-За"Т мира Некудим и образуют там бхинат Ма"Н, что поворачивает сфирот Аба ве Има лицом к лицу (паним бэ паним) друг к другу. Зивуг дэ-акаа, который произошел на бхину далет в экране, привел к появлению полных 10 сфирот с уровнем кэтэр и со светом ехида. За"Т мира Некудим, которые находятся наверху, в Аба ве Има (Ма"Н, сфира даат), получают от рош Аба ве Има большой свет снизу вверх, т.к. Аба ве Има — это рош дэ-Некудим, где и произошел зивуг, поднявший десять сфирот снизу вверх. Затем этот свет распространяется в гуф Зо"Н сверху вниз, и таким образом возникают рош и гуф мира Некудим в состоянии гадлут. Такое распространение света называется таамим.

102. В мире Некудим также различаются четыре стадии: таамим, некудот, тагин и отиет, потому что силы, которые проявляются сверху, должны найти свое отражение и внизу, но с дополнительной информацией о верхних силах. Суть распространения каждого парцуфа сверху вниз называется таамим.

Затем в результате битуш ор макиф в экран происходит ослабление экрана от авиют и постепенный его подъем вверх, в пэ дэ-рош, где происходит его окончательное слияние с экраном, находящимся там. Но так как высший свет никогда не прекращает распространяться, то на каждой ступени ослабления экрана происходит его зивуг со светом.

При переходе из авиют далет в гимэл возникает ступень хохма, при переходе к авиют бэт рождается ступень бина, на авиют алеф появляется ступень З"А, на авиют шореш возникает ступень малхут. Все ступени, которые возникают во время зивуга, происходящего при ослаблении экрана, называются некудот.

Решимот, которые остаются от света после его выхода, называются тагин. Сосуды, которые остаются после исчезновения из них света, называются отиет. Иначе говорят еще, что отиет — это решимот, которые остаются на уровне некудот. Когда же масах дэ-гуф окончательно избавляется от всего авиюта и соединяется с масахом дэ-рош в пэ с помощью зивуга, то возникает парцуф.

103. Подобно миру А"К, в мире Некудим также возникают два парцуфа — А"Б и Са"Г, один под другим, и в каждом из них есть свои таамим, некудот, тагин и отиет. Вся разница только в том, что ослабление масаха произошло не в результате ударного столкновения ор макиф с экраном, как это было в мире А"К, а в результате проявления категории суда (дин), ограничивающей малхут, которая находится в парса, и следящей за выполнением Ц"Б. Поэтому сосуды не остаются пустыми после исчезновения света, как это было в Гальгальте, А"Б и Са"Г, а разбиваются, умирают и падают в миры БЕ"А.

104. Первый парцуф таамим мира Некудим возник с уровнем кэтэр, его рош находится в Аба ве Има, а гуф распространяется вниз. Такой парцуф называется не А"Б, а мелех а-даат, который содержит в себе все, что должно находиться в За"Т мира Некудим, т.е. включает в себя все их сосуды.

105. И знай, что все имеющееся в десяти сфирот дэ-рош также проявляется при распространении сверху-вниз в гуф во всем количестве и качестве. Поэтому так же, как и в рош, спустилась малхут из никвей эйнаим в пэ и ее Г"Э соединились со своими АХа"П и в них распространился свет, также при распространении света сверху-вниз свет подошел к сосудам дэ-ахораим, т.е. тифэрэт, нэцах, ход, есод и малхут, которые находятся под парса.

Но так как сила малхут, находящаяся в парсе, влияет на эти сосуды, то при встрече света мелех а-даат с этой силой свет тут же исчез из сосудов и поднялся к своему корню, а все сосуды и передней и задней частей (паним и ахораим) мелех а-даат разбились, умерли и упали в БЕ"А, так как исчезновение света из сосуда подобно исчезновению жизни из биологического тела, и поэтому называется смертью. После падения и смерти сосудов из экрана исчезает авиют далет и остается авиют гимел.

106. И так же как в результате разбиения сосудов исчез авиют бхины далет из экрана дэ-гуф, так же исчез авиют далет в малхут, которая делает зивуг в рош Аба ве Има, так как авиют рош и гуф едины, но первый зивуг (в рош) произошел еще только в потенциале, а второй (в гуф) — фактически.

Поэтому исчезает зивуг на ступень кэтэр также и в голове. А АХа"П, которые дополняли ступень кэтэр, возвратились и упали на ступень ниже, т.е. в семь нижних сфирот. Это называется аннулированием АХа"П ступени кэтэр в парцуфе Аба ве Има. Таким образом, вся ступень таамим дэ-Некудим — как рош, так и гуф, исчезла.

107. Высший свет не прекращает светить, и он снова делает зивуг на авиют дэ-бхина гимел, которая осталась в масах дэ-рош в Аба ве Има. В результате этого зивуга возникает парцуф, имеющий 10 сфирот с уровнем хохма, а гуф сверху вниз возникает с уровнем хэсэд и называется второй мелех мира Некудим. Так же, как и первый парцуф мелех а-даат, второй распространяется в БЕ"А, разбивается и умирает. Авиют гимэл исчезает из масаха дэ-гуф и дэ-рош. А также АХа"П, которые дополнили парцуф до уровня хохмы, разбились и упали на нижнюю ступень.

Далее происходит зивуг на авиют уровня бэт, который остался в масахе, на него выходят 10 сфирот уровня бина и гуф сверху вниз в сфират гвура, который называется третий мелех мира Некудим, который распространился до БЕ"А, разбился и умер. Авиют бэт в рош и гуф исчезает и зивуг на уровне бина прекращается также и в голове. А АХа"П бины дэ-рош падают на нижнюю ступень, в семь нижних сфирот.

Следующий зивуг происходит на авиют алеф, на него выходят 10 сфирот с уровнем З"А, а гуф распространяется на верхнюю треть дэ-тифэрэт. Он также перестает существовать, свет выходит из него, бхина алеф исчезает в гуф и рош, а АХа"П дэ-З"А падают на нижнюю ступень в За"Т.

108. И после аннулирования последнего зивуга на алеф дэ-авиют все АХа"П дэ-Аба ве Има прекратили спускаться. Так, при разбиении мелеха а-даат в Аба ве Има исчезли АХа"П уровня кэтэр. А когда разбились сосуды мелеха а-хэсэд в Аба ве Има, исчезли АХа"П, относящиеся к бхинат хохма. При разбиении сосудов мелеха а-гвура исчезли АХа"П уровня бина. При исчезновении мелеха верхней трети тифэрэт аннулировались АХа"П уровня З"А.

Таким образом, был аннулирован весь уровень гадлут в Аба ве Има, остались только сосуды Г"Э дэ-катнут с авиют шореш в экране. После этого экран дэ-гуф полностью освобождается от авиют, сравнивается по своим свойствам с экраном в рош и включается в зивуг дэ-акаа дэ-рош. В нем обновляются все решимот, кроме последних бхинот. В результате этого обновления (зивуга) возникает новая ступень, называемая ИШСу"Т.

109. После исчезновения последней степени, авиюта далет, осталась бхина гимел, на которую вышли 10 сфирот ступени хохма. Парцуф начинается от хазе Аба ве Има таким образом, что сфирот его головы идут от хазе и выше и называются они ИШСу"Т, а от хазе и ниже, включая две нижние трети тифэрэт, образуются 10 сфирот дэ-гуф, и это и есть четвертый парцуф — мелех мира Некудим.

Он тоже распространяется до БЕ"А, разбивается и умирает. А авиют дэ-бхина гимэл исчезает как в рош, так и в гуф. АХа"П головы упали на нижнюю ступень, в гуф. Затем произошел зивуг на авиют дэ-бхинат бэт, в результате которого возникла ступень бина. Гуф нового парцуфа распространился на сосуды нэцах и ход, и это пятый парцуф — мелех мира Некудим.

Он также распространился в БЕ"А, разбился и умер, исчезла бхина бэт как в рош, так и в гуф, а АХа"П упали на нижнюю ступень в местонахождение тела. Следующий зивуг происходит на авиют алеф, на него выходит уровень З"А, его гуф распространился сверху вниз на сосуд есод, и это шестой мелех мира Некудим, который доходит до БЕ"А, разбивается и умирает. Исчезает авиют алеф в гуф и рош, а АХа"П дэ-рош падают на нижнюю ступень, в гуф.

110. Мы выяснили таамим и некудот, которые вышли в двух парцуфим: Аба ве Има и ИШСу"Т мира Некудим, и называются они А"Б и Са"Г.

В Аба ве Има возникли 4 ступени, одна ниже другой: кэтэр, который называется «истаклут эйнаим аба ве има» (смотрят друг другу в глаза), хохма называется «гуфа дэ-аба», бина носит название «гуфа дэ-има», З"А называется «есодот дэ-аба ве има». Из них вышли 4 тела: мелех а-даат, мелех а-хэсэд, мелех гвура и мелех верхней трети тифэрэт до хазе. Гуфим всех этих четырех ступеней разбились, как паним, так и ахораим, т.е. и Г"Э, и АХа"П.

Но в рошим (головах) этих четырех ступеней Аба ве Има, все сосуды паним, т.е. Г"Э и никвей эйнаим (кэтэр, хохма и Га"Р дэ-бина) каждой ступени, которые были во время катнут дэ-Некудим, остались на месте. И только келим дэ-ахораим (т.е. АХа"П дэ-рош, За"Т дэ-бина, З"А и малхут) каждой ступени, присоединившиеся к Г"Э во время гадлут, аннулировались в результате разбиения сосудов и упали на нижнюю ступень, т.е. туда, где они были во время катнут.

111. По тому же принципу в парцуфе ИШСу"Т возникли 4 ступени, одна ниже другой. Первая ступень имеет уровень хохма и называется истаклут эйнаим дэ-ИШСу"Т, а затем ступень с уровнем бина, далее З"А и малхут, из которых распространились 4 тела: мелех двух нижних третей тифэрэт, мелех нэцах-ход, мелех есод и мелех малхут. Эти 4 гуфа разбились, как паним, так и ахораим, но в головах ИШСу"Т остались келим дэ-паним, а их ахораим аннулировались в результате разбиения сосудов и упали на нижнюю ступень. После разбиения двух парцуфим Аба ве Има и ИШСу"Т вышел еще один парцуф: М"А мира Некудим. Но так как из него не распространился гуф, а только «тикуней келим», то мы не будем давать ему характеристику.

МИР ИСПРАВЛЕНИЯ, РОДИВШИЙСЯ ИЗ МЕЦАХ МИРА А"К

112. Рассмотрим теперь все духовные миры, все духовное Мироздание как единое целое. Мы увидим, что в Гальгальте (парцуф Кэтэр всего Мироздания) зивуг был на все 5 решимот — далет/далет.

Затем экран поднимается из малхут в З"А (хотем) этой головы. На этом экране происходит зивуг на решимот далет/гимел, создающий А"Б (парцуф Хохма всего Мироздания). Итак, сейчас экран стоит в З"А общей головы. Далее экран продолжает подниматься. На этот раз он поднимается из З"А в бину общей головы, и там на нем происходит зивуг на решимот гимел/бэт, создающий парцуф Са"Г (Бина всего Мироздания).

Четвертый парцуф мира А"К называется М"А, он возникает в результате зивуг дэ-бхина алеф, его 10 сфирот имеют уровень З"А, и он надевается на Гальгальту от табура и ниже, там, где распространились Некудот дэ-Са"Г. Парцуф М"А имеет внутреннюю часть, которая называется М"А и Бо"Н мира А"К, и наружную — мир Некудим, которая одевается на внутреннюю. В этом месте произошло соединение малхут с биной, т.е. Ц"Б, катнут, гадлут, подъем Ма"Н, появление сфират даат, которая способствует зивугу хохма и бина паним бе паним, разбиение келим — все это произошло в четвертом парцуфе, парцуфе М"А, или мире Некудим.

113. Пять уровней авиюта, которые есть в экране, называют по имени сфирот в голове: Гальгальта ве Эйнаим и АХа"П. На авиют дэ-бхина далет, которая называется пэ, вышел первый парцуф мира А"К, а на авиют дэ-бхина гимел, называемый хотем, вышел парцуф А"Б дэ-А"К, на авиют дэ-бхина бэт, называемый озэн, вышел Са"Г, авиют дэ-бхина алеф называется никвей эйнаим, и на нее вышел парцуф М"А и мир Некудим, а на авиют дэ-бхина шореш, или мецах, вышел М"А Хадаш, или мир Исправления, или мир Ацилут. Ацилут носит название, в отличие от остальных парцуфим, не по авиют, а по итлабшут алеф, который в мире Ацилут имеет огромное значение. Поэтому Ацилут называется не Бо"Н, а М"А Хадаш.

114. Нужно понять, почему три первые ступени мира А"К называются парцуфим, а не мирами, и почему четвертая ступень мира А"К называется миром Некудим, а пятая ступень называется миром Ацилут.

115. Необходимо знать, в чем заключается отличие между парцуфом и миром. Парцуфом называется любая ступень, состоящая из десяти сфирот, возникающих в результате зивуга с экраном гуфа высшего парцуфа после ослабления масаха и соединения его с масахом пэ дэ-рош верхнего, когда после его выхода из головы верхнего он сам распространяется в рош, тох, соф и у него есть 5 ступеней одна под другой, которые называются таамим и некудот. Но свое название он получает только по имени таамим в нем.

Согласно этому принципу возникли три первых парцуфим мира А"К: Гальгальта, А"Б, Са"Г, и получили название по своим таамим: кэтэр, хохма, бина. Что касается миров, то каждый последующий из них содержит в себе все, что было в предыдущем, подобно тому как все, что есть на печати, отпечатывается на отпечатке.

116. Как уже было сказано, парцуфим мира А"К: Гальгальта, А"Б, Са"Г называются одним миром А"К, они возникли согласно Ц"А. Однако четвертый парцуф, в котором произошел Ц"Б, называется миром, потому что Некудот дэ-Са"Г во время их спуска под табур приобрели дополнительные решимот далет/гимел.

А во время гадлут возвратилась бхина далет на место в пэ дэ-рош, там вышла ступень кэтэр, похожая на первый парцуф мира А"К. Затем он распространился в рош, тох, соф, таамим и некудот. Затем возникает парцуф бэт с уровнем хохма, который называется ИШСу"Т и который похож на парцуф А"Б мира А"К. А затем возник третий парцуф мира Некудим. Все три парцуфим стоят один над другим, в каждом из них есть таамим и некудот и все то, что есть в трех парцуфим мира А"К.

Поэтому мир Некудим считается как бы отпечатком, слепком с мира А"К и носит самостоятельное название мир. Но правильнее будет назвать три парцуфим мира Некудим не Гальгальта, А"Б, Са"Г, а А"Б, Са"Г и М"А, потому что Некудот дэ-Са"Г получили от НеХИ"М дэ-Гальгальта только далет/гимел, а не далет/далет, которая есть только в самой Гальгальта до начала изгнания света. Поэтому первый парцуф мира Некудим (а мир Некудим перенял эти решимот от Некудот дэ-Са"Г и потом передаст их дальше, в мир Ацилут) соответствует А"Б (решимот далет/гимел, а не далет/далет).

117. Мы выяснили, что мир Некудим является отпечатком мира А"К. По такому же принципу образовался пятый парцуф мира А"К, Новый М"А, который считается полной копией мира Некудим в том смысле, что все бхинот, которые были использованы в мире Некудим после разбиения и аннулирования там, все они восстановились и обновились в М"А Хадаш.

Этот мир тоже называется самостоятельным миром и носит название мира Ацилут. Он полностью находится между парсой, которая образовалась после Ц"Б, и табуром, и называется также миром Исправления. После разбиения и исчезновения мира Некудим мир Ацилут образовался из тех же разбитых бхинот, и таким образом мир Некудим получает исправление с помощью М"А Хадаш, где собираются и возвращаются в Га"Р все АХа"П, которые упали в гуф Аба ве Има и ИШСу"Т, а также все паним и ахораим всех За"Т, которые упали в БЕ"А и умерли. Сейчас они возвращаются и поднимаются в Ацилут с помощью М"А Хадаш.

118. Каждый нижний парцуф возвращается и наполняет сосуды верхнего после исторжения из него света. Когда исчез свет из тела первого парцуфа дэ-А"К из-за ослабления экрана, то экран получил новый зивуг на уровне А"Б, а затем возвратился и наполнил пустые сосуды тела верхнего парцуфа.

После исчезновения света из тела парцуфа А"Б в результате ослабления экрана, экран получил новый зивуг на уровне Са"Г, который возвратился и заполнил пустые сосуды парцуфа А"Б. А после исторжения света из Са"Г в результате ослабления экрана происходит новый зивуг на уровне М"А, который вышел из никвей эйнаим и заполнил пустые сосуды Са"Г.

Аналогично этому, после исторжения света из мира Некудим из-за аннулирования ахораим и разбиения сосудов, получил масах новый зивуг на уровне М"А, который вышел из мецах парцуфа Са"Г дэ-А"К и заполнил пустые сосуды мира Некудим, которые разбились и аннулировались.

119. Однако есть большое отличие в М"А Хадаш, который называется миром Ацилут, в том, что он, являясь парцуфом, идущим после мира Некудим, оказался влияющим на все его сосуды и исправляющим их, в то время как в предыдущих парцуфим каждый нижний не мог влиять на сосуды гуфа верхнего, хотя и наполнял их своей ступенью.

И это изменение в М"А произошло потому, что в мире Некудим сила малхут, ограничивающая поступление света, вмешалась в АХа"П дэ-За"Т, что привело к потере экрана, исчезновению света, разбиению сосудов, их смерти и падению в БЕ"А. В прежних же парцуфим не было никакой порчи сосудов во время исторжения света, которое было связано исключительно с ослаблением экрана и подъемом его в рош парцуфа.

Однако здесь, в мире Некудим, произошла порча сосудов, и их существование зависит теперь только от мира Ацилут, в котором есть сила исправить их и поднять наверх. Поэтому мир Ацилут считается новым и оценивается как влияющий, дающий (захар) по отношению к сосудам мира Некудим, которые являются по отношению к нему как нэкева, а следовательно и меняют название с Некудим, который тоже М"А по авиют, на Бо"Н, т.е. становятся нижними по отношению к М"А хадаш.

ПЯТЬ ПАРЦУФИМ МИРА АЦИЛУТ М"А И Бо"Н В КАЖДОМ ПАРЦУФЕ

120. Итак, М"А Хадаш превратился в самостоятельный мир так же, как и мир Некудим.

Свечение Зо"Н дэ-А"К через табур и есод в Га"Р мира Некудим возвратил малхут из бины на место из никвей эйнаим в пэ. Так возникли все ступени мира Некудим в гадлут, но затем, как мы знаем, аннулировались, разбились, а свет из них исчез. Ц"Б возвратился на место, бхина далет соединилась с масахом.

121. И поэтому в М"А Хадаш, который вышел из мецах, управляют также две силы: катнут и гадлут, как и в мире Некудим, т.е. сначала катнут на итлабшут алеф — З"А, которое называется ХаГа"Т, и малхут (шореш) дэ-авиют, называется НеХ"И по причине появления в ней «трех линий»: правая линия — нэцах, левая — ход и средняя — есод, но поскольку в бхине алеф есть только бхинат итлабшут без авиют, постольку нет у нее келим, поэтому ступень ХаГа"Т, не имея своих келим, использует келим НеХ"И. Такой парцуф носит название убар (зародыш). Затем он растет до алеф дэ-авиют и называется катан, а когда вырастет до гимэл дэ-авиют, то получит гадлут.

122. После рождения парцуфа в катнут он поднимает Ма"Н второй раз в рош дэ-Са"Г и называется ибур бэт (второе зарождение). Там он получает мохин, т.е. свет А"Б-Са"Г мира А"К, и тогда бхина далет спускается из никвей эйнаим на свое место в пэ дэ-рош, там происходит зивуг на бхинат далет, и выходят 10 сфирот ступени кэтэр. Сосуды АХа"П поднимаются на свое место в рош. Таким образом, дополняется парцуф до десяти сфирот — сосуды и света. Такой свет называется мохин дэ-гадлут парцуфа. Так мы получили первый парцуф мира Ацилут, который называется парцуф кэтэр, или Атик дэ-Ацилут.

123. Ты уже знаешь, что после разбиения сосудов все АХа"П снова упали со своей ступени на нижележащую. АХа"П кэтэра дэ-Некудим теперь находится на ступени Г"Э дэ-хохма. АХа"П ступени Хохма — на уровне Г"Э дэ-бина и т.д. А сейчас, во время ибур бэт, т.е. гадлута парцуф Атик, его АХа"П поднялись вместе с Г"Э ступени хохма и исправились вместе. Г"Э дэ-хохма получила бхинат ибур алеф.

124. После того как Г"Э дэ-хохма прошли состояния ибур и еника (ибур алеф, катнут), хохма переходит в состояние ибур бэт для получения мохин дэ-гадлут, а затем бхина гимэл спустилась в пэ дэ-рош, и в результате зивуга на нее возникли все 10 сфирот уровня хохма, ее АХа"П поднялись и дополнили эту ступень. Так появился гадлут второго парцуфа мира Ацилут, который называется Арих Анпин.

125. Вместе с АХа"П дэ-Арих Анпин поднялись также и сосуды Г"Э бины и получили там ибур алеф и еника. Затем они поднялись в рош Арих Анпин для ибура бэт, подняли свои АХа"П и получили мохин дэ-гадлут. При этом парцуф бины начал пользоваться всеми своими десятью сфирот — как сосудами, так и светами. Этот третий парцуф мира Ацилут называется Аба ве Има и ИШСу"Т, где Аба ве Има — это Га"Р дэ-бина, а ИШСу"Т — это За"Т дэ-бина.

126. Вместе с АХа"П дэ-Аба ве Има ве ИШСу"Т поднялись также и Г"Э дэ-Зо"Н и получили там ибур алеф и еника. Этим дополнился парцуф Зо"Н до уровня Ва"К дэ-З"А и некуда дэ-нуква. Так появились все 5 парцуфим мира М"А Хадаш, или мира Ацилут в своем минимальном состоянии, меньше которого быть не может: Атик, Арих Анпин, Аба ве Има и Зо"Н.

Парцуф Атик вышел на ступени кэтэр, Арих Анпин — на ступени хохма, Аба ве Има измеряется уровнем бина и Зо"Н — уровнем Ва"К и некуда, т.е. З"А и малхут. И в этих пяти ступенях уже не может быть никакого уменьшения. До парцуфим Атик, Арих Анпин и Аба ве Има никакие действия нижних не могут дотянуться, а поэтому не в состоянии их испортить. А что касается З"А и нуквы, то действия нижних, т.е. душ, могут касаться только их АХа"П, но не Г"Э, когда они достигают состояния гадлут.

127. Парцуфим «надеваются» один на другой в следующем порядке: парцуф Атик дэ-Ацилут, несмотря на то, что вышел из рош дэ-Са"Г мира А"К, все же не может одеть Са"Г от пэ и вниз над табуром, а только под табуром, потому что над табуром действует сила Ц"А.

Известно также, что парцуф Атик, другое его название Акудим, по своей сути представляет первый рош мира Ацилут, где еще не властвует сила Ц"Б, поэтому он в принципе может одеться на А"К выше табура. Однако Ц"Б уже вступает в силу в пэ дэ-рош дэ-Атик по отношению к следующим за ним парцуфим мира Ацилут, поэтому парцуф Атик одевается на А"К только под табуром.

Ступень Атик начинается от табура мира А"К и заканчивается на уровне сиюма мира А"К, т.е. выше точки нашего мира. Это относительно самого парцуфа Атик. Что же касается его связи с остальными парцуфим мира Ацилут, то считается, что он также подвластен Ц"Б, и с этой точки зрения его ноги оканчиваются выше парсы дэ-Ацилут — нового сиюма Ц"Б.

128. Второй парцуф мира Ацилут называется Арих Анпин. Он выходит из пэ дэ-рош парцуфа Атик и надевается на семь нижних сфирот Атика, которые заканчиваются выше парсы дэ-Ацилут. Третий парцуф мира Ацилут, называемый Аба ве Има, выходит из пэ дэ-рош Арих Анпин и заканчивается выше табура Арих Анпин. Зо"Н, четвертый и пятый парцуфим мира Ацилут начинаются от табура дэ-

Арих Анпин и заканчиваются на уровне сиюма Арих Анпин, т.е. выше парсы дэ-Ацилут.

129. И знай, что каждая ступень из 5 парцуфим М"А Хадаш по мере их выхода сортировала и затем присоединяла к себе какую-то часть из сосудов мира Некудим, которая становилась для этой ступени как нуква (т.е. тот, кто просит, чтобы его наполнили светом). Так, Атик после его создания присоединил к себе все Га"Р мира Некудим, которые остались невредимыми после разбиения сосудов, т.е. Г"Э, верхние половины каждой ступени.

Таким образом, парцуф Атик присоединил к себе только верхние половины кэтэра, хохмы и бины (Аба ве Има), а также 7 кэтэров семи нижних сфирот. Все присоединенные к Атику части сделались относительно него нуквой, которую он обязан наполнять светом. Атик и присоединенные к нему части получили название М"А и Бо"Н дэ-Атик дэ-Ацилут. М"А называется захаром (мужским началом) и дающим в Атике, а Бо"Н — нэкевой (женским началом) и получающей в Атике и находятся по отношению друг к другу паним (Атик дэ-М"А — М"А дэ-Атик) и ахораим (Атик дэ-Бо"Н — Бо"Н дэ-Атик).

130. Парцуф Арих Анпин, который имеет уровень хохма, проверил и присоединил к себе нижнюю половину кэтэра мира Некудим, т.е. АХа"П кэтэра, которые во время катнута находились на нижней ступени (хохма и бина, Аба ве Има) мира Некудим. Арих Анпин превратил эти АХа"П в свою нукву. М"А (захар) Арих Анпина находится справа, а его нуква, которая называется Бо"Н, стоит слева.

Парцуф Атик не присоединил к себе нижнюю часть (АХа"П) кэтэра мира Некудим, потому что он соответствует первой голове мира Некудим, и его уровень очень высок. Поэтому он присоединил к себе только Га"Р кэтэра и Га"Р Аба ве Има, т.е. сосуды, в которых не произошло никакой порчи во время разбиения, чего нельзя сказать об АХа"П кэтэра, которые упали на нижнюю ступень во время катнута и возвратились на свою ступень во время гадлута, соединившись с кэтэром. Но во время разбиения сосудов АХа"П снова упали и аннулировались. Поэтому АХа"П дэ-кэтэр может присоединить к себе только Арих Анпин, а не Атик.

131. Парцуф Аба ве Има дэ-М"А Хадаш на уровне бина отсортировал и присоединил к себе нижнюю половину парцуфа хохмы-бины мира Некудим, т.е. их АХа"П, который во время катнута находился на нижней ступени — За"Т мира Некудим, а затем во время гадлута мира Некудим поднялись и соединились с Г"Э дэ-Аба ве Има.

Однако во время разбиения сосудов эти АХа"П упали в За"Т мира Некудим и аннулировались. Именно эти разбитые сосуды отсортировала сейчас Аба ве Има дэ-М"А Хадаш в качестве нуквы, и теперь они называются За"Т дэ-хохма и шесть нижних сфирот (вав тахтонот) дэ-бина со стороны Бо"Н. Почему 6 сфирот в Бо"Н бины, а не 7?

Потому что ступень хэсэд бины осталась вместе с Га"Р дэ-хохма и бина дэ-Бо"Н в парцуфе Атик, а в нижней половине бины остались только шесть нижних сфирот от гвуры до малхут. И таким образом, захаром дэ-Аба ве Има считается бина дэ-М"А Хадаш, а нуквой дэ-Аба ве Има являются За"Т хохмы-бины дэ-Бо"Н. ИШСу"Т дэ-М"А, т.е. За"Т дэ-Аба ве Има присоединили к себе малхут хохмы-бины дэ-Бо"Н.

132. Парцуф Зо"Н дэ-М"А хадаш, имеющий лишь сфирот З"А и сфират кэтэр в малхут, отсортировал и присоединил к себе в качестве нуквы Г"Э дэ-За"Т мира Некудим, расположив их слева, сам же он находится по отношению к ним справа. А ИШСу"Т дэ-М"А, являющиеся семью нижними сфирот АВ"И, присоединили к себе сфирот малхут бхинот хохма и бина парцуфа Бо"Н.

133. Итак, мы выяснили, что такое М"А и Бо"Н в пяти парцуфим мира Ацилут, где 5 ступеней дэ-М"А Хадаш, т.е. сосуды собственно мира Ацилут, отсортировали для себя из старых сосудов, существовавших в мире Некудим, подходящие себе и исправили их, используя их в качестве нуквы, называемой Бо"Н.

Таким образом, М"А дэ-Атик исправил верхнюю половину Га"Р Некудим, а М"А дэ-Арих Анпин и Аба ве Има отсортировали и исправили сосуды нижней половины Га"Р Некудим, которые использовались во время гадлута мира Некудим, а затем разбились, упали и исчезли. А М"А дэ-Зо"Н отсортировал и исправил сосуды из Г"Э дэ-За"Т мира Некудим, которые во время гадлута тоже разбились и аннулировались вместе с их АХа"П.

НЕИЗМЕННОЕ СОСТОЯНИЕ
И ПОДЪЕМЫ МИРОВ БЕ”А В ТЕЧЕНИЕ
6000 ЛЕТ

134. Мы уже выясняли выше, что переход в состояние гадлут в мире Некудим произошел в 3 приема: 1) холам (точка над буквой), 2) шурук (точка внутри буквы) и 3) хирик (точка под буквой). На основании этого выясним теперь два вида дополнения десяти сфирот к получению мохин дэ-гадлут.

Дополнение до гадлут первого вида происходит в результате подъема парцуфа путем включения его в высший, например, когда Зо”Н дэ-А”К передали в кэтэр мира Некудим новый свет через табур и спустили малхут с никвей эйнаим кэтэра в его пэ, то это привело к поднятию АХа”П кэтэра из рош Аба ве Има, что дополнило кэтэр до его десяти сфирот.

Вместе с АХа”П кэтэра поднялись также Г”Э дэ-Аба ве Има и присоединились к 10 полных сфирот кэтэра, так как нижний, поднимающийся на уровень верхнего, становится таким же, как и тот. Поэтому считается, что при подъеме АХа”П кэтэра Аба ве Има тоже получили АХа”П для дополнения десяти сфирот посредством включения их в кэтэр.

135. Второй вид дополнения парцуфа до десяти сфирот заключается в том, что определенная ступень дополняется до своих десяти сфирот своими собственными силами. Это происходит тогда, когда новый свет светит через есод мира А”К, что называется некуда дэ-шурук, точка внутри буквы.

Это свечение предназначалось для Аба ве Има мира Некудим, и с его помощью малхут спустилась из никвей эйнаим в пэ дэ-Аба ве Има и подняла свои АХа”П из Г”Э дэ-Зо"Н в рош дэ-Аба ве Има, что дополнило сосуды дэ-Аба ве Има до десяти сфирот своими собственными силами, т.е. с помощью своих АХа"П. В первом же случае дополнение до десяти сфирот было за счет связи Г"Э дэ-Аба ве Има с АХа"П кэтэра, сохранившейся и во время их подъема и присоединения этих Г"Э к кэтэру. Во втором же случае дополнение произошло с помощью своих АХа"П и на своем месте.

136. По этому же принципу существуют также два метода дополнения до десяти сфирот в За"Т мира Некудим. Первый: с помощью свечения через шурук и подъемом АХа"П дэ-Аба ве Има в Г"Э дэ-Аба ве Има, с которыми одновременно поднимаются также и Г"Э дэ-За"Т и получают там АХа"П дэ-Аба ве Има для дополнения своих сфирот до десяти. И эти АХа"П дэ-Аба ве Има не являются истинными АХа"П дэ-За"Т мира Некудим, и их небольшого свечения достаточно, только чтобы дополнить сфирот дэ-За"Т до десяти в месте нахождения Аба ве Има (т.е. на ступень выше), а не на своем месте.

Второй же метод заключается в том, что свет от Аба ве Има приходит в За"Т, и он начинает опускать свой экран вниз от хазе до сиюма мира А"К и поднимать свой тифэрэт-нэцах-ход-есод из БЕ"А для присоединения к своим Г"Э. И если бы не разбиение сосудов, то они дополнили бы Г"Э дэ-За"Т до десяти сфирот своими силами, т.е. с помощью своих истинных АХа"П. И на этом бы окончился весь процесс заполнения светом Малхут Мира Бесконечности.

137. Как и в рошим, в четырех парцуфим (мелахим), которые выходят из рош Аба ве Има (решимот далет/гимел) и называются даат, хэсэд, гвура, тифэрэт, а также в четырех парцуфим (мелахим) — тифэрэт, нэцах — ход, есод и малхут, которые выходят из рош ИШСу"Т (решимот гимел/бэт), сменяющей Аба ве Има, также имеются два вышеописанных вида дополнений до десяти сфирот. С одной стороны, десять сфирот гуфа дополняются за счет АХа"П своих рошим, поднимаясь при этом наверх, в месторасположение рошим. С другой стороны, они распространились в БЕ"А, захотев дополниться до десяти сфирот путем присоединения своих собственных АХа"П, т.е. по второму методу. И это правило действует также и в каждом частном случае.

138. И знай, что 5 парцуфим Ацилут: Атик, Арих Анпин, Аба ве Има и Зо"Н имеют минимальное состояние и не могут опускаться ниже него. Атик имеет уровень кэтэр, Арих Анпин — уровень хохма, Аба ве Има — уровень бина, уровень Зо"Н равен уровню З"А.

АХа"П, которые присоединились к ним во время гадлута, дополнили их сфирот до десяти по первому принципу, т.е. через точку холам, которая осветила кэтэр Некудим, когда вместе с АХа"П кэтэра поднялись Г"Э Аба ве Има, получив то же свечение, что и АХа"П кэтэра. Несмотря на то что у Атика, Арих Анпина и Аба ве Има есть в рошим полные 10 сфирот, в свои тела они не получили света, соответствующие Га"Р, и даже у Атик гуф имел уровень Ва"К, как и у Арих Анпина и Аба ве Има.

Известно, что сначала исправляется более чистый парцуф, поэтому парцуфим прошли исправление только по первому принципу, когда поднялись АХа"П к своим Г"Э, дополнив их до десяти сфирот в рош, но еще не было распространения света из рош в гуф. Так, Аба ве Има поднялись в кэтэр и получили свет АХа"П кэтэра. Но этого света им не было достаточно для того, чтобы осветить свои собственные АХа"П, которые находятся внизу. И так как тела Атик, Арих Анпин и Аба ве Има имеют только уровень Ва"К, то Зо"Н мира Ацилут, которые являются телом мира Ацилут, тем более имеют уровень Ва"К.

139. В мире А"К мы наблюдали другую картину. Там все количество света, которое было в голове, распространялось в гуф. В мире Ацилут свет, который распространялся в голове даже в состоянии ее гадлут, не распространяется в гуф. Поэтому мир Ацилут по отношению к миру А"К определяется как Ва"К (З"А) и называется М"А Хадаш или М"А пяти парцуфим мира А"К, т.е. уровень З"А, который является М"А без Га"Р.

140. Рош Атик мира Ацилут имеет уровень кэтэр, и он определяется как Ва"К (М"А) по отношению к парцуфу Гальгальта мира А"К, имея только света руах и нэфеш, без светов нэшама, хая и ехида Гальгальты. А рош парцуфа дэ-Арих Анпин со светом хохма соответствует Ва"К (М"А) дэ-А"Б со светом нэфеш-руах и с отсутствием светов нэшама, хая и ехида дэ-хохма дэ-А"Б.

Аба ве Има дэ-Ацилут, в голове которой есть свет бина, определяется как Ва"К парцуфа Са"Г с отсутствием светов нэшама, хая и ехида дэ-бина дэ-Са"Г. А парцуф Зо"Н дэ-Ацилут, который в голове имеет уровень З"А и малхут, приравнивается как Ва"К к парцуфим М"А и Бо"Н дэ-А"К с отсутствием светов нэшама, хая и ехида дэ-М"А и Бо"Н дэ-А"К.

141. Души, находящиеся в мирах БЕ"А, поднимают Ма"Н, вызывая этим спуск дополнительного света, что приводит к дополнению парцуфим до 10 сфирот по второму методу, когда свет приходит через НеХ"И Гальгальты в Зо"Н мира Некудим (и мира Ацилут) через точку шурук, когда Аба ве Има сами спускают свою малхут из никвей эйнаим в пэ и поднимают свои АХа"П. Г"Э дэ-Зо"Н, которые слиты с АХа"П дэ-Аба ве Има, поднимаются вместе с АХа"П в Аба ве Има и получают от них дополнение к своим десяти сфирот.

И тогда все количество мохин (света), которое находится в Аба ве Има, влияет также на Зо"Н, которые поднимаются вместе с АХа"П Аба ве Има. В связи с тем что 5 парцуфим мира Ацилут начинают получать дополнение по второму методу, то в трех первых парцуфим имеются света Га"Р в их телах, а также в самих Зо"Н, которые являются общим телом мира Ацилут.

Тогда поднимаются 5 парцуфим мира Ацилут и наодеваются на 5 парцуфим мира А"К, так как распространение Га"Р в тела парцуфим мира Ацилут приравнивает их соответственно к пяти парцуфим мира А"К так, что Атик поднимается и надевается на парцуф кэтэр дэ-А"К (Гальгальту), Арих Анпин — на А"Б мира А"К, Аба ве Има надеваются на Са"Г дэ-А"К, а Зо"Н, соответственно, надеваются на М"А и Бо"Н мира А"К.

Такое надевание парцуфим мира Ацилут на соответствующие им парцуфим А"К означает получение каждым из них светов нэшама, хая, ехида на уровне мира А"К.

142. Зо"Н мира Ацилут получают свет по первому принципу, т.е. происходит «АХа"П дэ-алия». Эти АХа"П еще не являются окончательными, свет, который они получают, — это только небольшое свечение, получаемое через АВ"И при нахождении Зо"Н на их ступени, но на своей собственной ступени у них отсутствует АХа"П, поэтому тот свет, который получают Зо"Н во время 6000 лет, называется мохин дэ-алия, т.к. свет Га"Р можно постичь только находясь на ступени Га"Р, которые дополняют их до полных десяти сфирот, но пока не поднимутся на ступень Га"Р, не смогут получить полный свет. Однако Зо"Н не получили еще своего исправления по второму виду, это произойдет только в Гмар Тикун.

143. Свет, получаемый пятью постоянными парцуфим мира Ацилут, называется исправлением келим Аба ве Има, которые дополняют свои сфирот до десяти первым методом, в мире Некудим этот свет называется «свечение через табур» или «некудат холам». Таким образом, из голов Атик, Арих Анпин, Аба ве Има в их гуфим и в Зо"Н не распространяется никакого света, относящегося к Га"Р, потому что в свое время За"Т мира Некудим тоже ничего не получили от этого свечения.

А мохин (свет), получаемый в течение 6000 лет до окончательного исправления, приходит в ответ на просьбу, подъем Ма"Н от нижних парцуфим, включая души, находящиеся в мирах БЕ"А, т.е. вторым методом. В мире Некудим это свечение называется «свечением через есод» или «точка шурук».

При этом методе Аба ве Има поднимают свои собственные АХа"П, с которыми слиты Г"Э дэ-За"Т, которые наверху, на ступени Аба ве Има получают свет мохин дэ-Га"Р. Таким образом, распространяется мохин и в тела пяти парцуфим мира Ацилут, включая Зо"Н, но при условии что они будут находиться наверху, в месте Га"Р.

А в будущем, после Гмар Тикун, Зо"Н получат дополнение до десяти сфирот по второму методу, и малхут спустится с парсы до конечностей ног мира А"К. Тогда нэцах, ход, есод дэ-Зо"Н, которые находятся в БЕ"А, соединятся с Зо"Н Ацилут, и сиюм Ацилута сравняется по свойствам с сиюмом мира А"К. В этот период придет Царь-Машиах, и «ноги его будут стоять на Масличной горе», и выяснится, что полный тикун миров в течение 6000 лет может произойти только с помощью их подъема.

МИРЫ БРИЯ, ЕЦИРА, АСИЯ

144. Семь связанных между собой основ нужно выяснить в трех мирах БЕ"А.

1) Откуда произошло место для этих трех миров.
2) Уровень парцуфим БЕ"А и первоначальное расположение миров во время их образования и отделения от нуквы мира Ацилут.
3) Подъемы миров и их расположение перед грехопадением Адам аРишон.
4) Мохин, который получили миры БЕ"А, и место падения миров после их повреждения от грехопадения Адам аРишон.
5) Мохин, свет гадлут от Има мира Ацилут, который получили миры БЕ"А после их падения под парсу мира Ацилут.
6) Значение задних частей пяти парцуфим мира Ацилут, которые упали под парсу внутрь миров БЕ"А и стали для них как нэшама дэ-нэшама.
7) Уровень малхут мира Ацилут, которая упала в миры БЕ"А и играет роль Атик для парцуфим БЕ"А.

145. Определение первое: как уже было сказано, в результате подъема малхут в бину (тифэрэт) Некудот дэ-Са"Г нижние две трети тифэрэт, нэцах, ход и есод и малхут этого парцуфа упали под парсу и образовали там место для миров БЕ"А. Две нижние трети сфиры тифэрэт стали местом мира Брия, три сфирот нэцах, ход, есод стали местом мира Ецира и малхут стала местом мира Асия.

146. Определение второе: высота постижения парцуфим БЕ"А и их местонахождение во время их выхода и рождения из бэтен нуквы дэ-Ацилут. Малхут мира Ацилут создает миры БЕ"А. В это время З"А мира Ацилут достиг уровня хая (хохма) от Аба, а нуква достигла уровня нэшама от Има. Как ты уже знаешь, Зо"Н получают мохин от АВ"И только посредством их поднятия и облачения на высший парцуф. З"А одевается на парцуф Аба дэ-Ацилут и называется Аба ве Има илаин («верхние»), а малхут надевается на Има дэ-Ацилут и называется ИШСу"Т. Находясь в этом состоянии, малхут мира Ацилут выбирает подходящие еще неисправленные сосуды и создает из них мир Брия с пятью парцуфим в нем.

147. И поскольку малхут находится на месте Има (бина), она приобретает ступень Има. Поэтому мир Брия, созданный из живота малхут (нуквы), находится на ступень ниже Има, а следовательно, и на ступень ниже нуквы, которая, поднявшись в Има, приобрела ее ступень. Таким образом, мир Брия в момент своего создания находится на уровне З"А мира Ацилут.

148. И по такому же принципу был создан и мир Ецира, который родился после мира Брия и находится на следующем после З"А уровне — уровне нуквы (малхут) мира Ацилут. Однако не все 10 сфирот мира Ецира находятся на месте нуквы дэ-Ацилут, а только ее четыре верхние сфирот. У нуквы дэ-Ацилут есть два состояния по отношению ее к З"А Ацилут. Если она с ним находится паним бэ паним, то ее уровень равен уровню З"А, и она надевается на него. В этом состоянии они оба имеют по 10 сфирот.

А когда нуква находится по отношению к З"А Ацилут ахор бэ ахор, то у нее есть только 4 первых сфирот, которые одеваются на 4 последние сфирот З"А, а 6 последних сфирот нуквы спускаются на ступень ниже, т.е. под парсу, и занимают место первых шести сфирот места мира Брия. Поэтому когда нуква находится по отношению к З"А паним бэ паним, то мир Ецира полностью находится в месте нуквы, т.е. в мире Ацилут, над парса. При состоянии ахор бэ ахор, когда у нуквы (малхут) мира Ацилут над парсой находятся только 4 сфирот, то у мира Ецира над парсой тоже есть только 4 первых сфирот, а остальные 6 сфирот мира Ецира находятся на уровне шести первых сфирот места мира Брия.

149. Мир Асия, который был исправлен с помощью мира Ецира, определяется как ступень, на которой сегодня находится мир Брия, потому что мир Ецира был тогда на ступени нуквы дэ-Ацилут. Поэтому ступень под ней относится к миру Асия — сегодняшнему миру Брия. Однако только четыре первых сфирот мира Ецира были на уровне нуквы дэ-Ацилут, а шесть последних сфирот мира Ецира находились на уровне мира Брия. Поэтому так же и в мире Асия четыре первых сфирот находятся на уровне четырех последних сфирот мира Брия, а шесть последних сфирот мира Асия находятся на месте 6 первых сфирот настоящего расположения мира Ецира.

Таким образом, четыре сфирот дэ-нэцах-ход-есод-малхут сегодняшнего мира Ецира и все 10 сфирот настоящего мира Асия перестали относиться к святости и перешли в отдел клипот, неисправленных желаний, потому что на уровне от хазе дэ-Ецира до сиюм дэ-Асия ничего, кроме клипот, не может располагаться, так как чистые миры занимают место до хазе сегодняшнего мира Ецира. Теперь мы выяснили нахождение уровней ступеней самих миров БЕ"А и место их расположения, которое было создано еще до образования миров БЕ"А.

150. Сейчас выясним определение третье: высота парцуфим БЕ"А во время получения ими дополнительного света-мохин, до грехопадения Адам аРишон. С помощью дополнительного света в шабат произошло два подъема миров. Первый подъем произошел в пятый час в эрев шабат, когда родился Адам аРишон. Тогда начал светить дополнительный свет шабата, который называется «хей дэ-йом шиши».

В то время З"А достиг уровня ехида, поднялся и наделся на Арих Анпин дэ-Ацилут. А нуква достигла уровня хая, поднялась и наделась на Аба ве Има дэ-Ацилут. Брия поднялась в ИШСу"Т, Ецира — в З"А, а четыре первых сфирот Асия поднялись в место нуквы дэ-Ацилут, 6 последних сфирот Асия поднялись в 6 первых сфирот Брия.

Второй подъем миров был в эрев шабат, когда с помощью дополнительного света в шабат поднялись 6 нижних сфирот дэ-Асия в место нуквы дэ-Ацилут. Таким образом, как мир Ецира, так и мир Асия поднялись над парса и находились в мире Ацилут в месте Зо"Н дэ-Ацилут в состоянии паним бэ паним.

151. А сейчас выясним четвертое свойство — уровень мохин в мирах БЕ"А и место падения этих миров после грехопадения Адам аРишон. Известно, что из-за вреда, нанесенного грехопадением Адама, из этих миров исчез весь мохин, т.е. весь дополнительный субботний свет, который приобрели миры во время двух предсубботних подъемов.

Кроме этого, Зо"Н мира Ацилут вернулись в состояние «Ва"К и некуда».

Это значит, что З"А теперь опять имеет только 6 верхних сфирот ХаБа"Д ХаГа"Т, с точки зрения сосудов, и в которых находятся 6 «нижних» светов ХаГа"Т НеХ"И (обратная зависимость между сосудами и светами), а малхут мира Ацилут теперь имеет над парсой только одну сфиру — кэтэр, в которой находится свет нэфеш.

152. Пятая особенность в мирах БЕ"А заключается в том, что во время падения они получили мохин дэ-Има. После того как миры БЕ"А вышли из Ацилут и упали под парсу, у них была ступень Ва"К. И тогда ИШСу"Т мира Ацилут наделся на Зо"Н дэ-Ацилут, сделал зивуг на решимо дэ-итлабшут в Зо"Н и распространил свет нэшама мирам БЕ"А таким образом, что мир Брия получил от него 10 полных сфирот на уровне бина, мир Ецира получил Ва"К дэ-бина, а мир Асия только бхину ахор бэ ахор, т.е. одну точку малхут дэ-бина.

153. Шестая особенность — это уровень нэшама ле нэшама (хая), которого достигли миры БЕ"А от пяти парцуфим дэ-ахораим мира Ацилут. Потому что во время уменьшения яреах (луны), т.е. малхут мира Ацилут, ее девять нижних сфирот, образующие парцуф дэ-ахор дэ-нук-ва, упали под парсу и наделись на парцуфим БЕ"А, включая 3 стадии: ибур, еника, мохин. Бхинат мохин (взрослое состояние) упала в мир Брия, бхина еника упала в Ецира, а бхина ибур упала в Асия. Таким образом все миры БЕ"А получили бхину нэшама ле нэшама.

154. Седьмая особенность — это сфира кэтэр нуквы мира Ацилут, которая совершенно недосягаема для миров БЕ"А, но из которой исходит маленькое свечение света ехида в миры БЕ"А. И выяснилось, что во время уменьшения луны упали под парса стадии ибур, еника и мохин задней части парцуфа нуква мира Ацилут и наделись на миры БЕ"А. НеХ"И называются ибуром, ХаГа"Т — еникой, а ХаБа"Д называются мохин.

Однако задняя часть кэтэра дэ-нуква сделалась ступенью Атик для парцуфим БЕ"А, ее нельзя постичь. Свет, который светит в БЕ"А, — это только маленькое свечение от того, что было до грехопадения. Свет нэфеш миры получают от ибура, руах — от еники, уровень нэшама они получают от мохин дэ-Има. Нэшама ле нэшама, что является светом хая, они получают от девяти нижних сфирот нуквы, а бхинат ехида они получают от задней части кэтэра нуквы мира Ацилут, т.е. точки малхут дэ-Ацилут.

453

ПОДЪЕМЫ МИРОВ

155. Основное отличие мира А"К от мира Ацилут заключается в том, что парцуфим А"К произошли как следствие Ц"А, каждая их ступень состоит из десяти полных сфирот, в которых есть один единственный сосуд — малхут. Девять первых сфирот представляют собой исключительно свет, Творца.

Парцуфим Ацилут являются порождением Ц"Б, как сказано, что в тот день, когда Творец создал Небо и Землю, то имеется в виду, что включены были рахамим (милосердие) в дин (суд) во время подъема малхут (уровень дин) в бину (уровень рахамим) и их смешение.

При этом появилось новое окончание высшего света в бине на уровне хазе (при подъеме оканчивающей малхут в бину), а малхут а-миздавегет, которая находилась в пэ дэ-рош, поднялась в бину дэ-рош, называемую никвей эйнаим, и по этой причине из сосудов остались только кэтэр и хохма на уровне Ва"К без рош, т.е. света нэфеш и руах. Из пяти сосудов отсутствуют бина, З"А и малхут, а из светов отсутствуют нэшама, хая и ехида.

156. Как было сказано выше, с помощью подъема Ма"Н во время второго ибура парцуфим мира Ацилут получили свет хохма от парцуфим А"Б-Са"Г мира А"К, этот свет опустил малхут с никвей эйнаим дэ-рош снова в пэ, как это было до Ц"Б. При этом парцуфим вновь приобретают недостающие ранее сосуды бина, З"А и малхут, а соответственно, и света нэшама, хая и ехида.

Это относится только к десяти сфирот дэ-рош, а не к гуф, потому что свет хохма еще не распространился от пэ дэ-рош в гуф, поэтому даже после приобретения мохин дэ-гадлут дэ-рош тела по-прежнему остались в состоянии Ц"Б, как и в состоянии катнут.

Таким образом, парцуфим дэ-Ацилут рассматриваются как уровень 10 сфирот, вышедших на авиют бхина алеф, что соответствует ступени З"А (Ва"К бли рош), и называются миром М"А. Они одеваются на парцуфим М"А (З"А) пяти парцуфим мира А"К, расположенных ниже табура.

157. Атик мира Ацилут получает свет от М"А дэ-Гальгальта, т.е. одевается на него от табура до есода. А парцуф Арих Анпин (А"А) дэ-Ацилут надевается на парцуф А"Б от табура и ниже и получает свет от ступени М"А дэ-А"Б. Парцуф Аба ве Има дэ-Ацилут одевается на парцуф Са"Г мира А"К от табура и ниже и получает свет от ступени М"А, которая там находится.

Зо"Н дэ-Ацилут одевается на парцуфим М"А и Бо"Н мира А"К и получают свет на этой ступени. Таким образом, каждый парцуф мира Ацилут получает свет от соответствующего ему парцуфа мира А"К на уровне его Ва"К бли рош от табура до есода, т.е. на уровне М"А мира А"К, а не одевается полностью на соответствующий ему парцуф мира А"К.

И несмотря на то что в головах мира Ацилут уровень света хохма достигает Га"Р, мы учитываем только тот уровень света хохма, который распространяется от пэ дэ-рош в гуф, т.е. Ва"К бли рош или З"А.

158. Не имеется в виду, что каждый из 5 парцуфим Ацилут надевается на соответствующую ему бхину мира А"К. Это невозможно, потому что 5 парцуфим А"К одеваются один на другой. То же происходит и с пятью парцуфим Ацилут. Смысл в том, что уровень каждого парцуфа мира Ацилут соотносится с соответствующим ему уровнем в пяти парцуфим дэ-А"К и оттуда получает свой свет.

159. Для того чтобы высшие парцуфим распространили мохин от пэ вниз в гуфим пяти парцуфим дэ-Ацилут, необходим подъем Ма"Н от нижних парцуфим. Только тогда можно дать им дополнение десяти сфирот второго вида, достаточное и для гуфим. Ма"Н поднимается в три этапа.

Сначала поднимается Ма"Н на авиют бэт, на который выходят 10 сфирот уровня бина, т.е. Са"Г в гадлуте со светом нэшама. Затем поднимается Ма"Н на авиют гимел, на который выходят 10 сфирот уровня хохма, т.е. А"Б с мохин света хая. И когда в третий раз поднимают Ма"Н на авиют далет, выходят 10 сфирот уровня кэтэр, или Гальгальта с мохин света ехида.

160. Нижние парцуфим, на которые возложена роль поднятия Ма"Н, — это человеческие души (НаРа"Н дэ-цадиким), которые уже включены в миры БЕ"А и могут поднять Ма"Н в Зо"Н мира Ацилут, т.е. в верхний для них парцуф, который в свою очередь поднимает Ма"Н в свои высшие парцуфим: Арих Анпин, Аба ве Има и выше, пока не доходят до парцуфим А"К.

Тогда из Мира Бесконечности спускается высший свет в миры А"К в ответ на Ма"Н, который поднялся туда, и на него выходят 10 сфирот согласно уровню авиюта Ма"Н, который находится там. Если он бхина бэт, то это соответствует уровню нэшама, бхина гимэл равноценна уровню хая, а бхина далет вызывает свет уровня ехида.

Оттуда же спускается мохин со ступени на ступень через парцуфим мира А"К до парцуфим мира Ацилут, пока не доходит до Зо"Н мира Ацилут, которые влияют с помощью мохин на НаРа"Н дэ-цадиким, чтобы те подняли Ма"Н из БЕ"А. И общее правило заключается в том, что каждое обновление мохин приходит исключительно из Мира Бесконечности. Ни одна ступень не может поднять Ма"Н или получить свет хохма без ближайшего верхнего к ней парцуфа.

161. И знай, что нижние парцуфим могут получить свет из Зо"Н мира Ацилут не ранее, чем получат гадлут, благодаря просьбе нижних, все высшие парцуфим миров Ацилут и А"К. Обновление мохин происходит только из Мира Бесконечности, однако получить мохин НаРа"Н дэ-цадиким могут только от предыдущего парцуфа, т.е. от Зо"Н мира Ацилут.

Поэтому мохин должен спускаться и распространяться через все парцуфим, находящиеся выше Зо"Н мира Ацилут, пока не дойдет до него, а уже оттуда к НаРа"Н дэ-цадиким в миры БЕ"А. Мы уже знаем, что в духовном ничего не исчезает, и переход объекта с одного места в другое не означает его исчезновение в первом месте, как это происходит в нашем мире, а говорит о нахождении в первом месте и после его перемещения во второе.

Это можно сравнить с зажиганием свечи от свечи, когда предыдущая свеча, передавая огонь следующей, тоже остается зажженной. Существует правило, что основной свет, корень, остается в первом месте, а на второе место переходит только ветвь от него. И тогда ты поймешь, что тот же свет, который проходит через верхние миры и приходит к НаРа"Н дэ-цадиким, остается на каждой ступени, через которую он проходит. И все ступени увеличивают свой свет за счет того, что должны передать цадиким.

162. И из сказанного пойми, как нижние своими действиями способствуют подъемам и спускам парцуфим и миров. Если их действия правильны, то они поднимают Ма"Н и притягивают свет, и тогда все миры, все ступени, через которые проходит свет, растут и поднимаются наверх благодаря свету, который они передают. Когда же они портят свои действия, портится Ма"Н, мохин исчезает из ступеней и миров, и прекращается передача света от высших миров к нижним, что способствует спуску миров в свое начальное постоянное (минимальное) состояние.

163. Сейчас мы выясним порядок подъема пяти парцуфим Ацилут в 5 парцуфим А"К и подъем трех миров БЕ"А в ИШСу"Т и Зо"Н мира Ацилут, начиная с их постоянного минимального состояния, катнут, до наивысшего состояния, которое только может быть в конце 6000 лет в Гмар Тикун. Обычно существует три подъема, которые делятся на большое количество частных.

Минимальный уровень миров А"К и АБЕ"А. Нам известно, что первым парцуфом в мире А"К после Ц"А была Гальгальта, на которую наделись 4 следующих парцуфа мира А"К: А"Б, Са"Г, М"А, Бо"Н. Сиюм раглей дэ-А"К находится выше точки нашего мира. Вокруг Гальгальты со всех сторон — окружающий свет Мира Бесконечности, величие которого невозможно измерить, и ему нет конца. Часть из общего окружающего Гальгальту света Мира Бесконечности входит в ее внутренность и называется линия и внутренний свет.

164. Внутри парцуфим М"А и Бо"Н мира А"К находится парцуф ТаНеХИ"М мира А"К, который называется также Некудот дэ-Са"Г мира А"К. Во время Ц"Б малхут а-месаемет, которая находилась над точкой нашего мира, поднялась в тифэрэт и установила место в хазе этого парцуфа ниже верхней трети его тифэрэт. Там образовался новый сиюм на высший свет, который не мог распространяться с этого места вниз. Этот сиюм получил наименование парса под миром Ацилут.

Сфирот парцуфа Некудот дэ-Са"Г, которые остались под парса, образовали место для трех миров БЕ"А в следующем порядке: нижние две трети тифэрэт и до хазе подготовили место для мира Брия. Нэцах, ход, есод подготовили место для мира Ецира. Малхут образовала место для мира Асия. Таким образом, место для трех миров БЕ"А начинается от парсы и заканчивается над точкой нашего мира.

165. Четыре мира: Ацилут, Брия, Ецира и Асия — занимают место от парсы и до точки нашего мира. Мир Ацилут располагается под табуром мира А"К до парсы. От парсы до точки нашего мира образовалось место для трех миров БЕ"А. Состояние миров А"К и АБЕ"А теперь является постоянным, и никогда не будет наблюдаться в них никакого уменьшения.

И в этом состоянии во всех парцуфим и мирах есть только уровень Ва"К без рош. И даже если в трех первых парцуфим мира Ацилут есть Га"Р в их головах, все же ниже пэ свет не распространяется, а все их гуфим находятся в состоянии Ва"К без рош. Такое же состояние есть и в мирах БЕ"А. И даже в парцуфим мира А"К, относительно окружающего света, ор макиф, считается, что у них также отсутствует Га"Р.

166. Существуют три общих подъема для дополнения миров тремя уровнями: нэшама, хая, ехида. И эти подъемы зависят от подъема Ма"Н нижними. Первый подъем — это подъем Ма"Н нижними на уровне авиют дэ-бхина бэт, когда исправляется АХа"П ступени бина, свет нэшама, получая дополнение 10 сфирот по второму виду, т.е. с помощью свечения шурук, когда мохин светит также в низ, в За"Т и в гуфим, подобно парцуфим А"К, где все ступени десяти сфирот рошим переходят и распространяются также и в их гуфим.

167. Во время прохождения света через мир Ацилут каждый из пяти парцуфим мира Ацилут получает свет бины, называемый нэшама, или мохин дэ-Са"Г, который светит парцуфим мира Ацилут, как это было в А"К, и они получают свет гадлут и одеваются на парцуфим дэ-А"К согласно уровню мохин, который они получили.

168. Как только парцуф Атик получает мохин дэ-бина, он поднимается и одевается на парцуф бина мира А"К, соответствующий уровню Са"Г (бине) дэ-Гальгальта мира А"К, и получает там бхинат нэшама дэ-ехида мира А"К, которая светит и в его теле.

А когда мохин приходит к парцуфу Арих Анпин мира Ацилут, то он поднимается и одевается на рош дэ-Атик, соответствующий ступени Са"Г парцуфа А"Б мира А"К, и получает оттуда бхинат нэшама дэ-хая дэ-А"К, которая светит также в его гуф. А когда мохин доходит к парцуфу Аба ве Има, он поднимается на ступень выше и одевается на Га"Р дэ-Арих Анпин, соответствующий уровню бина дэ-Са"Г дэ-А"К, и получает оттуда свет нэшама дэ-нэшама дэ-А"К, которая светит и в его За"Т.

Когда мохин достигает ИШСу"Т и Зо"Н мира Ацилут, они поднимаются и одеваются на Аба ве Има дэ-Ацилут, соответствующие уровню бина парцуфим М"А и Бо"Н мира А"К, и получают оттуда бхинат нэшама дэ-нэфеш руах мира А"К. И тогда НаРа"Н цадиким получают мохин дэ-нэшама мира Ацилут. А когда мохин приходит к парцуфим мира Брия,мир Брия поднимается и надевается на нукву дэ-Ацилут, получая от нее бхинат нэфеш дэ-Ацилут.

Когда мохин приходит к миру Ецира, он поднимается и одевается на мир Брия, получая от него бхинат нэшама и Га"Р дэ-Брия. И наконец, когда мохин приходит к миру Асия, он поднимается и надевается на мир Ецира и получает от него бхинат мохин дэ-Ва"К дэ-Ецира. Таким образом, мы разобрали, что получил каждый парцуф при первом подъеме, вызванном поднятием Ма"Н второго вида, душами, находящимися в мирах БЕ"А.

169. Второй подъем произошел в результате подъема Ма"Н на авиют дэ-бхина гимел, когда получают исправление АХа"П уровня хохма (хая), гадлут и дополнение к десяти сфирот происходит вторым способом, когда мохин светит также в За"Т и гуфин, как в парцуфим А"К. И когда мохин проходит вниз через миры АБЕ"А, каждый парцуф растет и поднимается под влиянием этого света еще на одну ступень.

170. Когда мохин приходит к парцуфу Атик дэ-Ацилут, он поднимается и одевается на парцуф хохма дэ-А"К, который называется А"Б, и соответствует ступени А"Б дэ-Гальгальта дэ-А"К, и получает там свет хая дэ-ехида. А когда мохин достигает парцуфа Арих Анпин мира Ацилут, то он поднимается и одевается на Га"Р дэ-Са"Г дэ-А"К, соответствующий ступени А"Б дэ-А"К, и получает оттуда свет хая дэ-хая дэ-А"К.

Когда же мохин приходит к парцуфу Аба ве Има дэ-Ацилут, то он поднимается и одевается на Га"Р дэ-Атик в его минимальном состоянии, соответствующем ступени А"Б парцуфа Са"Г дэ-А"К, и получает от него свет хая дэ-нэшама дэ-А"Б, который светит также для За"Т и гуфим. Как только мохин достигает ИШСу"Т дэ-Ацилут, то он поднимается и одевается на Га"Р дэ-Арих Анпин в его минимальном состоянии, который соответствует ступени А”Б дэ-М”А дэ-А”К, и получает там свет хая дэ-М”А дэ-А”К.

Когда мохин подходит к Зо”Н дэ-Ацилут, он поднимается и надевается на Га”Р дэ-Аба ве Има, соответствующий ступени А”Б дэ-Бо”Н дэ-А”К, и получает от него свет хая дэ-Бо”Н дэ-А”К. Нешамот цадиким получают свет от Зо”Н. Если мохин достигает мира Брия, то он поднимается и одевается на З”А дэ-Ацилут и получает оттуда ступень руах дэ-Ацилут.

При получении мохин миром Ецира, тот поднимается и надевается на нукву дэ-Ацилут, получая там свет нэфеш дэ-Ацилут. Когда мохин достигает мира Асия, он поднимается и надевается на мир Брия, получая там бхинат Га”Р и нэшама дэ-Брия. Тогда заполняется мир Асия всеми светами НаРа”Н дэ-БЕ”А. Таким образом, мы выяснили, что такое второй подъем каждого из парцуфим АБЕ”А, которые поднялись и увеличились по причине поднятия Ма”Н дэ-бхинат гимэл НаРа”Н дэ-цадиким.

171. Третий подъем миров происходит в ответ на подъем Ма”Н душами на авиют далет, когда исправляется АХа”П уровня кэтэр, парцуф получает свет ехида путем дополнения до десяти сфирот вторым способом. Мохин светит также в их За”Т и гуфим, как это было в парцуфим дэ-А”К. По мере прохождения мохин через парцуфим миров АБЕ”А, каждый из них растет, поднимается и надевается на соответствующий верхний, согласно уровню света в нем.

172. Во время получения мохин парцуфом Атик мира Ацилут, он поднимается и надевается на Га”Р Гальгальты мира А”К и получает оттуда свет ехида дэ-ехида. Когда мохин приходят к Арих Анпин мира Ацилут, то он поднимается на уровень Га”Р парцуфа А”Б дэ-А”К, получая при этом свет ехида дэ-хая дэ-А”К.

Когда мохин приходит к парцуфу АВ”И, то тот поднимается в Га”Р дэ-Са”Г дэ-А”К, получая при этом свет ехида дэ-нэшама дэ-А”К. Когда мохин достигает парцуфа ИШСу”Т, то тот поднимается в Га”Р дэ-М”А дэ-А”К, получая при этом свет ехида дэ-М”А дэ-А”К. Когда же мохин светит в Зо”Н, то они поднимаются в Га”Р дэ-Бо”Н дэ-А”К, получая при этом свет ехида дэ-Бо”Н дэ-А”К. Тогда НаРа”Н дэ-цадиким получают свет ехида от Зо”Н дэ-Ацилут.

Когда мохин приходит в мир Брия, тот поднимается в парцуф ИШСу”Т дэ-Ацилут, получая при этом нэшама дэ-Ацилут. Мохин поднимают мир Ецира в парцуф З”А дэ-Ацилут, при этом они получают руах дэ-Ацилут. Когда мохин прибывают в мир Асия, то он поднимается в парцуф Нуква дэ-Ацилут, получая при этом нэфеш дэ-Ацилут (рис. 9 из «Сэфэр аИлан»).

173. Получается, что во время третьего подъема каждый из пяти парцуфим мира Ацилут дополнил себя за счет нэшама, хая и ехида из мира А”К, надевшись на пять соответствующих им парцуфим мира А”К. НаРа”Н дэ-цадиким и миры БЕ”А тоже получили Га”Р, они поднялись над парсой. Теперь свет хохма светит в их хасадим.

174. Необходимо знать, что НаРа”Н дэ-цадиким, т.е. человеческие души, живущие в мирах БЕ”А, постоянно одеваются только на парцуфим БЕ”А под парса. Нэфеш одевается на 10 сфирот дэ-Асия, руах — на 10 сфирот дэ-Ецира, а нэшама одевается на 10 сфирот дэ-Брия. Хотя души получают свет от Зо”Н мира Ацилут, он приходит к ним через миры БЕ”А, на которые они одеваются. НаРа”Н дэ-цадиким поднимаются вместе с подъемами трех миров БЕ”А. Миры БЕ”А поднимаются согласно получению света НаРа”Н дэ-цадиким, т.е. соответственно силе Ма”Н, поднятого цадиками.

175. В обычном, постоянном состоянии все миры и парцуфим имеют только Ва”К без рош. Это значит, что каждая ступень пользуется только шестью своими верхними сфирот, в которые входят шесть нижних светов. Даже НаРа”Н дэ-цадиким не более чем Ва”К, несмотря на то что у них есть Га”Р дэ-нэшама из мира Брия. Эти Га”Р являются Ва”К по сравнению с миром Ацилут.

То же самое можно сказать и про парцуфим самого мира Ацилут. Хотя у них в рошим (головах) есть Га”Р (свет), тем не менее этот свет не распространяется в гуфим, поэтому эти парцуфим тоже считаются Ва"К. Использование дополнительных сосудов (сфирот), ведущее к добавочному получению света, происходит только в результате подъема Ма"Н, поднимаемого цадиками (т.е. душами людей, находящихся в мирах БЕ"А).

Однако получение этого света (мохин) возможно только благодаря подъему нижнего парцуфа на уровень верхнего. В высших парцуфим мира Ацилут (А"А, Аба ве Има, ИШСу"Т) происходит дополнение до десяти сфирот по второму принципу (с использованием своих собственных АХа"П), в то время как у Зо"Н дополнение до десяти сфирот происходит только по первому принципу, т.е. с помощью подъема на уровень высшего парцуфа с использованием его, а не своих АХа"П.

Это происходит потому, что АХа"П дэ-Зо"Н мира Ацилут — это огромные желания получать, приближающиеся по своей величине к Сущности Творения (малхут дэ-малхут). Эти желания можно исправить только во время Гмар Тикун. Поэтому пять парцуфим мира Ацилут могут получить света нэшама, хая и ехида только во время своего подъема на соответствующие им парцуфим мира А"К.

Миры БЕ"А тоже могут получить света нэшама, хая и ехида во время подъема на ИШСу"Т и Зо"Н мира Ацилут. Брия одевается на ИШСу"Т, Ецира на З"А, а Асия на малхут (Нукву) мира Ацилут. Получается, что во время этого подъема пространство от парсы и ниже (место БЕ"А) становится пустым от любого света. Тем не менее есть разница между десятью сфирот мира Брия и шестью верхними сфирот мира Ецира, с одной стороны, и между остальными сфирот.

Так, нижние 14 (из 30) сфирот места миров БЕ"А являются постоянным местом только для клипот (желание получить свет ради собственного наслаждения, без экрана). Только из-за «грехопадения» Адама аРишон 14 нижних сфирот миров БЕ"А опустились в это место. До этого, как известно, эти миры стояли минимум на 14 сфирот выше. Итак, после подъема миров БЕ"А в Ацилут, в пространстве от парса и до груди (хазе) мира Ецира вообще ничего «нет», ни миров БЕ"А, ни клипот, а в пространстве от груди дэ-Ецира и ниже находятся только клипот.

176. Итак, получение дополнительных светов нэшама, хая и ехида зависит от подъема Ма"Н нижними парцуфим, и в конечном счете, от подъема Ма"Н душами людей (НаРа"Н дэ-цадиким). Если же с НаРа"Н дэ-цадиким что-нибудь происходит и они в результате этого Ма"Н поднимать не могут, то эти высшие, «дополнительные» света выходят из всех парцуфим миров АБЕ"А. Однако постоянные света — нэфеш и руах, которые во время таких состояний находятся в сосудах кэтэр и хохма каждого парцуфа, не выходят из них никогда.

177. Как уже было сказано, в мире Ацилут есть находящаяся справа сторона М"А, т.е. его собственные сосуды, и есть находящаяся слева сторона Бо"Н, т.е. разбитые сосуды мира Некудим, которые исправляются с помощью сосудов М"А дэ-Ацилут. И пусть тебе не покажется странным, что Арих Анпин (А"А) дэ-Бо"Н считается кэтэром мира Ацилут, а Аба ве Има (АВ"И) считаются парцуфом А"Б мира Ацилут.

Ведь А"А — это нижняя половина кэтэра дэ-Бо"Н, а АВ"И — это нижняя половина хохмы и бины мира Некудим. Поэтому вроде бы парцуф кэтэр дэ-А"К (Гальгальта) должен соответствовать А"А мира Ацилут. Дело в том, что все парцуфим Бо"Н это нэкевот, т.е. у них нет собственной возможности получения, они получают только то, что соответствующие им парцуфим М"А — захарим дают им.

Поэтому все подъемы происходят только с захарим (парцуфим М"А). Так как у А"А дэ-М"А нет никаких сосудов, соответствующих кэтэру, а только хохме, а у АВ"И дэ-М"А есть только сосуды, соответствующие бине, то парцуфу А"А соответствует парцуф А"Б мира А"К, а парцуфу АВ"И соответствует парцуф Са"Г мира А"К. Парцуф кэтэр дэ-А"К соответствует только парцуфу Атик, который взял себе весь уровень кэтэр дэ-М"А.

178. Порядок следования парцуфим во всех мирах не меняется в результате всех этих подъемов. Как известно, именно подъем Ма”Н НаРа”Н дэ-цадиким вызвал дополнительное получение света во всех вышестоящих парцуфим, которые передают им свет из Мира Бесконечности, частично оставляя его себе, каждый согласно своему положению, увеличиваясь в размере и поднимаясь все выше и выше.

Каждый парцуф поднимается на уровень вышестоящего, т.е. все вместе парцуфим поднимаются вверх, сохраняя порядок своего расположения. Например, при подъеме Зо”Н со своего постоянного расположения, т.е. из места под табуром А”А, они поднимаются на ступень выше, т.е. на уровень груди А”А. Однако А”А поднимается одновременно с ними на одну ступень выше, т.е. с уровня пэ дэ-Атик, надеваясь на Га”Р дэ-Атик.

Все его собственные сфирот, конечно, тоже поднимаются. Его ХаГа”Т поднимаются на предыдущий уровень Га”Р, а сфирот, находившиеся на уровне от груди до табура, поднялись на их место и т.д. Таким образом, поднявшиеся Зо”Н находятся на уровне от табур и ниже парцуфа А”А, т.е. порядок расположения не изменился (см. рис. 4 в «Сэфэр аИлан», где во время получения света нэшама Зо”Н поднялись на уровень Га”Р дэ-ИШСу”Т, находящихся на уровне от пэ и вниз АВ”И, находящихся на уровне от груди и вниз А”А).

Однако все парцуфим мира Ацилут тоже поднялись на одну ступень (см. рис. 7 в «Сэфэр аИлан») во время получения света нэшама. Поэтому получается, что Зо”Н по-прежнему одеваются на пространство от пэ и вниз дэ-ИШСу”Т, находящихся на уровне от груди и вниз дэ-АВ”И, находящихся на уровне табура и вниз дэ-А”А. По этому же принципу происходят подъемы всех без исключения парцуфим (см. рисунки в «Сэфэр аИлан» от третьего и до конца).

179. Следует также отметить, что поднимаясь, все парцуфим в то же время оставляют «следы» на всех предыдущих уровнях. То есть, по сути, они и поднимаются, и остаются на своих прежних местах, так как в духовном ничего не исчезает. Например, Га”Р дэ-АВ”И поднимаются на уровень Га"Р дэ-А"А, тем не менее Га"Р дэ-АВ"И остались и на своем прежнем месте — от пэ и вниз А"А, куда теперь поднялись ИШСу"Т, поднявшиеся на ХаГа"Т дэ-АВ"И, получая при этом тот же свет, который получали ХаГа"Т дэ-АВ"И, когда они находились на том же месте, до подъема.

Таким образом, сейчас там одновременно находятся три парцуфим, так, поднявшиеся Га"Р дэ-АВ"И сейчас стоят на постоянном месте Га"Р дэ-А"А, передают свет на свое прежнее место — от пэ и вниз А"А, где сейчас находятся ИШСу"Т, ведь Га"Р дэ-А"А, АВ"И и ИШСу"Т светят одновременно на одно место. Таким образом выстраиваются все парцуфим миров А"К и АБЕ"А во время подъемов.

Поэтому во время подъема парцуфа всегда надо обращать внимание на уровень его подъема относительно постоянного места вышестоящих парцуфим, уровень его подъема относительно нового места вышестоящих парцуфим, которые поднялись вместе с ним на одну ступень. (См. рис. 3 в «Сэфэр аИлан», где изображено постоянное расположение парцуфим. На рисунках 4, 5 и 6 нарисованы три подъема З"А относительно постоянного расположения парцуфим мира Ацилут. На рисунках 7, 8 и 9 нарисованы три подъема пяти парцуфим мира Ацилут относительно пяти парцуфим мира А"К. На рисунках 10, 11 и 12 нарисованы три подъема пяти парцуфим мира Ацилут относительно постоянного расположения Линии Бесконечности.)

ДЕЛЕНИЕ КАЖДОГО ПАРЦУФА НА КЭТЭР И АБЕ"А

180. В духовных мирах все построено по одному и тому же принципу, т.е. по частному случаю можно судить об общем, и наоборот, по общему случаю можно судить о частном. Все Мироздание обычно делится на пять миров А"К и АБЕ"А. Мир А"К считается кэтэром всех миров, а 4 мира АБЕ"А — это хохма, бина, З"А и малхут соответственно.

Поэтому любой мир, любой парцуф, любая сфира, вообще, любой духовный объект тоже можно разделить на пять миров — А"К и АБЕ"А. Рош каждого парцуфа считается его кэтэром и миром А"К. Гуф от пэ и до хазе (груди) считается миром Ацилут (хохма). Пространство от груди до табура считается миром Брия (бина), а пространство от табура и ниже считается мирами Ецира и Асия (Зо"Н).

181. Итак, сфирот КаХа"Б ХаГа"Т НеХИ"М имеют много различных названий. В зависимости от того, что именно мы хотим выразить, они называются:

1) Г"Э и АХа"П;
2) КаХа"Б Зо"Н;
3) НаРаНХа"Й;
4) Точка буквы «йуд» и четыре буквы «йуд», «хей», «вав» и «хей»;
5) простая АВА"Я (Гальгальта) и А"Б, Са"Г, М"А и Бо"Н, которые являются четырьмя разновидностями наполнения светом (милуим): а) наполнение А"Б — יוד הי ויו הי; б) наполнение Са"Г — יוד הי ואו הי; в) наполнение М"А — יוד הא ואו הא; г) наполнение Бо"Н — יוד הה וו הה

467

6) А"А и АВ"И и Зо"Н: а) А"А — это кэтэр; б) Аба — хохма; в) Има — бина; г) З"А — это ХаГа"Т НеХ"И; д) Нуква — это малхут;

7) А"К и АБЕ"А или Кэтэр и АБЕ"А. Малхут дэ-Кэтэр называется «пэ», малхут дэ-Ацилут — «хазе», малхут дэ-Брия — «табур», малхут дэ-Ецира — «атерэт есод», и общая малхут называется «сиюм раглин».

182. Существуют две причины, по которым десять сфирот называются по-разному. Первая — это сходство свойств, внутренней природы со сфирой, к которой она относится. Вторая — это отличие свойств от этой сфиры, ведущее к появлению нового, специального названия. Например, Кэтэр десяти сфирот прямого света — это свет Эйн Соф (Бесконечности), с другой стороны, рош любого парцуфа тоже называется «кэтэр»; все пять парцуфим мира А"К тоже «ктарим»; парцуф Атик — это кэтэр, и А"А это тоже кэтэр.

Если они все являются кэтэрами, то почему же каждый из них тем не менее имеет свое собственное название? Кроме того, мы знаем, что в духовных мирах объекты, имеющие абсолютно одинаковые свойства, сливаются в одно целое. Так почему же все эти духовные объекты, являющиеся кэтэрами, не сливаются между собой?

Это происходит потому, что хотя они имеют свойства, сходные со свойствами кэтэра, так как они относятся к понятию Эйн Соф, согласно правилу, которое гласит, что пока высший свет не вошел в сосуд (т.е. не был принят в гуф, в настоящие сосуды), он является Эйн Соф (непостигнутой Бесконечностью).

Поэтому все пять парцуфим мира А"К по отношению к мирам АБЕ"А являются светом, еще не вошедшим в сосуд, так как мир А"К, построенный согласно законам Ц"А, совершенно непостижим для парцуфим, находящихся в мирах АБЕ"А, которые построены по законам Ц"Б.

Парцуфим Атик и А"А мира Ацилут оба соответствуют кэтэру мира Некудим. Тем не менее они имеют существенные различия. Атик соответствует верхней, а А"А — нижней половине кэтэра мира Некудим. Следует отметить, что во время катнута мира Ацилут А"А вообще не является кэтэром, в этом состоянии его уровень — хохма, а единственным кэтэром пока является Атик.

Однако во время гадлута все парцуфим мира Ацилут поднимаются, причем Атик уходит в мир А"К, а А"А, воспользовавшись своими АХа"П дэ-алия, становится парцуфом кэтэр мира Ацилут. Кроме того, парцуф Атик, как и парцуфим А"К, построен по законам Ц"А и, следовательно, он для нижних парцуфим и миров непостижим («атик» от слова «нээтак», «отделен»).

183. Причиной, по которой десять сфирот называются Кэтэр и АБЕ"А, является желание указать на деление десяти сфирот на «передние» и «задние» сосуды («паним» и «ахораим»), которое произошло в результате Ц"Б. Как уже было сказано выше, тогда малхут месаемет поднялась на уровень бина дэ-гуф, которая называется тифэрэт, в хазе, и создала там новый конец (сиюм) парцуфа, который называется парса и который находится под Ацилутом.

Сосуды, которые находятся ниже парсы, «вышли» из Ацилута и называются БЕ"А. Нижние две трети тифэрэт называются Брия, НеХ"И называются Ецира, а малхут называется Асия. Следует отметить, что каждая сфира разделилась на сосуды «паним» и «ахораим», так что те сосуды, которые находятся над хазе, — это паним, а те, которые под хазе, — ахораим.

184. По той причине, что парса находится на уровне хазэ, каждая сфира, каждый парцуф разделились на свои четыре уровня, которые называются АБЕ"А. Ацилут — это пространство над хазе, БЕ"А — это пространство под хазе. В принципе, уже в мире А"К тоже наблюдалось такое деление, с той только разницей, что в нем парса опустилась на уровень табура, в отличие от миров АБЕ"А, где парса находится на уровне хазе.

Получается, что его собственный Ацилут — это парцуфим А"Б и Са"Г, которые оканчиваются над табуром, а под табуром находятся его БЕ"А, т.е. парцуфим М"А и Бо"Н. Итак, Гальгальта — это рош, А"Б и Са"Г до табура — это Ацилут, а М"А и Бо"Н, находящиеся под табуром, — это БЕ"А.

185. По этому же принципу делятся и все пять парцуфим мира Ацилут. А"А — это рош всего мира Ацилут, АВ"И Илаин, которые соответствуют А"Б, надеваются от пэ и до хазе парцуфа А"А — это Ацилут дэ-Ацилут, и там, на линии груди парцуфа А"А проходит парса мира Ацилут (не путать с общей парсой всех миров АБЕ"А!).

ИШСу"Т, которые соответствуют Са"Г, одеваются от хазе дэ-А"А до его табура, и они являются Брия мира Ацилут. Зо"Н, которые соответствуют М"А и Бо"Н, одеваются на А"А на пространство, находящееся от его табура и до окончания мира Ацилут, и они являются Ецира и Асия мира Ацилут. Итак, мы видим, что и мир Ацилут тоже делится на свои рош и АБЕ"А, подобно миру А"К, тут парса находится на своем месте, т.е. на уровне хазе дэ-А"А.

186. Если же рассматривать все Мироздание как единое целое, то мы увидим, что три парцуфим Гальгальта, А"Б и Са"Г мира А"К являются общей рош всего Мироздания, пять парцуфим мира Ацилут, которые надеваются на пространство от табура мира А"К и до парса, являются Ацилутом всего Мироздания. Под парсой же находятся три мира БЕ"А, которые в то же время являются и БЕ"А всего Мироздания.

187. По этому же принципу делятся абсолютно все частные сфирот дэ-сфирот. Даже малхут дэ-малхут дэ-Асия имеет свои рош и гуф, причем гуф делится своими хазе, табуром и сиюмом раглин. Парса, которая находится под Ацилутом данной ступени, стоит в хазе, ограничивая его. От хазе до табура стоит Брия данной ступени. От табура до сиюм раглин находятся Ецира и Асия данной ступени. Сфирот ХаГа"Т каждой ступени соответствуют Ацилут. Нижние две трети тифэрэт от хазе до табура — это Брия, НеХ"И — Ецира и малхут — Асия.

188. Итак, рош каждой ступени относится к уровню кэтэр, или ехида, или парцуф Гальгальта. Ацилут (от пэ до хазэ) относится к хохме, или свету хая, или А"Б. Брия (от хазэ до табура) относится к бине, или свету нэшама, или парцуф Са"Г. Ецира и Асия (от табура вниз) относятся к Зо"Н, или светам руах и нэфеш, или парцуфим М"А и Бо"Н (см. рисунки, начиная с третьего в «Сэфэр аИлан»).

Словарь
каббалистических
терминов

ОГЛАВЛЕНИЕ

А

Алеф (א) — первая буква ивритского алфавита, числовое значение 1.

Ацмут (עצמות) суть — свет хохма, потому что он суть жизни творения.

Асия (עשיה) — 10 сфирот малхут, получающей от З"А.

Альпаим ама тхум шабат (אלפיים אמה תחום שבת) две тысячи ама расстояния Субботы — истинное место миров это их второе состояние перед грехопадением, когда З"А стоял на месте Арих Анпин, малхут на месте АВ"И, Брия на месте ИШСУ"Т, мир ЕЦИРА на месте З"А, четыре первых сфирот мира Асия на месте Нуквы и одеваются на мир Ецира. Шесть последних сфирот мира Асия стоят на месте первых шести сфирот мира Брия. Шесть первых сфирот места мира Брия от парса до хазэ мира Брия называются «ибуро шель ир» (зародыш города), относятся к городу, к миру Ацилут, потому что там остались шесть нижних сфирот мира Асия. От хазэ мира Брия до сиюм остались 24 сфирот — «пространство», не заполненное светом. 16 сфирот от парса до хазэ мира Ецира называются «тхум шабат». Тхум шабат — это 10 сфирот от хазэ мира Брия до хазэ мира Ецира, так же это — 2 000 ама. 14 сфирот от хазэ Ецира до сиюм называются «мадор аклипот» (отдел нечистых сил). Ир (город) — мир Ацилут. Парса — сиюм (окончание) города.

Авот (אבות) отцы — сфирот ХаГа"Т относительно сфирот НеХ"И, являющихся их сыновьями.

Аин (ע) — шестнадцатая буква ивритского алфавита, числовое значение 70.

Алия (עליה) подъем — осветление, потому что поднялась сравнением свойств в Мир Бесконечности. Правило: тот, кто светлее — он выше, более грубый — ниже.

АВА"Я-АДНИ (יהו״ה-אדני) — зивуг паним бэ паним З"А и Нуквы мира Ацилут, обозначаемый переплетением их букв, где первая буква йуд означает хохма в З"А, а последняя буква йуд означает хохма в малхут.

Авиют (עביות) — большое желания получить, притягивающее свет, и поэтому называющееся «внутренняя часть кли».

Аголь (עגול) круглый — когда нет различий между верхом и низом в четырех стадиях желания получить. Поэтому четыре бхинот называются четырьмя круглыми сферами одна в другой, если нет между ними различия верх-низ.

Абатат паним (הבטת פנים) проявление лица — распространение света хохма.

Агдала (הגדלה) увеличение — переход из маленького состояния, катнут, в большое, гадлут.

Акаа (הכאה) удар — встреча высшего света с экраном, похожа на взаимодействие двух твердых предметов, когда один хочет проникнуть в пределы другого, а второй сопротивляется и не позволяет ему проникнуть в себя.

Ахана лекабель (הכנה לקבל) готовность получения — когда в парцуфе имеется экран, имеющий авиют, достаточную для притяжения света и взаимодействия с ним.

Амтака (המתקה) подслащение — келим вследствие швира, разбиения сосудов, нуждаются в свете, который бы исправил, подсластил их горечь, силу суда-ограничения на применение, чтобы их не захватили внешние силы.

Адрин (אדרין) «внутренние комнаты — ХаГа"Т Зеир Анпина, заполненные светом хасадим без свечения света хохма, поэтому называются «внутренние».

Ахсадрин (אכסדראין) наружные комнаты — НеХ"И Зеир Анпина. Раскрытие, ощущение свечения света хохма называется «наружные комнаты».

Ани (אני) я — малхут, когда она раскрыта, называется «ани». Когда малхут скрыта, называется «ху» (он).

Арих-Анпин (א״א) — парцуф, наполненный светом хохма. Небольшое свечение света хохма называется Зеир-Анпин.

Авир (אויר) воздух — ор руах, свет хасадим.

Авир рейкани (אויר ריקני) — свет хасадим до облачения на свет хохма.

АБЕ"А нечистые миры (אבי״ע של קליפות) — противоположны чистым (святым) мирам АБЕ"А, однако стоят на уровне от

ЗО"Н мира Ацилут и ниже. Клипот находятся под святыми, чистыми силами в месте абсолютной пустоты, ниже линии сиюм (окончание), под малхут, заканчивающей все чистые желания (кдуша). После Цимцум Алеф их место было под парцуфом А"К (ниже ног Адам Кадмон). Но после Цимцум Бет, когда «ограничивающая» малхут поднялась в бину, находящуюся в гуф парцуфа Некудот СА"Г, там возникла «парса», являющаяся границей святости. Под ней возникло «место» миров АБЕ"А. Поскольку это место свободно от святости, то его полностью захватили нечистые силы. Разбиение келим произошло вследствие того, что из рош (головы) СА"Г пришел свет хохма и захотел распространиться под парса на все 10 сфирот до конца Гальгальты, как до Ц"Б. Это произошло потому, что Г"Э соединились с АХА"П в рош и гуф (в голове и теле) парцуфа Некудим. Но до того как свет прошел место пустоты (халаль пануй), келим разбились и умерли, так как парса не исчезла. Свет вернулся наверх, а келим упали под парса и перемешались там с клипот, находящимися в месте миров БЕ"А. Под парса упали келим АХА"П тела парцуфа Некудим, но не рош (головы). Поэтому клипот начинаются только с ЗО"Н мира Ацилут и ниже.

Афрадат сигим (הפרדת הסיגים) отделение примесей. Сигим — это малхут, которая смешалась с семью малахим, что привело к разбиению мира Некудим. Поэтому исправление заключается в отделении малхут от всех разбитых келим, это происходит благодаря свету хохма, ор Аба. Это исправление называется «афрадат сигим».

Архака (הרחקה) отдаление — исправление, заключающееся в том, что кли отдаляет себя от получения света хохма, предпочитая свет хасадим.

Ашъала (השאלה) заимствование — келим НеХ"И Имы, которые она передает Зеир-Анпину, и он получает свой свет в эти келим.

Ашваа эхад (השוואה אחת) сравнивание свойств — когда нет различия в четырех ступенях желания получить.

Адам Кадмон (אדם קדמון) — первый мир, возникший после Ц"А, получающий свет из Мира Бесконечности и распространяющийся до «нашего» мира. Называется «Адам», потому что его сфирот ёшер со светом ашпаа — это корень (зародыш) человека нашего мира. Называется «Кадмон» (первый, основа) потому что в нем действует Ц"А.

Ахор, ахораим (אחור, אחוריים) обратная сторона — 1) кли, в которое не облачен свет хохма; 2) кли или его часть, не работающая на отдачу или получение; 3) часть кли, находящаяся ниже хазе (груди) парцуфа.

Ахор бе ахор (אב"א) спиной к спине — исправление посредством света бина, т.е. «хафец хесед». При отсутствии в кли света хохма кли получает исправление посредством света бина, дающее ему ощущение совершенства.

Ахор бе паним (אב"פ) спиной к лицу — паним (лицо) малхут — это только получение света хохма, но может получить свет хохма только одетым в свет хасадим. Поэтому З"А исправляет ее с помощью зивуг, связи спиной к лицу, передавая ее лицу свет хасадим своих ахораим (обратной стороны).

Ахораим шель нуква (אחוריים של נוקבא) обратная сторона нуквы — сфирот НеХ"И (нецах, ход, йесод) — ограничивающей (заканчивающей) нуквы мира Ацилут; соседствуют с клипот, начинающихся от нее и вниз. Поэтому клипот, в основном, присасываются к ахораим — там, где есть недостаток света хохма.

Ахиза (אחיזה) присасывание — как ветвь, питающаяся всасыванием от своего корня, так и клипа собирается в месте недостатка святости, где недостаток сил святости является той трубой, через которую она сосет (получает) силу и жизненную энергию, в размере недостатка святости.

Арох (ארוך) длинный — получение (ради отдачи) света хохма.

Ахар ках (אח"כ) после этого — следствие определенной причины.

Б

Бэт (ב) — вторая буква ивритского альфавита, числовое значение 2.

Беер (באר) колодец — есод нуквы, из которого поднимается отраженный свет, как из колодца.

Боу (בוהו) — Арих-Анпин, в котором существует раскрытие Творца.

Болет (בולט) выделяется — свечение света хохма.

Борэ (בורא) Творец — это имя относится только к сотворению ранее не существующего желания получить.

Бэтэн (בטן) живот — нижняя треть сфиры тифэрэт в каждом парцуфе. В нукве — это место беременности и родов.

Бина (בינה) — исследование методом «причина-следствие».

БЕ"А Этого мира (בי"ע שבעולם הזה): место Храма — мир Брия, земля Израиля — мир Ецира, заграница — мир Асия, пустыня - место нечистых сил.

Бирур и тикун (בירור ותיקון) проверка и исправление — проверкой называется отделение 32 (ламед бет) искр, 32 малхует в качестве отходов (псолет). 288 (рапа"х) искр остаются в системе святости, которую исправляют светом от парцуфа Аба. Но нет ступени, парцуфа без малхут. Поэтому благодаря экрану парцуфа Има происходит совмещение свойств бины-Имы и малхут, называемое «включение суда в милосердие». Благодаря этому дополняются к 288 чистым искрам 32 новые малхует от Има-бина, до 320 (ша"х) светов. Селекция (бирур) годно ли свойство для применения «ради Творца», возможна только при наличии света Аба: он не светит в бхина далет и этим бхина далет отделяется от остальных, пригодных для использования бхинот, свойств. Затем исправление осуществляется светом Има.

Бирур (בירור) проверка — отделение бхины далет, препятствующей получению Высшего света.

Баит, или эйхаль (בית, היכל) дом, или чертоги — часть малхут, отделившаяся от внутренних келим и ставшая кли для окружающего света (О"М).

Бейт Микдаш (בית המקדש) Храм — Брия Этого мира.

Бен (בן) сын — нижний относительно высшего.

Брия (בריאה) творение — сотворение «йеш ми аин» (существующего из ничего). Проявляется под парса как авиют, желание получить.

Брит (ברית) союз — место авиют и экрана, в котором происходит взаимодействие с Высшим светом.

Басар (בשר) мясо — бхина гимел, называемая З"А. В 10 сфирот одной высоты, распространяющихся изнутри наружу, различают: моха (мозг), ацамот (кости), гидин (жилы), басар (мясо), ор (кожа).

Беньямин (בנימין) — экран, поднимающий отраженный свет от юд Зеир-Анпина.

B

Вав (ו) — шестая буква ивритского алфавита, числовое значение 6.

ВА"К вэ некуда клипот дэ Ацилут (ו״ק ונקודה של קליפות של אצילות) — до грехопадения Первого Человека, после поднятия всех миров в Ацилут, нечистые силы (клипот) находились в 14-ти сфиротах отдела клипот (мадор аклипот). И не имели парцуф, а только ВА"К Зеир-Анпина клипот и точка от нуквы клипот — ВА"К вэ некуда.

Г

Гимел (ג) — третья буква ивритского алфавита, числовое значение 3.

Гвуль (גבול) граница — экран данной ступени.

Гаг (גג) крыша — кетер каждой ступени.

Гадоль (גדול) большой — раскрытие света хохма. Недостаток света хохма делает парцуф маленьким (катан).

Гадлут (גדלות) большое состояние — ор хохма ступени.

Гуф (גוף) тело — место получения света в ступени. Благодаря облачению отраженного света (О"Х) на прямой (О"Я) свет в рош, затем происходит распространение обоих светов в само желание, и это получение в действии образует гуф парцуфа.

Гзар (גזר) приговор, постановление — отделение малхут от келим, упавших в миры БЕ"А, от которого зависит все исправление.

Гидин (גידין) жилы — кли бина в 10 сфирот одного уровня.

Гальгалим (גלגלים) колеса — сфирот игулим (кругов), т.к. света, наполняющие их, округляются, потому что нет там ни авиют, ни осветления.

Гальгальта (גלגלתא) — парцуф Кетер, в его кли облачается ор хохма.

Ган Эден (גן עדן) Райский сад — малхут мира Ацилут. Эден — это хохма, Ган — это малхут. Поскольку весь мир Ацилут — это хохма, малхут мира Ацилут называется «Ган Эден».

Ган Эден Высший (גן עדן עליון) в мире Брия, являющимся биной.

Ган Эден Нижний (גן עדן תחתון) — есод малхут в мире Асия.

ГА"Р (ג"ר) три первых — света рош (головы), предшеству-ющие келим. Сфирот кетер, хохма, бина, называемые «рош парцуфа».

ГА"Р гуфа (ג"ר של גוף) три первых сфиры тела — сфирот хесед, гвура, тиферет.

Гашмиют (גשמיות) материальность — все, что представляется и ощущается пятью органами чувств, или то, что определяется местом и временем.

Д

Далет (ד) — четвертая буква ивритского алфавита, числовое значение 4.

Далет цурот (ד׳ צורות) четыре формы — авиют, или желание в творении называется его материалом. Четыре уровня в авиюте называются "далет цурот".

Далет есодот (ד׳ יסודות) четыре основы — четыре свойства авиюта кли малхут.

Двекут (דבקות) слияние — сходство свойств между двумя духовными объектами.

Дадим (דדים) соски — посредник между высшим и низшим, когда высший влияет на нижнего даже тогда, когда нижний еще не может подняться к высшему.

Дадей бехема (דדי בהמה) соски животного — свечение малхут без подслащения светом хасадим, нижняя треть сфирот нецах и ход парцуфа Атик, стоящих в мире Брия.

Дормита (דורמיטא) сон — когда парцуф поднимается к высшему в виде МА"Н, исчезают из него все света и считается, что сам парцуф находится внизу и обладает светом только для поддержания жизни, что считается состоянием «сон».

Дибур (דיבור) речь — 10 сфирот света, проходящих через малхут головы, называемой «пэ» (рот), в тох (тело). Внутренний парцуф нуквы называется «дибур» речь. Если он исчезает и она остается только с внешним парцуфом, тогда называется «элем» (немой), потому что внутренний парцуф — это ГА"Р, а внешний — ВА"К.

Дам (דם) кровь — авиют малхут, над которой властвует Ц"А, не позволяющий получить в него свет. От этого малхут «кровоточит», желает получить свет, поэтому называется «кровь». Когда этот авиют относится к НеХ"И, тогда называется «дам бэ макор» (кровь в источнике), над которым распространяется запрет получения. Однако, когда эта авиют поднимается в ХаГа"Т, не на свое место, там происходит ее подслащение и превращается в «молоко».

Дам митапэх ле халав (דם מתהפך לחלב) — См. Дам.

Дам лида (דם לידה) кровь родов — когда поднимается МА"Н Зеир-Анпина в АВИ, поднимаются с ним МА"Н Зеир-Анпина и МА"Н всех парцуфим, которые выйдут из З"А в будущем, до последнего парцуфа мира Асия. В течение месяцев зарождения (беременности), (ибур), происходит очищение только МА"Н Зеир-Анпина, и на этот МА"Н рождаются его парцуфей ибур, а после этого происходит его рождение. Во время рождения каждый МА"Н, не относящийся к З"А выходит наружу в виде дам лида. Кровь родов также называется «нечистой кровью».

Дам тамэ (דם טמא) нечистая кровь — кровь родов.

Дмут (דמות) образ — Буквы юд, хей, вав имени АВА"Я — это «целем», а последняя хей имени АВА"Я — это дмут.

Дерех цар (דרך צר) узкая дорога — ограниченное в хасадим получение света.

Дофэн (דופן) стенка — авиют экрана есть кли получения света. Называется «дофен кли», потому что каждое кли — это только его стенки (дфанот). Четыре степени авиют — это четыре клипот (стенки, стороны) в толщине дофэн, одевающиеся одна на другую во внутреннюю часть и наружную. Более грубое свойство в дофэн кли притягивает больше света и считается внутренней частью кли, т.е. бхина далет более внутренняя относительно бхины гимел, а бхина гимел более внутренняя относительно бхины бет и т.д.

Е, Ё

Еникат клипот (יניקת קליפות) присасывание нечистых сил — материал клипот — абсолютное зло, и они совершенно не могут получить свет. Но при разбиении келим упали отдающие келим Г"Э в нечистые силы АХА"П и стали для них душой и жизнью.

Еш (יש) есть — наличие света хохма называется «есть». Исчезновение света хохма называется «эйн», нет.

Ециа ле хуц (יציאה לחוץ) выход наружу — изменение свойств. Изменение свойств, возникающее в части парцуфа, приводит к тому, что эта часть выходит наружу из парцуфа в новые самостоятельные владения. Но в первом парцуфе при этом не происходит никаких изменений.

Ециат ор дерех эйнаим (יציאת אור דרך עיניים) выход света из глаз — когда малхут поднимается в зрачки глаз (никвей эйнаим, Н"Э) и производит зивуг, свет от этого зивуга светит через зрачки глаз, а не изо рта.

Ёцер (יוצר) распространение света в миры, включающее в себя все, кроме желания получить.

Ехида (יחידה) — свет, облаченный в сфират кетер.

Ехид (יחיד) Единый — Высший свет, приводящий все ступени к единству свойств. Миюхад — означает, что в конце исправления все становится единым.

Ерида (ירידה) опускание (со ступени) — при вторичном распространении, когда приходит свет хохма и облачается в кли кетер. Получается , что ступень кетер спустилась на ступень хохма, хохма на бина и т.д.

Ерида ле клипот (ירידה לקליפות) опускание в нечистые силы — вследствие МА"Н, поднимаемый душами в ЗО"Н, ЗО"Н поднимаются в парцуф АВ"И для получения нового света. А если души портят свои действия (качества), то ЗО"Н теряет свет хохма, т.к. свет в ЗО"Н приходит только благодаря МА"Н душ, когда поднимаются келим из миров БЕ"А, проверяются и облачаются в ЗО"Н. Но если МА"Н исчезает, то и свет уходит и ЗО"Н возвращаются на свое место. А келим НеХ"И Зеир Анпина и 9 низших сфирот нуквы, которые поднялись в БЕ"А и облачились в ЗО"Н, спускаются (падают) в клипот.

З

Заин (ז) — седьмая буква ивритского алфавита, числовое значение 7.

Зеир-Анпин (זעיר אנפין) — переводится как «маленькое лицо», т.к. основа З"А - это свет хасадим и немного света хохма. Свет хохма называется «лицо», поэтому кетер называется «Арих-Анпин», т.е. «большое лицо», потому что наполнен светом хохма.

Зивуг акаа (זיווג הכאה) ударное соитие — действие экрана по отталкиванию, отторжению света от бхины далет и возвращению его к корню, источнику. В этом явлении есть два противоположных действия: отталкивание света с последующим взаимодействием с ним, приводящее к получению света в кли, потому что свет, отброшенный от бхины далет, превращается в отраженный свет, т.е. в кли, облачающее и раскрывающее свет в парцуфе.

Зивуг пними шель Ацилут (זיווג פנימי של אצילות) внутренний зивуг в мире Ацилут — внутренние келим мира Ацилут — это КаХа"Б, называемые «моха» (мозг), «ацамот» (кости), «гидин» (жилы), наполненные светами: нефеш, руах, нешама. Света хая и ехида, не имеющие своих келим, облачаются в свет нешама. Потому что келим З"А и малхут, в которые должны облачаться света хая и ехида, отделились от парцуфа, а вместо них используются до гмар тикун иные З"А и малхут, называемые, соответственно, «басар» (мясо) и «ор» (кожа). Они не являются настоящими, законченными келим, а только одевающими тело снаружи. Света, наполняющие их, руах и нефеш, они получают от внутренних келим. Поэтому есть света руах и нефеш во внутренних и келим и света руах и нефеш в наружных келим. От зивуга внутренних келим рождаются души людей, от зивуга наружных келим рождаются души ангелов. Поэтому души людей считаются внутренними, т.к. рождаются от внутренних келим парцуфа. Ангелы же считаются наружными, т.к. рождаются от внешних келим парцуфа.

Зивуг шель нешикин (זיווג של נשיקין) сочетание поцелуем — зивуг, исходящий от головы парцуфа СА"Г к голове парцуфа Некудим, исправляющий ГА"Р парцуфа Некудим, но не распространяющийся в тело парцуфа Некудим. Также называется «духовное сочетание».

Зивуг рухани (זיווג רוחני) — зивуг, исходящий от головы парцуфа СА"Г к голове парцуфа Некудим, исправляющий ГА"Р парцуфа Некудим, но не распространяющийся в тело парцуфа Некудим. Также называется «сочетание поцелуем».

Зивуг рухани (זיווג רוחני) — зивуг, притягивающий свет в тело парцуфа Некудим посредством есод мира А"К.

Зивуг шель есодот (זיווג של יסודות) сочетание телами («половое») — исправляет ЗА"Т семь нижних сфирот парцуфа, также называется «нижний зивуг», «зивуг телесный».

Зивуг гуфани (זיווג גופני) зивуг телесный — сочетание Аба и Има ради передачи света душам — ЗО"Н.

Зивуг тадир (זיווג תדיר) зивуг постоянный — сочетание Аба и Има на своих местах.

ЗО"Н шель клипа (זו"ן של קליפה) — разбились только келим семи нижних сфирот.

Захар (זכר) мужское начало — парцуф, получающий от своего высшего парцуфа такой же свет, который есть в высшем.

Зман (זמן) время — определенное количество свойств, развивающихся одно из другого как причина из следствия.

Занав арайот (זנב לאריות) хвост льва — окончание высшей ступени, превращающаяся в голову нижней ступени «голова лисицы».

И, Й

Йуд (י) — десятая буква ивритского алфавита, числовое значение 10.

Йосэф (יוסף) — есод Зеир Анпина.

Исраэль (ישראל) или Моше и Исраэль — ГА"Р Зеир Анпина или внутренний парцуф.

Ибур (עיבור) зарождение — зивуг малого состояния.

Ибур алеф (עיבור א') — зивуг на зарождение самого парцуфа.

Ибур бэт (עיבור ב') — зивуг ради дополнительного света хохма в парцуфе.

Ир (עיר) город — состояние мира Ацилут, когда миры поднимаются к нему.

Йуд-алеф симаней кторет (י"א סימני קטורת) 11 частей воскурения — искры света, оставшиеся для оживления лев аэвэн, каменного сердца.

Ихут амаком (איכות מקום) качество места. Количество места — это количество ступеней, имеющихся в этом месте. Качество — важность ступени, находящейся в этом месте.

Илем-дибур (אלם - דיבור) немой-говорящий — десять сфирот света, проходящих через малхут рош в тох парцуфа, называются «пэ» (рот). Внутренний парцуф нуквы называется «дибур» (речь). Если он исчезает и она остается только с внешним парцуфом, тогда она называется «Илем», потому что внутренний парцуф — это ГА"Р, а внешний — ВА"К.

Ирушалаим (ירושלים) Иерусалим — внешний есод малхут.

Има татаа (אמא תתאה) нижняя Мать — малхут мира Ацилут.

Истаклут (הסתכלות) всматривание — распространение света от Мира Бесконечности к экрану. Свет Мира Бесконечности — это всегда свет хохма, свет глаз, зрение, всматривание.

Ибуро шель ир (עיבורו של עיר) зарождение города — шесть первых сфирот Брия, выступающих из мира Ацилут вниз, подобно животу беременной женщины.

Ихуд (ייחוד) единение — два разных свойства, сравнявшихся своими качествами (исправленными намерениями).

ИШСУ"Т (ישסו"ת) — бхина З"А, или АХА"П парцуфа АВ"И. Когда АВ"И производят зивуг «лицом к лицу», считаются парцуфим АВ"И и ИШСУ"Т как один парцуф. Когда АВ"И производят зивуг «спиной к спине», парцуф ИШСУ"Т превращается в отдельный от АВ"И парцуф.

Истаклут алеф (הסתכלות א') всматривание — См. Истаклут.

Истаклут бет (הסתכלות ב') — распространение света от Мира Бесконечности к экрану, поднимающемуся от табура к пэ, производящему по мере осветления (подъема) зивугим, рождающие парцуфей Некудот.

Итдабкут клипот (התדבקות קליפות) приклеивание клипот — клипот прилепляются к обратной стороне малхут, потому что она делает границу на получение высшего света, от нее вниз уже темнота. Поэтому в нижней точке малхут есть касание с клипот, это и называется «приклеивание клипот».

Итхадшут нешамот (התחדשות הנשמות) обновление душ — распространение света хохма в душах, какое было у них во время большого состояния (гадлут) мира Некудим и исчезло после разбиения келим, и так же как было у них во второй раз перед грехопадением Адам аРишон и снова исчезло после разбиения и разделения души на множество частей.

Итпаштут (התפשטות) распространение — свет, распространяющийся от Творца к творению, в соответствии с желанием творения получить свет.

Итпаштут алеф (התפשטות א') — свет таамим.

Итпаштут бет (התפשטות ב') — вторичное вхождение света после осветления (издахехут) экрана, поскольку теперь уже есть келим, в соответствии с законом распространения и исчезновения света в кли, делает кли пригодным к получению.

Иткашрут (התקשרות) связывание — 10 сфирот отраженного света, поднимающихся от экрана головы парцуфа вверх, одевающихся на 10 сфирот прямого света, связываются с ними, потому что в рош парцуф света еще предшествуют келим.

Итрахакут ми ор элион (התרחקות מאור עליון) удаление от Высшего света — чем ближе к месту духовной пустоты, тем считается дальше от Высшего света.

К

Каф, Хав (כ) — одиннадцатая буква ивритского алфавита, числовое значение 20.

Куф (ק) — девятнадцатая буква ивритского алфавита, числовое значение 100.

Кацар (קצר) короткий — уменьшенное получение ор хохма.

Камут маком (כמות מקום) количество места — это количество ступеней, находящихся в месте. Качество места — это важность ступени этого места.

Каф бэт (כ"ב) — 22 буквы ивритского алфавита. Буквы — это келим, в которые облачается свет. Есть 22 основные буквы алфавита (кроме 5 конечных букв, называемых манцепа"х), которыми определяются все парцуфы.

Каф заин (כ"ז) — 27 букв алфавита. 22 буквы алфавита и 5 конечных букв (манцепа"х). Благодаря пяти оканчивающим свойствам экрана, из головы парцуфа в тело распространяются света, рождающие келим, т.е. остальные 22 буквы.

Кавед (כבד) печень — внутреннее кли со светом нефеш.

Кисэ (כסא) кресло — мир Брия. От слова кисуй (покрытие) и алама (сокрытие), потому что свет хохма там скрыт. Также называется «кисэ», потому что свет хасадим, проходящий через парсу, считается светом ВА"К, что означает сидячее положение, по отношению к свету хохма — свету ГА"Р, означающему положение стоя.

Кисэ акавод (כסא הכבוד) кресло почета — 10 сфирот света парцуфа Има, распространяющихся в мире Брия: ГА"Р называется «кисэ», ВА"К называется «шесть подъемов (ступеней) к креслу». Малхут, облачающаяся в малхут мира Брия, называется «дин» (суд), «тхелет», «сандалфон».

Кисэ рахамим (כסא רחמים) кресло милосердия — девять первых сфирот парцуфа Има.

Кисэ дин (כסא דין) кресло суда — малхут светом парцуфа Има, облаченная в малхут мира Брия.

Котэль (כותל) Стена плача — экран обратной стороны парцуфа Има, который силой состояния «хафец хесед» отталкивает свет хохма, чтобы не проник в ЗО"Н, потому что они находятся в малом состоянии.

Коах (כוח) сила — качество, похожее на то, как из зерна развивается дерево.

Коах аклипа (כוח הקליפה) сила темных сил — облачения светов, покидающих свои келим из-за примеси зла, находящегося в этих келим, и падающие в нечистые силы вместе с остатками светов, усиливают нечистые силы.

Коль вэ дибур (קול ודיבור) голос и речь — зивуг двух внутренних парцуфим З"А и нуква. Называется также «поцелуй».

Камац (קמץ) собирание светов, указывающее на 10 светов головы перед их облачением в тело парцуфа. Распространение света в теле называется «проем», открывающий вход свету.

Кацар (קצר) короткий — сокращение света хохма. Рахав-широкий — распространение света хасадим. Цар — узкий — сокращение света хасадим. Распространение света хохма называется «длина».

Кав (קו) линия — указывает на наличие верха и низа, то, чего не было раньше, а также на то, что свет хохма свет светит в мизерном количестве по сравнению с прежним светом. Также 10 сфирот прямого света, келим, называются «труба», а наполненные светами называются «линия».

Катнут (קטנות) малое состояние — это парцуфим зарождения и вскармливания, потому нет головы и света мохин, мозга.

Киста дэ хаюта (קיסטא דחיותא) оживляющая частица света — микро-свет, остающийся в парцуфе, поднимающемся с МА"Н к высшему. В это время у него исчезает свет мохин.

Клипот (קליפות) нечистые силы — желание, противоположное высшему свету, желающему только отдавать, т.е. желание только получать. Поэтому отделяются от жизни и называются «мертвые».

Клипат Нога (קליפת נוגה) — свойство искр света, в которых перемешано добро и зло. Когда Нога получает свет в хорошую часть, получается светит также и в свою плохую часть.

Карка (קרקע) земля — малхут любой ступени или мира.

Кешер (קשר) связь — название для исправления келим, потому что все сфирот связаны в такой степени, что нет противоположного между ними.

Кешер сфирот (קשר ספירות) связь между сфирот — подъем малхут в глаза связывает сфирот между собой.

Кли (כלי) сосуд — желание получить, находящееся в творении.

Кли амаале ман (כלי המעלה מ"ן) кли, поднимающее МА"Н — АХА"П высшего во время его большого состояния.

Кли ле ор макиф (כלי לאור מקיף) сосуд для окружающего света — половина, внешняя часть дофэн (стенок) кли, т.е. его более светлая часть.

Кли ле ор пними (כלי לאור פנימי) сосуд для внутреннего света — половина, внутренняя часть дофэн (стенок) кли, т.е. более грубая. Сосуд для окружающего света — это половина внешнего дофэн кли, т.е. более светлый.

Келим хицониим (כלים חיצוניים) внешние келим — (כלים של אחוריים) келим обратной стороны - келим, находящиеся ниже хазэ парцуфа.

Келим шель ахораим — См. Келим Хицониим.

Келим шель паним (כלים של פנים) — келим, находящиеся над хазэ парцуфа.

Кнесет Исраэль (כנסת ישראל) собрание Исраэля — парцуф ГА"Р малхут, получающей (конесет) света от ГА"Р Зеир Анпина, называемого Исраэль.

Кнафаим (כנפיים) крылья — малхут парцуфа Има всегда находится в малом состоянии, отделяющая ЗО"Н от внешних, и этим защищая ЗО"Н, т.к. через нее проходит только небольшое свечение света хохма. Также парса, находящаяся под миром Ацилут, представляет собой малхут парцуфа Има и называется «нааль» (обувь), защищающая «ноги» ЗО"Н, но через нее совершенно не проходит свет хохма.

Кетер (כתר) венец — корень (шорэш) ступени. От слова «венчать», т.е. окружать. Будучи самой светлой частью всей ступени, окружает парцуф сверху.

Л

Ламед (ל) - числовое значение 30.

Ламед мадрегот бе гуф шель нуква (למד מדרגות בגוף של נוקבא) 30 ступеней: зарождение, вскармливание, взросление обратной стороны АХА"П нуквы, где каждый период состоит из 10 сфирот.

Ламед-бэт Элоким дэ маасе берейшит (ל"ב אלוקים דמעשה בראשית) 32 направления, по которым свет хохма приходит в бина, называемую «Элоким», выделяет из 320 искр 288 искр света, являющихся девятью верхними сфиротами и оставляет малхут, 32 искры, в виде отходов внизу.

Леат (לאט) постепенно — распространение света в ступени в соответствии с причиной и следствием.

Лев (לב) сердце — кли света руах. Находится в сфирот ХаГа"Т.

Левуш (לבוש) одежда — свойства З"А, освободившегося от внутреннего света и превратившегося в кли для окружающего света. Так же каждый нижний парцуф считается одеянием относительно высшего.

Ловен элион (לובן עליון) — свет до своего облачения в кли, потому что все оттенки различаются только самим кли.

Лида (לידה) роды — возникновение авиют в теле З"А, отличной от авиют Има, считается рождением и выходом наружу из Има, благодаря различию свойств, похоже на изменение места в материальном мире.

Лемала (למעלה) сверху — сравнение свойств нижнего с верхним.

Ле атид лаво (לעתיד לבוא) в далеком будущем — свет твуны может быть в З"А и поэтому называется «Будущий мир», а свет Има, получаемый З"А на еще более высокой ступени, называется «Ле атид лаво».

М

Мэм (מ) — тринадцатая буква ивритского алфавита числовое значение 40.

МА"Н (מ"ן) — причина зивуга.

Мидбар (מדבר) пустыня — место нечистых сил Этого мира.

Миюхад (מיוחד) Объединяющий — в конце всего превращается в Единый. Единый — это высший свет, приводящий множество различных ступеней к единству, равенству.

Моше и Исраэль (משה וישראל) — ГА"Р Зеир Анпина.

М"А (מ"ה) — АВА"Я с заполнением света «алефим» יוד-הא-ואו-הא. Все ступени, рождающиеся в мире Ацилут, выходящие на уровне парцуфа М"А, называются «Новый М"А» (М"А ахадаш), относительно светов, искр (нецуцим) и келим парцуфа Некудим, считающихся «Старым М"А» (М"А аяшан) относительно него, потому что уже использовались в предыдущем парцуфе Некудим.

Маациль (מאציל) Творец — каждая причина относительно исходящего из нее следствия. Также малхут дэ рош считается Творцом относительно тела парцуфа. Также любая высшая ступень относительно нижней.

Моах (מוח) мозг — сфира кетер десяти сфирот одной высоты. Сосуд света нешама, находящийся в ГА"Р.

Мохин (מוחין) мозг — свет ГА"Р или свет головы.

Мохин шель гадлут (מוחין של גדלות) — свет, получаемый Зеир Анпином при поднятии им МА"Н после 9 лет-ступеней. Это называется «ибур гимель» (третье зарождение), также называется «мохин шель толада», потому что ЗО"Н совершают зивуг «лицом к лицу» и рождают души.

Мезонот (מזונות) пропитание — должно находиться на высшей ступени, потому что оно дает силы подняться и облачиться в высшего.

Мазаль (מזל) удача — есод, потому что передает свет хохма по каплям, прерывисто. Мазаль от слова «нозель», капающий.

Мазла (מזלא) волосы бороды, т.к. их свет стекает, как капли, пока не соединяется в самый большой свет, какой есть в мирах.

Мехабер (מחבר) соединяет — малхут высшего превращается в кетер нижнего, соединяя две ступени, т.к. этим происходит сравнивание свойств, и благодаря этому сравниваются все ступени.

Мехицот (מחיצות) перегородки — тело парцуфа.

Махцэвет анэшама (מחצבת הנשמה) — желание получить, заложенное в душах, отделяющее их от высшего света. Переход от мира Ацилут в мир Брия.

Мата (מטה) ниже — качественное уменьшение по сравнению с высшим.

Метальтелин (מטטלין) перебрасывание — ВА"К. Пока парцуф не достиг большого состояния, он находится между судом и милосердием, то в одном, то в другом состоянии попеременно, что и называется «перебрасывание».

Ми (מי) кто — бина.

Милуй (מילוי) наполнение — степень авиют экрана, потому что кли наполняется в этой мере.

Милуй шель АВА"Я (מילוי של הוי״ה) — имя АВА"Я — это 10 сфирот: юд-хохма, первая хей-бина, вав-З"А, вторая хей-малхут. Но это не указывает на их высоту, которая может быть нефеш, руах, нешама, хая или ехида. Это определяется их наполнением: Уровень нефеш наполняется именем АВА"Я с наполнением «хей», гематрия БО"Н. Уровень руах — заполнение «алеф», гематрия М"А. Уровень нешама наполняется заполнением «йуд» с вав, заполняющимся «алеф», гематрия СА"Г. Уровень хая наполняется во всех буквах заполнением «йуд», гематрия А"Б.

Мотрей моха (מותרי מוחא) излишнее в мозгу — света, который мозг не может вынести, по причине отсутствия исправления, поэтому они выходят наружу, за парцуф Гальгальта. Называется также «волосы».

Милуим (מילואים) заполнение — парцуф состоит из 10 пустых сфирот: кетер, хохма, бина, З"А, малхут. Обозначаются именем АВА"Я: юд-хохма, хей-бина, вав-З"А, хей-малхут. Гематрия йуд-хей-вав-хей=10+5+6+5=26. Но это не отражает их высоту: нефеш, руах, нешама, хая, ехида. Высота определяется наполнением десяти сфирот светом.

1) Ступень хая определяется полным наполнением «йуд» — гематрия А"Б:

הי-ויו-הי-יוד=(4+6+10)+(10+5)+(6+10+6)+(10+5)=72=ע"ב

2) Уровень нешама определяется заполнением «йуд» кроме буквы вав с заполнение «алеф» — гематрия СА"Г:

הי-ואו-הי-יוד=(4+6+10)+(10+5)+(6+1+6)+(10+5)=63=ס"ג

3) Уровень руах определяется заполнением «алеф» — гематрия М"А:

הא-ואו-הא-יוד=(4+6+10)+(1+5)+(6+1+6)+(1+5)=45=מ"ה

4) Уровень нефеш определяется именем АВА"Я с наполнением «хей» — гематрия БО"Н:

הה-וו-הה-יוד=(4+6+10)+(5+5)+(6+6)+(5+5)=52=ב"ן

Миют яреах (מיעוט ירח) уменьшение луны — состояние малхут мира Ацилут, когда она не в состоянии получить свет по причине отсутствия исправления.

Мита (מיתה) смерть — место, находящиеся ниже распространения высшего света, т.е. ниже точки Сокращения, Цимцума, под парса. Поэтому келим, упавшие под парса, называются «мертвые», поскольку отделены от света жизни.

Мита (מיתה) смерть — в любом месте выход света Ацилут из кли считается смертью. Поэтому свет хохма называется «светом жизни», ведь именно свет хохма дает жизнь келим.

Митат малахим (מיתת המלכים) смерть ангелов — поскольку не могут получить свет хохма, отделяются от высшего света, постольку считаются упавшими в миры БЕ"А и умершими, т.к. распространение света заканчивается в мире Ацилут.

Малхут (מלכות) — последняя бхина. Называется так, потому что от нее исходит абсолютное управление и власть.

Малхут эйн ла ор (מלכות אין לה אור) малхут не имеет света — вследствие ослабления экрана в нем остается только наименьший авиют (шореш), недостаточный для зивуга, поэтому может получить только от зивуга, совершающего в З"А.

Малхут миздавегет (מלכות המזדווגת) малхут, совершающая зивуг — малхут головы.

Малхут месаемет (מלכות המסיימת) малхут заканчивающая — малхут тела.

Милемата лемала (מלמטה למעלה) снизу вверх — свет, распространяющийся от грубого свойства к светлому, называется «отраженный свет».

Милемала лемата (מלמעלה למטה) сверху-вниз — свет, распространяющийся от светлого свойства к грубому, называется «прямой свет».

Милемала лемата (מלמעלה למטה) сверху-вниз — от бхины алеф до бхины далет. Т.к. бхина далет осталась без света, поэтому она — нижняя, а бхина алеф над всеми, поскольку ее желание самое светлое.

Мале (מלא) полный — нет ни в чем недостатка и нечего добавить к его совершенству.

Мэй нуквин (מיין נוקבין) женские воды — при распространении парцуфа Некудот СА"Г под табур соединились два вида решимот: хей ришона, первая буква хей имени АВА"Я, бина парцуфа СА"Г, и хей татаа, нижняя буква хей имени АВА"Я, малхут парцуфа Гальгальта. Поэтому экран, включив в себя две нуквы, бина и малхут, называется «мэй нуквин». Теперь каждый его зивуг содержит в себе две нуквы.

МА"Н (מ"ן) — Г"Э (альтруистические келим) нижнего, соединенные в одну ступень с АХА"П высшего, упавшие в них во время своего малого состояния. Будучи слиты с высшим, во время его малого состояния, при подъеме высшего в большое состояние, за счет того, что его АХА"П поднимается, перащаясь в новые НХ"Е, Г"Э нижнего поднимаются вместе с ними. Как экран и решимот будущего парцуфа А"Б находятся в рош Гальгальты и рождают парцуф А"Б, так происходит рождение в парцуфим Ц"Б. Отличие в том, что зивуг происходит на есод.

МАНЦЕПА"Х (מנצפ"ך) — свойства экрана и авиют парцуфа, которые остались в нем со времени его малого состояния. МА"Н низшего (душ) слиты с АХА"П парцуфа Нуква, от которого затем низший получает свое зарождение. Поэтому МА"Н зарождения включен в МАНЦЕПА"Х Нуквы, которая поднимает его в З"А, и на этот МА"Н происходит зарождение нового парцуфа души.

Масах (מסך) экран — сила Сокращения, возникшая в творении по отношению к высшему свету, препятствующая его проникновению в бхину далет. Это означает, что в то мгновение, когда свет касается бхины далет, тут же возбуждается эта сила, ударяет в свет и отбрасывает его обратно. Эта сила и называется «экран».

Мецах (מצח) лоб — бина сфиры кетер.

Маком (מקום) место — желание получить (наполнение, наслаждение) в творении. Место, время, движение — все это одно понятие.

Маком ахизат аклипот (מקום אחיזת הקליפות) место присасывания нечистых сил — место недостатка святости, исправления.

Маком БЕ"А (מקום בי"ע) — под парса. Появляется во время Ц"Б.

Маком эрайон (מקום ההריון) место беремености — нижняя треть сфиры тиферет парцуфа АВ"И в то время, как он соединен с парцуфом ИШСУ"Т.

Маком хошех (מקום החושך) место темноты — сфира малхут, заканчивающая парцуф силой Цимцума, находящегося в ней, этим делает от себя и наружу место темноты.

Маком ишув (מקום ישוב) место поселения — как место миров БЕ"А делится на Г"Э миров БЕ"А, являющимся местом святости, и на 14 сфирот отдела клипот (мадор аклипот), так же Этот мир делится на «место поселения», включающее миры БЕ"А: Храм, землю Исраэля, заграницу и пустыни, где нет никаких поселений человека.

Маком пануй (מקום פנוי וחלל) пустое пространство — когда З"А поднимается в Арих Анпин, который является его настоящим местом, вследствие того, что А"А одевается на З"А мира Некудим, место миров БЕ"А остается пустым, т.к.нет там света Ацилут, и при окончательном исправлении (гмар тикун) спускается мир Ацилут под парса.

Место светов (מקור האורות) — это малхут головы, потому что производит отраженный свет (О"Х), облачающий прямой свет (О"Я) и проводящий его в тох парцуфа в качестве внутреннего света (О"П).

Мешулаш (משולש) треугольник — ступень, имеющая только три первых свойства, желания.

Митбатель (מתבטל) самоустранение — когда два духовных объекта полностью совпадают по своим свойствам, без малейшего отличия между ними, они превращаются в один объект, и бывший меньшим самоотменяет себя перед большим.

Милуй шемот (מילוי שמות) наполнение имен — указывает на высоту ступени. Точки над и под буквами указывают на корень каждой частной ступени, включена ли она в высший, в низший или сама по себе.

Мецах арацон (מצח הרצון) — во время зивуга в большом состоянии, когда благодаря свету А"Б-СА"Г светит свет хохма, исчезают парцуфей сеарот и проявляется «Эт рацон», время желания.

Н

Нун (נ) — четырнадцатая буква ивритского алфавита, числовое значение 50.

Нэшамот Адам Аришон (נשמות של האדם הראשון) Души Первого Человека — до грехопадения это света НаРа"Н миров БЕ"А, находящихся в подъеме в мире Ацилут. После грехопадения остался только свет нефеш в кли кетер от каждой из всех сфирот миров БЕ"А от АВ"И дэ Брия и ниже.

Нешамот бней адам (נשמות בני אדם) души людей — внутренние келим мира Ацилут КаХа"Б, называемые «моха», «ацамот», «гидин» со светами НаРа"Н. Света хая и ехида облачаются в свет нешама. Келим З"А и малхут отделились от парцуфа, поэтому они называются «басар» и «ор», т.е. не настоящие, законченные (исправленные) келим, а только одевают келим тела снаружи. Света руах и нефеш, заполняющие их, они получают от внутренних келим. Поэтому есть света руах и нефеш во внутренних и в наружных келим. От взаимодействия внутренних келим рождаются души людей. А от взаимодействия наружных келим рождаются души ангелов. Поэтому души считаются внутренней частью миров, т.к. рождаются от внутренних келим парцуфа. А ангелы считаются внешней частью миров, потому что рождаются от внешних келим парцуфа.

Нешамот малахим (נשמות מלאכים) души ангелов — См. Нешамот бней адам.

Нихтам (נחתם) отпечаток — те же 10 сфирот, которые проходят из головы в тело. Хотэм - печать - это отраженный свет, поднимающийся от экрана вверх и облачающий 10 сфирот головы.

Нэиро дакик (נהירו דקיק) слабое свечение — маленькое, тонкое свечение, оживляющее клипот.

Нецуц (נצוץ) искра (мн. нецуцим) — отраженный свет. Нецуцин (נצוצין) искры — воспоминания, оставшиеся от светов парцуфа Некудим после их исчезновения из разбитых сосудов, есть в них два вида светов: 1) прямой свет, чистый, называемый «света», которые остались в мире Ацилут, 2) отраженный свет, грубый, называемый "искры", которые опустились в миры БЕ"А.

Ногеа (נוגע) касается — изменение от одной ступени к другой, но еще недостаточное для отделения ее от корня.

Нофлим (נופלים) падают — когда З"А достоин, поднимается твуна в Има, делает зивуг на авиют бет и передает свет З"А, это называется поддерживать падающих ЗО"Н, т.к. передает им свет ГА"Р.

Нуква (נוקבא) — цель роста нуквы, чтобы стала в будущем «лицом к лицу» с З"А в полный рост в одном кетере. Самое малое ее состояние — точка ниже есод З"А.

Никуй псолет (ניקוי פסולת) очищение отходов — авиют, находящийся в МА"Н нижнего, поднимается и включается в зивуг высшего парцуфа. Там она проверяется и исправляется посредством экрана высшего. Тогда низший сам способен на зивуг. Все зависит от зивуга, происходящего в высшем: если зивуг происходит на авиют алеф экрана, то из всего авиюта очищается бхина алеф, а остальные бхинот выходят в отбросы, т.к. экран их не исправил. Поэтому этот зивуг называется «очищение отходов». Потому что только то количество отходов, которое включено в экран, исправляется и способно на зивуг.

Нимшах (נמשך) притяжение — нисхождение света силой авиют, т.е. силой желания, которое есть в творении, называется «распространение», или «притяжение».

Несира (נסירה) — отделение нуквы от З"А.

Нефила (נפילה) падение — опускание ступени на нижнюю, т.к. стала такой же по свойствам, как она.

Нефеш (נפש) — свет, получаемый парцуфом от ближайшего к нему высшего парцуфа, а не как влияние Мира Бесконечности. Называется также «свет некева».

Некева, нуква (נקבא) — малхут мира Ацилут. Называется так, потому что получает свет от З"А через некев, отверстие в ее груди, которое уменьшает свет.

Никвэй озен, хотэм, эйнаим (נקבי אוזן, חוטם, עיניים) — во время Ц"Б поднялась малхут каждой сфиры из 5 сфирот дэ рош сфиры хохма и сделала в них отверстие: в хотэм-носу, озен-ухе, эйнаим-глазах. До поднятия малхут в каждой сфире существовало в рош только одно отверстие — рот.

Никвэй эйнаим (נקבי עיניים) зрачки глаз — бхина алеф головы. Хохма называется «глаза», и благодаря подъему малхут в глаза-эйнаим, появилась хохма также и в нукве.

Никуд отиет (ניקוד האותיות) — указывает на источник каждой частной сфиры: возникла ли она включением в высший или нижний, или сама по себе. Наполнение имени (милуй, гематрия) указывает на высоту ступени.

Некуда (נקודה) точка — малхут, на которую нет зивуга, а потом не поднимающая отраженный свет, черная, без света, вследствие Ц"А, произошедшего в Центральной точке.

Некуда эмцаит (נקודה אמצעית) Центральная точка — бхина далет мира Бесконечности, находящаяся в соединении со светом мира Бесконечности.

Некудот (נקודות) точки — четыре уровня, выходящие во время зивуга экрана с высшим светом при ослаблении экрана. Света табура — точки над буквами — холам. Света сфиры есод — точки внутри букв — мелафон. Свет окончания ног — точки под буквами.

НаРаНХа"Й (נרנח"י) келим 10 сфирот, называемые КаХа"Б ЗО"Н. Света 10 сфирот называются: нефеш, руах, нешама, хая, ехида. Келим называются сверху-вниз, а света снизу-верх, в соответствии с порядком их роста.

Нешикин (נשיקין) поцелуй — зивуг двух внутренних парцуфов — З"А и нуква. Так же называется «звук и речь».

Нешират эйварим (נשירת איברים) — падение душ в нечистые силы. У келим падение в нечистые силы называется «разбиение».

Нешират эйварим Адам аРишон (נשירת איברים האדם הראשון) опадание органов Первого Человека — до грехопадения у Адам аРишон были света НаРа"Н Ацилут, а после грехопадения упали все части его души, остался только свет нефеш в келим 100 ктарим.

Нешама (נשמה) душа — свет, облачающийся в кли бина. Называется «дыхание», от слова «линшом», дышать, потому что З"А получает свет «дух жизни» от бины подъемом и спуском, как при дыхании.

Нешамот хадашот (נשמות חדשות) новые души — 1) действительно новые души — свет хохма прямого света. Эти души не приходят в мир Исправления. 2) Обновленные души, пришедшие от хохма 32-х путей, от бина, включенной в хохма. Но относительно ЗО"Н они — новые, потому что приходят из парцуфа М"А-хадаш (только души БО"Н старые). В них тоже есть два различия:

1) Новые души, относящиеся к состоянию «лицом к лицу», которое было во время Храма, когда З"А находился постоянно на уровне А"Б, Брия, определяющая свойства душ, находилась в Ацилут, поэтому и души находились в Ацилут и считались находящимися в состоянии «лицом к лицу».

2) После разрушения Храма Брия опустилась под парса, и не стало в ней света Ацилут, и находится в состоянии «спиной к спине», поэтому души считаются находящимися в состоянии «спиной к спине».

Нетинат орот (נתינת אורות) передача света — передача света от сфиры к сфире по мере ослабления экрана. Все света исходящие из парцуфа, приходят в кетер: когда экран поднялся от табур в пэ, постепенно все света поднимаются в кетер.

О

Ор (אור) свет — все принятое в бхина далет, включающее в себя абсолютно все, кроме желания получать наслаждение.

Ор Ацилут (אור אצילות) — свет хохма-мудрости.

Ор Брия (אור בריאה) — свет хасадим, милосердия без света хохма.

Ор хадаш (אור חדש) новый свет — любой свет, исходящий в результате исправления келим в мире Ацилут (свет в мире Ацилут, ощущаемый в исправленных келим).

Ор яшан (אור ישן) старый свет — свет, который остался в мире Некудим после разбиения келим.

Ор паним (אור הפנים) свет лица — свет хохма.

Ор хохма (אור חכמה) свет хохма, свет мудрости — свет, исходящий из Творца к творению, суть и жизнь всего сотворенного.

Олам аБа (עולם הבא) будущий мир — света твуны, постоянно распространяющиеся в ЗО"Н. «Ле атид лаво», в будущем — это света высшей бины, потому что должны войти в З"А в будущем.

Олам (עולם) мир — имя «мир» начинается с парцуфа БО"Н мира Адам Кадмон, потому что исчезли З"А и малхут внутренних келим бхины далет, превратившись в келим для окружающего света, называемые в таком случае «эйхаль» (чертоги). Олам означает скрытый, от слова «алама» — скрытие.

Оламот и нешамот (עולמות ונשמות) миры и души — АВ"И совершают два зивуга: 1) «спиной к спине» ради оживления миров светом хасадим, 2) «лицом к лицу» для рождения душ. От первого, внешнего зивуга происходит «одежда», а от второго, внутреннего, распространяется свет хохма, рождаются души. Поэтому есть три парцуфа: внешний и средний от первого зивуга, и внутренний от второго зивуга.

Ор яшар (אור ישר) прямой свет — свет, исходящий из Мира Бесконечности к духовным объектам, мирам и парцуфим, не ощущаемый келим дэ игулим (круглые келим, не имеющие антиэгоистического экрана), а ощущаемый только келим дэ ёшер (келим с экраном, исправленные желания) в соответствии с их желанием (исправленным). Ор яшар (אור ישר) О"Я, прямой свет — свет, получаемый более грубым кли от более светлого, такое распространение света называется «сверху-вниз».

Ор хозер (אור חוזר) О"Х, отраженный свет — свет, поднимающийся от более грубого к более светлому, такое распространение света называется «снизу-вверх». Отраженный свет, ор хозэр (אור חוזר) — свет, не принимаемый бхиной далет и отталкиваемый посредством экрана.

Ор митъягель (אור מתעגל) округляющийся свет — прямой свет нисходит в кли в точной зависимости от желания кли, в соответствии с бхиной далет, что похоже на падение тяжелого предмета прямо на землю. В келим, не имеющих авиют, т.е. сильного желания, свет округляется, т.к. нет у них сил притяжения света.

Ор макиф (אור מקיף) О"М, окружающий свет — любой свет, отталкиваемый экраном, в связи со слабостью экрана, в связи с невозможностью получения в соф парцуфа. О"М находится вокруг парцуфа и давит на экран с целью получения его в будущем (с намерением облачиться в него в будущем).

Ор эйнаим (אור עיניים) свет глаз — свет, возникающий при взаимодействии прямого света с экраном, стоящим в никвей эйнаим, Н"Э (авиют алеф). Ор эйнаим (אור עיניים) свет глаз — распространение света из Мира Бесконечности к экрану. Свет, исходящий из Мира Бесконечности — это всегда свет хохма или ор эйнаим.

Ор пними (אור פנימי) О"П, внутренний свет — свет, облаченный в кли.

Ор решимо (אור רשימו) свет воспоминания — это то, что остается в кли после исхода света.

Ор нефеш (אור נפש) свет нефеш — свет, получаемый парцуфом от высшей, ближайшей к нему ступени, а не из Мира Бесконечности. Называется также «ор некева» или «ор малхут».

Ор некева (אור נקבא) — см. свет нефеш.

Ор малхут (אור מלכות) — см. свет нефеш.

Ор мугбаль бе кли (אור מוגבל בכלי) свет, ограниченный сосудом — когда свет зависит от величины авиют кли и может распространится там только в соответствии с величиной авиют кли.

Орэх (אורך) длина — расстояние между двумя противоположными концами ступени, от самого светлого (высшего) свойства до самого грубого (нижнего) свойства.

Отиет (אותיות) буквы — келим (сосуды).

Озен (אוזן) ухо — уровень бины десяти сфирот головы.

П

Пэй (פ) — семнадцатая буква ивритского алфавита, числовое значение 80.

Пэа (פאה) малхут — потому что она последняя из сфирот.

Паним бэ паним (פב"פ) лицом к лицу — когда нуква получает высший свет от лица захара в свое лицо.

Пэ (פה) рот — малхут головы.

Пануй (פנוי) свободный — место, готовое для получения исправления.

Паним (פנים) лицо — место в кли, предназначенное для получения или отдачи.

Пними (פנימי) внутренний — парцуфим зарождения, вскармливания, взросления, облачаются друг в друга таким образом, что больший из них — он более внутренний.

Пнимиют (פנימיות) — авиют экрана, потому что это место распространения света.

Пнэй захар (פני זכר) лицо мужчины — распространение, отдача света хохма.

Пнэй некева (פני נקבא) женское лицо — келим, предназначенные для получения света хохма.

Паним лемала (פנים למעלה) лицом кверху — при осветлении экрана, т.к. направлены к меньшей авиют.

Паним лемата (פנים למטה) лицом книзу — когда свет распространяется в зависимости от авиют.

Псолет (פסולת) отходы — то, что остается после проверки.

Парса (פרסא) граница — перегородка, разделяющая парцуф на получающие и отдающие келим.

Перуд (פירוד) — две ступени, не имеющие ни одного общего свойства.

Парцуф (פרצוף) — 10 сфирот одна ниже другой, возникшие благодаря подъему малхут к Творцу.

507

Пашут (פשוט) просто — нет различия ступеней и сторон.

Пэтах (פתח) отверстие — распространение света в тело, которое открывает доступ свету.

Птихат эйнаим (פתיחת עיניים) открытие глаз — свет глаз, свет хохма.

Р

Рэйш (ר) — двадцатая буква ивритского алфавита, числовое значение 200.

Рия (ראיה) зрение — распространение света от Мира Бесконечности к экрану. Свет, приходящий от Мира Бесконечности, это всегда свет хохма, или свет глаз, или зрение, или свет хохма головы.

Рош (ראש) голова — часть в творении, более всех схожая с корнем. Так же называются и 10 сфирот высшего света, распространяющегося к экрану малхут, чтобы поднять отраженный свет. Называются так, потому что предшествуют экрану и отраженному свету. Так же называются 10 сфирот прямого света, облаченного в 10 сфирот отраженного света.

Решит (ראשית) вначале — хохма Зеир Анпина.

Рахав (רחב) широкий — распространение света хасадим.

Радл"а (רדל"א) — 10 сфирот головы парцуфа Атик, называются «непостигаемая голова», потому что используют малхут Ц"А.

Рош шуалим (ראש לשועלים) «голова лисицы» — голова нижней ступени. Одновременно является «хвостом льва» — окончанием высшей ступени.

Руах (רוח) дух — свет хасадим. Свет, облачающийся в кли З"А, потому что его природа — это подъем в бина, получение от нее свет и спуск, чтобы передать этот свет в малхут.

Руханиют (רוחניות) духовное — абстрагированное от всех материальных понятий, т.е. от понятий время, место, воображение, движение.

Рахок (רחוק) далеко — максимальное изменение свойств. Маленькое свечение света хохма. Близко — означает большое свечение света хохма.

Рахель (רחל) нуква Зеир Анпина, расположенная от его хазэ и вниз.

Рибуй ор (ריבוי אור) много света — большое количество ре-шимот, которые не обновились при зивуге, поэтому требуют исправления и поднимают МА"Н в новый зивуг.

Рибуа (ריבוע) квадрат — зивугим, производимые малхут во вре-мя ее подъема от бхины далет к бхине гимел, от бхины гимел к бхине бэт и т.д., пока не поднимается в пэ. Название также происходит по имени четырех видов ослабления экрана.

Реах (ריח) запах — свет в З"А головы, называемом «хотэм», нос.

Ракия (רקיע) свод — есод Зеир Анпина, т.к. это его окончание, верхние воды, и начало нуквы, нижние воды.

Решимо (רשימו) воспоминание — то, что свет оставляет после своего исчезновения, что является корнем рождения из него нового парцуфа.

С

Самех (ס) — пятнадцатая буква ивритского алфавита, числовое значение 60.

Сигим (סיגים) — малхут, смешавшаяся с семью малахим, ставшая причиной разбиения мира Некудим.

Сеголь (סגול) фиолетовый — намек на то, что есть три точки ХаБа"Д, где хохма и бина находятся в состоянии «лицом к лицу».

Совев (סובב) причина, приводящая к зивугу.

Совель (סובל) страдает — там, где кли способно получить свет, но не получает по своему свободному выбору.

Соф, или сиюм (סוף או סיום) окончание — отказ бхины далет получить свет. Бхина далет называется «окончание», потому что заканчивает получение света, этим заканчивая ступень.

Сиюм Цимцум Алеф (סיום של צימצום א') Окончание Первого Сокращения — находится над точкой Этого мира.

Сиюм шель Цимцум Бет (סיום של צימצום ב') Окончание Второго Сокращения — это парса, под миром Ацилут.

Сиюм келим шель паним (סיום כלים של פנים) окончание келим «лица» — уровень хазэ.

Сиюм раглей Ацилут (סיום רגלי אצילות) конец «ног» мира Ацилут — бина дэ гуфа парцуфа некудит СА"Г (середина сфиры тифэрэт в его теле).

Сиюм раглей Адам Кадмон (סיום רגלי אדם קדמון) конец «ног» мира Адам Кадмон — точка Этого мира, там, где находится окончания кав (линии) высшего света, там, где находится Центральная точка всех миров.

Сандалфон (סנדלפון) — малхут света парцуфа Има, облаченная в малхут мира Брия.

Салик берута (סליק ברעותא) — зивуг на экран с авиютом шореш.

Самух (סמוך) рядом — близость свойств с ближним.

Сеарот (שערות) волосы — свет, который мозг не может вынести по причине недостатка исправления, отсутствия экрана. Поэтому они выходят наружу за Гальгальта. Называются также «излишки мозга» (мотрэй моха).

Сфира (ספירה) — 10 сфирот прямого света, облачающихся в 10 сфирот отраженного света, рожденных одним зивугом, называются «одна сфира», по имени высшей сфиры, несмотря на то что включает 10 сфирот в высоту и в толщину.

Сказал миру: «Довольно, более не распространяйся» (אמר לעולמו די ולא תתפשטו יותר) — Малхут, ограничивающая распространение света в хазэ мира Ецира, делает там эту границу.

Т

Тав (ת) — двадцать вторая буква ивритского алфавита, числовое значение 400.

Тхум шабат (תחום שבת) — окончание, граница, установленная силой малхут на распространение высшего света до хазэ мира Ецира.

Тфилин (תפילין). Цицит — это волосы З"А, светящие в голове нуквы и создающие на ее лбу (мэцах) свойство «тфилин».

Тоу (תוהו) — парцуф Атик, непостигаемый низшими.

Боу (בוהו) — парцуф Арих Анпин (А"А), где есть проявление постижения.

Тосефет шабат (תוספת שבת) — нисхождение высшего света, вследствие чего происходит подъем миров в пятом часу 6-го дня (Эрэв Шабат, Вечер Субботы).

Тора (תורה) — свет З"А.

Тхият метим (תחיית מתים) возрождение мертвых — возврат из БЕ"А в мир Ацилут, т.к. выход вниз из мира Ацилут называется «смерть».

Тахлит кулам (תכלית כולם) цель всего — бхина далет, потому что наиболее грубая, называемая «соф» (конец), потому что все мадрегот (ступени, миры и пр.) созданы только ради ее исправления и наполнения.

Тнуа (תנועה) движение — любое обновление духовной формы, т.е. свойств, относительно предыдущей формы, свойств.

Тардема (תרדמה) дремота — состояние З"А в процессе подъема МА"Н. Называется также «дормита».

Тхелет (תכלת) голубой — малхут света парцуфа Има, облаченная в малхут мира Брия.

Тэт (ט) — девятая буква ивритского алфавита, числовое значение 9.

Терем вэ ахар ках (טרם ואחר כך) — когда говорят об отношении причины и следствия, причину называют «терем», а следствие — «ахар ках».

Табур (טבור) пуп — малхут тела, от которой начинается ограничение и отталкивание света в действии.

Табур лев (טבור הלב) — место хазэ.

Таамим (טעמים) вкусы — распространение света сверху-вниз, от пэ до табур.

Типа (טיפה) капля — попеременное получение света, с промежутками.

Типат олада (טיפת ההולדה) — свет хесед парцуфа Аба, опускающий экран с глаз.

Тоу (תוהו) — Атик, который не постигаем.

X

Хей (ה) — пятая буква ивритского алфавита, числовое значение 5.

Хэт (ח) — восьмая буква ивритского алфавита, цифровое значение 8.

Хуц ла Арец (חוץ לארץ) заграница — Асия Этого мира. Брия — место Храма. Ецира — земля Израиля.

Хотэм (חוטם) нос — сфира З"А головы.

Холам (חולם) — свет над буквами.

Хомер (חומר) материал — толщина парцуфа в бхине далет — желании получить. Есть в нем длина, ширина, глубина и шесть концов: верх, низ, восток, запад, север и юг.

Хурва (חורבא) развалины, пустыня — место клипот Этого мира, безжизненное место.

Хошех (חושך) темнота — бхина далет (желания получить), не имеющая свет вследствие запрета Ц"А.

Хотэм (חותם) печать — отраженный свет, поднимающийся от экрана вверх и одевающий 10 сфирот головы парцуфа. Нихтам (отпечаток) — те же 10 сфирот проходящие из головы в тело парцуфа.

Хазэ (חזה) грудь — окончание Ц"Б. Поэтому сверху над хазэ есть келим дэ паним, Г"Э, лицо, Ц"Б не властвует над ними их.

Хазара ле Маациль (חזרה למאציל) обратно к Создателю — распространение света при ослаблении экрана.

Хибук смоль (חיבוק שמאל) объятие слева — распространение света от З"А к малхут, чтобы смогла поднять АХА"П.

Хая (חיה) — свет хохма.

Хай (חי) жизнь, числовое значение 18 — есод, потому что поднимает 9 сфирот отраженного света и получает в них 9 сфирот прямого света.

Хэйлот амалхут (חילות המלכות) так же цваот амалхут — парцуфим, исходящие из малхут миров БЕ"А.

Хицониют малхут (חיצוניות המלכות) внешняя часть малхут — самая светлая часть кли, являющаяся сосудом для окружающего света (О"М).

Хохма (חכמה) мудрость — свет сущности творения.

Хохма (חכמה) мудрость — знание конечного результата любого явления, существующего в действительности.

Хохма шель ламед-бет нетивот (חכמה של ל"ב נתיבות) мудрость 32 путей — свет хохма, получаемый биной для ЗО"Н, являющийся 22 буквами бины + 10 сфирот ЗО"Н в бине.

Хохма Илаа (חכמה עלאה) Высшая мудрость — свет хохма в З"А.

Хохма кдума (חכמה קדומה) предшествующая мудрость — свет хохма в парцуфе Арих Анпин, который не светит в мире Ацилут, а светит там только свет хохма дэ ламед-бет нетивот.

Хохма татаа (חכמה תתאה) нижняя мудрость — свет хохма в нукве.

Халав (חלב) молоко — света хасадим, которые бина дает З"А после его рождения (зман аеника, двухлетний период вскармливания). В З"А света хасадим опять превращаются в хохма, это называется «халав обращается в дам», молоко превращается в кровь.

Халон (חלון) окно — сила отраженного света, открывающая возможность получения света в кли.

Халаль (חלל) пространство, пустота — бхина далет, опустошенная от света. По причине Ц"А она не отторгнута Создателем, но находится в нем в виде пустого пространства без света.

Халаль хануй (חלל פנוי) пустое пространство — силой Ц"А малхут ограничивает получение Высшего света. Эта граница находится выше точки Этого мира. Благодаря Ц"Б граница распространения света поднимается от окончания парцуфа Гальгальта до хазэ парцуфа Некудим. С этой новой границы и ниже возникло пустое пространство, место для появления в будущем нечистых сил. Но благодаря падению отдающих келим (Г"Э) под хазэ, в месте миров БЕ"А остались только 14 сфирот под расположение нечистых сил. После грехопадения Первого Человека опустилась точка границы святости в бину дэ малхут мира Асия, называемую «Земля нижнего Райского Сада», и там возникло место пустого пространства. Получается, что посредством разбиения келим и грехопадения Первого

Человека, уменьшилось пустое пространство, т.к. опустилось от места парсы до бины малхут мира Асия, но затем клипот нашли силы построить четыре мира до ЗО"Н мира Ацилут.

Хама бэ нартика (חמה בנרתיקה) — сфирот НеХ"И Зеир-Анпина, облаченные в тох нуквы.

Ц

Цади (צ) — восемнадцатая буква ивритского алфавита, числовое значение 90.

Цваот малхут ((גם חילות) צבאות המלכות) — парцуфим, выходящие из малхут в миры БЕ"А.

Цейрэ (צירי) — обозначение хохма и бина, когда бина есть обратная сторона хохмы и нет у нее точки даат, приводящей к зивугу с хохмой. Бина также называется «цейрэ», т.к. все части З"А принимают свою форму благодаря экрану с ее авиют.

Цура (צורה) форма — четыре ступени авиют экрана малхут, называемых «хохма», «бина», «З"А», «малхут» называются «четыре формы».

Цион (ציון) — внутренний есод нуквы. От слова «еция» — выход.

Цицит (ציצית) — волосы З"А, светящие в голове нуквы, создающие на ее лбу свойство «тфилин».

Цар (צר) узкий — уменьшение света хасадим.

Целем (צלם) — облачение света мохин Зеир-Анпина.

Целем (צלם) — отраженный свет, поднимающийся благодаря включению МА"Н нижнего в экран и авиют высшего и облачающего 10 сфирот прямого света. Этот отраженный свет относится к высшему, но поскольку высший совершает зивуг ради нижнего, на его авиют, поэтому этот отраженный свет спускается со светом, относящимся к нижнему. Но для того чтобы получить его, нижний должен последовательно уменьшить свет на три ступени, называемых «М-Ц-Л», или, если читать снизу-вверх, со стороны низшего: «Це-Ле-М».

Цела (צלע) — има нуквы, когда она прилеплена в состоянии «спиной к спине» с обратной стороны хазэ З"А, «поскольку прилеплена к его телу, то оба используют один кетер».

Цимцум (צימצום) сокращение — преобладание над своим желанием. Не позволяет себе получение, несмотря на страстное желание получить.

Цимцум Алеф (צימצום א') сокращение на малхут — сокращение на бхина далет, поэтому линия Мира Бесконечности заканчивается на малхут НеХ"И.

Цимцум Бэт (צימצום ב') сокращение НеХ"И мира Адам Кадмон — сокращение бхины бэт, поэтому линия Мира Бесконечности заканчивается на бина НеХ"И мира Адам Кадмон, откуда и начинается место миров БЕ"А. Второе Сокращение — это объединение свойства милосердия — бина, со свойством суда — малхут.

Цинор (צינור) труба — келим прямого света, потому что ограничивают свет в своих пределах.

Ципорнэй раглаим (ציפורני רגליים) ногти ног — окончание любого парцуфа.

Цар (צר) узкий — сокращение света хасадим. Рахав, широкий — распространение света хасадим. Сокращение света хохма называется «короткий». Распространение света хохма называется «длинный».

Ш

Шин (ש) — двадцать первая буква ивритского алфавита, числовое значение 300.

Швира (שבירה) разбиение — падение келим в нечистые силы. Падение душ в нечистые силы называется «опадание органов» (нэшират эйварим).

Шаар (שער) ворота — зивуг для поддержания жизни миров.

Швиль (שביל) путь — есод парцуфа Аба, потому что он узкий и длинный.

Швира (שבירה) разбиение — исчезновение границы в экране.

Швират кли (שבירת כלי) разбиение кли — когда кли не может получить свет.

Шадаим (שדיים) груди — сосцы, в которых находится свет хасадим, а сейчас светит и свет хохма, называются «груди».

Шореш (שורש) корень — все свойства кетер, 10 сфирот головы.

Шейна (שינה) сон — когда парцуф поднимается с МА"Н, считается, что на своем постоянном месте он находится в состоянии сна, т.е. вместо исчезнувшего света хохма, в нем остается только небольшое, оживляющее свечение.

Шана (6 000 лет — ששת אלפים שנה) — Мир Асия называется «2 000 лет тоу», т.к. тоу — это клипот, и весь мир Асия находится в клипот. Мир Ецира — это «2 000 лет Тора», т.к. Ецира — это свойство З"А, т.е. письменная Тора. Мир Брия — это «2 000 лет прихода Машиаха», Брия имеет свойство бины (Има), от которой исходит все избавление, которая называется «Леа, мать Машиаха бен Давида».

Шем (שם) имя — формула, выясняющая, как свет, обозначенный этим именем (формулой), приходит к раскрытию именно на этой ступени, потому что на каждой ступени выясняется свой путь (свое имя) постижения света.

Шмия (שמיעה) слух — свет в сфире бина дэ рош (в голове парцуфа).

Э

Эдэн Элион (עדן עליון) — есод мира Брия.

Эдэн тахтон (עדן תחתון) — есод мира Асия.

Эхад (אחד) Один — Высший свет, исходящий из Творца, распространяющийся сверху-вниз, без всякого изменения.

Элион (עליון) высший — более важный.

Эц (עץ) — есод З"А, средняя линия, место зивуга.

Эвель (הבל) — отраженный свет, поднимающийся вверх от экрана.

Эвдель (הבדל) различие — действие экрана, разграничивающие парцуф, чтобы не произошло присасывание неисправленных желаний к свету.

Эц адаат тов вэ ра (עץ הדעת טוב ורע) древо познания добра и зла — от хазэ и вниз З"А. Там есть свечение света хохма, поэтому там есть присасывание клипот, называемых «зло».

Эц хаим (עץ החיים) древо жизни — место от хазэ и вверх, где находится скрытый свет хасадим — свет обратной стороны бины, там нет присасывания клипот.

Эц даат (עץ הדעת) древо знания — место от хазэ и вниз, называемое «Асия». Самое главное — это есод, т.е. средняя линия, называемая «древо».

Эт рацон (עת רצון) время желания — во время зивуга в большом состоянии, когда благодаря свету А"Б-СА"Г исчезают «волосы» и светит свет хохма.

Эйн (אין) нет — сокрытие света хохма. Наличие света хохма называется «еш» — «есть».

Элохим ахерим (אלוהים אחרים) «другие боги» — присасывание клипот к обратной стороне нуквы, потому что нет у нее совершенства в работе по отделению, проверке и исправлению до Окончательного Исправления (гмар тикун).

Эмцаи (אמצעי) средство, соединяющее два отдаленных друг от друга конца, свойства.

Эйварим (איברים) органы — сфирот гуф парцуфа, части тела парцуфа.

Эрец Элиона (ארץ עליונה) Высшая Земля — бина.

Эрец Тахтона (ארץ תחתונה) Нижняя Земля — малхут.

Эрец Эдом (ארץ אדום) — когда малхут включается в бину, бина называется «Эрец Эдом».

Эрец Исраэль (ארץ ישראל) — Ецира Этого мира.

Эт (את) — малхут называется «эт», потому что включает все буквы от алеф до тав.

Я

Ярхэй ибур (ירחי עיבור) месяцы зарождения, или месяцы беременности — время и место — это обновление формы, свойств. Парцуф совершенствуется посредством большого количества зивугим и светов в процессе 7, 9 или 12 месяцев беременности, в соответствии с количеством светов, необходимых для полного заполнения парцуфа.

Ямей кедем (ימי קדם) прежние дни — сфирот парцуфа Атик, потому что в них малхут Ц"А скрыта от всех других парцуфим Ацилут.

Яаков (יעקוב) — ВА"К Зеир Анпина, или внешний парцуф.

Яшар (ישר) прямо — спускание высшего света в келим в точном соответствии с желанием кли, в соответствии с бхиной далет, похоже на падение тяжелого предмета прямо на землю. В келим, не имеющих авиют, т.е. желания, свет округляется, т.к. нет в них силы притяжения.

Альбом чертежей
Духовных Миров

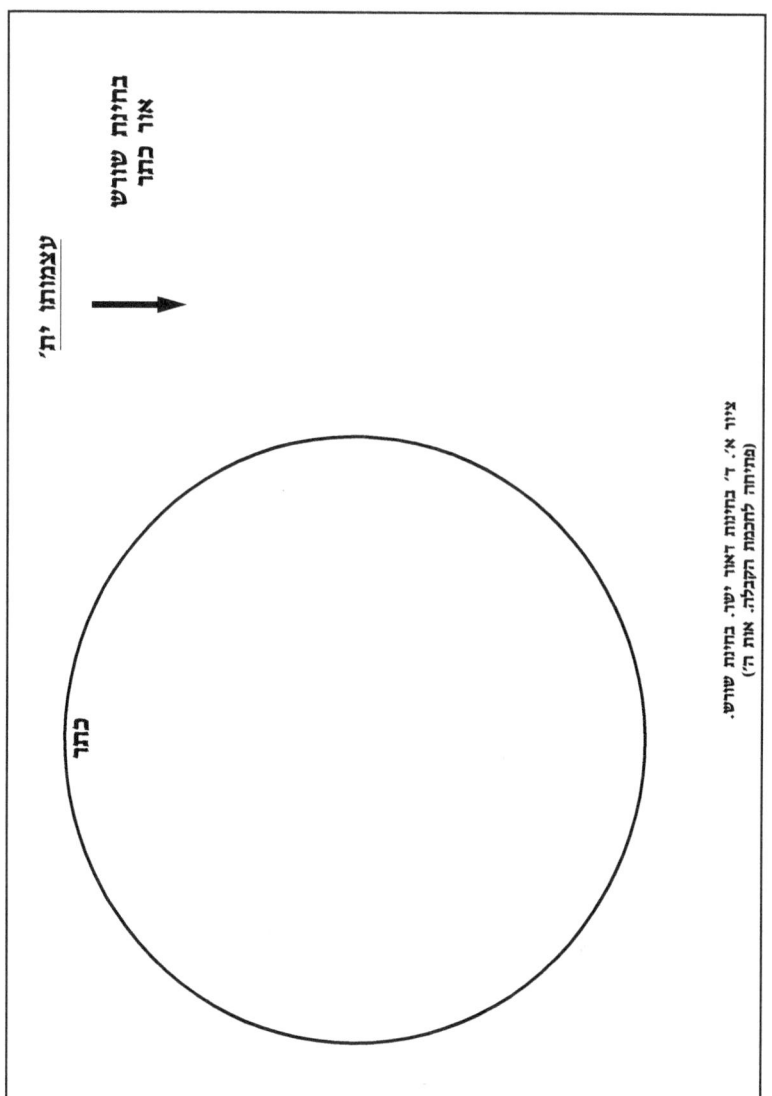

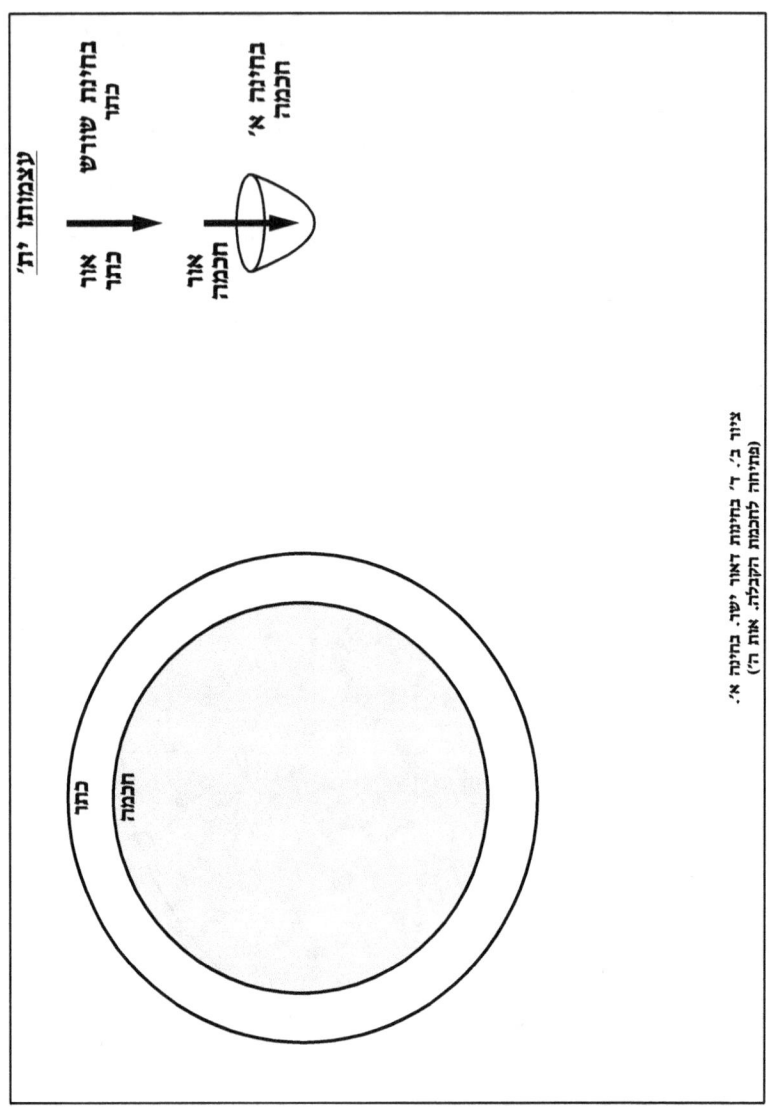

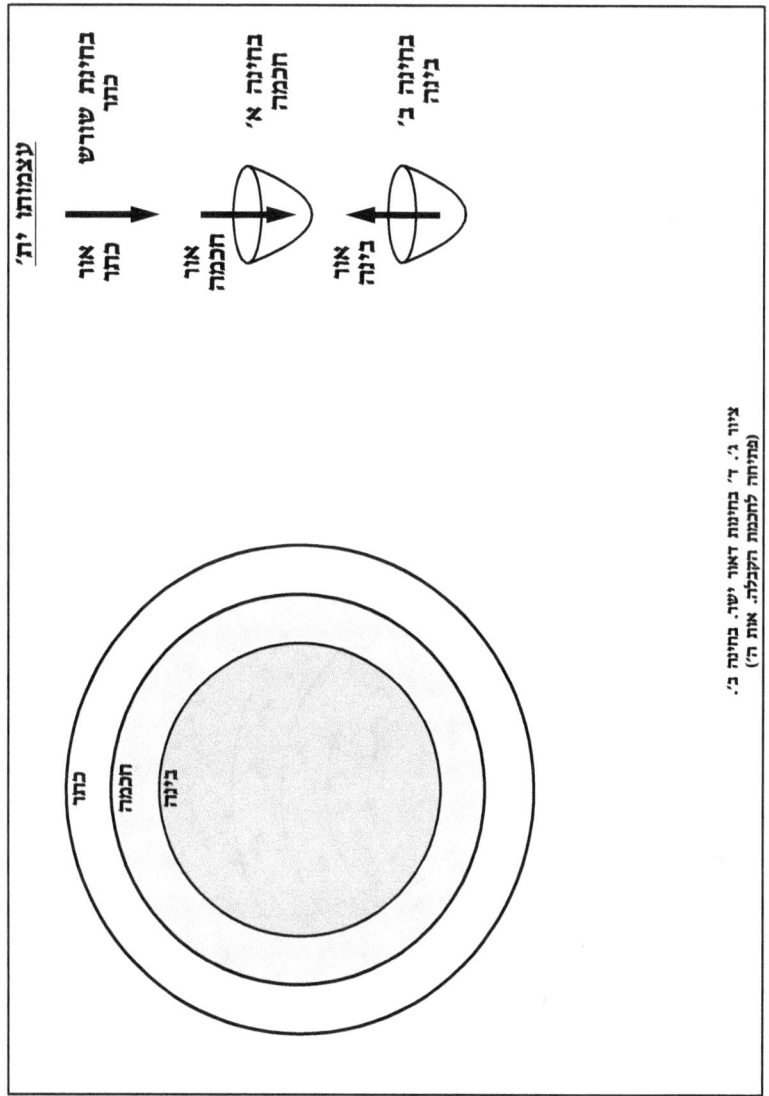

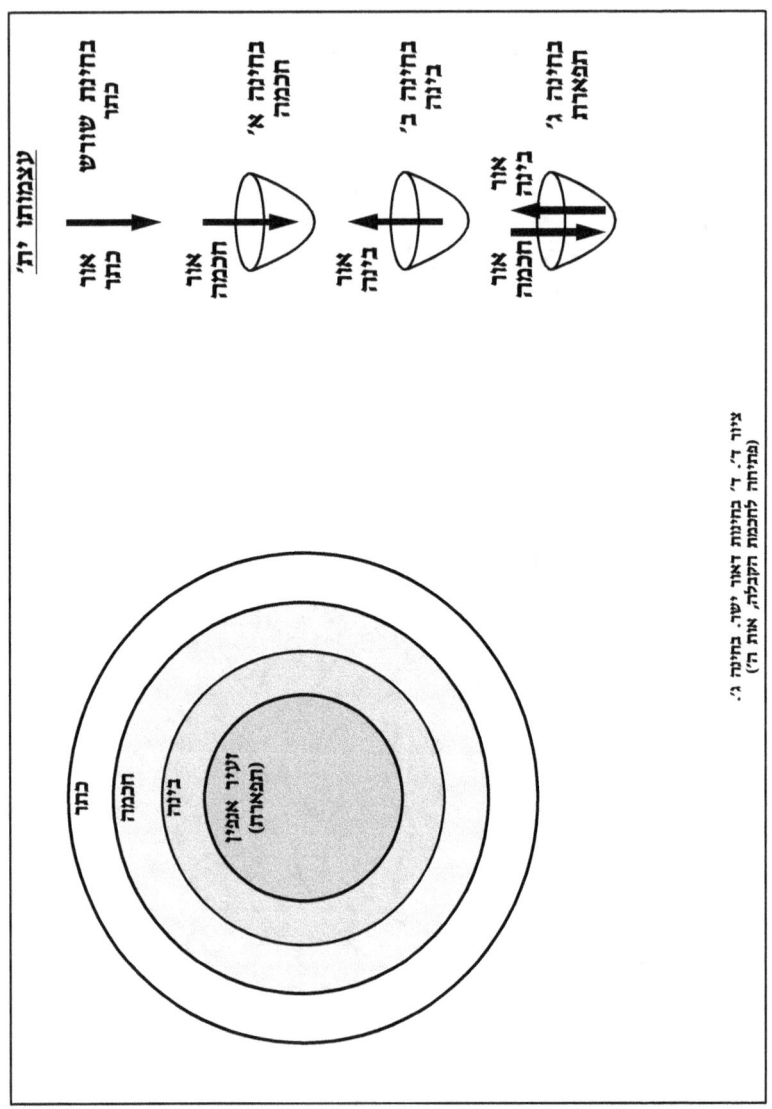

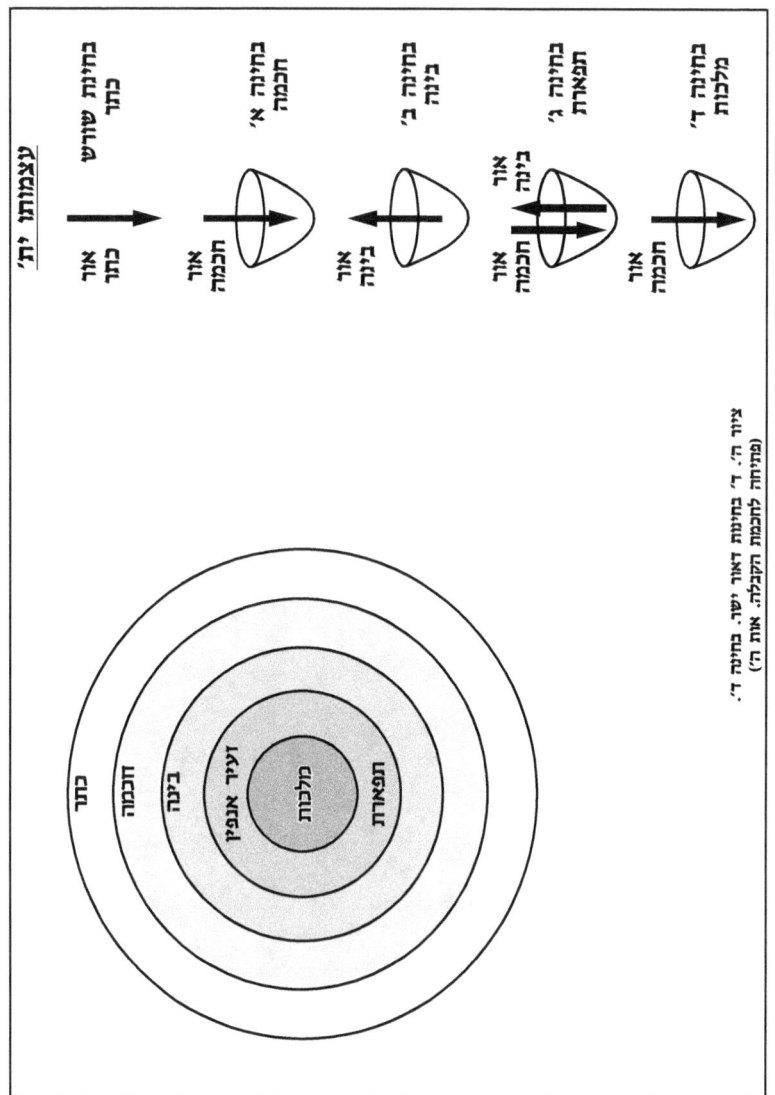

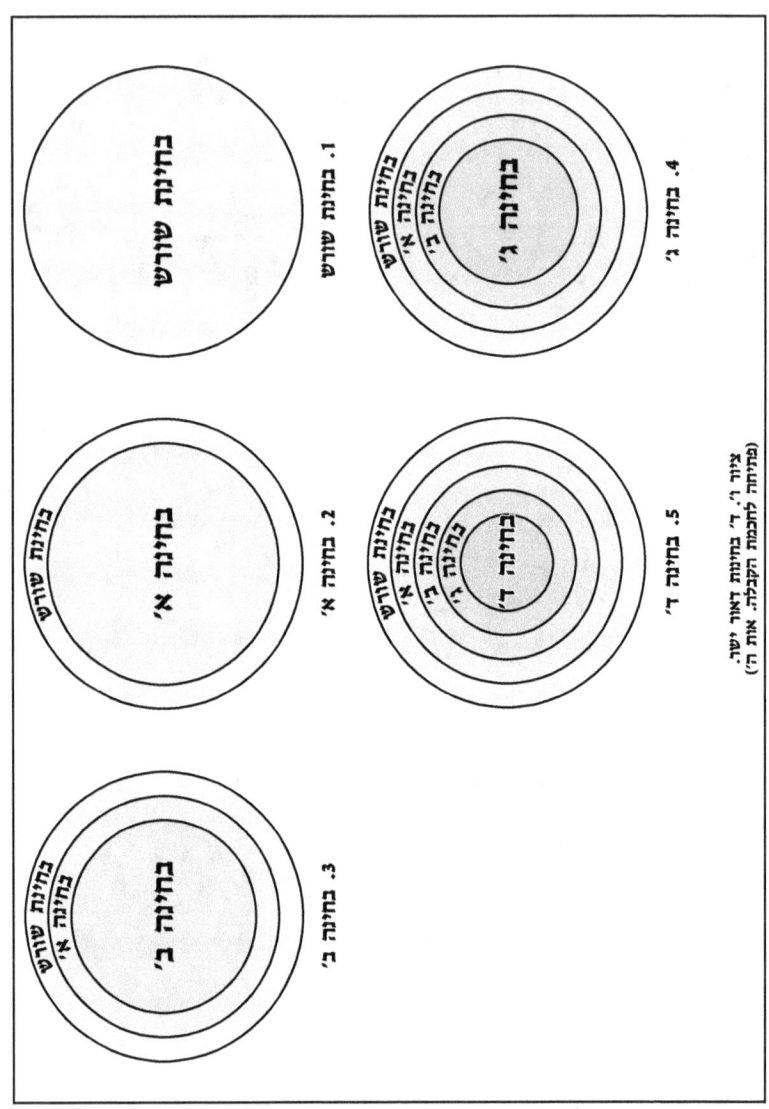

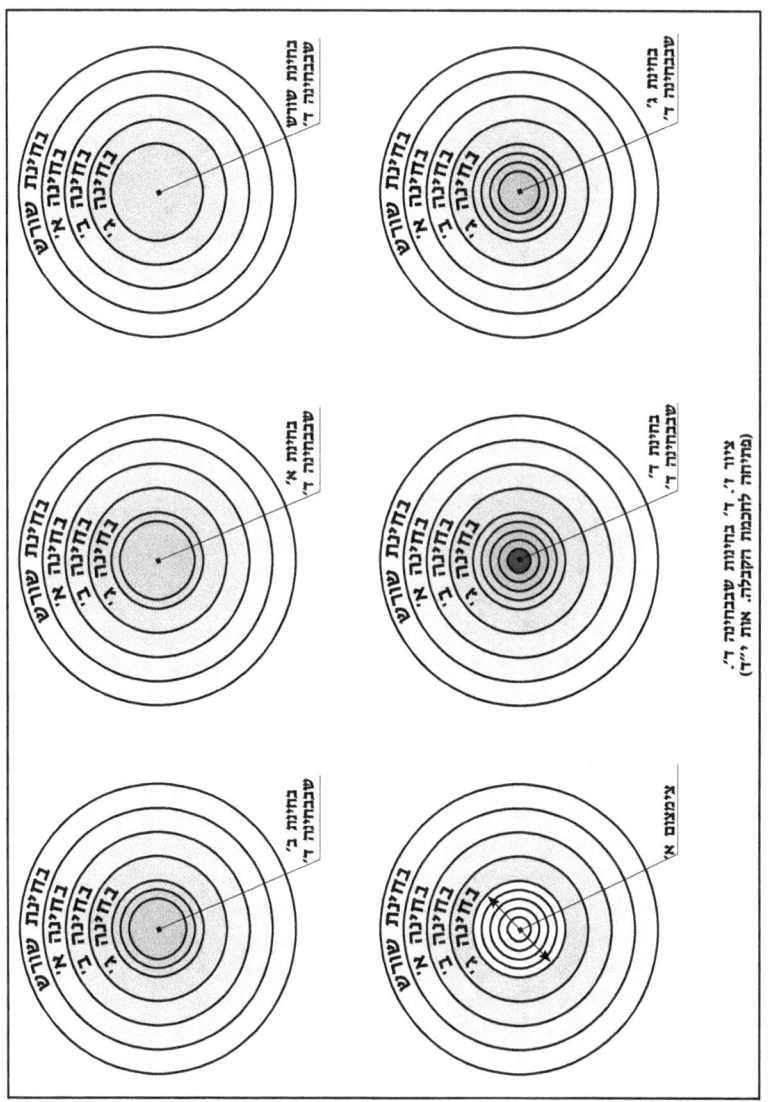

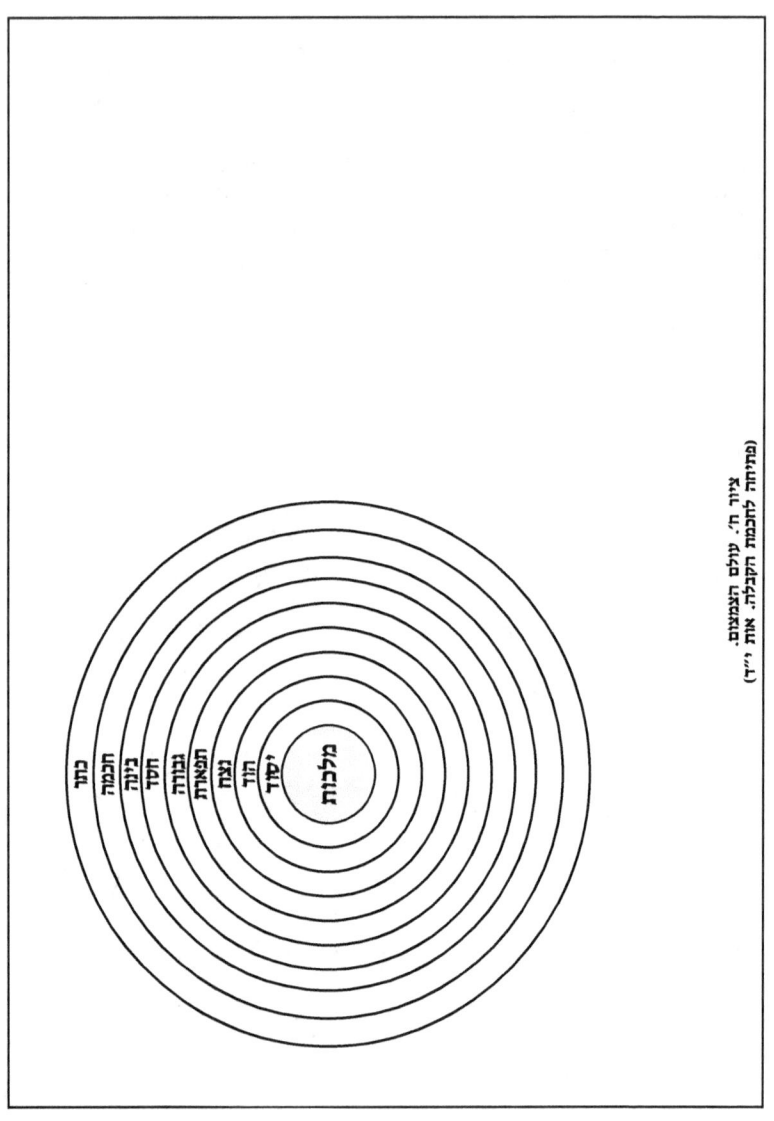

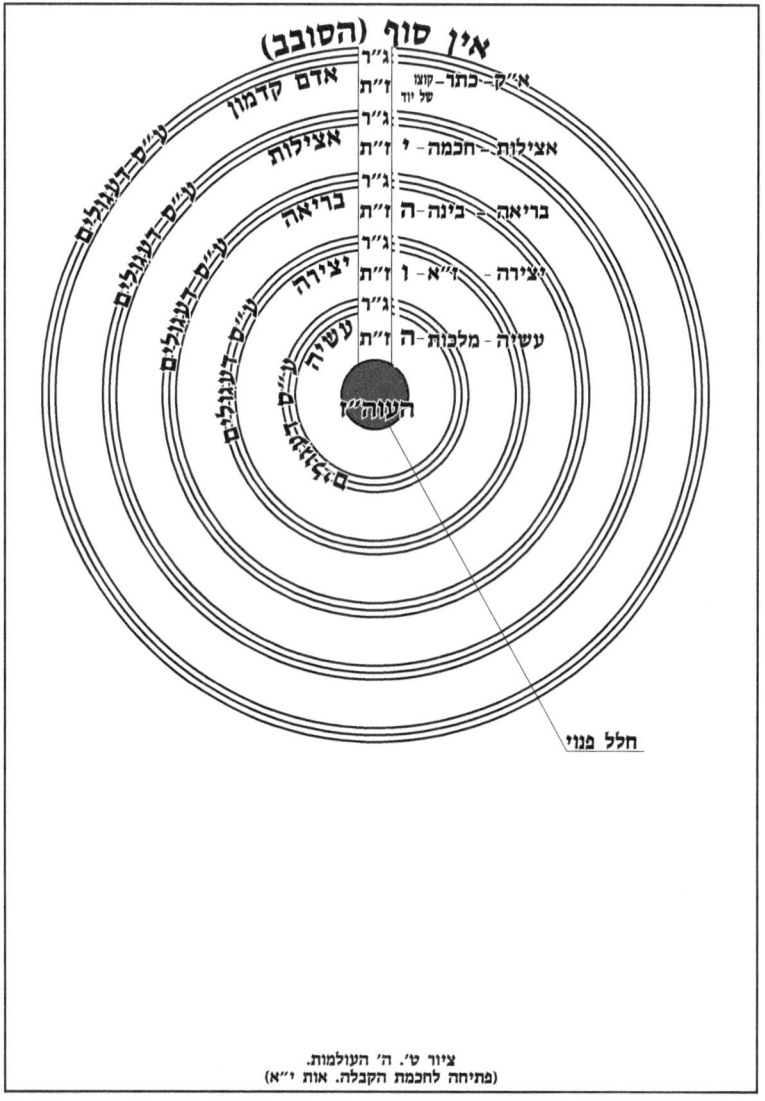

צ"ר ט'. ה' העולמות.
(פתיחה לחכמת הקבלה. אות י"א)

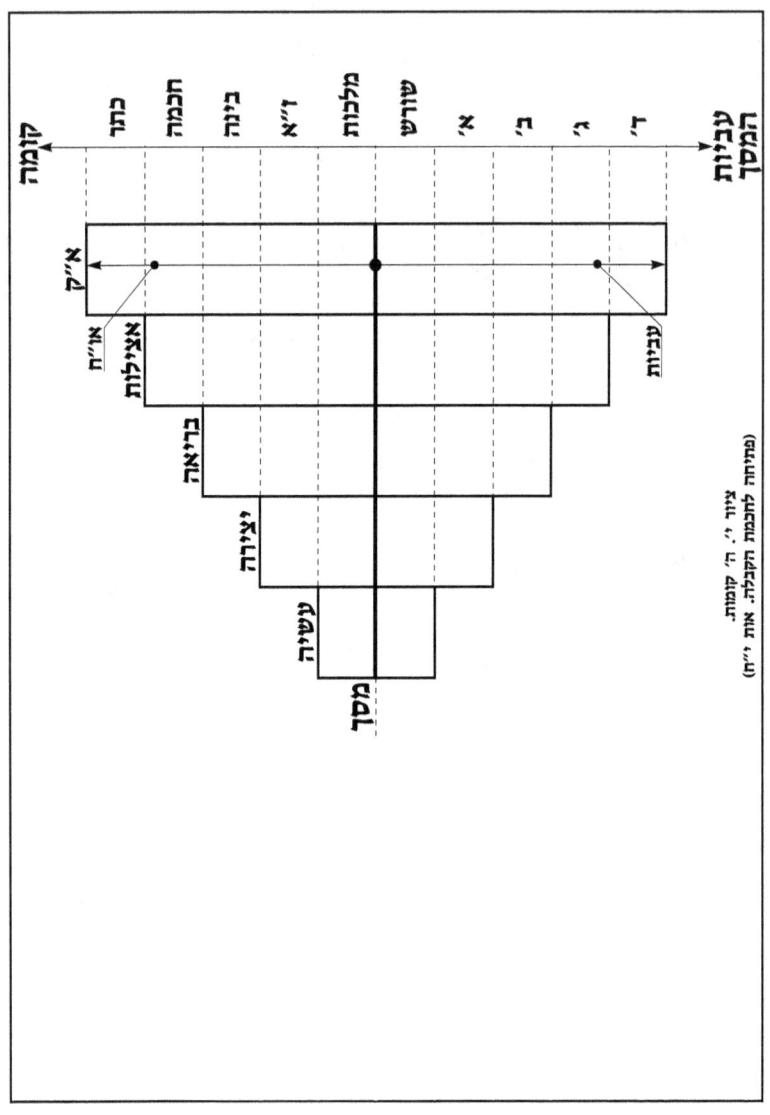

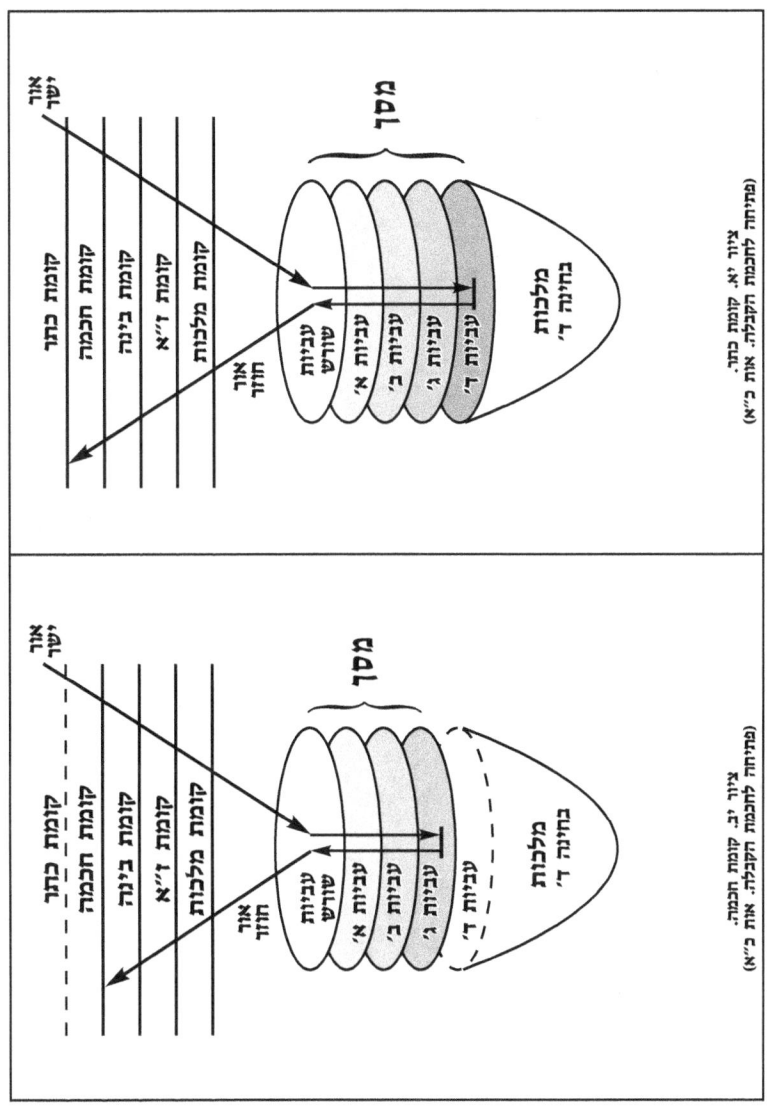

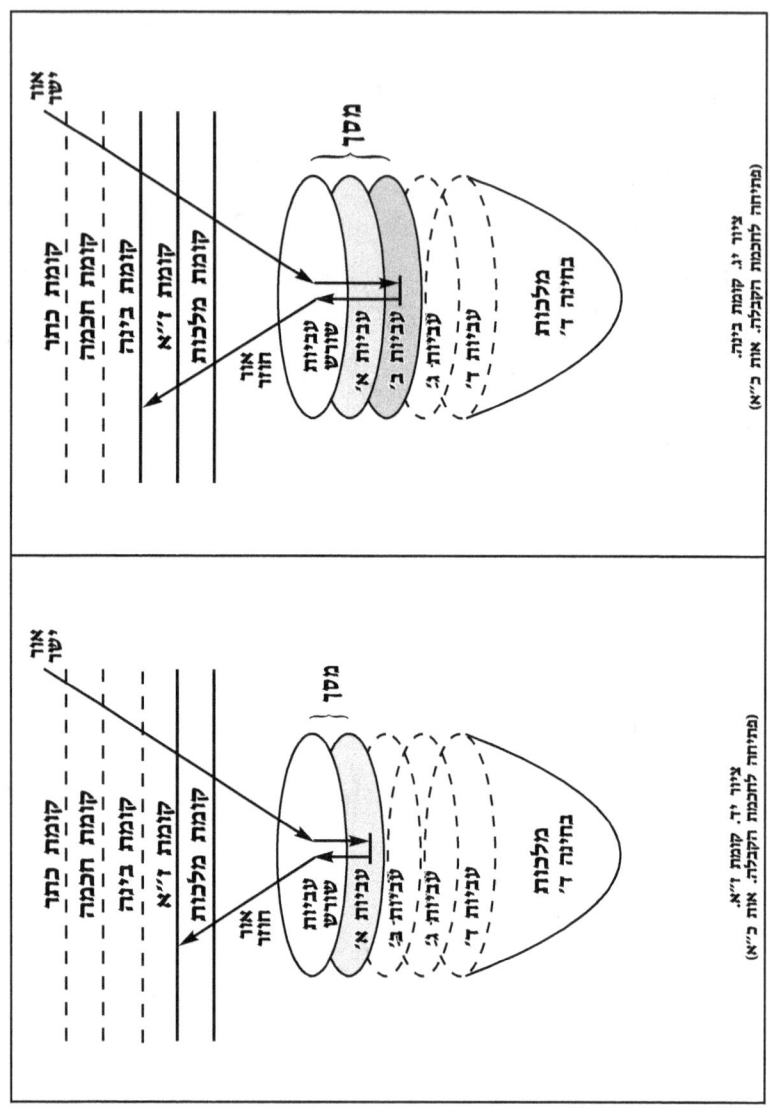

538

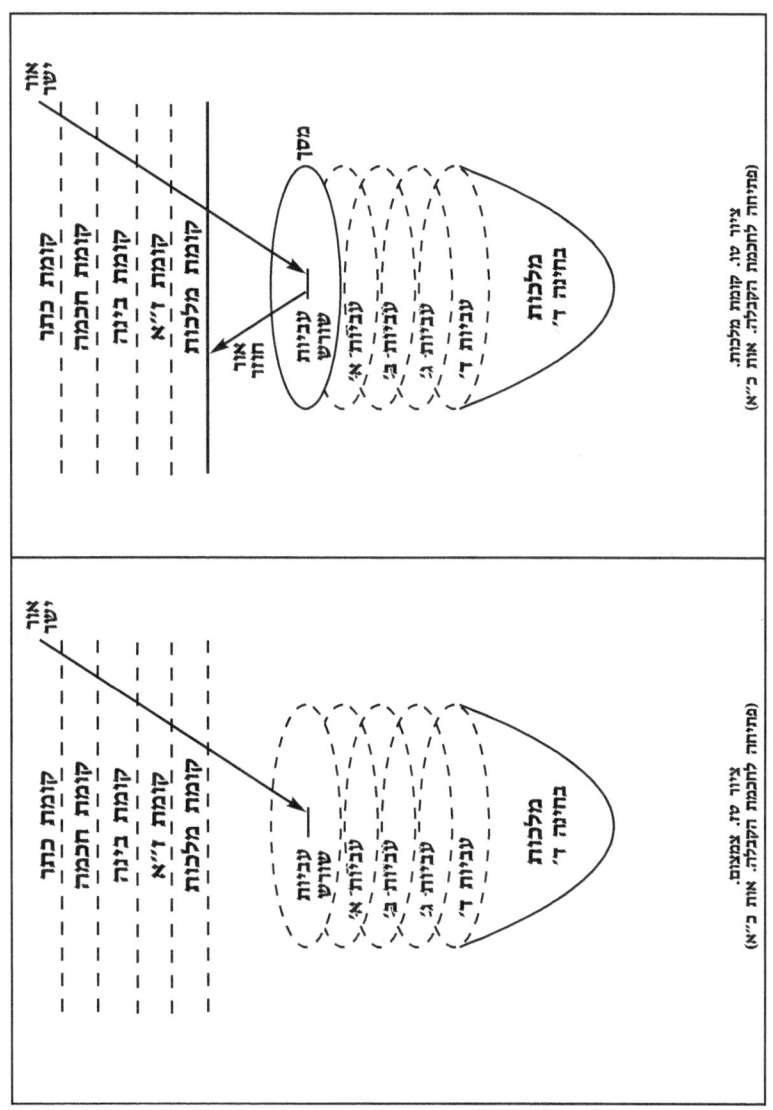

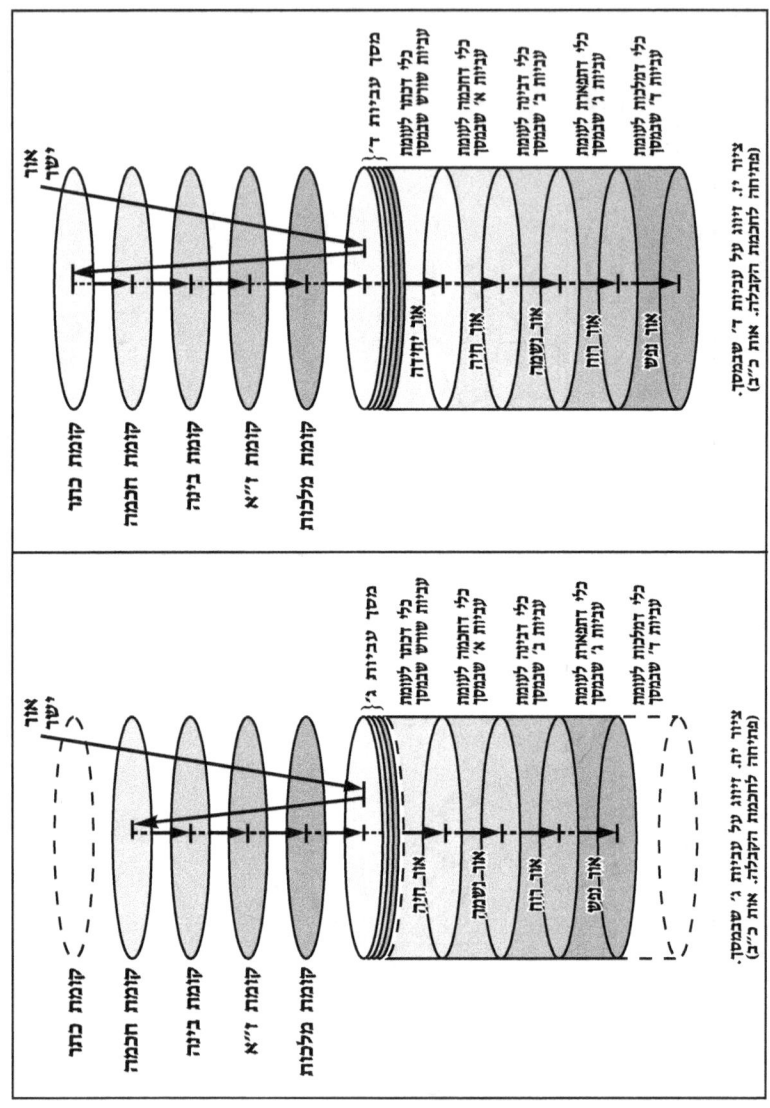

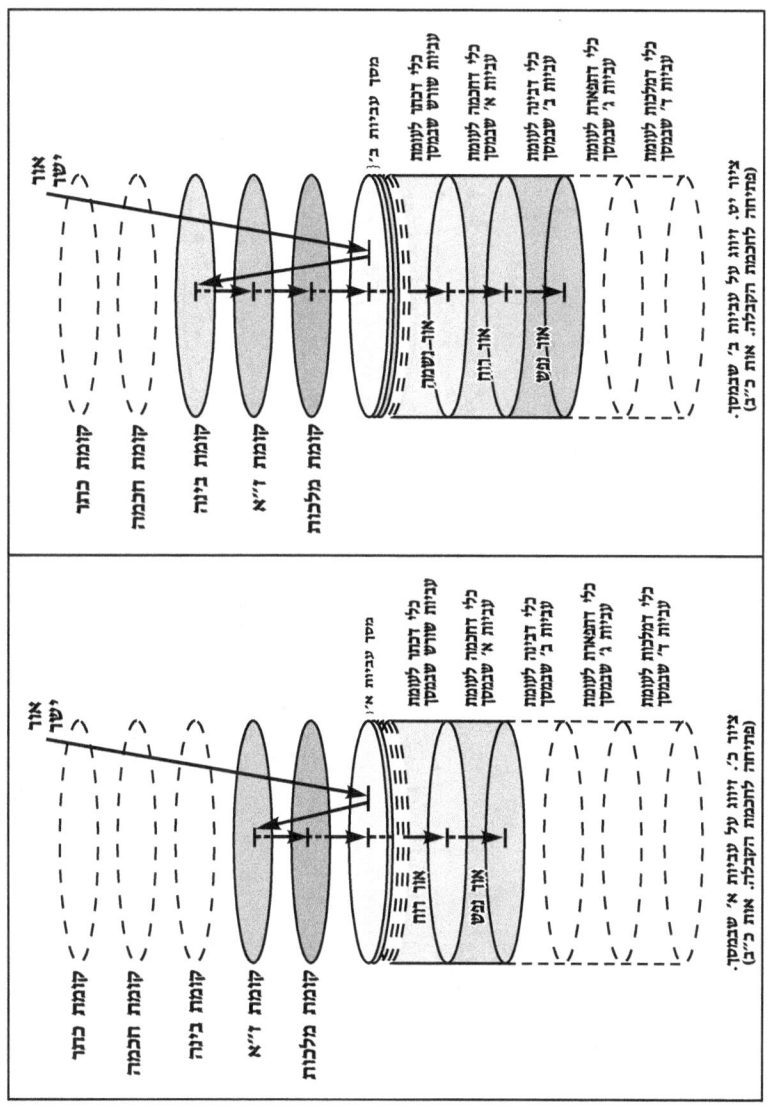

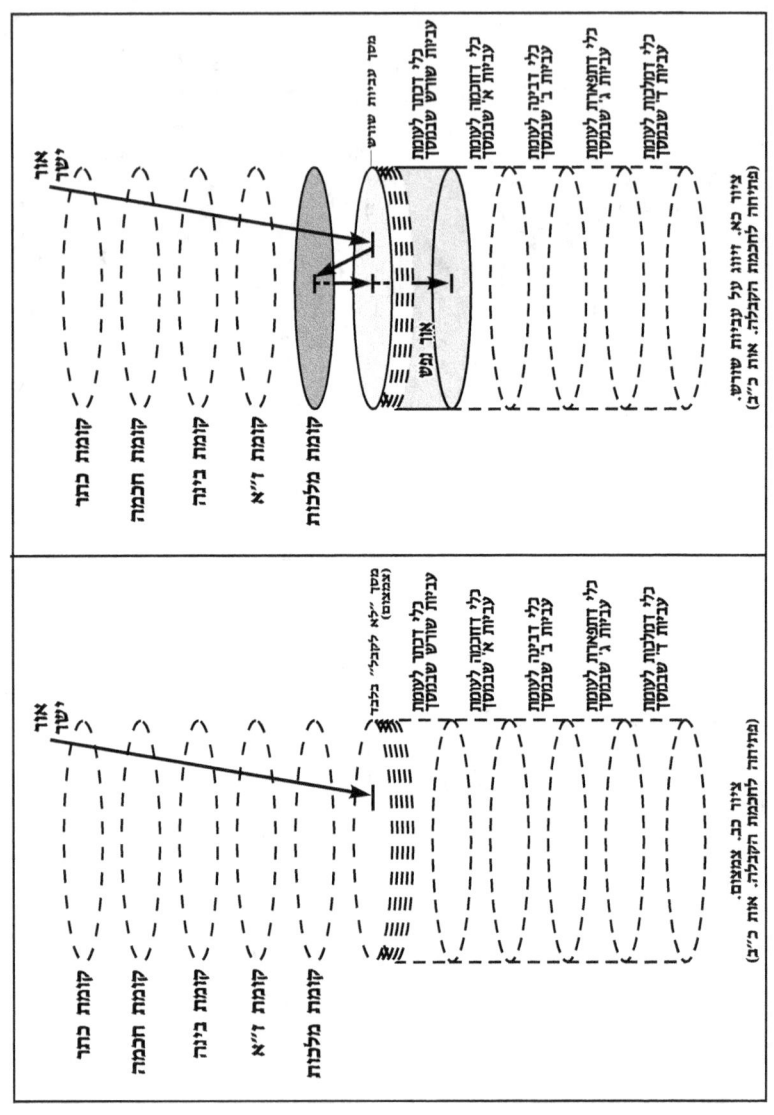

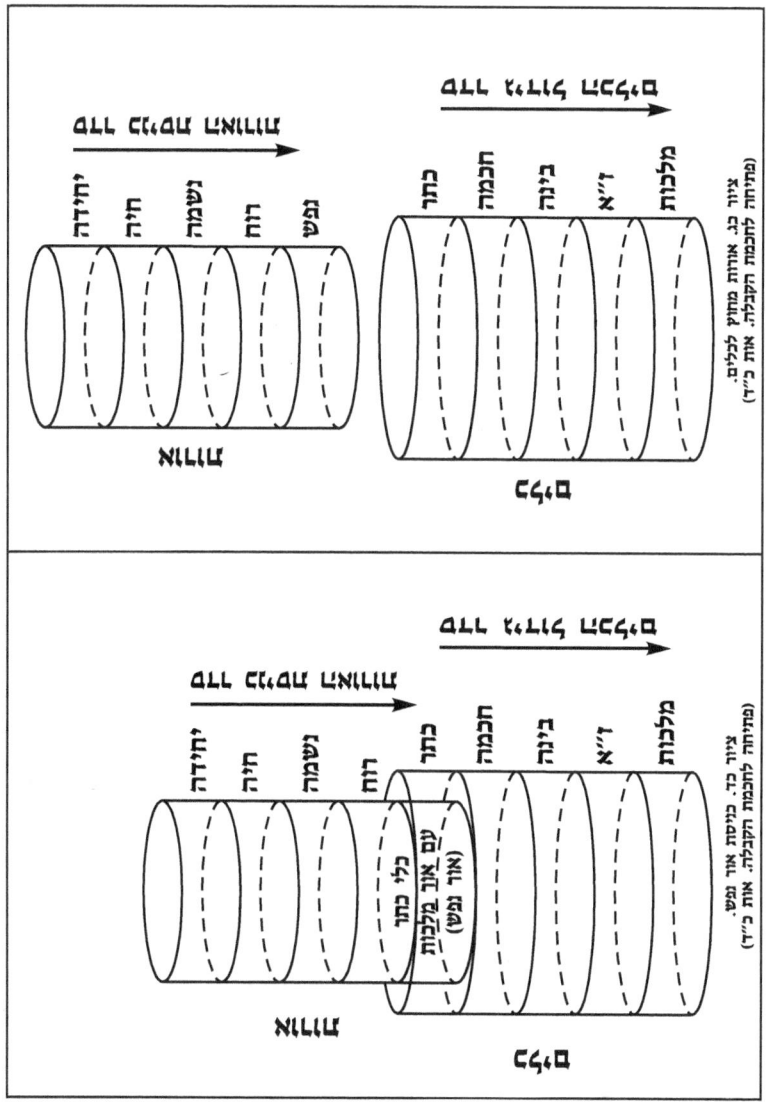

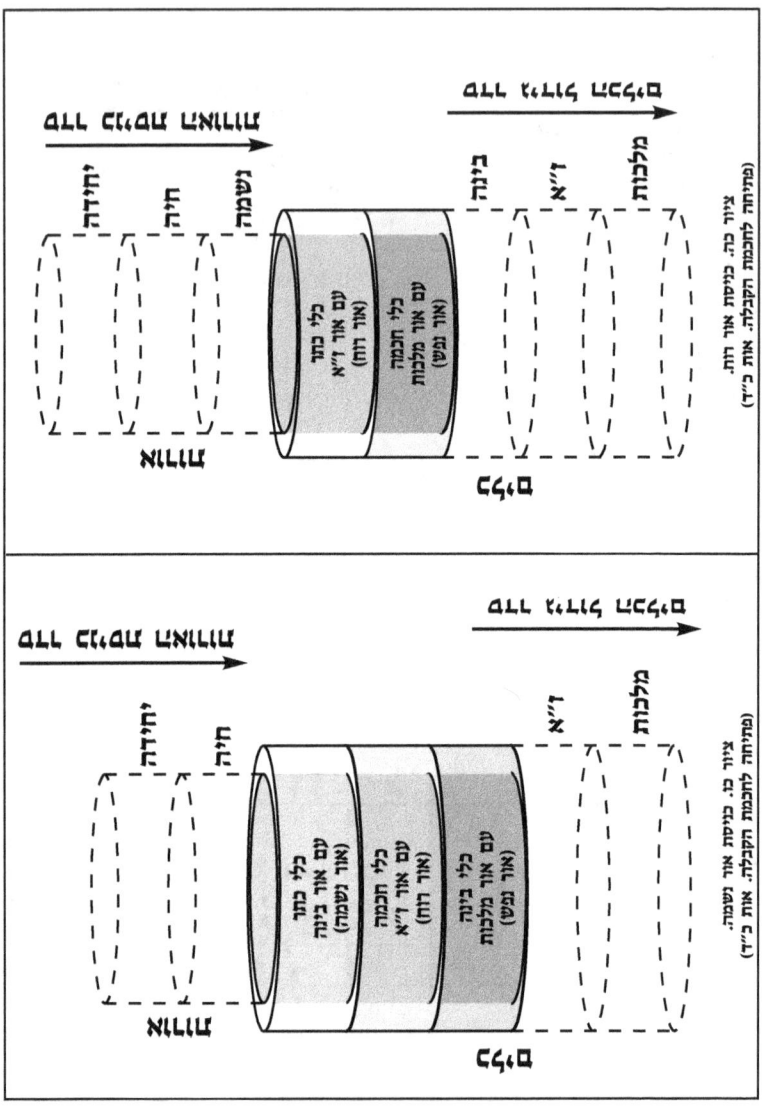

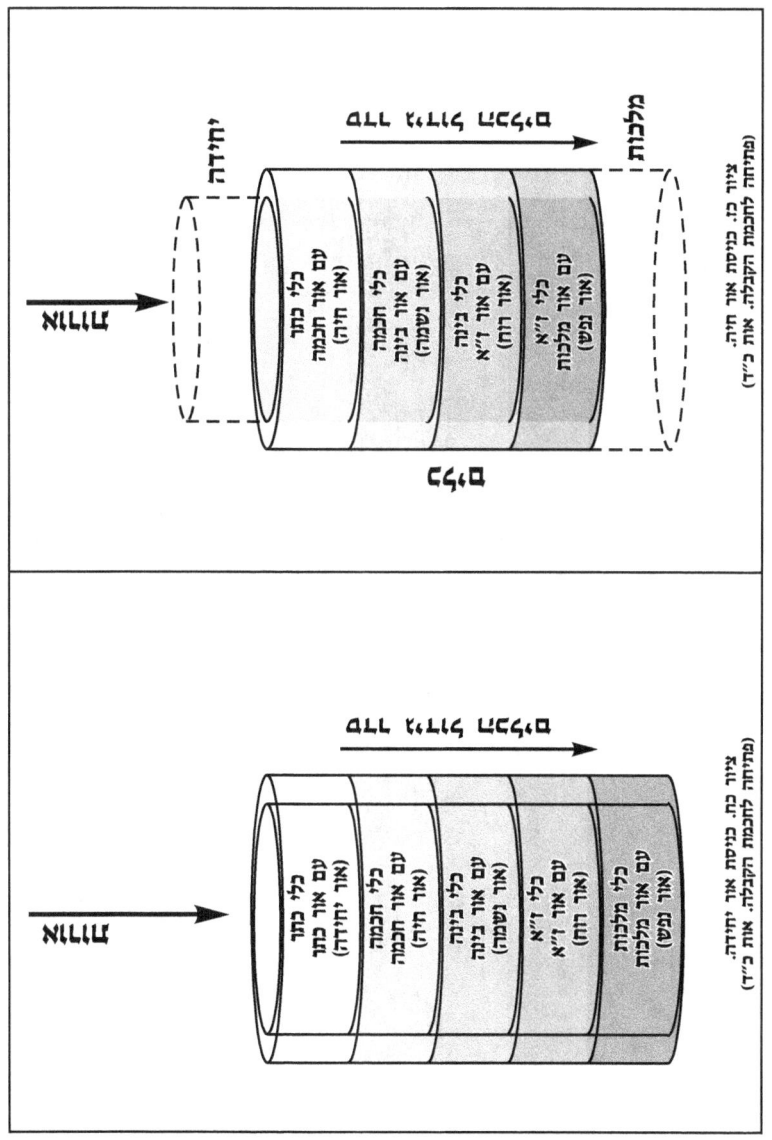

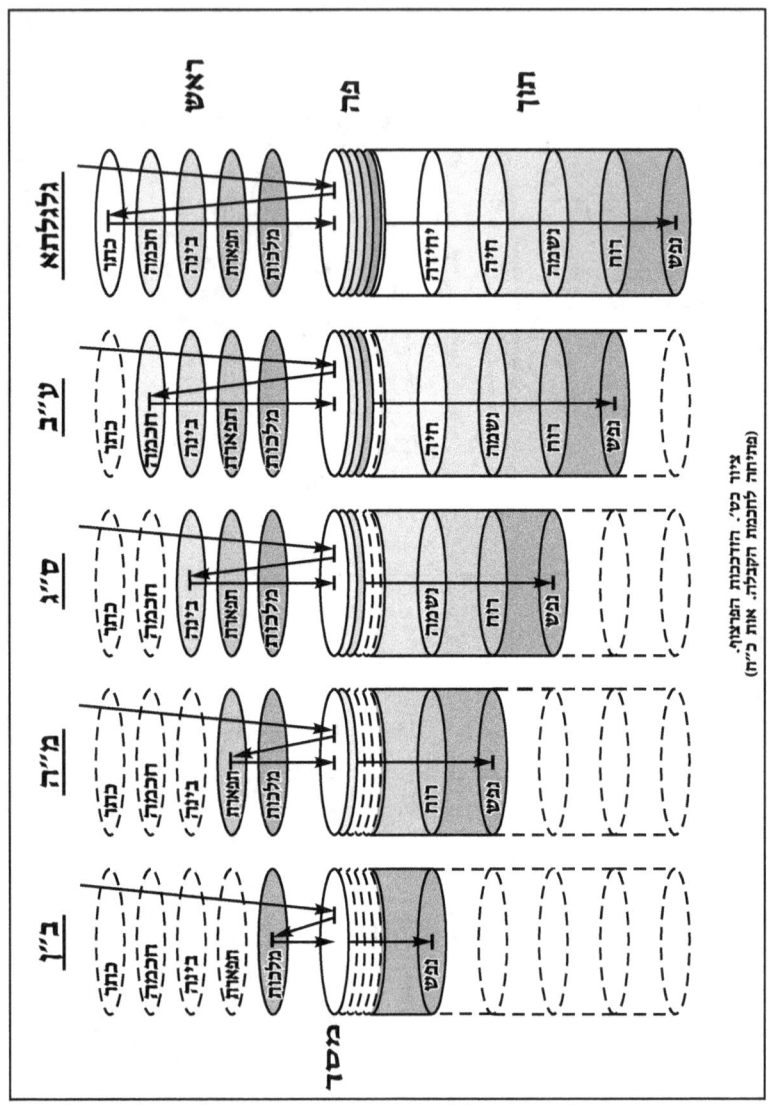

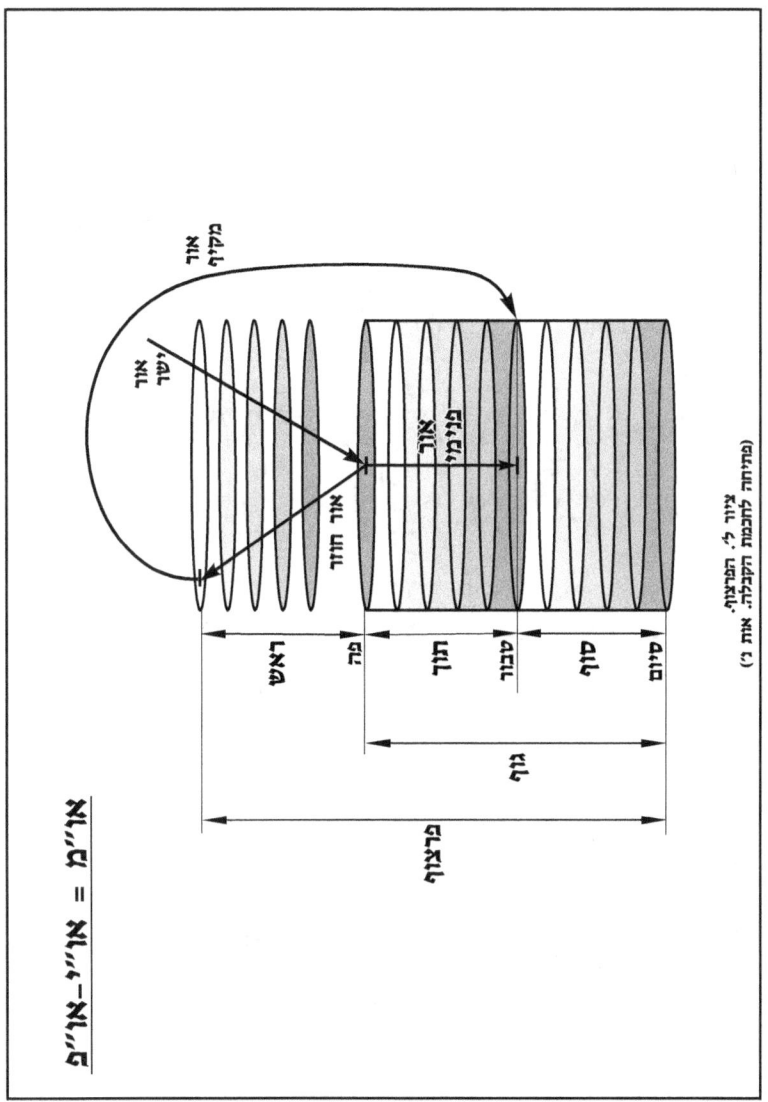

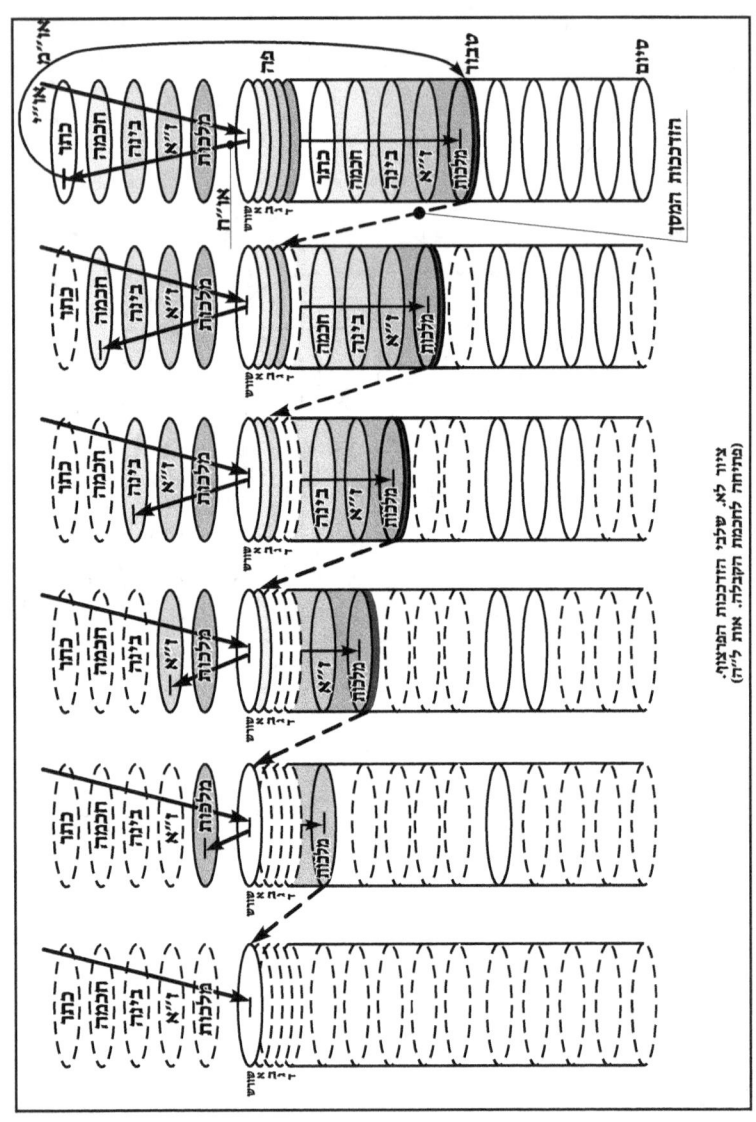

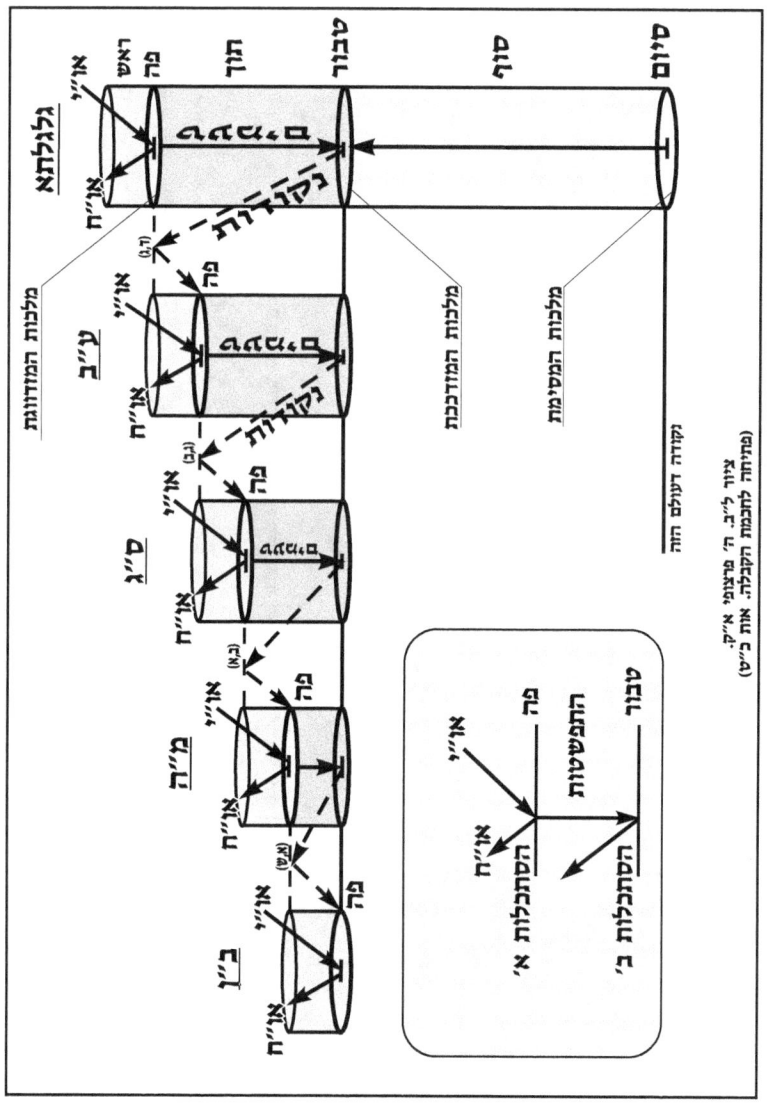

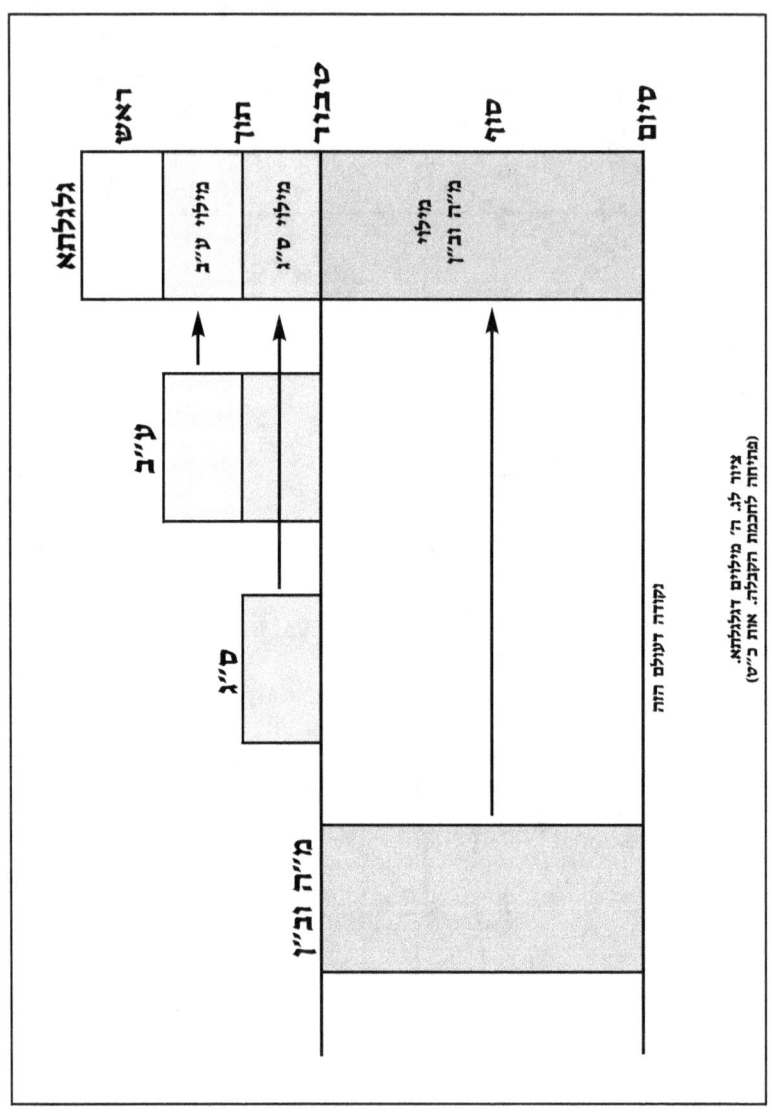

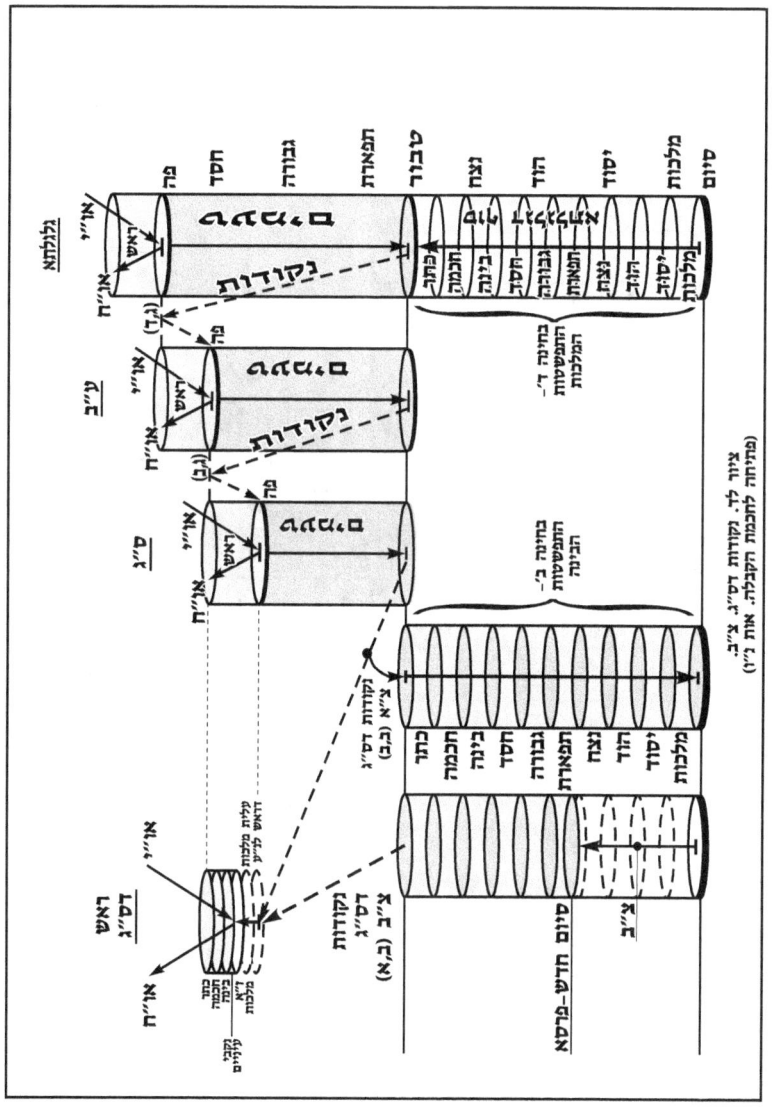

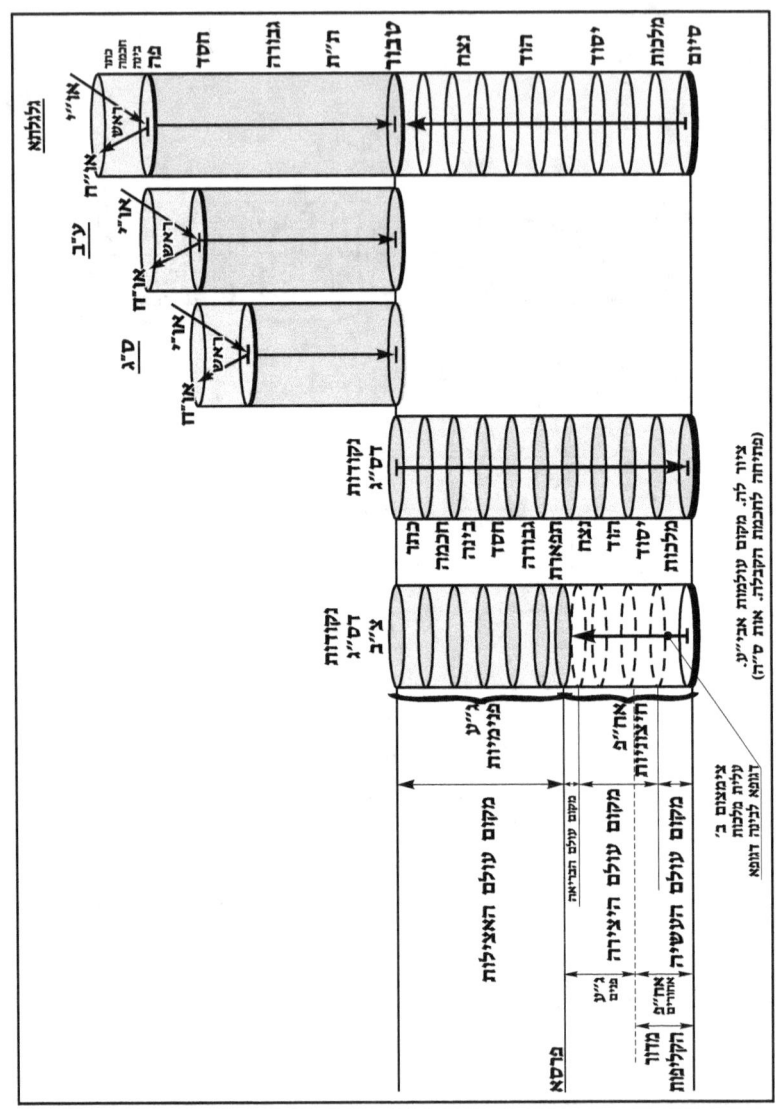

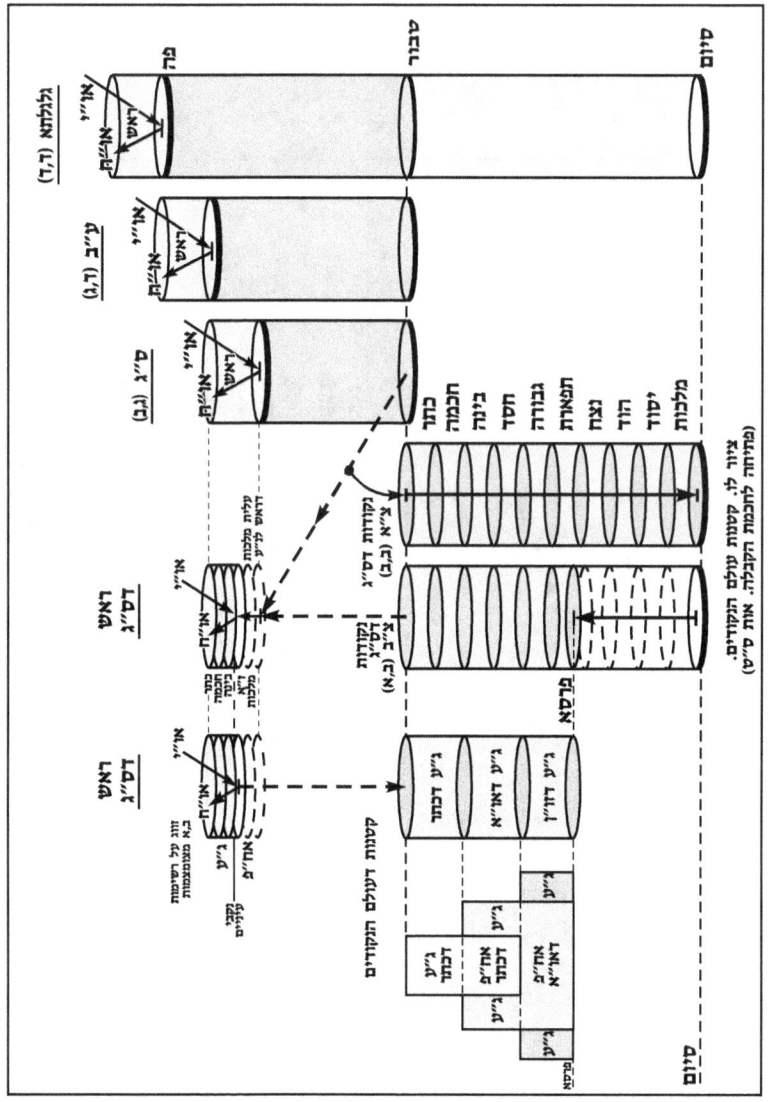

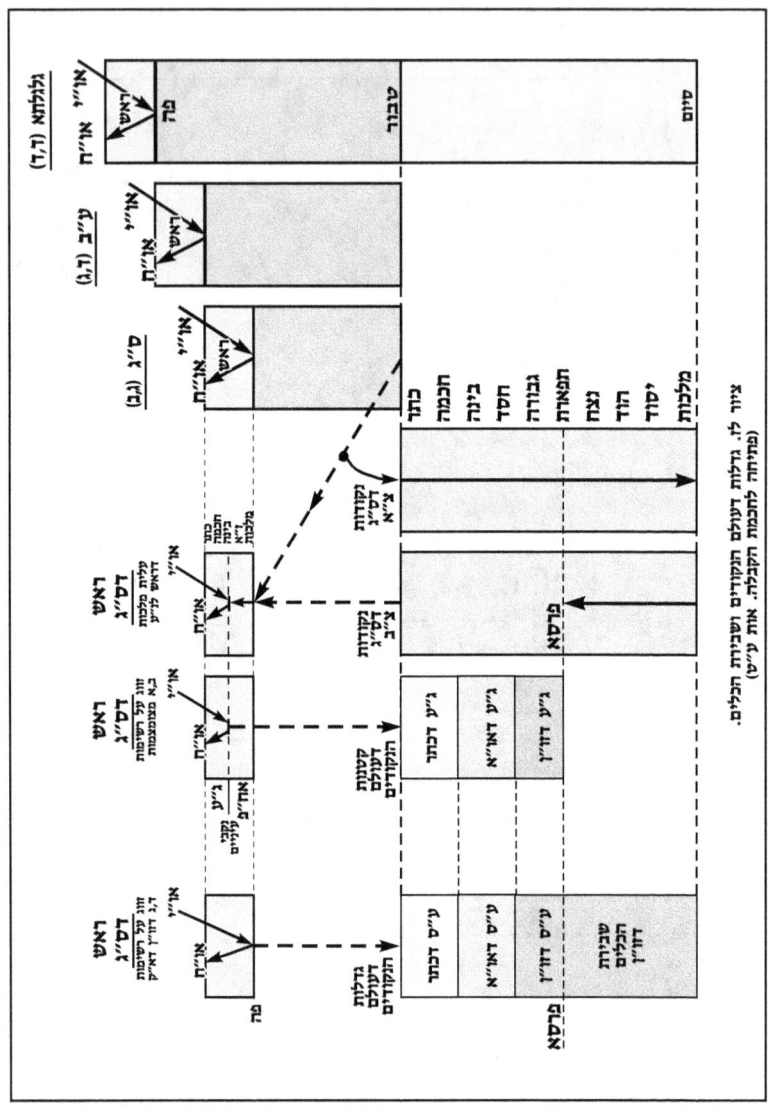

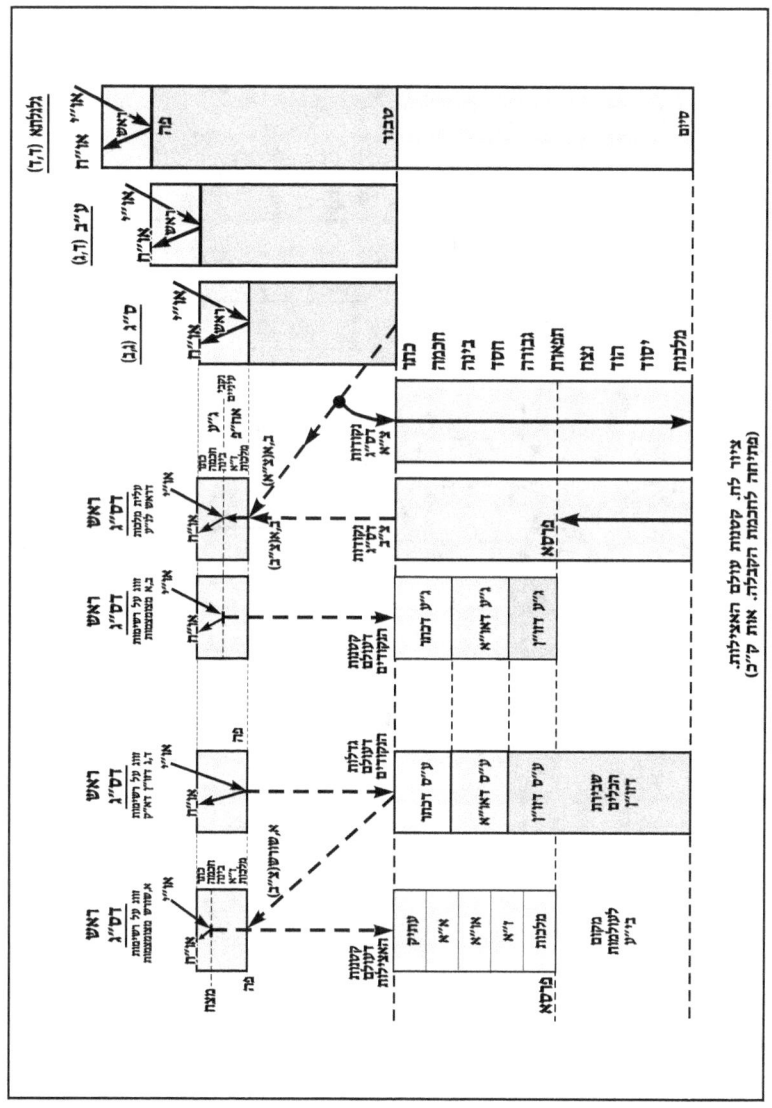

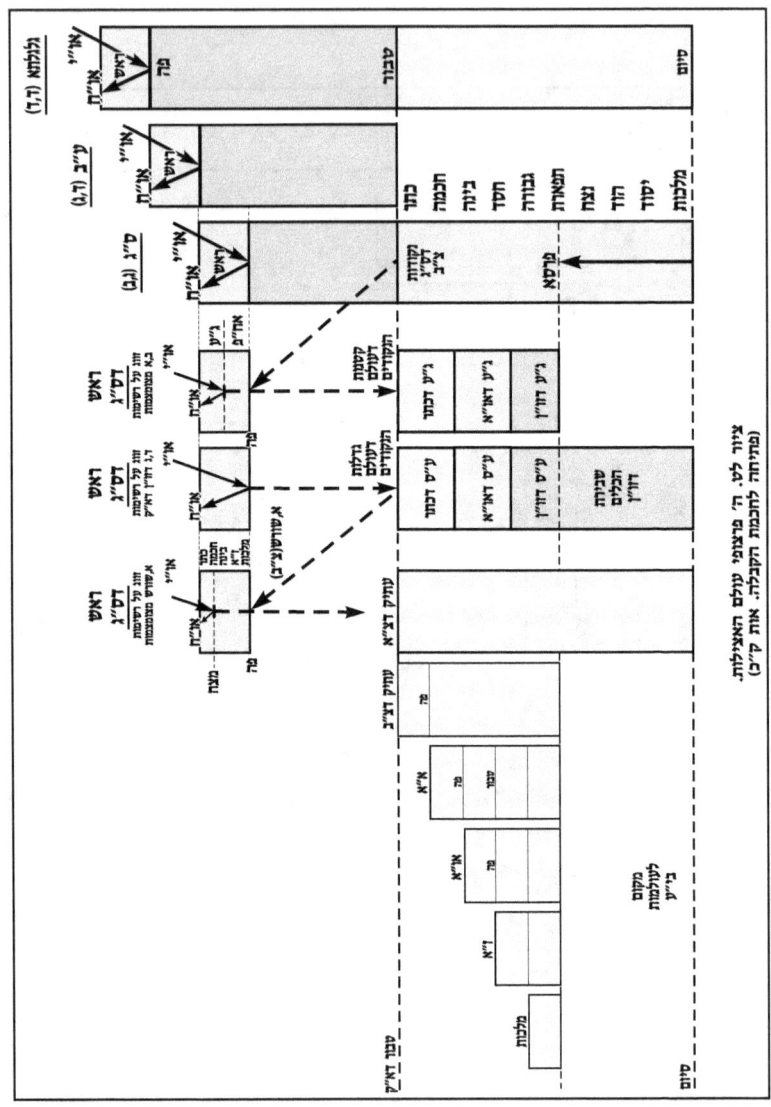

556

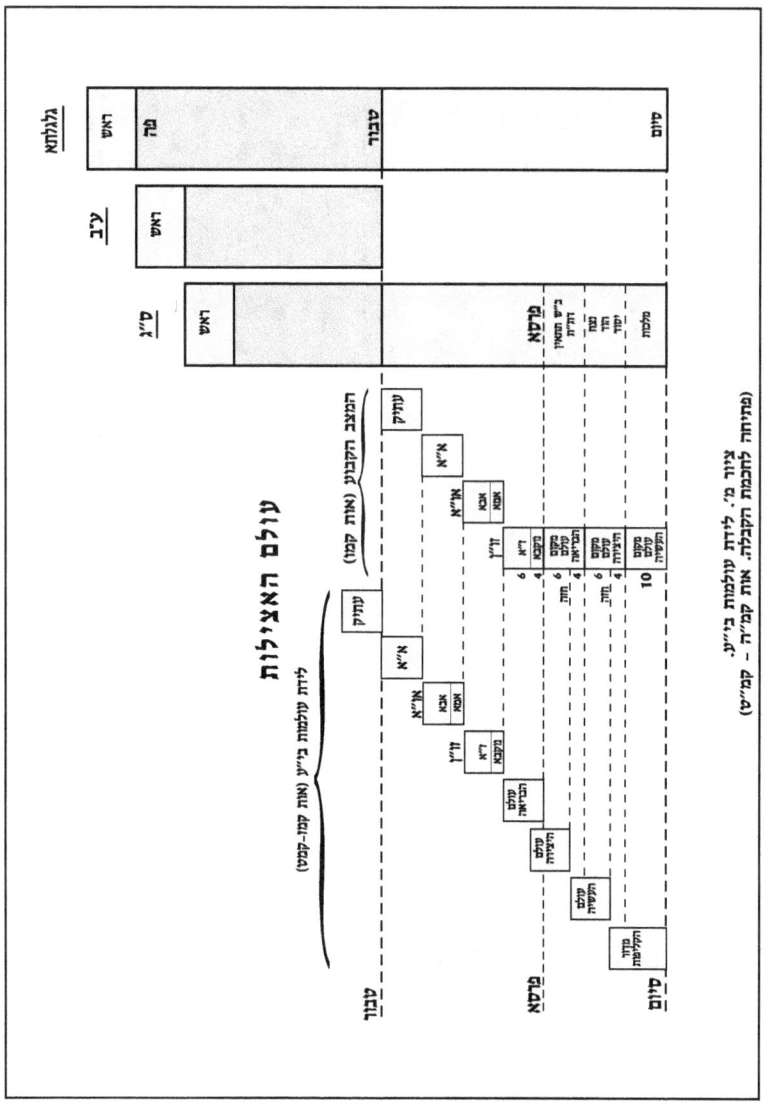

557

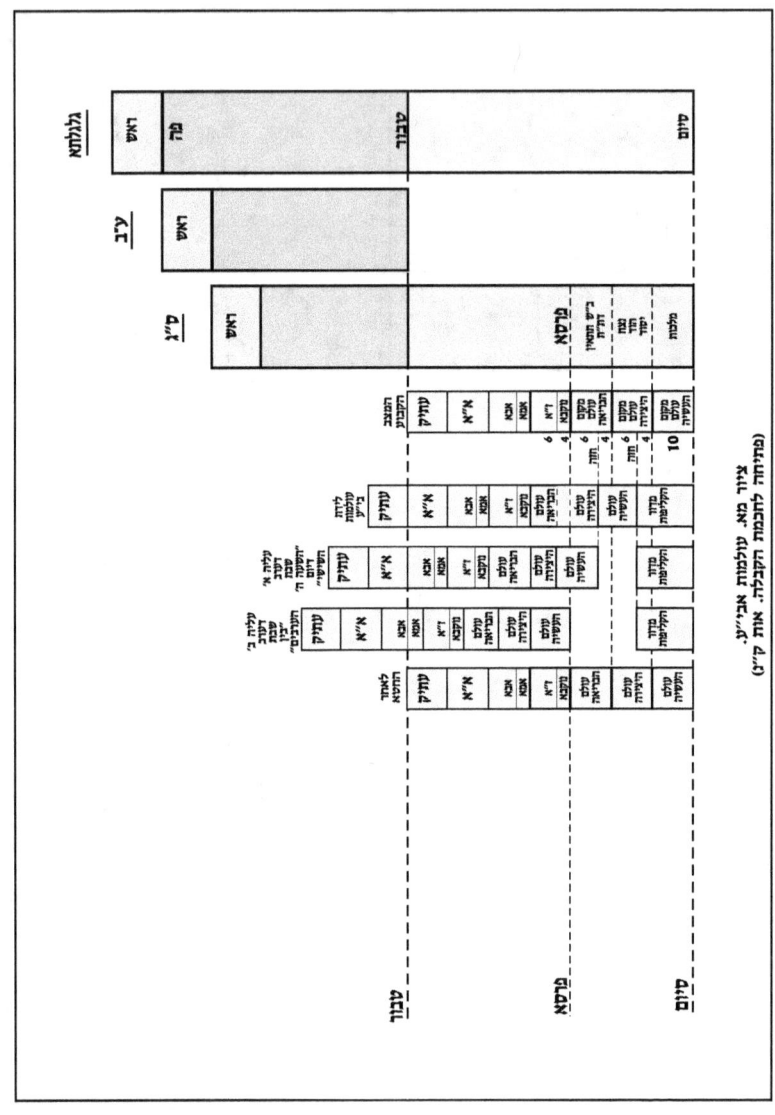

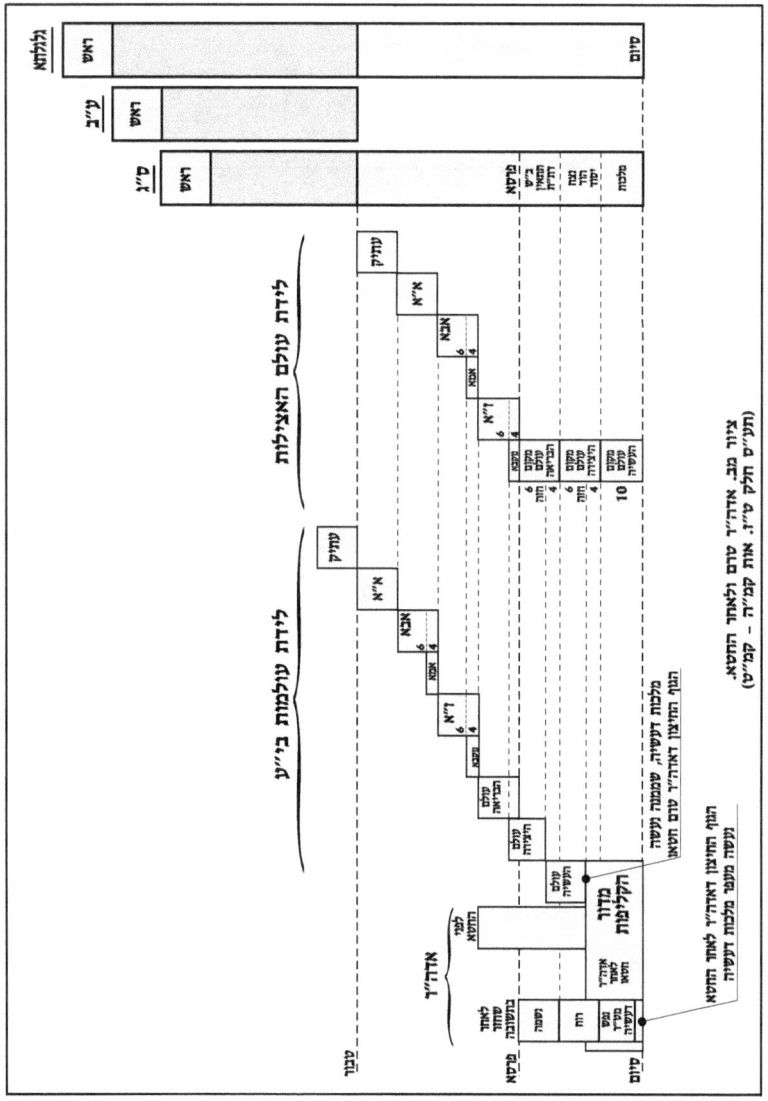

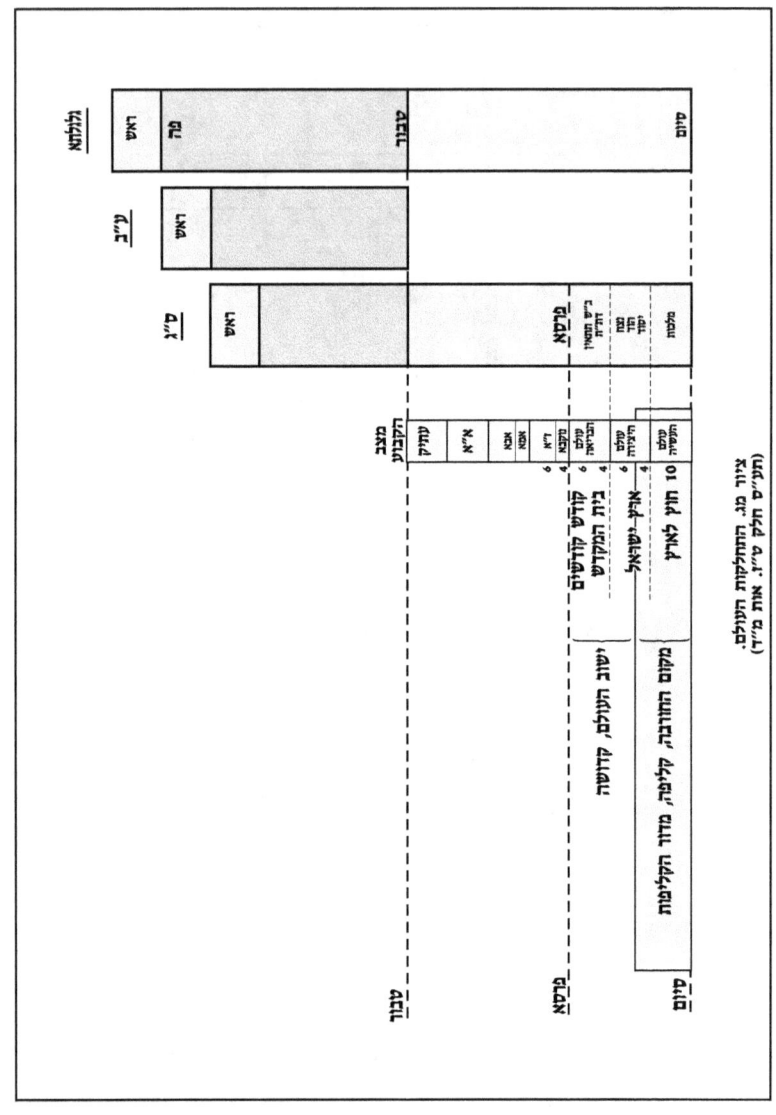

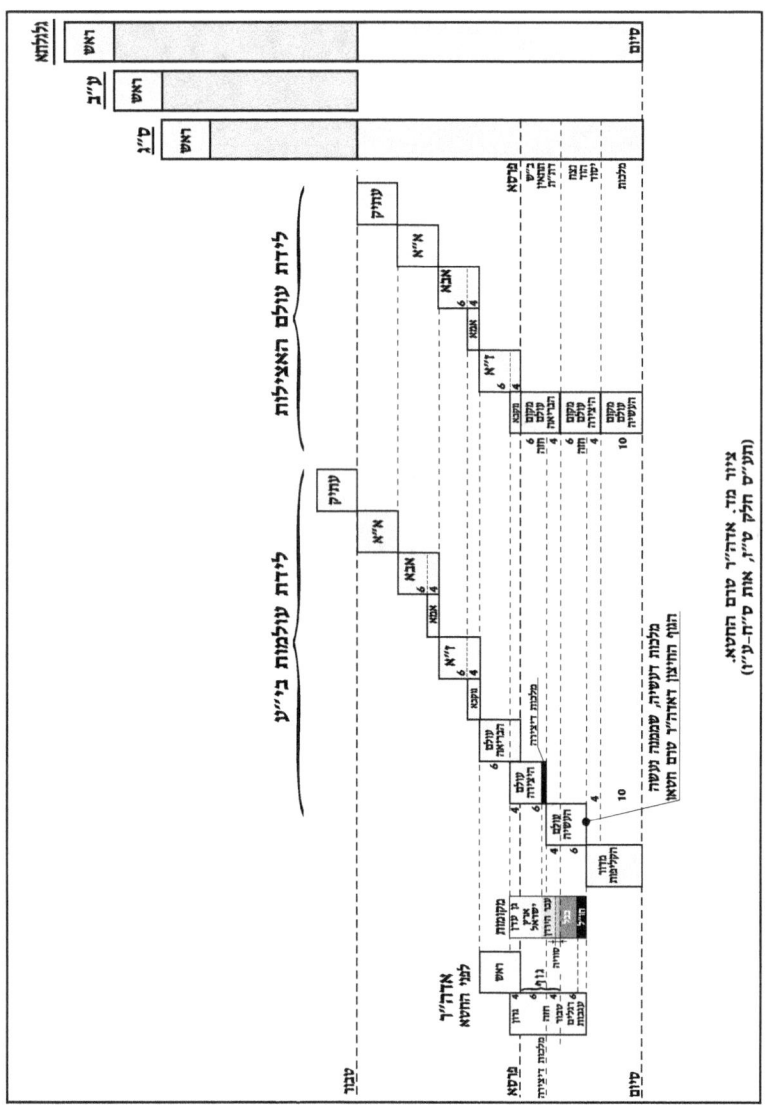

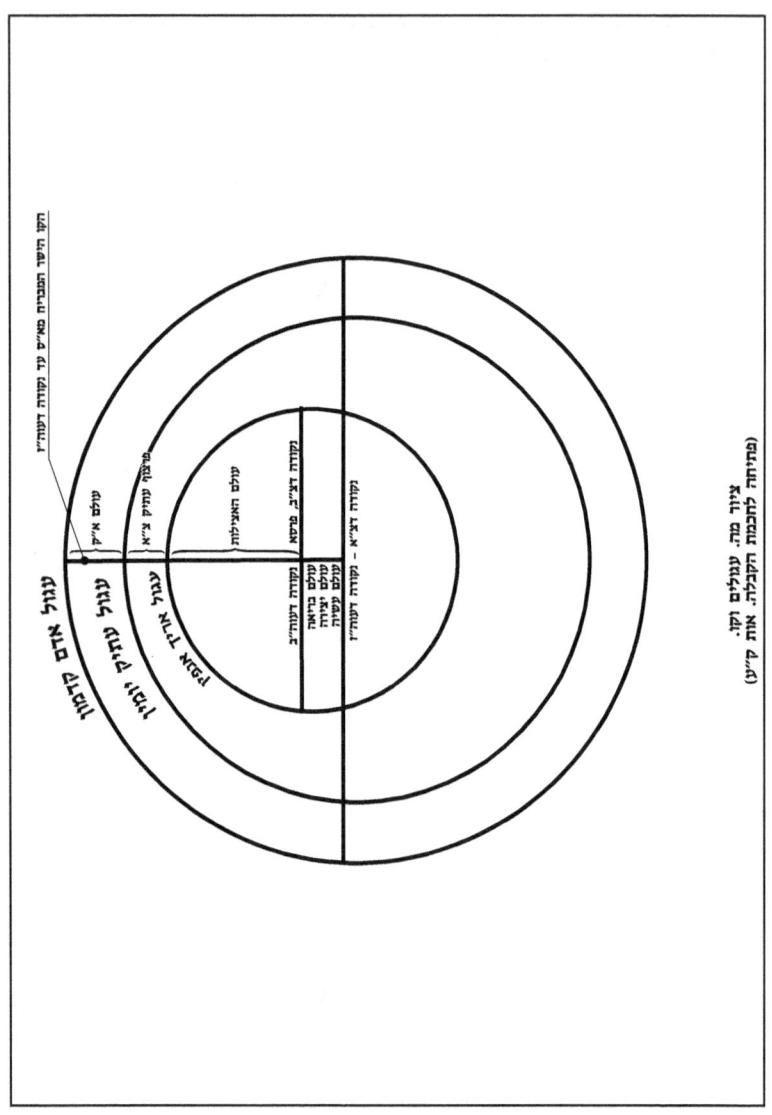

ציור מז. זה לעומת זה.
(פתיחה לחכמת הקבלה. אות קכ"א)

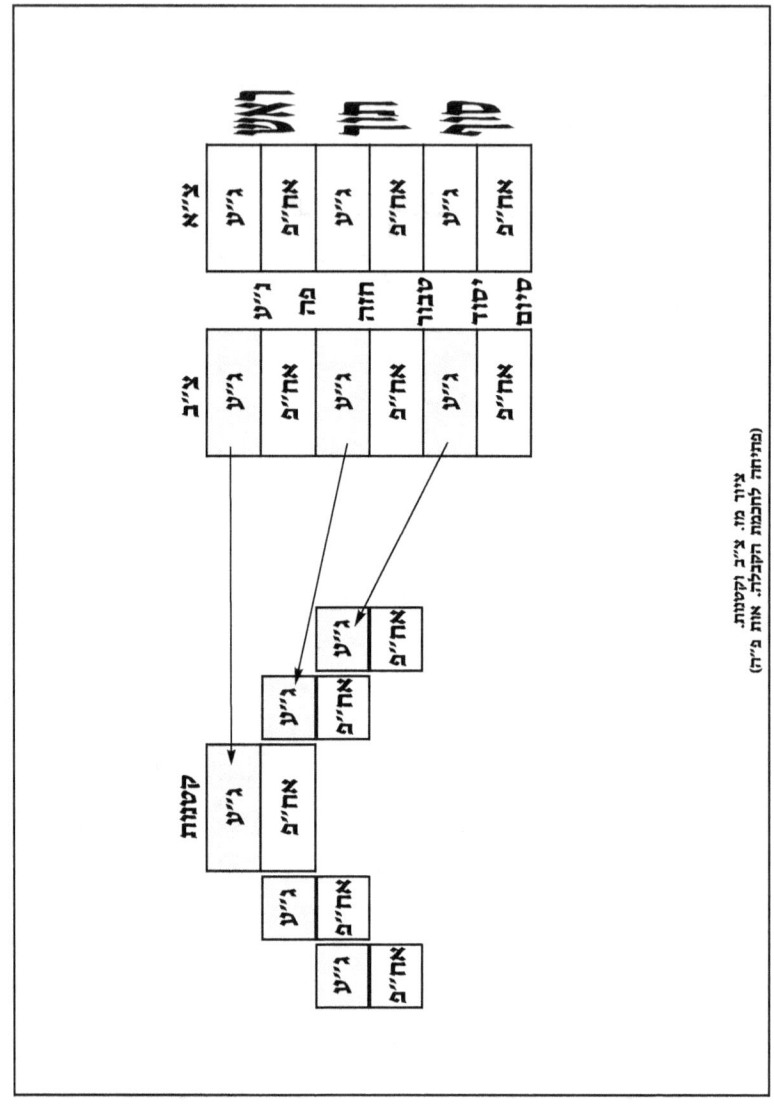

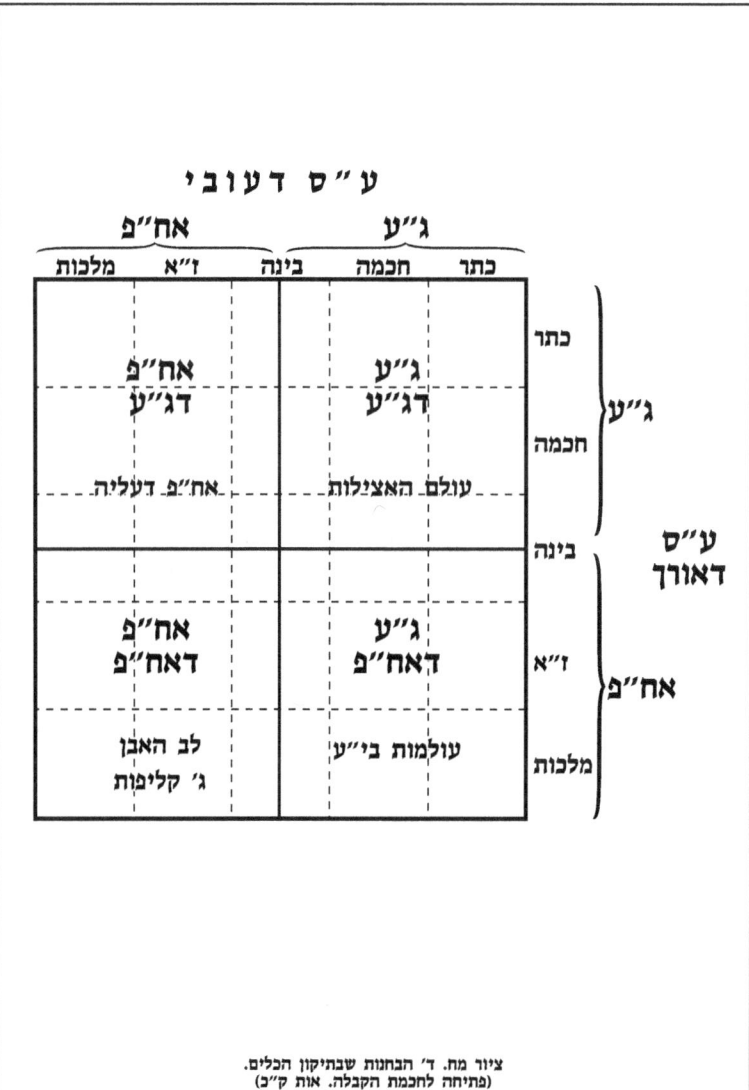

ציור מח. ד' הבחנות שבתיקון הכלים.
(פתיחה לחכמת הקבלה. אות ק"כ)

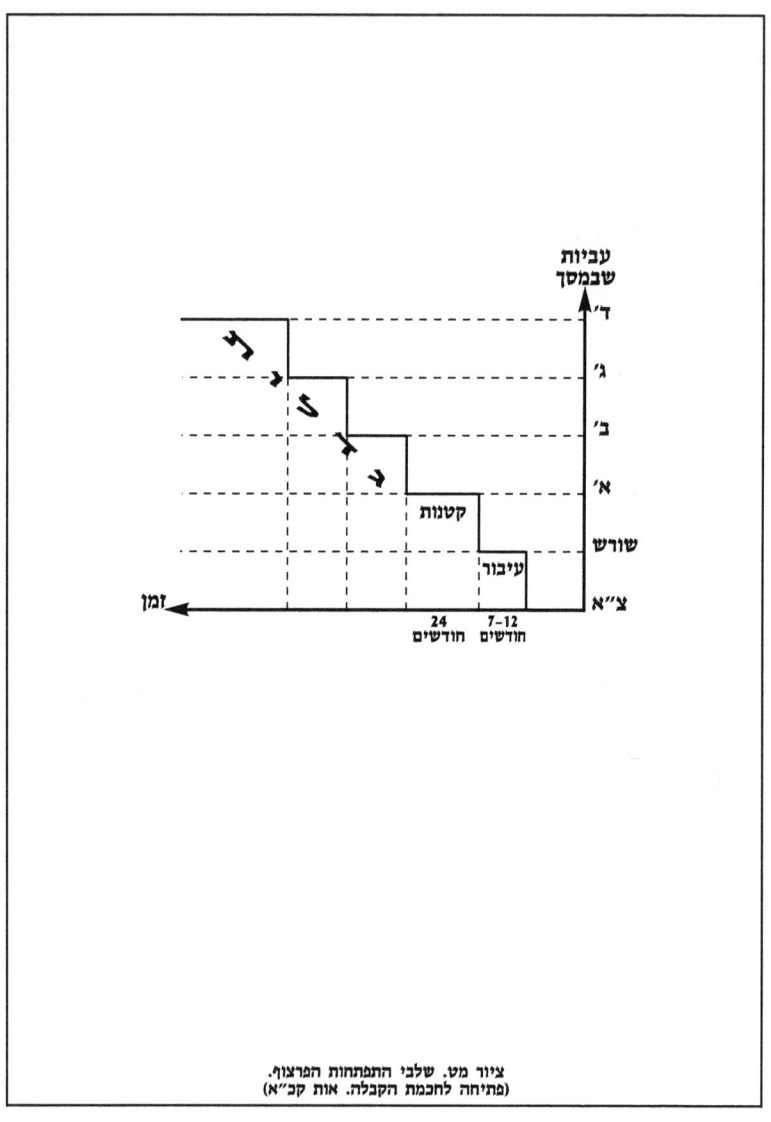

ציור מט. שלבי התפתחות הפרצוף.
(פתיחה לחכמת הקבלה. אות קכ"א)

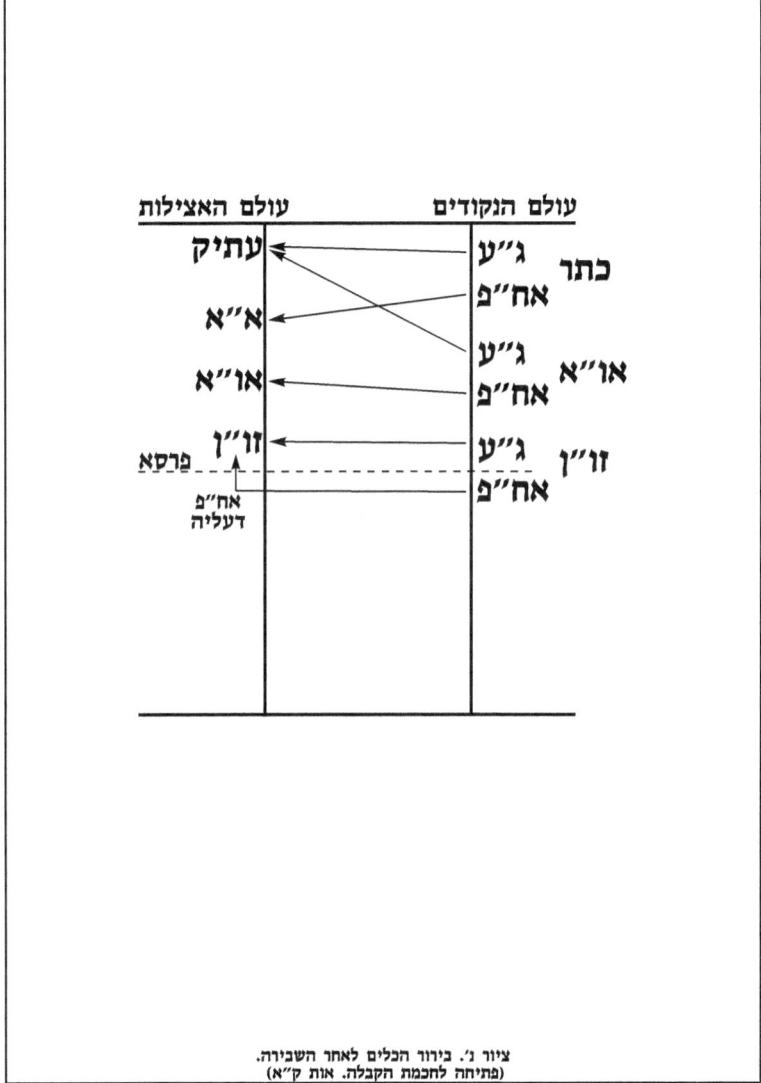

ציור נ'. בירור הכלים לאחר השבירה.
(פתיחה לחכמת הקבלה. אות ק"א)

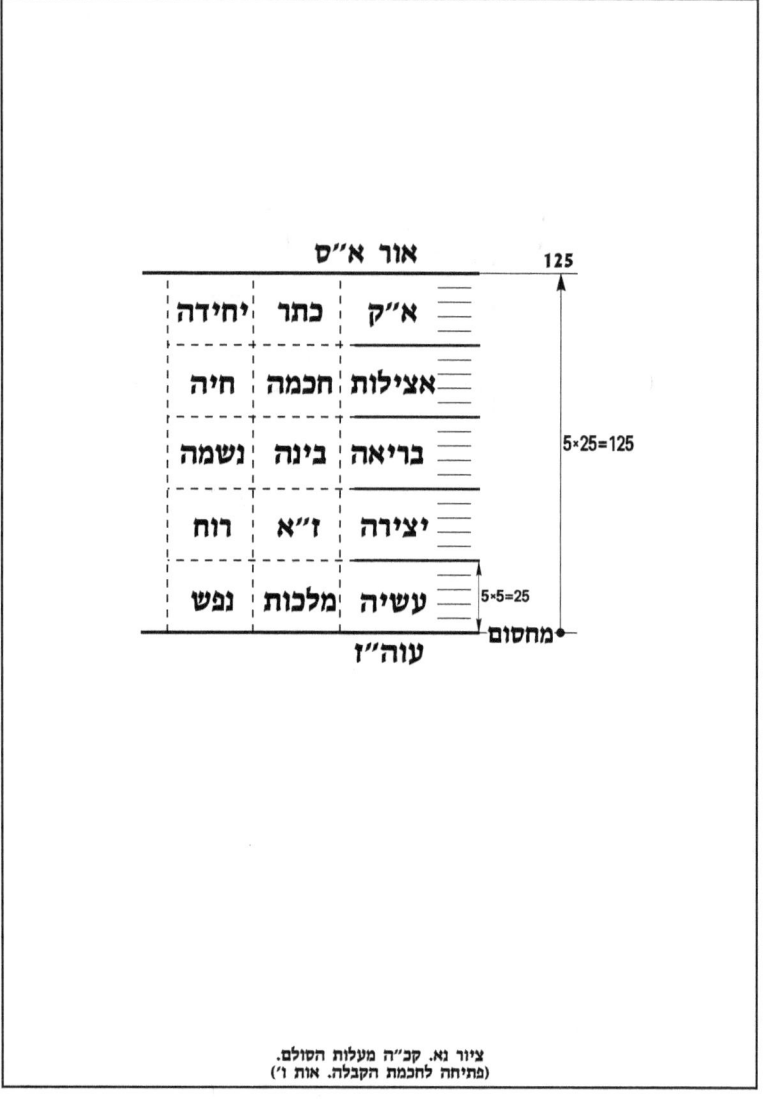

ציור נא. קכ"ה מעלות הסולם.
(פתיחה לחכמת הקבלה. אות ו')

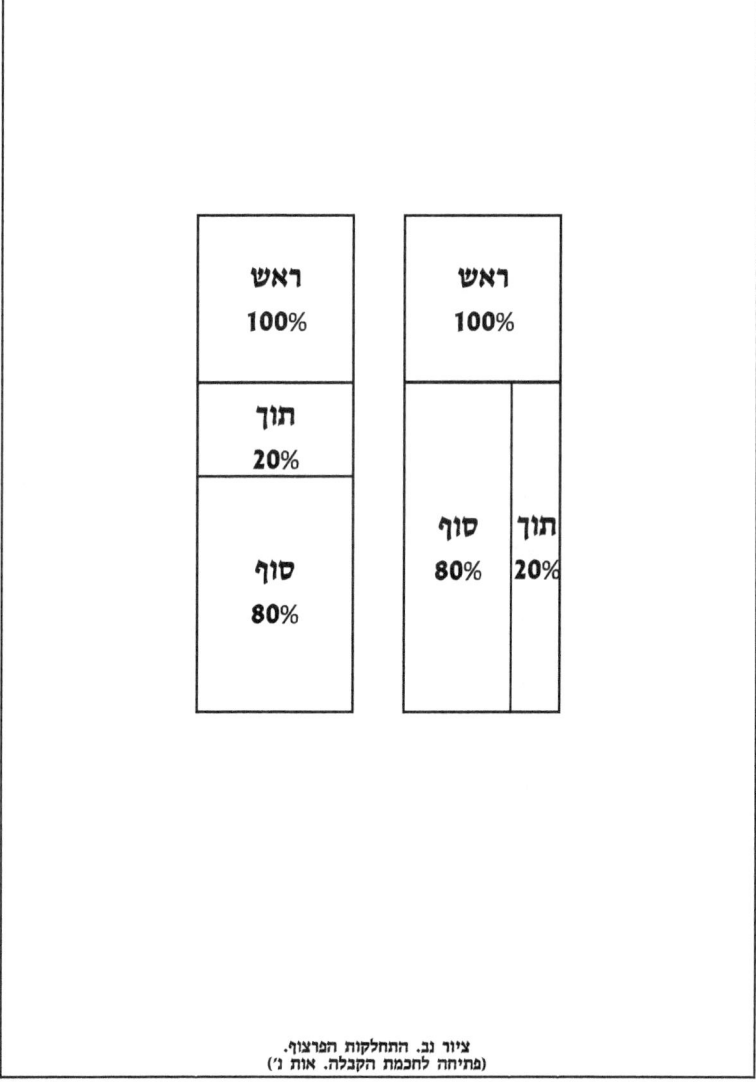

ציור נב. התחלקות הפרצוף.
(פתיחה לחכמת הקבלה. אות נ')

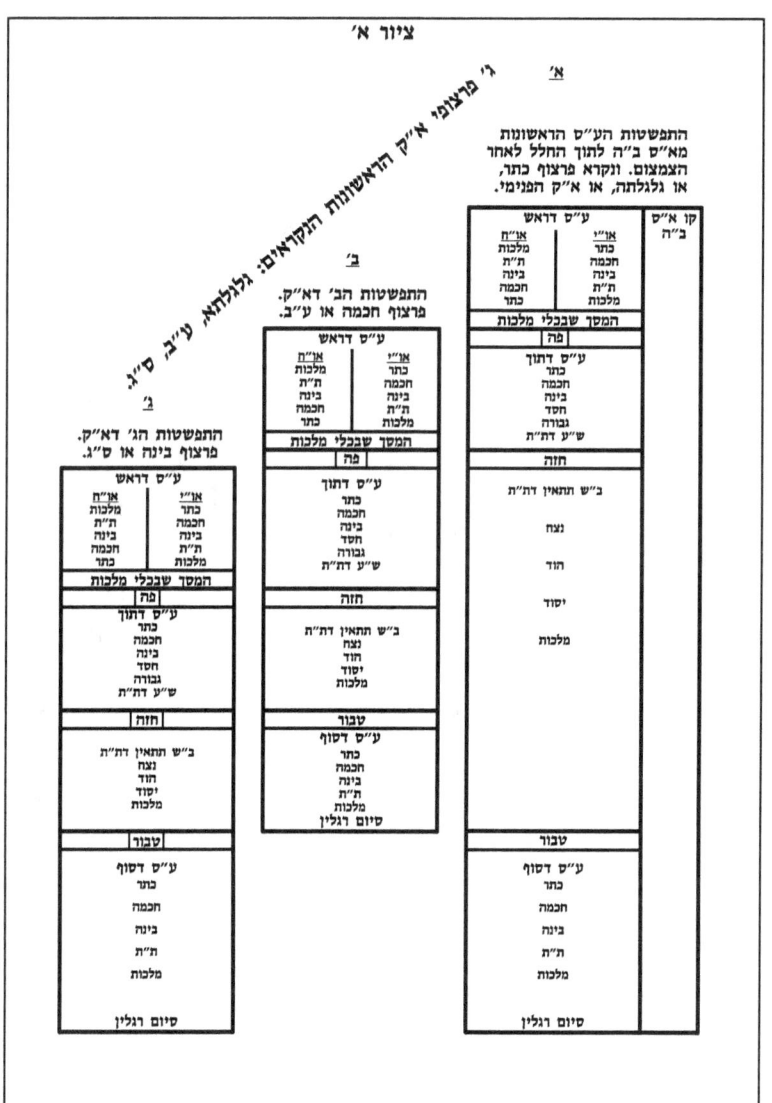

ציור ב'

ד'	ג'	ב'	א'
פרצוף ס"ג דא"ק בעת שבירת הכלים	פרצוף ס"ג דא"ק בעת קטנות	פרצוף ס"ג דא"ק בעת העליה לצ"ב	פרצוף ס"ג דא"ק בעת צמצום א'

עמוד א' (ימין):

ע"ס דראש
גלגלתא – כתר
עינים – חכמה
אזן – בינה
חוטם – ת"ת
פה – מלכות

פה

טעמים דס"ג
כתר
חכמה
בינה
חסד
גבורה
ת"ת
נצח
הוד
יסוד
מלכות

טבור

נקודות דס"ג
כתר
חכמה
בינה
— — —
חסד
גבורה
ש"ע דת"ת

חזה

ב"ש תתאין דת"ת

נצח
הוד
יסוד

מלכות

עמוד ב':

ע"ס דראש
גלגלתא – כתר
עינים – חכמה
נקבי עינים
אזן – בינה
חוטם – ת"ת
פה – מלכות

פה

טבור

מקום עולם האצילות

פרסא

מקום עולם הבריאה

מקום עולם היצירה

מקום עולם העשיה

עמוד ג':

ע"ס דראש
גלגלתא – כתר
עינים – חכמה
נקבי עינים
אזן – בינה
חוטם – ת"ת
פה – מלכות

חזה

ישסו"ת
ראש הא'
דעולם הנקודים

טבור

קטנות
עולם הנקודים
כתר
חכמה   בינה
חסד
גבורה
ת"ת
מצח
הוד
יסוד
מלכות

פרסא

עמוד ד' (שמאל):

ע"ס דראש
גלגלתא – כתר
עינים – חכמה
אזן – בינה
חוטם – ת"ת
פה – מלכות

פה

חזה

ישסו"ת
ראש הא'
דעולם הנקודים

טבור

גדלות
עולם הנקודים
כתר
חכמה   בינה
דעת
חסד
גבורה
ש"ע דת"ת

פרסא

ב"ש תתאין דת"ת

נצח   הוד
יסוד

מלכות

נקודה דעולם הזה

574

ציור ג'

המצב הקבוע דה"פ א"ק וה"פ אצילות, שאינם מתמעטים משיעור זה לעולם.

הקווים המקווקווים הנמשכים מכל ראש של ה"פ אצילות אל הפרצוף שכנגדו בא"ק, מראים על שיעור קומתם שלקחו ויונקים משם.

א — פרצוף כתר

קו א"ס ב"ה:
- ראש כתר יחידה פה
- ע"ב אצילות חיה חזה
- ס"ג בריאה נשמה טבור
- מ"ה יצירה רוח
- ב"ן עשיה נפש

ב — פרצוף ע"ב:
- ראש כתר יחידה פה
- ע"ב אצילות חיה חזה
- ס"ג בריאה נשמה טבור
- מ"ה יצירה רוח
- ב"ן עשיה נפש

ג — פרצוף ס"ג:
- ראש כתר יחידה פה
- ע"ב אצילות חיה חזה
- ס"ג בריאה נשמה טבור
- מ"ה יצירה רוח
- ב"ן עשיה נפש

ד — פרצוף מ"ה:
- ראש כתר יחידה פה
- ע"ב אצילות חיה חזה
- ס"ג בריאה נשמה טבור
- מ"ה יצירה רוח
- ב"ן עשיה נפש

ה — פרצוף ב"ן:
- ראש כתר יחידה פה
- ע"ב אצילות חיה חזה
- ס"ג בריאה נשמה טבור
- מ"ה יצירה רוח
- ב"ן עשיה נפש

ו — פרצוף עתיק:
- ראש כתר יחידה פה
- ע"ב אצילות חיה חזה
- ס"ג בריאה נשמה טבור
- מ"ה יצירה רוח
- ב"ן עשיה נפש

ז — פרצוף א"א:
- ראש כתר יחידה פה
- ע"ב אצילות חיה חזה
- ס"ג בריאה נשמה טבור
- מ"ה יצירה רוח
- ב"ן עשיה נפש

ח — פרצוף או"א:
- ראש כתר יחידה פה
- ע"ב אצילות חיה חזה
- ס"ג בריאה נשמה טבור
- מ"ה יצירה רוח
- ב"ן עשיה נפש

ט — פרצוף ישסו"ת:
- ראש כתר יחידה פה
- ע"ב אצילות חיה חזה
- ס"ג בריאה נשמה טבור
- מ"ה יצירה רוח
- ב"ן עשיה נפש

י — פרצוף זו"ן:
- ראש כתר יחידה פה
- ע"ב אצילות חיה חזה
- ס"ג בריאה נשמה טבור
- מ"ה יצירה רוח
- ב"ן עשיה נפש

עולם אדם קדמון

עולם האצילות

סיום עולם האצילות — פרסא
- עולם הבריאה
- עולם היצירה
- עולם העשיה

נקודה דעולם הזה

סיום

ציור ד'

עמידת הז"א אחר השגת נשמה בערך הקבוע דה"פ א"ק ואצילות.

עולם אדם קדמון

עולם האצילות

א — פרצוף כתר

ב — פרצוף ע"ב

ג — פרצוף ס"ג

ד — פרצוף מ"ה

ה — פרצוף ב"ן

ו — פרצוף עתיק

ז — פרצוף א"א

ח — פרצוף או"א

ט — פרצוף ישסו"ת

י — פרצוף זו"ן

קו א"ס ב"ה

ראש כתר יחידה פה
ע"ב אצילות חיה חזה
ס"ג בריאה נשמה טבור
מ"ה יצירה רוח
ב"ן עשיה נפש

סיום עולם האצילות – פרסא

עולם הבריאה

עולם היצירה

עולם העשיה

מקום עולם העשיה

סיום

נקודה דעולם הזה

ציור ה'
עמידת הז"א אחר השגת חיה בערך הקבוע דה"פ א"ק ואצילות.

עולם אדם קדמון

עולם האצילות

א — <u>פרצוף כתר</u>

ב — <u>פרצוף ע"ב</u> | ראש כתר יחידה פה

ג — <u>פרצוף ס"ג</u> | ראש כתר יחידה פה | ע"ב אצילות חיה חזה

ד — <u>פרצוף מ"ה</u> | ראש כתר יחידה פה | ע"ב אצילות חיה חזה | ס"ג בריאה נשמה טבור

ה — <u>פרצוף ב"ן</u> | ראש כתר יחידה פה | ע"ב אצילות חיה חזה | ס"ג בריאה נשמה טבור | מ"ה יצירה רוח

ו — <u>פרצוף עתיק</u> | ראש כתר יחידה פה | ע"ב אצילות חיה חזה | ס"ג בריאה נשמה טבור | מ"ה יצירה רוח | ב"ן עשיה נפש

ז — <u>פרצוף א"א</u> | ראש כתר יחידה פה | ע"ב אצילות חיה חזה | ס"ג בריאה נשמה טבור | מ"ה יצירה רוח | ב"ן עשיה נפש

ח — <u>פרצוף או"א</u> | ראש כתר יחידה פה | ע"ב אצילות חיה חזה | ס"ג בריאה נשמה טבור | מ"ה יצירה רוח | ב"ן עשיה נפש

ט — <u>פרצוף ישסו"ת</u> | ראש כתר יחידה פה | ע"ב אצילות חיה חזה | ס"ג בריאה נשמה טבור | מ"ה יצירה רוח | ב"ן עשיה נפש

י — <u>פרצוף זו"ן</u> | ראש כתר יחידה פה | ע"ב אצילות חיה חזה | ס"ג בריאה נשמה טבור | מ"ה יצירה רוח | ב"ן עשיה נפש

קו א"ס ב"ה

סיום עולם האצילות – פרסא

עולם הבריאה
עולם היצירה
עולם העשיה
מקום עולם היצירה
מקום עולם העשיה

סיום

נקודה דעולם הזה

ציור ו'

עמידת הז"א אחר השגת יחידה בערך הקבוע דה"פ א"ק ואצילות.

עולם אדם קדמון — *עולם האצילות*

קו א"ס ב"ה

(א) פרצוף כתר
- ראש — כתר — יחידה — פה
- ע"ב — אצילות — חיה — חזה
- ס"ג — בריאה — נשמה — טבור
- מ"ה — יצירה — רוח
- ב"ן — עשיה — נפש

(ב) פרצוף ע"ב
- ראש — כתר — יחידה — פה
- ע"ב — אצילות — חיה — חזה
- ס"ג — בריאה — נשמה — טבור
- מ"ה — יצירה — רוח
- ב"ן — עשיה — נפש

(ג) פרצוף ס"ג
- ראש — כתר — יחידה — פה
- ע"ב — אצילות — חיה — חזה
- ס"ג — בריאה — נשמה — טבור
- מ"ה — יצירה — רוח
- ב"ן — עשיה — נפש

(ד) פרצוף מ"ה
- ראש — כתר — יחידה — פה
- ע"ב — אצילות — חיה — חזה
- ס"ג — בריאה — נשמה — טבור
- מ"ה — יצירה — רוח
- ב"ן — עשיה — נפש

(ה) פרצוף ב"ן
- ראש — כתר — יחידה — פה
- ע"ב — אצילות — חיה — חזה
- ס"ג — בריאה — נשמה — טבור
- מ"ה — יצירה — רוח
- ב"ן — עשיה — נפש

(ו) פרצוף עתיק
- ראש — כתר — יחידה — פה
- ע"ב — אצילות — חית — חזה
- ס"ג — בריאה — נשמה — טבור
- מ"ה — יצירה — רוח
- ב"ן — עשיה — נפש

(ז) פרצוף א"א
- ראש — כתר — יחידה — פה
- ע"ב — אצילות — חית — חזה
- ס"ג — בריאה — נשמה — טבור
- מ"ה — יצירה — רוח
- ב"ן — עשיה — נפש

(ח) פרצוף או"א
- ראש — כתר — יחידה — פה
- ע"ב — אצילות — חיה — חזה
- ס"ג — בריאה — נשמה — טבור
- מ"ה — יצירה — רוח
- ב"ן — עשיה — נפש

(ט) פרצוף ישסו"ת
- ראש — כתר — יחידה — פה
- ע"ב — אצילות — חיה — חזה
- ס"ג — בריאה — נשמה — טבור
- מ"ה — יצירה — רוח
- ב"ן — עשיה — נפש

(י) פרצוף זו"ן
- ראש — כתר — יחידה — פה
- ע"ב — אצילות — חיה — חזה
- ס"ג — בריאה — נשמה — טבור
- מ"ה — יצירה — רוח
- ב"ן — עשיה — נפש

עולם הבריאה
עולם היצירה
עולם העשיה

סיום עולם האצילות – פרסא

מקום עולם הבריאה
מקום עולם היצירה
מקום עולם העשיה

סיום

נקודה דעולם הזה

ציור ז'
עמידת כל ה"פ אצילות וג' עלמין בי"ע אחר השגת נשמה שלהם בערך הקבוע דה"פ א"ק.

הקוים המקווקוים הנמשכים מכל ראש של ה"פ אצילות אל הפרצוף שכנגדו בא"ק, מראים על שיעור קומתם שלקחו ויונקים משם.

עולם כתר

עולם אדם קדמון

עולם האצילות

פרצוף כתר		
ראש כתר יחידה פה		קו א"ס ב"ה

| פרצוף ע"ב | ראש כתר יחידה פה | |
| ע"ב אצילות חיה חזה | | |

פרצוף עתיק	פרצוף ס"ג	ראש כתר יחידה פה
ראש כתר יחידה פה	ע"ב אצילות חיה חזה	
	ס"ג בריאה נשמה טבור	

פרצוף א"א	פרצוף מ"ה	ראש כתר יחידה פה
ראש כתר יחידה פה	ע"ב אצילות חיה חזה	ע"ב אצילות חיה חזה
ע"ב אצילות חיה חזה	ס"ג בריאה נשמה טבור	ס"ג בריאה נשמה טבור
	מ"ה יצירה רוח	מ"ה יצירה רוח

פרצוף או"א	פרצוף ב"ן	ראש כתר יחידה פה
ראש כתר יחידה פה	ע"ב אצילות חיה חזה	ע"ב אצילות חיה חזה
ע"ב אצילות חיה חזה	ס"ג בריאה נשמה טבור	ס"ג בריאה נשמה טבור
ס"ג בריאה נשמה טבור	מ"ה יצירה רוח	מ"ה יצירה רוח
	ב"ן עשיה נפש	ב"ן עשיה נפש

פרצוף ישסו"ת	ראש כתר יחידה פה	
ראש כתר יחידה פה	ע"ב אצילות חיה חזה	
ע"ב אצילות חיה חזה	ס"ג בריאה נשמה טבור	
ס"ג בריאה נשמה טבור	מ"ה יצירה רוח	
מ"ה יצירה רוח	ב"ן עשיה נפש	

פרצוף זו"ן		
ראש כתר יחידה פה	ע"ב אצילות חיה חזה	ס"ג בריאה נשמה טבור	מ"ה יצירה רוח	ב"ן עשיה נפש
ראש כתר יחידה פה		
ע"ב אצילות חיה חזה		
ס"ג בריאה נשמה טבור	ב"ן עשיה נפש	
מ"ה יצירה רוח		
ב"ן עשיה נפש		

עולם הבריאה

סיום עולם האצילות – פרסא

עולם היצירה

עולם העשיה

מקום עולם העשיה

נקודה דעולם הזה

סיום

ציור ח'

עמידת כל ה"פ אצילות וג' עלמין בי"ע אחר השגת חיה שלהם בערך הקבוע דה"פ א"ק.

הקוים המקווקוים תומשכים מכל ראש של ה"פ אצילות אל הפרצוף שכנגדו בא"ק, מראים על שיעור קומתם שלקחו זיונקים משם.

עולם האצילות — **עולם אדם קדמון**

פרצוף כתר

פרצוף זו"נ	פרצוף ישסו"ת	פרצוף או"א	פרצוף א"א	פרצוף עתיק		פרצוף ב"ן	פרצוף מ"ה	פרצוף ס"ג	פרצוף ע"ב	פרצוף כתר	קו א"ס ב"ה
				ראש כתר יחידה פה						ראש כתר יחידה פה	
			ראש כתר יחידה פה	ע"ב אצילות חיה חזה					ראש כתר יחידה פה	ע"ב אצילות חיה חזה	
		ראש כתר יחידה פה	ע"ב אצילות חיה חזה	ס"ג בריאה נשמה טבור	ראש ב"ן			ראש כתר יחידה פה	ע"ב אצילות חיה חזה	ס"ג בריאה נשמה טבור	
	ראש כתר יחידה פה	ע"ב אצילות חיה חזה	ס"ג בריאה נשמה טבור	מ"ה יצירה רוח	ראש כתר יחידה פה		ראש כתר יחידה פה	ע"ב אצילות חיה חזה	ס"ג בריאה נשמה טבור	מ"ה יצירה רוח	
ראש כתר יחידה פה	ע"ב אצילות חיה חזה	ס"ג בריאה נשמה חזה	מ"ה יצירה רוח	ב"ן עשיה נפש	ע"ב אצילות חיה חזה	ראש כתר יחידה פה	ע"ב אצילות חיה חזה	ס"ג בריאה נשמה טבור	מ"ה יצירה רוח	ב"ן עשיה נפש	
ע"ב אצילות חיה פה	ס"ג בריאה נשמה חזה	מ"ה יצירה רוח	ב"ן עשיה נפש		ס"ג בריאה נשמה טבור	ע"ב אצילות חיה חזה	ס"ג בריאה נשמה טבור	מ"ה יצירה רוח	ב"ן עשיה נפש		
ע"ב אצילות חיה חזה	ס"ג בריאה נשמה טבור	מ"ה יצירה רוח	ב"ן עשיה נפש		מ"ה יצירה רוח	ס"ג בריאה נשמה טבור	מ"ה יצירה רוח	ב"ן עשיה נפש			
ס"ג בריאה נשמה טבור	מ"ה יצירה רוח	ב"ן עשיה נפש			מ"ה יצירה רוח	ב"ן עשיה נפש					
מ"ה יצירה רוח	ב"ן עשיה נפש				ב"ן עשיה נפש						
ב"ן עשיה נפש											
עולם הבריאה											
עולם היצירה											

סיום עולם האצילות – פרסא

עולם העשיה											
מקום עולם היצירה											
מקום עולם העשיה											סיום

נקודה דעולם הזה

ציור ט'

עמידת כל ה"פ אצילות וג' עלמין בי"ע אחר השגת יחידה שלהם בערך הקבוע דה"פ א"ק.

חקוים המקוקוים הנמשכים מכל ראש של ח"פ אצילות אל הפרצוף שכנגדו בא"ק, מראים על שיעור קומתם שלקחו ויונקים משם.

עולם האצילות   עולם אדם קדמון

פרצוף עתיק   **פרצוף כתר**   קו א"ס ב"ה

פרצוף א"א	**ראש כתר יחידה פה**			**פרצוף ע"ב**	**ראש כתר יחידה פה**	
פרצוף או"א	**ראש כתר יחידה פה**	**ע"ב אצילות חיה חזה**		**פרצוף ס"ג**	**ראש כתר יחידה פה**	**ע"ב אצילות חיה חזה**
פרצוף ישסו"ת	**ראש כתר יחידה פה**	**ע"ב אצילות חיה חזה**	**ס"ג בריאה נשמה טבור**	**פרצוף מ"ה**	**ראש כתר יחידה פה**	**ע"ב אצילות חיה חזה**
פרצוף זו"ן	**ראש כתר יחידה פה**	**ע"ב אצילות חיה חזה**	**ס"ג בריאה נשמה טבור**	**מ"ה יצירה רוח**	**פרצוף ב"ן**	**ראש כתר יחידה פה**
ראש כתר יחידה פה	**ע"ב אצילות חיה חזה**	**ס"ג בריאה נשמה טבור**	**מ"ה יצירה רוח**	**ב"ן עשיה נפש**	**ראש כתר יחידה פה**	
ע"ב אצילות חיה חזה	**ס"ג בריאה נשמה טבור**	**מ"ה יצירה רוח**	**ב"ן עשיה נפש**	**ע"ב אצילות חיה חזה**	**מ"ה יצירה רוח**	**ב"ן עשיה נפש**
ס"ג בריאה נשמה טבור	**מ"ה יצירה רוח**	**ב"ן עשיה נפש**		**ס"ג בריאה נשמה טבור**	**מ"ה יצירה רוח**	**ב"ן עשיה נפש**
מ"ה יצירה רוח	**ב"ן עשיה נפש**			**מ"ה יצירה רוח**	**ב"ן עשיה נפש**	
ב"ן עשיה נפש				**ב"ן עשיה נפש**		
עולם הבריאה						
עולם היצירה						
עולם העשיה						
			סיום עולם האצילות – פרסא			
מקום עולם הבריאה						
מקום עולם היצירה						
מקום עולם העשיה						**סיום**

נקודה דעולם הזה

581

ציור י'

עמידת כל העולמות והפרצופין דהיינו ה"פ א"ק וה"פ אצילות וג' עלמין בי"ע אחר
השגת נשמה שלהם בערך הקבוע דקו א"ס ב"ה.

הקוים המקווקוים הנמשכים מכל ראש של ה"פ אצילות אל הפרצוף שכנגדו בא"ק, מראים על שיעור קומתם שלקחו ויונקים משם.

עולם אדם קדמון

עולם האצילות

א פרצוף כתר ע"ב	ב פרצוף ע"ב
קו א"ס ב"ה	

ג פרצוף ס"ג

ד פרצוף מ"ה

ה פרצוף ב"ן

ו פרצוף עתיק

ז פרצוף א"א

ח פרצוף או"א

ט פרצוף ישסו"ת

י פרצוף זו"ן

ראש כתר יחידה פה

ע"ב אצילות חיה חזה

ס"ג בריאה נשמה טבור

מ"ה יצירה רוח

ב"ן עשיה נפש

עולם הבריאה

סיום עולם האצילות – פרסא

עולם היצירה

עולם העשיה

מקום עולם העשיה

נקודה דעולם הזה

סיום

ציור י"א

עמידת כל העולמות והפרצופין דהיינו ה"פ א"ק וה"פ אצילות וג' עלמין בי"ע אחר השגת חיה שלהם בערך הקבוע דקו א"ס ב"ה.

תקוים המקווקוים הנמשכים מכל ראש של ה"פ אצילות אל הפרצוף שכנגדו בא"ק, מראים על שיעור קומתם שלקחו ויונקים משם.

עולם האצילות

	פרצוף מ"ה דא"ק	פרצוף ס"ג דא"ק	פרצוף ע"ב דא"ק	פרצוף כתר דא"ק	קו א"ס ב"ה
			ראש כתר יחידה פה	ע"ב אצילות חיה חזה	ס"ג בריאה נשמה טבור
פרצוף עתיק		ראש כתר יחידה פה	ע"ב אצילות חיה חזה	ס"ג בריאה נשמה טבור	מ"ה יצירה רוח
פרצוף א"א	ראש כתר יחידה פה	ע"ב אצילות חיה חזה	ס"ג בריאה נשמה טבור	מ"ה יצירה רוח	ב"ן עשיה נפש
פרצוף או"א	ראש כתר יחידה פה	ע"ב אצילות חיה חזה	ס"ג בריאה נשמה טבור	מ"ה יצירה רוח	ב"ן עשיה נפש
פרצוף ישסו"ת	ראש כתר יחידה פה	ע"ב אצילות חיה חזה	ס"ג בריאה נשמה טבור	מ"ה יצירה רוח	ב"ן עשיה נפש
פרצוף זו"ן	ראש כתר יחידה פה	ע"ב אצילות חיה חזה	ס"ג בריאה נשמה טבור	מ"ה יצירה רוח	ב"ן עשיה נפש
	ראש כתר יחידה פה	ע"ב אצילות חיה חזה	ס"ג בריאה נשמה טבור	מ"ה יצירה רוח	ב"ן עשיה נפש
		ע"ב אצילות חיה חזה	ס"ג בריאה נשמה טבור	מ"ה יצירה רוח	ב"ן עשיה נפש
			ס"ג בריאה נשמה טבור	מ"ה יצירה רוח	ב"ן עשיה נפש
				מ"ה יצירה רוח	
				ב"ן עשיה נפש	
				עולם הבריאה	
				עולם היצירה	
				עולם העשיה	
				מקום עולם היצירה	
				מקום עולם העשיה	

סיום עולם האצילות – פרסא

נקודה דעולם הזה

סיום

ציור י"ב

עמידת כל העולמות והפרצופין דהיינו ה"פ א"ק וה"פ אצילות וג' עלמין בי"ע אחר השגת יחידה שלהם בערך הקבוע דקו א"ס ב"ה.

הקוים המסומקים נמשכים מכל ראש של ה"פ אצילות אל הפרצוף שכנגדו בא"ק, מראים על שיעור קומתם שלקחו ויונקים משם.

כותרות העמודות (מימין לשמאל):

א	ב	ג	ד		ה	ז	ח	ט	י
פרצוף כתר דא"ק	פרצוף ע"ב דא"ק	פרצוף ס"ג דא"ק	פרצוף מ"ה דא"ק	פרצוף דא"ק	פרצוף עתיק	פרצוף א"א	פרצוף אוי"א	פרצוף ישסו"ת	פרצוף זו"ן

בפינה הימנית העליונה: **קו א"ס ב"ה**

תווית אלכסונית משמאל: **עולם האצילות**

תוכן הגריד (הבלוקים החוזרים בכל פרצוף, מלמעלה למטה):

- ראש / כתר / יחידה / פה
- ע"ב / אצילות / חיה / חזה
- ס"ג / בריאה / נשמה / טבור
- מ"ה / יצירה / רוח
- ב"ן / עשיה / נפש

תוכן לפי עמודות (מימין לשמאל):

קו א"ס ב"ה: קו א"ס ב"ה

פרצוף כתר דא"ק (א):
מ"ה יצירה רוח ; ב"ן עשיה נפש

פרצוף ע"ב דא"ק (ב):
ס"ג בריאה נשמה טבור ; מ"ה יצירה רוח ; ב"ן עשיה נפש

פרצוף ס"ג דא"ק (ג):
ע"ב אצילות חיה חזה ; ס"ג בריאה נשמה טבור ; מ"ה יצירה רוח ; ב"ן עשיה נפש

פרצוף מ"ה דא"ק (ד):
ראש כתר יחידה פה ; ע"ב אצילות חיה חזה ; ס"ג בריאה נשמה טבור ; מ"ה יצירה רוח ; ב"ן עשיה נפש

פרצוף דא"ק [ב"ן]: ראש ב"ן דא"ק פה ; ע"ב אצילות חיה חזה ; ס"ג בריאה נשמה טבור ; מ"ה יצירה רוח ; ב"ן עשיה נפש

פרצוף עתיק (ה):
ראש כתר יחידה פה ; ע"ב אצילות חיה חזה ; ס"ג בריאה נשמה טבור ; מ"ה יצירה רוח ; ב"ן עשיה נפש

פרצוף א"א (ז):
ראש כתר יחידה פה ; ע"ב אצילות חיה חזה ; ס"ג בריאה נשמה טבור ; מ"ה יצירה רוח ; ב"ן עשיה נפש

פרצוף אוי"א (ח):
ראש כתר יחידה פה ; ע"ב אצילות חיה חזה ; ס"ג בריאה נשמה טבור ; מ"ה יצירה רוח ; ב"ן עשיה נפש

פרצוף ישסו"ת (ט):
ראש כתר יחידה פה ; ע"ב אצילות חיה חזה ; ס"ג בריאה נשמה טבור ; מ"ה יצירה רוח ; ב"ן עשיה נפש

פרצוף זו"ן (י):
ראש כתר יחידה פה ; ע"ב אצילות חיה חזה ; ס"ג בריאה נשמה טבור ; מ"ה יצירה רוח ; ב"ן עשיה נפש

בתחתית העמודה (מלמעלה למטה):

- עולם הבריאה
- עולם היצירה
- עולם העשיה

סיום עולם האצילות – פרסא

- מקום עולם הבריאה
- מקום עולם היצירה
- מקום עולם העשיה

סיום

תווית תחתונה רוחבית: **נקודה דעולם הזה**

От издателя

Михаэль Лайтман
КАББАЛА
ТАЙНОЕ УЧЕНИЕ

Готовятся к изданию:

Наука Каббала

Эта книга — основной вводный курс для начинающих изучать «Науку Каббала». Великий каббалист 20 века, почти наш современник, Бааль Сулам «перевел» основные каббалистические источники, создававшиеся в течение тысячелетий, на язык современных поколений, которым предназначено проникнуть в Высшие духовные миры. С помощью книг Бааль Сулама древнее учение становится доступно массам (как и предсказывали каббалисты прошлого).

Главная часть книги — «Введение в науку Каббала» — приводится с комментариями последователя и наследника Бааль Сулама, современного каббалиста Михаэля Лайтмана. Учебный курс включает большой альбом графиков и чертежей духовных миров, контрольные вопросы и ответы, словарь каббалистических терминов. Том II — каббалистический словарь.

Основы Каббалы

Настоящий сборник является основной книгой для начинающих изучать Каббалу. Книга в доступной форме позволяет желающим проникнуть в тайны науки, на тысячелетия скрытой от глаз непосвященных. Автор разворачивает перед читателем всю панораму строения и системы мироздания. Открывает структуру Высших миров и Законы Высшего Управления.

Желающий познать Высшее найдет в этом сборнике ответы на множество своих вопросов. В первую очередь на главный вопрос человека: «В чем смысл моей жизни?». Книга захватывает и увлекает, позволяет человеку проникнуть в самые глубинные тайны мира и самого себя.

Книга Зоар

«Книга Зоар» — основная и самая известная книга из всей многовековой каббалистической литературы. Хотя книга написана еще в IV веке н.э., многие века она была скрыта. Своим особенным, мистическим языком «Книга Зоар» описывает устройство мироздания, кругооборот душ, тайны букв, будущее человечества. Книга уникальна по силе духовного воздействия на человека, по возможности ее положительного влияния на судьбу читателя.

Величайшие каббалисты прошлого о «Книге Зоар»:

...«Книга Зоар» («Книга Свечения») названа так, потому что излучает свет от Высшего источника. Этот свет несет изучающему высшее воздействие, озаряет его высшим знанием, раскрывает будущее, вводит читателя в постижение вечности и совершенства...

...Нет более высшего занятия, чем изучение «Книги Зоар». Изучение «Книги Зоар» выше любого другого учения, даже если изучающий не понимает...

...Даже тот, кто не понимает язык «Книги Зоар», все равно обязан изучать ее, потому что сам язык «Книги Зоар» защищает изучающего и очищает его душу...

Талмуд Десяти Сфирот

Совершенно уникальная книга, написанная величайшим каббалистом Бааль Суламом (Властелин Восхождения). Автор использовал материалы «Книги Зоар» и фундаментальную работу великого Ари «Древо Жизни» (16 томов классической Каббалы). Соотнеся их со своими постижениями Высшего Управления, он создал гениальный научный труд, раскрыв глубинные пласты Каббалы современным поколениям.

Книга является самым мощным учебным пособием даже для самых серьезных каббалистов. Она совершенно логично, мотивированно, подробно и доказуемо разъясняет все причинно-следственные связи Высшего Замысла творения и его воплощения. Ни один момент в процессе создания мироздания не остался за пределами настоящей научной работы. Нет во всемирном архиве книги, могущей соревноваться с «Талмуд Десяти Сфирот» по глубине познания, широте изложения и величию объекта изучения.

Эта книга принадлежит к числу самых важных книг человечества.

Уроки Каббалы

(Виртуальный курс)

Крупнейший ученый-каббалист современности Михаэль Лайтман снимает завесы тайны с науки, уникальной по точности и глубине познания. В древней «Книге Зоар» («Книга Свечения») сказано о времени, когда пробудится в людях стремление вырваться в Высший мир, овладеть Высшими силами. Сегодня десятки тысяч учеников во всем мире получили возможность изучать скрытую до недавних пор методику постижения Высшего благодаря трансляциям виртуального курса Международной академии Каббалы.

Изложенный в книге материал виртуального курса явится вдохновляющим пособием для учащихся первых лет обучения и послужит всем, кто стремиться постичь Законы мироздания.

Учение Десяти Сфирот

Материал книги основан на курсе, прочитанном руководителем Международной академии Каббалы ученым-каббалистом Михаэлем Лайтманом по фундаментальному каббалистическому источнику «Талмуд Десяти Сфирот».

В книгу вошли комментарии на 1, 3 и 9 части уникального научного труда Бааль Сулама, описывающего зарождение души, ее конструкцию и пути постижения вечности и совершенства.

Каббалистический форум

Книга «Каббалистический форум» является избранным материалом из каббалистического интернет-сайта Международного каббалистического центра «Бней Барух». Форум содержит более двух миллионов вопросов изучающих Каббалу со всего мира.

В сборник вошли лишь наиболее интересные, любопытные и полезные для продвигающихся Путем Каббалы слушателей ответы Михаэля Лайтмана.

Настоящая книга рекомендована читателю, интересующемуся проблемами происхождения душ, корректировки судьбы, отношения Каббалы к семье, воспитанию, роли женщины.

Международный каббалистический центр
«Бней Барух»

BNEI BARUCH P.O.B. 584 BNEI BRAK 51104 ISRAEL
Адрес электронной почты: russian@kabbalah.info

Международная академия Каббалы
заочное отделение

Виртуальный курс для начинающих

- Международная академия Каббалы транслирует по всемирной системе Интернет курс заочного обучения «Введение в Науку Каббала».
- Участие в этих занятиях обеспечит освоение основ Науки Каббала, постижение высшего мира, знание о своем предназначении, причинах происходящего с вами, возможность управления судьбой.
- Курс рассчитан на начинающих и предназначен для дистанционного обучения на языках английском, русском, иврите.
- Занятия транслируются в видео- и аудиоформатах, с демонстрацией чертежей, возможностью задавать вопросы и получать ответы в режиме реального времени.
- Во время прямой трансляции, действует служба технической поддержки.
- Курс бесплатный, включая рассылку учащимся учебных пособий.
- Успешные занятия поощряются поездкой на семинары, происходящие 2 раза в год в разных странах мира.

Адрес подключения
http://www.kab.tv

Архив курса
http://www.kabbalah.info/ruskab/virt_uroki/virt_urok.htm

Русское отделение
http://www.kabbalah.info/ruskab/index_rus.htm

Международный
каббалистический центр
«Бней Барух» 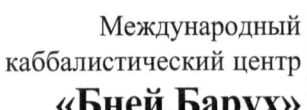  Издательская группа
kabbalah.info
+972 (3) 619-1301

Для книготорговых организаций
(заказ учебных пособий)

Америка и Канада.................... info@kabbalah.info,
+1-866 LAITMAN
Израиль.................................. zakaz@kabbalah.info,
+972 (55) 606-701
Россия............................. +7 (095) 721-7154, 109-0131
109341, Москва, а/я 42

Запись в группы изучения Каббалы
(обучение бесплатное)

США (Восточное побережье)............. +1 (718) 288-2222, 645-3887
США (Западное побережье)............... +1 (650) 533-1629
Канада.. +1-866 LAITMAN
Израиль....................................... +972 (55) 606-701
Россия.................................. +7 (095) 721-7154, 109-0131

Заказ книг и учебных материалов на английском языке
+1-866 LAITMAN

**Международный каббалистический центр
«Бней Барух»
http://www.kabbalah.info**

Учитывая растущий интерес к знаниям Каббалы во всем мире, Академия Каббалы под руководством рава М.Лайтмана издает серию книг «Каббала. Тайное учение», транслирует виртуальные уроки, совершенствует интернет-сайт, открывает по всему миру группы изучения Каббалы. В рамках нашего заочного университета занимаются более 700 000 учащихся с 68 стран мира (на 1.01.2003).

Вся деятельность Академии Каббалы осуществляется на добровольные взносы и пожертвования ее членов. Каббалистические знания вносят в мир совершенство, безопасность, высшую цель.

Мы с благодарностью примем Вашу помощь.

Наш счет:
wire transfer
Bnei Baruch
TD Canada Trust
7967 Yonge Street
Thornhill, Ontario
Canada L3T 2C4
Tel: 905 881 3252
Branch / Transit #: 03162
Account #: 7599802
Intuition Code: 004
Swift Code: TDOMCATTTOR

Михаэль Лайтман
серия
КАББАЛА
ТАЙНОЕ УЧЕНИЕ

КАББАЛИСТИЧЕСКИЙ СЛОВАРЬ

Научно-просветительский фонд
«Древо Жизни»

Издательская группа
kabbalah.info
+972 (3) 619-1301

ISBN 5-902172-15-2

9 785902 172154

Подписано в печать 10.12.2003. Формат 60x90/16
Печать офсетная. Усл. печ. л. 37.
Тираж 5000 экз. Заказ №   .
Отпечатано в ППП Типография «Наука», 121099, Москва,
Шубенский пер., дом 6.